主　编：王　名
副主编：马剑银
执行主编：蓝煜昕
编　委：赖伟军　李长文　李朔严　宋程成　俞祖成　张　潮
编辑秘书：刘彦霞　刘瑜瑾
刊物支持：增爱公益基金会

学术顾问委员会：
白永瑞（韩国延世大学）
陈金罗（北京大学）
陈锦棠（香港理工大学）
陈旭清（中央民族大学）
大卫·霍顿·史密斯（David Horton Smith，美国波士顿学院）
邓国胜（清华大学）
丁元竹（国家行政学院）
高丙中（北京大学）
官有垣（台湾中正大学）
郝秋笛（Jude Howell，英国伦敦政治经济学院）
何增科（北京大学）
华安德（Andrew Watson，澳大利亚阿德莱德大学）
黄浩明（深圳国际公益学院）
贾西津（清华大学）
江明修（台湾政治大学）
康保瑞（Berthold Kuhn，德国柏林自由大学）
康晓光（中国人民大学）
莱斯特·萨拉蒙（Lester Salamon，美国约翰-霍普金斯大学）
林尚立（中央政策研究室）
罗家德（清华大学）
马长山（华东政法大学）
马克·西得乐（Mark Sidel，美国威斯康星大学）
山内直人（Naoto Yamauchi，日本大阪大学）
沈　原（清华大学）
师曾志（北京大学）
天儿慧（Amako Satoshi，日本早稻田大学）
陶传进（北京师范大学）
托尼·塞奇（Tony Saich，美国哈佛大学）
王　名（清华大学）
王绍光（香港中文大学）
温铁军（中国人民大学）
吴玉章（中国社会科学院法学研究所）
谢寿光（社会科学文献出版社）
徐家良（上海交通大学）
雅克·德富尔尼（Jacques Defourny，比利时列日大学）
杨　团（中国社会科学院社会学研究所）
张　经（中国商会行业协会网）
张秀兰（北京师范大学）
张严冰（清华大学）
周延风（中山大学）
朱晓红（华北电力大学）
（以上均按首字母排序）

China Nonprofit Review Vol.24 2019 No.2

本刊编辑部地址：北京市海淀区中关村东路1号院5号楼文津国际公寓807
电话：010-62773929
投稿邮箱：lehejin@126.com
英文版刊号：ISSN：1876-5092；E-ISSN：1876-5149
出版社：Brill出版集团
英文版网址：www.brill.nl/cnpr

中国非营利评论

清华大学公益慈善研究院
明德公益研究中心 主办

第二十四卷 2019 No.2

社会科学文献出版社
SOCIAL SCIENCES ACADEMIC PRESS (CHINA)

本刊得到增爱公益基金会的赞助

理事长胡锦星寄语本刊：增爱无界，为中国公益理论研究作出贡献！

增爱无界

胡锦星

增爱公益基金會
More Love Foundation

卷首语

　　春季学期为博士生开设的"国家与社会"，是清华公共管理博士研究生的方向性必修课，开了有十多年了。今年做了较大的改进。我加入了《论语》，分为君子论、善治论和仁政论三个主题导读；西津、振清两位老师也加盟进来，分别导读个人主义、社会契约、法团主义、民间社会等西方社会思潮；加上原有的哈贝马斯、托克维尔、帕特南等经典思想导读，形成纵贯古今、融汇东西的国家－社会思想之盛宴，尽管视野恢宏，时空跨度巨大，内容繁多庞杂，阅读量大且难，但同学们都很努力，每人不仅完成了自选的十篇读书报告，还各自撰写了一篇以东西思想比较为题的期末论文。

　　这是我首次讲授《论语》。为此，我花了半年多的时间认真读解、背诵和研悟。我所选的教学参考，一为1955年出版的杨树达先生早年石印之讲义《论语疏证》，一为2006年中华书局出版的杨伯峻《论语译注》一书，从中所学所得不少，实在受益良多。也找到"文革"后期中华书局出版的《〈论语〉批注》（由北京大学哲学系1970级工农兵学员编写）一书作参阅，常捧腹不禁。古圣先贤博大深邃的思想，透过一遍遍的诵读研习，终于重现在清华园的课堂上，尤其为追索公共性的公共管理博士生们，补上了中华优秀传统文化这重要的一课，令我欣慰不已。

　　在导读君子论时，我讲了当年梁启超来清华讲授《君子》的故事，强调梁先生孜孜以求的是勉励清华培养"自强不息，厚德载物"之君子。如今清华已逾108载，校训犹存，君子安在？我讲到陈寅恪先生当年在"海宁王先生墓志铭"中所记"独立之精神，自由之思想"，实为君子之本质，是王国维先生虽自沉却永不沉没、历千万祀而与天壤同久的君子之魂魄！

本卷围绕"社区治理"的主题,收录三篇颇有深度的论文,分别探讨社区共识、治理创新和政社合作,加一篇品牌公益论纲的特稿,在社区这一主题话语上多角度展开讨论,有理论,有概念,有案例,有政策,以期引起读者的深入思考和研究。

毕业季将至。我今年毕业的学生颇多,除多名 MPA 外,有两位延期多年的老博也加入了毕业生行列。送行之际,想起《论语》中孔子的一段话:"君子谋道不谋食。耕,馁在其中矣;学,禄在其中矣。君子忧道不忧贫。"愿与诸子共勉,也与即将成为中学生的那路共勉之。

王名

2019 年 6 月 9 日

于双清苑求阙堂

目　录

主题研讨

吸纳与区隔：社区共识的型塑机制研究 ⋯⋯⋯⋯⋯⋯ 帅　满　梁肖月／1

中国社区治理创新的内部动力机制研究 ⋯⋯ 刘　波　杨春滋　彭宗超／24

政社合作中社会服务组织的功能建构及其实现

　　——以 S 市购买服务为例 ⋯⋯⋯⋯⋯⋯ 宋亚娟　蓝煜昕／40

特　稿

品牌公益论纲 ⋯⋯⋯⋯⋯⋯⋯⋯⋯⋯⋯⋯⋯ 王　名　胡　斌／60

论　文

政府购买社会组织服务中参与式预算的作用、困境与对策 ⋯⋯ 王　栋／90

艾滋病防治领域非政府组织社会资本形成的影响因素

　　研究 ⋯⋯⋯⋯⋯⋯⋯⋯⋯⋯⋯⋯ 徐金燕　蒋利平／111

捐赠网络与基金会信息公开

　　——基于社会网络方法的实证研究 ⋯⋯⋯ 桑　壮　陶　泽　程文浩／138

挤出还是挤入：政府社会救助支出对个人慈善捐赠影响的

　　实证研究 ⋯⋯⋯⋯⋯⋯⋯⋯⋯⋯⋯⋯⋯⋯⋯ 杨永政／162

组织社会评价视角下社会组织规范化治理研究

　　——基于全国性社会组织等级评估数据分析 ⋯⋯ 李长文　田　园／188

论慈善美德之慷慨及其规范性原则 ⋯⋯⋯⋯⋯⋯⋯⋯⋯ 王银春／217

案　例

制度吸纳－社会整合：县域社会优抚的结构及其政治

　　过程 ……………………………………… 程坤鹏　苏晓丽　周文星 / 233

组织学习、知识生产与政策倡导

　　——对环保组织行为演变的跨案例研究

　　………………………………… 陆　健　齐　晔　郭施宏　张勇杰 / 257

书　评

国家、市场与社群的再平衡

　　——评拉古拉姆·G. 拉詹《第三支柱：社群是如何落后于

　　市场与国家的》 …………………………………………… 肖　雪 / 279

研究参考

个人慈善捐赠的实验研究趋势和核心议题探析

　　——基于西方主流学术期刊发表文献 ……………………… 田　园 / 291

观察与思考

志愿学：非营利研究的学科可能

　　——以全球为视野 …… 路占胜　吴新叶　〔美〕大卫·H. 史密斯 / 311

编辑手记 ……………………………………………… 本刊编辑部 / 320

稿　约 ………………………………………………………… / 322

来稿体例 ……………………………………………………… / 324

CONTENTS

Topics

Absorption and Distinction: Research on Mechanism of Neighborhood
　　Consensus Building in Hutong Community　　　　*Shuai Man, Liang Xiaoyue* / 1

Research on the Internal Dynamic Mechanism of Community Governance
　　for Innovation in China　　　　*Liu Bo, Yang Chunzi & Peng Zongchao* / 24

The Functional Construction and Realization of Social Work Service Institutions in
　　the Cooperation Between Government and Society　*Song Yajuan, Lan Yuxin* / 40

Feature Article

On Brand Philanthropy　　　　　　　　　　　　　　　*Wang Ming, Hu Bin* / 60

Articles

The Role, Dilemma and Countermeasures of Participatory Budgeting in
　　Government Purchasing Social Organization Services　　　　*Wang Dong* / 90

Study on the Impact Factors in the Formation of NGOs Social Capital in
　　AIDS Prevention and Control　　　　　　*Xu Jinyan, Jiang Liping* / 111

Donative Network and Foundation Information Disclosure: Empirical Study
　　Based on Social Network Analysis
　　　　　　　　　　　　　　　Sang Zhuang, Tao Ze & Cheng Wenhao / 138

Crowding-out or Crowding-in: The Effect of Government Expenditures of
　　Social Assistance on Individual Charitable Giving　　*Yang Yongzheng* / 162

3

中国非营利评论
China Nonprofit Review

Research on Standardized Governance of Social Organizations From the Perspective

of Social Evaluation of Organization: Based on Data Analysis of National Social

Organization Level Assessment   *Li Changwen*, *Tian Yuan* / 188

On Generosity as the Virtues of Philanthropy and its Normative Principles

Wang Yinchun / 217

Cases

Institutional Co-option, and Social Integration: The Evidence From the Special

Social Care of D County   *Cheng Kunpeng*, *Su Xiaoli & Zhou Wenxing* / 233

Organizational Learning, Knowledge Production and Policy Advocacy:

A Cross-case Study of the Evolution of Environmental Non-governmental

Organizations' Behavior   *Lu Jian*, *Qi Ye*, *Guo Shihong & Zhang Yongjie* / 257

Book Review

Rebalancing the State, Market and Community—Comment on Raghuram

G Rajan's The Third Pillar: How Markets and the State Leave the

Communitiy Behind   *Xiao Xue* / 279

Reference to Study

Experimental Research Trends and Core Themes of Individual Charitable Giving:

Based Upon Publications of the Western Mainstream Academic Journals

Tian Yuan / 291

Observation & Reflection

Voluntaristics: The Requirements for Academic Interdisciplinary Nonprofit Studies:

A Global Survey   *Lu Zhansheng*, *Wu Xinye & David Horton Smith* / 311

Editorial   *Editorial Office* / 320

Call For Submissions   / 322

Submission Guidelines   / 324

吸纳与区隔：社区共识的型塑机制研究*

帅 满 梁肖月**

【摘要】将都市行动研究、自组织过程研究的社区共识影响要素融入社区治理机制分析，对有改善居住环境共识的胡同社区为何没有出现社区自组织行动的研究发现：吸纳机制使社区集体行动的机会空间受限，无法依托既有社会组织网络进行动员；空间、群体、人际、话语区隔机制瓦解了社区团结，使胡同社区缺乏重建社区自组织的能人、资源和网络基础；吸纳和区隔导致的原子化和空心化使居民行动力和机会空间受限，被动与国家、市场达成社区共识。吸纳和区隔对社区共识的型塑是对都市行动研究、自组织过程研究、邻里政治研究路径社区共识研究的补充、丰富和完善。明确发展预期、提升公民意识、丰富社区社会资本、社区营造是改善胡同社区治理的途径。

【关键词】社区 社区共识 吸纳 区隔 社区组织

一 问题、理论与方法

十八届三中全会提出了四类组织自由登记制度，重点培育和优先发展城乡

* 本文获陕西省博士后科研资助项目（2017BSHYDZZ59）、教育部人文社科基金青年项目（16YJC840019）资助。

** 帅满，西安交通大学人文社会科学学院社会学系副教授，硕士生导师，实证社会科学研究所本校研究员，研究方向：组织社会学、社区研究；梁肖月，清华大学社会科学学院社会学系 2017 级博士研究生，研究方向：社区营造、社区社会资本。

社区服务类社会组织，将社会组织在社区治理中的角色和地位提升到国家战略的高度。中共中央、国务院下发的《关于加强和完善城乡社区治理的意见》（中发〔2017〕13号）强调，社区治理体系创新是国家治理体系现代化的重点。社区是国家治理的单元（杨敏，2007），代表国家的各级政府、开发商和物业公司等市场主体、居民、社会组织是社区治理的参与主体（闫臻，2018）。"在市场化、私有化以及国家话语的共同影响下，国家、社会及其他主体行动者所追求的利益及话语在日常实践中相互契合，使得双方在日常互动或冲突中达成既定框架下的共识"即为社区共识（neighborhood consensus），社区共识是一种实践过程，其使各个主体各取所需、各获其益，虽然不同类型社区的社区共识会呈现多元化逻辑，但均涉及国家和社区的关系、国家和居民的关系、不同层级政府间的关系等关系形态（Tomba，2014：19–23；王海宇，2018b，2019）。

邓利杰将北京的商品房社区、沈阳老工业小区和成都的普通居民区作为研究案例，研究了社区共识的型塑机制：北京的商品房业主主要通过法律法规与代表国家的各级政府、代表市场的开发商进行谈判，维护自身利益，而封闭小区的建设也为国家控制、企业盈利带来便利；东北国企下岗工人争取利益时则会强调自身的工人阶级身份和主人翁地位，国家则通过增大福利供给、增加社区干部来加强社区治理，避免社区成员越过国家治理的红线；相较于北京和沈阳的社区案例，成都的社区受到的国家干预相对更少，开发商主要通过将中产群体打造成现代、文明、高素质的样板群体来规训市民，塑造典型产生了极强的示范效应，政府通过素质话语加强社会治理，开发商则通过贩卖生活方式获得利润（Tomba，2014）。既有社区共识研究聚焦单位制社区和新兴商品房社区，而我国的社区形态各异，不仅包括单位制社区、商品房社区，也包括老旧街区、保障房社区、回迁房社区、村转居社区、混合社区、城中村、乡村社区等社区类型（沈原等，2017；沈原，2019），那么，其他类型社区内的异质性主体能达成社区共识吗？达成社区共识的机制是什么？本文拟探索老旧社区的社区共识型塑机制，与既有的商品房和单位制社区的社区共识型塑机制对话。

（一）社区共识的型塑机制

邓利杰《政府在隔壁》（*The Government Next Door*）一书开启的社区共识研究以北京、沈阳、成都的社区案例为例，对型塑社区共识的治理策略，即米歇尔·福柯（2010）所言的治理术，进行了归纳和总结：其一，制造区隔，空间区隔不仅包括围墙、门禁、安保等有形隔离，也包括都市更新过程中的人口置换和群体分隔，话语区隔以市民权为基础，形成本地人和农民工等流动人口的界限；其二，间接行政干预，社区干部既要服从上级指令，也要反映居民利益和诉求，从而消解国家与弱势群体的隔阂，模糊公共和私人领域的边界，对弱势群体的福利供给成为国家合法性的来源之一，例如，国家通过壮大社区干部规模、重塑工人阶级文化、福利供给等方式与东北国企下岗职工社区居民达成社区共识，居民则会用"社会主义工业化的建设者"争取更多的福利和保障；其三，国家通过收入、消费理念、法律等影响和保障有房群体的利益，将其塑造为示范性的中层群体，成为社会稳定的基石和国家合法性的来源，例如，北京市的中产社区业主会用《消费者权益保护法》维权和表达诉求；其四，限制自组织发展，业主维权和抗争必须在国家合法和社会稳定的红线内进行（Tomba，2014；王海宇，2018b）。可以看到，邓利杰概括的四个社区共识治理术虽然是通用性的，但如前所述，具体到特定类型的社区，社区共识型塑所侧重的治理术仍具有一定的差异性，北京和成都案例侧重使用制造区隔、塑造典型的社区共识治理术，而沈阳案例侧重使用间接行政干预、限制自组织发展的社区共识治理术。因此，不同于北京、成都、沈阳社区案例的老旧社区的社区共识型塑机制仍有待研究，从而和商品房社区、单位制社区的社区共识型塑机制进行对话。

　　虽然社区共识概念的提出只有短短几年时间，但本土的都市行动研究、自组织过程研究在未直接使用"社区共识"概念的背景下，亦从不同视角出发，对社区共识的型塑机制进行了探讨。从宏观的结构性视角出发，都市行动研究着重探讨社区成员和组织与国家、市场的博弈和协商如何重新界定社区共识，强调机会空间、社区组织、公民意识及其行动力的影响力。都市行动研究的思想资源是资源动员理论、政治过程理论等社会运动理论，关注集体行动的产生、发展和维持机制。将住房视为国家、市场、社会和个人共同作用下的一种空间实践，都市行动研究关注社会转型时期空间生产的总体机制、逻辑及其意蕴（陈映芳，2008；周飞舟、王绍琛，2015），通过分析市民围绕住房资格、居住权、空间生产展开的互动和博弈过程，致力于"揭示社会控制的各种形式，帮助人们夺回对他们自己生活的控制和对他们城市的控制"（魏伟，2008）。城市业主围绕产权的维权抗争表现出法律意识、权利意识和行动能力，虽然行动力和制度限制往往使维权抗争陷入瓶颈（陈映芳，2006），但业主仍然通过营造机会空间（施芸卿，2007），拆分国家的治理层级、拆分抽象国家的土地所有者和土地使用者双重身份、拆分具体国家的行政和经济职能等自我边界的选择性固化机制来表达诉求、维护权益（施芸卿，2013），并通过促进立法来维权，展现出法权意识、公民勇气和民主训练（陈鹏，2010），维权行动在组织、制度和身份向度的扩展使之成为培育公共领域的力量（刘子曦，2010），也改变了个体和国家的关系（施芸卿，2015）。

从微观层次的人际关系和中观层次的网络结构视角出发，自组织过程研究侧重探讨社区自组织过程对社区共识的型塑，强调能人、人际关系、网络结构的影响力。自治理理论认为信任、声誉与互惠机制是启动一系列长期合作的治理基础，自治理的前提是"自组织"，即一群人基于自愿的原则或不可分离的关系而结合在一起，有基于关系和信任而自愿结合、结合的群体产生集体行动的需要、管理集体行动而自定规则和自我管理三个基本特征（罗家德，2011：26）。自组织过程研究将社区共识的产生放在自组织治理机制的形成过程中进行考察，认为自治理的实现有赖于社区能人承担集体行动的初始成本，并运用关系网动员成员加入（罗家德等，2013b；何艳玲、钟佩，2013；孙瑜，2014），社区维权有赖于骨干及其业委会的有效动员（张磊，2005），网络结构会型塑自组织迥异的互惠（温莹莹，2013；曾凡木，2018）、监督（罗家德等，2013a）、认同（李智超，2015）、信任（何宇飞，2011；罗家德、李智超，2012；帅满，2013，2016）等机制，使自组织的网络规模和网络结构形态存在差异，决定着社区社会资本的多寡（桂勇、黄荣贵，2008；罗家德、方震平，2014），打通了关系和团体层次的自治理研究。

综上所述，邓利杰的社区共识研究以三个城市的社区案例为基础，总结出了四个社区共识型塑的一般性机制，其特点是将结构性和能动性视角结合，认为社区共识既受到宏观制度环境的约束，也有赖于具有能动性的行动者的利益诉求表达，是国家、居民、市场等主体共同作用的结果；都市行动研究将行动者及其资源置于宏观制度背景下进行研究，强于洞察社会结构对社区共识的影响；自组织过程研究关注关系网络、网络结构和社区社会资本等微观和中观层次因素对社区共识演化的作用机制。总体而言，邓利杰开创的社区共识研究旨在探讨社区相关主体如何达成自身利益，形成共识，既能考察机会空间的营造过程、个体和国家关系的演变趋势，也能洞悉社区共识形成过程中不同主体的互动机制，因此其研究视角较为全面、完整，而本土的都市行动研究和自组织过程研究则只聚焦社区共识研究视角的其中一个方面，研究视角相对单一，但其研究结论从不同角度支持了社区共识研究的结论，表明社区共识研究具有较强的解释力，集都市行动研究和自组织过程研究优势于一体。与此同时，社区共识研究也存在研究的增量空间，邓利杰提出的社区治理机制之间存在重合，间接行政干预和塑造典型均为国家对社会的吸纳，限制自组织发展则与制造区隔存在关联，因而，更加精炼的社区治理机制仍有待总结，且不同于北京、成都商品房社区和沈阳单位制社区的其他类型社区的社区共识型塑机制也有待补充和完善。本文拟以平城①老旧社区为例，借鉴行政吸纳社会理论，并在治理机制分析过程中考察都市行动研究和自组织过程研究强调的能人、社区组织、资源、网络结构、机会空间等要素在社区共识型塑中的角色，提出型塑胡同社区共识的吸纳和区隔治理机制，从而解释迫切想要改变居住条件和环境的胡同社区居民为何在诉求未得到普遍实现的情况下，与居委会、街道、城投公司等国家、市场主体达成社区共识，与既有社区共识研究对话。

（二）研究方法与案例简介

胡同社区地处平城中心历史文化保护区，以四合院为主体，建于明永乐十八年。胡同社区下辖 9 个居委会，常住人口为 2.34 万户，5.76 万人，本地人和外地人各占一半。② 胡同社区的四合院 1949 年后收归国有，被分配给国有和集体企业的工人居住。1980 ~ 2004 年，房屋产权返还政策使胡同社区的私房比例达到四成左右。随着市场经济的发展，胡同社区居民持续外流，优越的地理位置与低廉的房租吸引了大量外来人口租住。因毗邻政治中心、历史文化保护区的地块性质、人口密度大等，对胡同社区的改造直至 2002 年才由区政府启动，探索"遗产导向型旅游业和旅游导向型商业模式"发展路径，2004 年开始划定部分区域作为试点，由城投公司开展腾退工作，用货币补偿、商品房安置等方式置换胡同社区居民住房的产权或使用权（见表 1）。

_____

① 按照学术惯例，本文出现的地名、人名均经过技术处理。

② 根据 2014 年底居委会统计数据整理而成。

表 1 腾退前后居住情况比较

	胡同社区	商品房小区
住房产权	私产、公产、单位产、军产等	私产
住房使用权	无限期	70 年
住房区位	市中心、内环，交通便利（公交便捷，离地铁、火车站近），配套完善，医疗、教育资源丰富	市郊、外环，交通相对不便，配套设施不健全，医疗、教育资源相对匮乏
住房条件	平房；人均居住面积小；房屋质量差（漏水、危房等）；隔音效果差；救护车无法进入）；无独立卫浴设施；流动人口极多；治安混乱	楼房；人均居住面积较大；房屋质量较好；独立卫浴；流动人口相对较少；治安较好
身份权利	"贫民窟"、城市贫民	业主、城市中产

　　身份权利等级制会诱发身份权利竞争（曹正汉等，2012），从城市贫民到都市中产的转变对迫切希望改善居住环境和条件的胡同社区居民无疑具有吸引力。由于居民对腾退补偿标准和进度安排存在被剥夺感和怨恨情绪（刘能，2004），认为腾退补偿标准低于附近和其他区县的腾退或拆迁标准，对社区内不同地块、不同地块的不同胡同、同一胡同不同朝向房屋的腾退进度安排和补偿标准心存不满，因此，十几年过去，胡同社区的腾退户零星分布，腾退率低。毗邻社区争取到高昂的腾退补助，平城老旧社区和商品房社区业主通过成立业申委，开展万人集团诉讼（施芸卿，2015），与城投公司存在分歧的胡同社区为何没有出现社区自组织行动？居民为何与国家、市场达成了社区共识？

　　本文运用参与观察和深度访谈的质性研究方法收集资料。2014 年 3 月，笔者所在的课题组对胡同社区进行了为期 6 个月的参与观察，课题组成员居住在胡同社区，每天撰写田野日志，普查了社区内的 80 个社会组织，并以 YW 社区为主，BH 和 TX 社区为辅①，对 35 位居民进行了半小时到两小时不等的深度访谈。社会组织普查的信息来源是街道、居委会干部及其授权查看的文件资料、社会组织领导人访谈等。个案资料以入户访谈为主，个别在胡同和项目点进行访谈。访谈资料按社区和居委会进行两级编码，田野日志按日期和个案编号编

---

① 由于腾退政策试点只覆盖少数胡同社区居委会，而腾退政策覆盖了 YW 居委会部分居民，同时也有居民尚未被覆盖，因此，将 YW 居委会作为主要调查区域可以最大限度地了解不同社区居民的心态。

码。剔除信息不全和重复性样本①后，本文纳入分析的 23 位受访者信息如表 2 所示，除 HTYW01 为外来租户、HTYW04 借住在表亲家，其余 21 位受访者均为胡同社区居民。

表 2　受访者基本信息一览

个案	性别/出生年	职业	房屋属性	家庭结构与居住模式
HTYW01	男/1976	家具维修工，在职	租房 2 间，月租 2400 元	大儿子在老家河南周口上初三，小儿子在胡同社区上六年级
HTYW03	男/1945	运输公司退休工人	公房，面积不详	1 儿 1 女已成家；夫妻俩自住
HTYW04	男/1958	黑龙江下岗工人	借住亲戚公房	已婚女儿在老家；夫妻俩自住
HTYW05	男/1946	运输公司退休工人	2 间公房 28 平方米，搭建 3 间	夫妻俩与独子夫妇同住
HTYW06	女/1930	房管局退休干部	2 间公房 50 多平方米	2 儿 2 女；丧偶；独居
HTYW09	女/1932	毛巾厂退休工人	公房 2.5 间 40 平方米	4 个女儿；2004 年丧偶；与离异女儿及外孙女共居
HTYW10	男/1947	纺织公司退休干部	私房 3 间 40 平方米	独子在外居住，夫妻俩自住
HTYW11	女/1946	电池厂退休工人	12 平方米私房 1 间，搭建厨房	独居，终身未婚未育
HTYW12	女/1959	退休工人	私房 3 间	夫妻俩与未婚儿子共居
HTYW13	男/1936	文教用品厂退休工人	3 间私房 50 平方米，搭建厨卫	2 儿 1 女在外居住，夫妻俩自住
HTYW15	女/1949	帽厂退休工人	10 平方米公房 1 间，搭建厨房	儿子和儿媳另住，夫妻俩自住
HTYW16	女/1955	饮食公司退休工人	11 平方米公房 1 间，搭建厨房	夫妻俩住五兄妹共有产权房，1982 年女儿在外居住
HTYW17	男/1947	玉器厂退休工人	10 平方米公房 1 间，搭建厨房	已婚独子另住，夫妻俩自住
HTYW20	女/1962	玻璃厂工人，1998 年公司倒闭，有退休金	公房 2 间，搭建 2 间	已婚独子另住，夫妻俩自住
HTYW21	男/1956	宾馆职工，买断，2017 年领退休金	2 间公房 20 多平方米	父母、夫妻俩共居
HTYW22	女/1922	秤厂退休工人	3.5 间公房 60 平方米	4 儿 1 女；2006 年丧偶；独居

---

① 本文将不同访员进行的同一个家庭的不同成员访谈视为重复性样本，只选择一位家庭成员纳入分析，其余家庭成员的访谈予以剔除。

个案	性别/出生年	职业	房屋属性	家庭结构与居住模式
HTYW23	女/1931	皮件厂退休工人	2 间公房 40 多平方米，搭建厨房	2 个儿子；丧偶；自住 1 间，大儿子住 1 间
HTYW24	女/1954	内燃机厂退休工人	公房 1 间	已婚独子另住，夫妻俩自住
HTYW26	男/1958	售货员，在职	公房 1 间 15 平方米	儿子在外租房住，夫妻俩自住
HTYW28	男/1955	羽绒服厂工人，买断，2015 年领退休金	公房 1 间 13 平方米	1985 年已婚女儿在外租房住，夫妻俩自住
HTBH01	女/1950	退休工人	21 平方米公房 2 间，搭建 1 厨卫一体	之前住儿子家，2011 年起带孙子搬回上学，冬天时常回楼房住
HTTX01	女/1960	事业单位，2015 年退休	公房 1 间，搭建 1 间	离异；与 1985 年未婚女儿同住
HTTX02	男/1955	事业单位，2015 年退休	公房 3 间	夫妻俩与已婚独生女同住，房子空置

二　吸纳：制造同意与约束不满的社区机制

社会转型期，我国的社会组织如雨后春笋般涌现。社会组织提供的公共服务有助于弥补政府和市场治理机制的不足（王名、孙伟林，2010；葛道顺，2011），促进社区整合、维持社区稳定（冯钢，2012）。社会组织发达意味着社区成员联系紧密、合作能力强（Putnam，1994；Nahapiet & Ghoshal，1998），为什么胡同社区没有以既有的社会组织为依托，促成提高腾退标准、改善居住环境的自组织行动，社区积极分子反而获得家庭支持，在社区参与中延续职业惯习、消磨闲暇并获得幸福感（王海宇，2019）？

关于国家与社会组织的关系，随着强调社会组织结构自主性强弱的西方市民社会和法团主义理论的式微（吴建平，2012；纪莺莺，2013），本土的行政吸纳社会理论开启了国家与社会组织关系形态和经验分化的研究转向。康晓光等认为，我国国家和社会关系的总体表现是行政吸纳社会，政府通过控制和功能替代吸纳社会组织，限制社会组织挑战政府权威，并根据社会组织的挑战力量和提供公共物品的能力，运用延续、新建、收编、合作、无支持等分类控制策略，对不同类型的社会组织实施不同的控制强度，发育可控的社会组织体系，满足社会的需求（康晓光、韩恒，2008；康晓光等，2007）。依据政治风险、经济社会效益不同，社会组组可分为高风险高收益、高风险低收益、低风险高收益、低风险低收益四类（王信贤，2006：25），国家倾向于发展低风险高收益的社会组织，对社会组织进行选择性支持（赵秀梅，2008；许鹿、罗凤鹏、王诗宗，2016），忽视或压制社会组织的公共利益表达功能（唐文玉、马西恒，2011）。

胡同社区修路、厕所改造、刷墙、社区活动中心建设、清洁等公共物品由街道和居委会提供，治安、养老、育幼、兴趣等公共服务则由社会组织提供。我国城市社区实行居民自治制度，但社区居委会的政治权威、组织人事权、财权等均来源于街道，成为事实上的"准政府组织"（康晓光、韩恒，2008；王海宇，2018a）。从社会组织的成立背景和来源区分，胡同社区的80个社会组织包括行政主导型、居民自组织型、外部引入型三类。行政主导型社会组织在街道、居委会的指导下成立，是各个社区的社会组织标配，包括社区志愿者联络站、治安巡逻队、助老队等，胡同社区有50个行政主导型社会组织。居民自组织型社会组织为居民自发形成的兴趣团体，以健身、声乐、舞蹈、书画、纺织、围棋等为主，胡同社区有19个居民自组织型社会组织。外部引入型社会组织主要为满足主管部门的要求而发起或引入，提供法律服务、心理咨询类公共服务，胡同社区有11个外部引入型社会组织。本文拟分别呈现三种类型社会组织中的两个经典案例，展现吸纳治理机制在胡同社区的治理效果。

行政主导型社会组织由街道、居委会自上而下成立，可以提供充足的公共服务，但由于社会组织负责人往往由街道、居委会干部选择比较熟悉的居民担任，因此社会组织的成员重合度较高，即一批人马挂多个社会组织的牌子，为数极少的社区积极分子成为被基层政府吸纳的精英，往往参与多个社会组织活动，最多的社区积极分子甚至担任了6个社会组织的志愿者，而未参与社会组织的胡同社区居民和外来租户则成为"沉默的大多数"，在社区建设和参与中缺乏存在感和话语权（王海宇，2019），导致社会组织的组织目的和方式、动员范围和能力、活动数量和效果均不足以形成社区内外的广泛联系和团结。狮头社区助老队由居委会书记于2010年发起，居委会规定了助老队的组织目标、人事安排、服务区域、服务对象、活动场地、资金来源、培训内容等，居民被动员担任社区居家养老服务的志愿者，定期看望孤寡老人，助老队成为居委会的延伸机构。沙井社区的志愿者联络站由街道党工委发起成立，虽然沙井社区有

7000 多在册人口，但活跃志愿者只有 40 ~ 50 人，只占总人口的 1% 不到。

居民自组织型社会组织由兴趣爱好相同的居民自发形成，但往往出于社会组织寻求资源、政府的风险控制考量而主动或被动地吸纳进国家系统，成为事实上的行政主导型社会组织。柏树社区舞蹈队成立于 2013 年，但广场舞的可观赏性不强，因此居委会只提供场地支持，不愿意提供资金支持，舞蹈队也无法获得参与街道范围内的演出和比赛机会。在前居委会主任的建议下，舞蹈队改跳京剧舞蹈，公共服务能力提升，不仅可以为居民表演，也肩负起文化传承的使命，因此被街道收编，获得了资金支持，并获准在街道范围内演出、代表街道演出和比赛，但组织转型使成员从 30 多人减少到 14 人。狮头社区健身队自我管理 7 年后被居委会收编，居委会主导的选举改变了健身队的负责人和组织结构，队员疲于应付街道、居委会的会议、培训、填表等事务，成员从 30 多人流失至 17 人。

外部引入型社会组织在上级主管部门的倡导下发起或从外部引入，组织形式变异或目标置换削弱了公共服务提供能力，得不到居民的认可。定位为街道级枢纽型服务组织的社区公共服务协会由街道响应区社工委要求成立，街道将负责人、固定成员、场所信息在平城城乡社会组织备案平台上登记后获得了注册身份，但只挂牌不运作。抱着调解居民纠纷、举办法律讲座的目的，街道引入律师事务所，成立了法律服务中心，但律师以房养老的项目推广使社会组织有名无实，居民通过拒绝参与表达对项目推广的不满。

由上可见，在行政吸纳社会体制下，行政力量"包揽"了大部分公共事务，主导了胡同社区社会组织的成立和发展，社会组织的自主性较低（王诗宗、宋程成，2013），居民的参与仅限于少数社区积极分子，大部分居民的参与感较弱，认为"没有活动"或没有参与热情。吸纳治理机制一方面选择性支持公共服务型社会组织的发展，通过提供充足的公共服务获得绩效合法性，形成制造同意机制，另一方面则通过忽视或压制公共利益表达型社会组织的形成和发展、国家持续在场的监察形成约束不满机制，使社区集体行动的机会空间受限，无法依托既有社会组织进行动员。

三　区隔：瓦解团结的社区机制

吸纳机制使胡同社区居民无法依托既有的社会组织进行动员，表达改善居住条件和环境的诉求，而是被动与政府达成社区共识。那么，居民是否可以自建网络表达诉求？本文发现，空间、群体、人际和话语的区隔机制腐蚀了社区自组织的能人、网络和资源基础，瓦解了社区的内部团结。

（一）空间与群体区隔

在货币化的城市动迁中，户籍制度与家庭、城市开发体制相结合，构建了动迁居民权利资格的"家庭户"制度与"地块"制度，形成结构性分化和团结的基础（卫伟，2014）。动迁涉及地块内的所有家庭户，较大的人口规模为组织化维权和抗争提供了基础。历史文物保护区的地块性质使胡同社区实行的腾退而非拆迁政策，也依托家庭户和地块制度进行，但城投公司采取了子地块分批试点腾退政策，每批次只覆盖一条或几条胡同的几十户到一百多户，避免了邻里运用组织化方式与国家、市场博弈的现象出现，且由于腾退政策不明朗，轮到腾退的居民会形成"错过这次腾退机会还有下次"的政策预期，而未轮到的居民则会对腾退机会抱有希望，形成了瓦解团结的空间区隔：

> 之前的腾退价格是155万、一个指标，155万太少了，买两套房它就不够了。（HTYW20）
>
> 之前有两次腾退机会，当时嫌安置房太远没走，现在那儿已经有地铁了。（HTYW11）
>
> 现在政策还没有到我这里，我个人当然想住楼房，但关键就是补偿多少的问题了，我两个儿子和我，都得有所补偿吧。不过，我们家人少，赔起来不占优势。（HTYW23）

那么，哪些居民更有可能腾退，留守居民具有什么特征？调研发现，人均居住面积大、已购买商品房的家庭是腾退政策的积极响应者，人均居住面积小、在外无房、无力承担房屋购置和装修费用的家庭更可能留守。在腾退政策与求学、就业、分房、买房、与亲属同住等群体筛选机制作用下，社会经济地位较高的群体持续外流，年龄大、受教育程度低、家庭结构不完整、家庭社会经济地位较低的弱势群体留守胡同社区，形成群体区隔：

> 有钱的人都搬走了。（HTYW11）

人家同意腾退的都是外面已经有房子的人。（HTYW15）

有（人走），人家有这条件嘛。现在我不具备，我就不想走。我要具备，我也走。（HTYW26）

想（走）呀！但是每平方米只赔6万多块钱，买不起新的房子。（HTYW10）

房子是我爸留下来的，其他兄弟姐妹都有房，现在我住没问题，但如果拆迁或者腾退就得给他们分补偿，一人10万，一共50万，剩下的钱就不够买新房了。（HTYW16）

平城业主的万人集团诉讼与熟悉法律和政策的能人罗先生、贝先生组织成立了"普法小组"，凝聚共识、动员业主，实现了片区和地块间的整合密不可分（施芸卿，2015）。劳动力市场分割、住房市场化、家庭网络、腾退政策等造成的群体区隔使弱势群体留守胡同社区，人口老龄化明显，65岁以上的老人占15%，18岁以下的青少年仅占2%。群体区隔使胡同社区缺乏类似罗先生、贝先生等的有能力、资源承担集体行动初始成本的关键群体（Oliver et al.，1985；Oliver & Marwell，1988），无法发起社区自组织行动。

（二）人际区隔

空间、群体区隔瓦解了胡同社区团结的动力和基础，家户不和、邻里冷漠的人际区隔表明胡同社区人际关系疏离，信任和互惠程度较低，合作能力欠缺，无法围绕提高腾退标准、改善居住环境的共同诉求动员起封闭的网络结构。人际区隔是国家政策变迁、居住空间安排、地震、生命历程、人口流动等历史和现实因素共同作用的结果。

其一，时代和制度变迁导致的财产纠纷是家户不和的体制性因素。胡同社区四合院的私产、公产、私产产权变更引发的财产支配和分配纠纷破坏了家户内部的和睦：

1990年代，雷家老太太背着家人把上交国家的16间房以2000元一间卖给了房管所，小孩知道后很生气，她还不愿意把钱拿出来，导致家庭关系非常紧张。老太太老了以后，没有一个小孩来照顾她。（2014年4月1日，HTYW17个案访谈田野日志）

雷家虽然以前是大户人家，但是做出来的事情可不像大户人家。有一个贝家，生了好几个女儿，后来为了分家产也吵得很厉害。（HTYW12）

其二，集中居住导致的空间争夺、生活冲突加剧了邻里疏离和冷漠。1949年后，胡同社区曾经单家独户的四合院被分配给几个甚至十几个家庭的工人居住，邻里共用生活设施、居住密度高、隔音效果差成为邻里冲突的温床。地震后，许多单位给职工发放建筑材料加固房屋或搭建防震棚，居民争相在四合院内、胡同巷道搭建房屋，公共空间争抢诱发了街坊邻里之间的矛盾和冲突：

水表分户前，邻里间常打架，现在好多了。这里就是公房，得考虑邻里，下水道堵了就是好几家的事情。（HTBH01）

马阿姨说邻居制造的噪音是她想搬离胡同社区的重要原因："一个喝酒的时候是半个疯子，一个是疯子，凑一对。"（2014年4月21日，HTYW24个案访谈田野日志）

对面那家就6平米，搭了屋子，过道非常窄，影响了我们家。（HTTX02）

其三，老龄人口的人际交往模式具有网络规模小、互动频率低等特点，限制了邻里互动的深度和广度，看电视、买菜、做饭、遛弯、拉家常是胡同社区老人的普遍生活方式，邻居搬离、自然死亡破坏了长期稳定的邻里交往，"远亲不如近邻"式的亲密邻里关系不断式微：

78岁的王大爷腿脚不便，在轮椅上坐了7年，靠看武装剧打发时间，每天必看新闻联播。（2014年4月15日，HTYW13个案访谈田野日志）

89岁的徐奶奶丧偶后独自居住，有高血压，通常五六点醒来，七点起来做早饭，上午去买菜，11点做午饭，下午和晚上看电视。（2014年4月11日，HTYW22个案访谈田野日志）

一般干啥事，两个人凑个伴方便，三个人就麻烦了，岁数大了你还得照顾人家。（HTYW11）

老街坊走了以后就很少联系了，自己关门过日子。（HTYW16）

现在这院里的邻居也都搬走了，北屋的腾退了，我一个人也不敢自己

出去。（HTYW06）

我女儿小的时候，我上班非常远，5点下班，回家就已经8点了。放学回家了，好，来写作业，就让她在桌子上写作业，好，吃饭了，就一起吃饭。邻居虽然当时赚得也少，也没多好的条件，但是对我女儿非常好，照顾得非常到位，我非常感激，这种关系和亲人没有什么差别。不幸的是，这几位老邻居都已经去世了。（HTYW26）

（三）话语区隔

空间邻近并未拉近本地人和做生意、务工的外来青壮年租户的距离，话语区隔是本地人和外地人深层互动的屏障，使本已松散的社区网络结构分裂，瓦解了社区内部的团结。人际交往中无法将对方纳入"自己人"范畴（杨宜音，1999）导致的信任建立失败是话语区隔的直接原因，深层原因则是市民和农民工在身份差序制度下（吴介民，2011）形成了迥异的身份认同（陈映芳，2005）。作为经济改革和社会转型中产生的弱势群体，胡同社区居民通过标榜城市居民身份和社区主人翁地位，用"素质低、不稳定因素"的污名化标签表达对外地人的排斥和歧视，弥补社会转型中的心理失衡：

扫街、清厕所什么的都是外地人在做，本地人哪愿意做这个事情啊！（HTYW23）

流动人口太多了，不欢迎，社会治安太差，而且毕竟资源有限。（HTBH01）

外地人确实有些不文明的行为，不讲卫生、随地吐痰、在公厕里面乱扔纸。（HTYW15）

外地人心不诚。我对我们院儿里的外地人特别好，有吃的我都给他孩子留着，等我下了班回来，他们就搬走了，什么都没说，过了好多年他过来找我搞推销，我就特寒心。（HTYW20）

现在这外地人推门就进，也不打声招呼，要是瞧见家里有人，他就问有没有空房，要没人呢，说不好听的他就把你给撬了。这事儿咱也不好说是吧，这么大院子没有一个人哪成？唉，你说我在院里晾的鞋，刷干净的，没了就！你一眼瞧不见，他进来就，唉，现在这外地人呐，不好说！一句

话不对付，喝点酒就吵架打架！（HTYW05）

作为政府、开发商和市民之外的"第四方群体"，农民工的居住权在动迁改造中被忽视，他们成为被排挤、驱散的对象（赵晔琴，2008）。胡同社区居民运用话语区隔排斥外地人，街道和居委会、社会组织也很少叫外地人参加社区活动，即便参加也是让他们出力，没有把外地人当作社区成员对待。腾退来临时，外地人的居住权得不到保障，只能被动搬离：

有一些本地人可傲了，没什么好感，我根本就不愿意和平城人打交道……居委会的活动会挑着叫居民的，一般我们都不会被叫到。（HTYW04）

大部分平城人都瞧不起外地人，觉得外地人抢了资源、赚了他们的钱。居委会需要帮忙我都过去，一般搬搬东西什么的。（腾退）那就搬呀，咱们是流动人口呀！（HTYW01）

四　结论与讨论

（一）研究总结

邓利杰将结构性和能动性视角结合，在《政府在隔壁》一书中提出了社区共识概念，并通过北京、成都的商品房社区和沈阳的单位制社区案例，归纳和总结出型塑社区共识的四个机制，即制造区隔、间接行政干预、塑造典型、限制自组织发展。本土的都市行动研究、自组织过程研究也从不同面向接近、探索了社区共识的型塑机制问题，前者持宏观结构性视角，后者持微观和中观视角，研究视角较社区共识研究更为单一，但研究支持了社区共识研究，表明社区共识研究具有较强的理论解释力。虽然社区共识研究集都市行动研究、自组织过程研究二者的优势于一体，但社区治理机制之间存在重合，且对老旧社区共识的型塑机制给予关注较少。本文将能人、资源、社会组织、网络结构、机会空间等都市行动研究、自组织过程视角的社区共识影响要素融入社区治理机制分析，探索有提高腾退标准、改善居住环境等促成集体行动心理和利益基础的平城胡同社区居民为何没有通过自组织行动表达诉求，而在日常社区生活中被迫与政府、企业达成社区共识，研究发现以下几点。

首先，在行政吸纳社会体制下，行政力量运用吸纳机制进行社会组织治理，使社区集体行动的机会空间受限，无法依托既有社会组织网络进行动员。行政力量主导了胡同社区 80 个社会组织的成立和发展，对公共服务提供能力强的社会组织进行选择性支持，社会组织的公共利益表达功能则被忽视或压制，国家的持续在场使社会组织成为提供公共服务的工具，形成了制造同意和约束不满机制，使社区内外部的联系和团结缺乏机会空间，社区积极分子主动与基层政府达成社区共识，而"沉默的大多数"则被动与政府达成社区共识。

其次，历史和现实因素形成的区隔机制瓦解了社区团结，使胡同社区缺乏重建社区自组织的能人、资源和网络基础，社区居民被动与政府及其城投公司代表的市场达成社区共识。其一，子地块分批试点腾退政策形成的空间区隔避免了大规模家户共同面对国家和市场导致的跨社区团结和联结出现，政策期待也部分消解了居民通过自组织行动表达诉求的动机。其二，社会经济地位较高的群体持续外流，弱势群体留守的群体区隔使胡同社区缺乏承担社区集体行动初始成本的能人和所需的资源。其三，家户不和、邻里冷漠的人际区隔使完整、封闭的社区网络结构无法成型。其四，本地人和外地人之间的话语区隔使松散的社区网络结构分裂，瓦解了社区自组织的网络基础。

最后，吸纳和区隔机制使胡同社区呈现原子化、空心化特点，即人口外流、老龄化、能人缺失、资源匮乏、人际疏离、网络结构松散且内部分裂、社区组织乏力等，且国家的监察持续在场，行动力和机会空间受限使居民的心理和利益基础无法转化为社区集体行动，只能运用个体化方式向街道、居委会、城投公司反映情况，等待国家政策、领导视察改变现状，被动与国家、市场达成社区共识。

（二）研究讨论

都市行动研究从宏观结构视角考察业主等行动者在维权和抗争过程中受到的结构规定性及其对行动的意义阐释，但对行动团体演化过程中的人际关系、团体结构演化给予的关注不够，与之相反，关注微观层次人际关系和中观层次小团体网络结构演化的自组织过程研究对宏观层次的结构性因素给予的关注不够，社区共识的吸纳和区隔将结构性的行政吸纳社会体制、腾退政策，中观层次的网络结构、社区资源，人际层次的能人缺失、人际疏离等纳入分析，从微观、中观、宏观层次呈现了社区共识的型塑过程，是对都市运动和自组织过程研究视角的补充。本文的吸纳和区隔社区治理术研究是对社区共识研究的丰富和完善。

其一，吸纳机制是对既有社区治理术的总结、提炼和升华。邓利杰总结了四种通用性的共识型塑机制，即制造区隔、间接行政干预、塑造典型、限制自组织发展。本文以平城胡同社区这一老旧社区为例，提炼出吸纳和区隔两种社区治理术，其中，吸纳机制包含间接行政干预、限制自组织发展的双重意蕴：一方面，基层政府通过吸纳少数社区积极分子为社区精英，向上级和外界营造出社区活动丰富、社区参与活跃的印象，事实上，大部分社区居民和外来租户被排斥在社区建设和社区参与的范围之外，使胡同社区居民丧失广泛团结和联结的能力，被动与政府达成社区共识，这种社区机制主要表现为间接行政干预机制，但同时包含限制自组织发展的功能；另一方面，基层政府通过行政吸纳社会的方式，对社区内的 80 个社会组织进行选择性支持，鼓励能够提供社区公共服务的社会组织发展，而对有公共利益表达功能的社会组织进行忽视和压制，社会组织有形无实，此为限制自组织发展机制，与此同时，间接行政干预也在其中发挥了重要的作用。

其二，人际区隔是对型塑社区共识区隔机制的补充和完善。邓利杰提出的制造区隔治理术包含双重机制，即空间区隔和话语区隔，前者以有形的围墙、门禁、安保为特征，通过封闭的空间进行群体分隔，而话语区隔则以市民权为分水岭，将本地人塑造为稳定、文明、高素质的群体，将农民工等外来人员塑造为不稳定、争夺资源、低素质的对象。本文对平城胡同社区的实证研究发现，除空间区隔和话语区隔，还存在一种以人际疏离为表现形式的人际区隔，即本地人并未形成紧密团结的共同体，而是在长期的历史发展和共同生活过程中，基于产权纠纷、空间争夺、生活冲突等，形成了普遍的家户、邻里矛盾，使亲友之间、邻里之间的关系较为冷漠，人际关系较为疏离。人际区隔是老旧社区历史遗留问题的产物，在邓利杰研究的商品房和单位制社区中较不明显，是对既有区隔治理术表现形式的补充和完善。

其三，对老旧社区的社区共识型塑机制研究丰富了社区共识研究的社区类型和治理形态。我国处于社会转型时期，伴随着工业化和城镇化的快速推进，我国的社区类型极为多元，包括单位制社区、新兴商品房社区、老旧街区、保障房社区、回迁房社区、村转居社区、混合社区、城中村社区、乡村社区等社区类型。邓利杰的社区共识研究以北京、成都的商品房社区和沈阳的单位制社区为例，概括了商品房社区以制造区隔、塑造典型为主的社区治理，单位制社区以间接行政干预、限制自组织发展为主的社区治理。本文对老旧社区的研究发现，老旧社区的社区共识型塑机制兼具商品房社区和单位制社区治理的异同点：一方面，区隔是商品房社区和老旧社区的共性，但人际区隔是老旧社区的独特之处；另一方面，吸纳蕴含的间接行政干预、限制自组织发展是老旧社区和单位制社区的共同点，但间接行政干预的表现形式有所不同，国家通过增大福利供给、增加社区干部来干预沈阳的单位制社区，但对平城老旧社区的干预则以对社区积极分子进行精英吸纳、行政吸纳社会式的社会组织干预为主。因此，本文的老旧社区的社区治理研究是对既有商品房社区和单位制社区共识研究的补充和完善，且丰富了社区治理形态研究。

本文提出如下社区治理和发展的政策建议：其一，胡同社区治理是多主体、多因素长期共同作用的结果，平城市、区政府及城投公司应明确胡同社区的腾退标准和进度，使居民形成清晰、稳定的居住生活预期；其二，居民可以要求街道、居委会和社会组织组织更多的普法、教育活动，增强公民意识和勇气；其三，让外地人参与社区活动，搭建本地人和外地人的沟通桥梁，丰富社区社会资本；其四，对胡同社区外无房且居住困难家庭的居住空间进行设计和改造，提高空间利用率，改善居住条件和生活质量，鼓励多方参与社区营造，发掘胡同社区的历史文化资源，建设维系居民认同的历史感社区（刘晓春，2014）。

社区行动研究和自组织过程研究均关注已经发生的集体行动，本文对没有集体行动的胡同社区进行研究，呈现了转型时期社区治理的异质性和复杂性，推进了社区共识的型塑研究。研究方法方面，本文未能调研到腾退住户、在外居住且将空置房屋出租的家庭，无法完整呈现胡同社区居民的全貌。20 世纪 90 年代以来，我国总体社会结构和社区内部均出现了精英和底层群体的断裂（孙立平，2003；罗家德等，2014），在底层留守、精英全方位抽离的社区治理现状下，如何吸引精英群体回流、焕发社区活力和生机，是摆在无数空心化社区面前的难题。

参考文献

陈鹏（2010）：《当代中国城市业主的法权抗争：关于业主维权活动的一个分析框架》，《社会学研究》，1。

陈映芳（2005）：《"农民工"：制度安排与身份认同》，《社会学研究》，3。

陈映芳（2006）：《行动力与制度限制：都市运动中的中产阶层》，《社会学研究》，4。

陈映芳（2008）：《城市开发的正当性危机与合理性空间》，《社会学研究》，3。

曹正汉等（2012）：《身份权利及其竞争：制约中国社会组织发展的一种机制及其实证检验》，载周雪光、刘世定、折晓叶主编《国家建设与政府行为》，北京：中国社会科学出版社。

冯钢（2012）：《论社会组织的社会稳定功能：兼论"社会复合主体"》，《浙江社会科学》，1。

〔法〕米歇尔·福柯（2010）：《安全、领土与人口：法兰西学院演讲系列：1977 - 1978》，钱翰、陈晓径译，上海：上海人民出版社。

桂勇、黄荣贵（2008）：《社区社会资本测量：一项基于经验数据的研究》，《社会学研究》，3。

葛道顺（2011）：《中国社会组织发展：从社会主体到国家意识——公民社会组织发展及其对意识形态构建的影响》，《江苏社会科学》，3。

何艳玲、钟佩（2013）：《熟悉的陌生人：行动精英间关系与业主共同行动》，《社会学研究》，6。

何宇飞（2011）：《NGO 在替代性食物体系中信任建构的作用：以 A 村的社区支持农业项目为例》，中国人民大学农业与农村发展学院农业经济管理专业硕士学位论文。

纪莺莺（2013）：《当代中国的社会组织：理论视角与经验研究》，《社会学研究》，5。

康晓光、韩恒（2008）：《分类控制：当前中国大陆国家与社会关系研究》，《开放时代》，2。

康晓光等（2007）：《行政吸纳社会：当前中国大陆国家与社会关系再研究》，《中国社会科学》（英文版），2。

李智超（2015）：《乡村社区认同与公共事务治理：基于社会网络的视角》，北京：中国社会科学出版社。

刘能（2004）：《怨恨解释、动员结构和理性选择：有关中国都市地区集体行动发生可能性的分析》，《开放时代》，4。

刘晓春（2014）：《日本、我国台湾的"社区营造"对新型城镇化建设过程中非遗保护的启示》，《民俗研究》，5。

刘子曦（2010）：《激励与扩展：平城业主维权运动中的法律与社会关系》，《社会学研究》，5。

罗家德 (2011)：《中国商道：社会网与中国管理本质》，北京：社会科学文献出版社。

罗家德等 (2013a)：《中国商业行业协会自组织机制的案例研究：中西监督机制的差异》，《管理学报》，5。

罗家德等 (2013b)：《自组织运作过程中的能人现象》，《中国社会科学》，10。

罗家德、李智超 (2012)：《乡村社区自组织治理的信任机制初探：以一个村民经济合作组织为例》，《管理世界》，10。

罗家德等 (2014)：《灾后重建纪事：社群社会资本对重建效果的分析》，北京：社会科学文献出版社，第十章。

罗家德、方震平 (2014)：《社区社会资本的衡量：一个引入社会网观点的衡量方法》，《江苏社会科学》，1。

沈原等 (2017)：《北京市社区治理发展趋势及对策研究》，《北京工业大学学报》(社会科学版)，1。

沈原 (2019)：《老旧街区的社区建设》，《国际社会科学杂志》，1。

帅满 (2016)：《信任转化与演进机制研究：以网络结构信任为中介的考察——以自组织"菜团"为例》，载周晓虹、谢曙光主编《中国研究》，20，北京：社会科学文献出版，120~142。

帅满 (2013)：《安全食品的信任建构机制：以 H 市"菜团"为例》，《社会学研究》，3。

施芸卿 (2007)：《机会空间的营造：以平城被拆迁居民集团行政诉讼为例》，《社会学研究》，2。

施芸卿 (2013)：《自我边界的"选择性固化"：公民运动与转型期国家一个人关系的重塑——以 B 市被拆迁居民集团行政诉讼为例》，《社会学研究》，2。

施芸卿 (2015)：《再造城民：旧城改造与都市运动中的国家与个人》，北京：社会科学文献出版社。

孙立平 (2003)：《断裂：20 世纪 90 年代以来的中国社会》，北京：社会科学文献出版社。

孙瑜 (2014)：《乡村自组织运作过程中能人现象研究》，清华大学社会学系博士学位论文。

唐文玉、马西恒 (2011)：《去政治的自主性：民办社会组织的生存策略》，《浙江社会科学》，10。

王海宇 (2018a)：《有限度的自主：当前社区治理中的社区干部》，《青年研究》，2。

王海宇 (2018b)：《从国家话语到日常实践》，《读书》，4。

王海宇 (2019)：《老旧街区中的积极分子：以大栅栏 BS 社区为例》，《国际社会科学杂志》，1。

王名、孙伟林 (2010)：《我国社会组织发展的趋势和特点》，《中国非营利评论》，1。

王诗宗、宋程成 (2013)：《独立抑或自主：中国社会组织特征问题重思》，《中国社会科学》，5。

王信贤（2006）：《争辩中的中国社会组织研究："国家" – "社会"的视角》，台北：台湾韦伯文化国际出版有限公司。

魏伟（2008）：《都市行动研究：理论传统的界定和中国经验的嵌入》，《社会》，1。

卫伟（2014）：《动迁居民行动的"集体性"研究》，华东师范大学社会学系博士学位论文。

温莹莹（2013）：《非正式制度与村庄公共物品供给：T 村个案研究》，《社会学研究》，1。

吴建平（2012）：《理解法团主义：兼论其在中国国家与社会关系研究中的适用性》，《社会学研究》，1。

吴介民（2011）：《永远的异乡客？公民身份差序与中国农民工阶级》，《台湾社会学》，21。

许鹿、罗凤鹏、王诗宗（2016）：《组织合法性：地方政府对社会组织选择性支持的机制性解释》，《江苏行政学院学报》，5。

闫臻（2018）：《城市社区组织化治理：自上而下的科层制嵌入与横向联系的扁平化合作》，《人文杂志》，5。

杨敏（2007）：《作为国家治理单元的社区：对城市社区建设运动过程中居民社区参与和社区认知的个案研究》，《社会学研究》，4。

杨宜音（1999）：《"自己人"：信任建构过程的个案研究》，《社会学研究》，1。

曾凡木（2018）：《移动互联网、线上分享与青年自组织的互惠机制：以 S 市新庭小区 80 群为例》，《中国青年研究》，8。

张磊（2005）：《业主维权运动：产生原因及动员机制：对北京市几个小区个案的考查》，《社会学研究》，6。

赵秀梅（2008）：《基层治理中的国家 – 社会关系：对一个参与社区公共服务的 NGO 的考察》，《开放时代》，4。

赵晔琴（2008）：《"居住权"与市民待遇：城市改造中的"第四方群体"》，《社会学研究》，2。

周飞舟、王绍琛（2015）：《农民上楼与资本下乡：城镇化的社会学研究》，《中国社会科学》，1。

Nahapiet, J. & Ghoshal, S. (1998), "Social Capital, Intellectual Capital, and the Organizational Advantage", *Knowledge & Social Capital*, 23 (2).

Oliver, P. & Marwell, G. (1988), "The Paradox of Group Size in Collective Action: A Theory of the Critical Mass", *American Sociological Review*, 53 (1).

Oliver, P., et al. (1985), "A Theory of the Critical Mass. I. Interdependence, Group Heterogeneity, and the Production of Collective Action", *The American Journal of Sociology*, 91.

Ostrom, E. (1988), "A Behavioral Approach to the Rational Choice Theory of Collective Action: Presidential Address", *American Political Science Association*, 92 (1).

Putnam, R. D. (1994), *Making Democracy Work: Civic Traditions in Modern Italy*. Princeton University Press.

Tomba, L. (2014), *The Government Next Door: Neighborhood Politics in Urban China*, Cornell University Press.

Absorption and Distinction: Research on Mechanism of Neighborhood Consensus Building in Hutong Community

Shuai Man, Liang Xiaoyue

[**Abstract**] This study integrates the factors affect community consensus proposed by urban action study and self-organizational process analysis, including the elites, resources, social organization, social network structure, opportunity space, into the analysis of community governance technics to explore why Hutong Community in Ping City did not occur community self-organizing action while residents have strong desires to improve standards for retreating and improving the living environment. There are three research findings in this study. First, governance technic of absorption limits the opportunity for community collective action in Hutong Community, as a result, residents cannot rely on the existing social organization network to get mobilized. Second, governance technic of distinction, including space distinction, class distinction, interpersonal distinction and discourse distinction, disintegrates community unity, therefore, Hutong Community lacks for the foundation for rebuilding community self-organization, such as the elites, resources and social network structure. Third, the atomization and hollowing caused by governance technics of absorption and distinction limits the action force and opportunity space of Hutong Community, so the residents were forced to reach a community consensus with the state and the market. This study supplements and perfects the existing community consensus research. Clarifing development expectations, enhancing citizen awareness, enriching community social capital, and community building are approaches to improve the governance situation in Hutong Community.

[**Keywords**] Community；Neighborhood Consensus；Absorption；Distinction；Community Organization

（责任编辑：李朔言）

吸纳与区隔：社区共识的型塑机制研究

中国社区治理创新的内部动力机制研究[*]

刘 波 杨春滋 彭宗超[**]

【摘要】 社区治理创新强调治理经验的创新性，然而实践中很多模式表面上看似新颖和多样，通过进一步的分析却发现其本质上具有很强的相似性。本文跳出传统意义上国家－市场－社会关系下的社区治理创新研究，在总结和梳理各种典型创新模式的基础上，从创新动力产生到创新策略执行全过程的动态视角重新思考三者在社区治理创新中的互动方式和内在机制。由于治理主体的动力和资源等客观条件共同决定创新形式的有限选择空间，最终形成了强制创新机制、压力创新机制、模仿创新机制、功能创新机制。该研究有助于深刻揭示社区治理创新的实质和内核，希望能够对社区治理创新的实践提供一定的参考。

【关键词】 社区治理 合法性 资源依赖 创新机制

* 本文系国家重点研发计划资助（2018YFC0806901）、国家社科基金特别委托项目（16@ZH003）和国家自然科学基金重大项目（71790611）的阶段性成果。本文初稿曾在2018年广东社会科学学术年会"营造共建共治共享社会治理新格局"会议上做报告，得到参会学者的建议与支持。感谢北京师范大学社会学院蔚建文老师、清华大学公共管理学院蒙克老师和大连理工大学公共管理学系姜影老师对本文的指导建议。感谢编委会及匿名评审专家的意见。

** 刘波，清华大学公共管理学院、中国应急管理研究基地博士生，研究领域为国家治理、风险社会；杨春滋，清华大学社会学系博士生，研究领域为城市社会学；彭宗超（通讯作者），清华大学公共管理学院教授、党委书记、中国应急管理研究基地主任、中国社会风险评估研究中心主任，研究领域为国家治理、应急管理。

一 导言

社区作为一个重要的生活共同体和建设载体，它是我国社会治理的重要环节，社区治理的水平对国家治理具有深远的影响。目前的研究者大多数是以国家－市场－社会为维度，根据三者在治理过程中力量的强弱关系区分为不同的模式（赵岩、孙涛，2016）。我国丰富的社会治理创新实则大致可分为功能整合的服务改善型、社区治理结构优化型和引导－协作型三种类型（王升平，2017）。根据市民社会成长与政府职能转型的两个维度，研究者区分出四种不同的模式：国家控制社会模式、社会参与国家模式、国家与社会合作模式、国家与社会共生模式（李慧凤，2010）。在社会学的视野下有研究者将社区治理创新模式区分为四种理想类型：政府主导模式、市场主导模式、社会自治模式和专家参与模式（葛天任、李强，2016）。不同地方社区发展的实际情况和治理惯习，以及治理主体偏好的差异产生了行政主导下的社区治理实践、社区居民自治型社区治理、枢纽型社会组织参与社会治理、项目制政府购买社区服务治理等模式（尹广文，2016）。依照政府介入社区的程度和社区社会资本两个维度可以将社区组织分为"政府主导"型、"自我发展"型和"协同共建"型三种不同的初始类型（徐林等，2015）。

从建立多主体的合作机制和创造多主体的参与渠道等维度来总结社区治理创新的经验模式具有一定的优势。一方面，其非常符合国家对社区治理创新的精神和要求，能够形成典型和示范效应；另一方面，也容易运用国家－市场－社会以及多中心治理等理论视角进行分析，客观上贴近基层的工作思路和操作方法。因此，无论从政策、理论还是实践层面都易理解和推广，但是该方法在追求经验的创新性、多样性、可推广性时忽视了这些模式背后的逻辑以及形成原因。于是本文希望建构一个包容性分析框架，从社区的创新动力、资源环境和行动策略等方面来对创新的机制进行解释，关注外部环境的制约迫使治理过程进行权宜性适应和调整。

二 理论框架

自马克斯·韦伯提出合法性概念后，它就成为政治学、社会学和公共管理学科重要的术语。韦伯的合法性从经验主义出发，他将权威分为三种类型：传统型权威依据历史传统的神圣性与规则；卡里斯玛型权威以领导人物的个人品质与魅力为特征，此类权威多存在于失范的社会状态；法理型权威主要是遵守正式的制度规则和法律（韦伯，2004）。在韦伯的合法性理论中，与之相伴的是合法化概念，其内涵宣称统治的适当或正当，主要为了获取授权（刘旺洪、徐梓文，2017）。韦伯对合法性的理解具有权术的"工具性"（张康之，2002）。其后的政治学家李普塞特、戴维·伊斯顿、派伊等人对合法性的解释都是遵循韦伯式的经验主义历史传统（郝宇青，2007）。他们将合法性指向政治系统和秩序，使得合法性更加具有分析性，同时进一步论述了合法性与有效性之间的关系（林进平，2017）。相比较而言，哈贝马斯从价值层面对合法性做出解释，在他看来合法性是某种政治秩序被社会认可的价值（哈贝马斯，1989）。他从历史的发展过程思考合法性，认为"早期资本主义的市民社会是一种独立于国家政治力量的私人自治领域，国家通过允许市民社会的充分发展而确保了自身的合法性基础"（张康之，2002）。上述关于合法性的讨论可以归为政治哲学的路径。另一条路径是新制度主义的组织社会学（组织学），该理论认为组织不是一个单纯的经济实体，并非仅仅是为了追求效率目标，它还会受到所处环境中社会期望的影响，这就是所谓的组织合法性的要求。合法性机制强调社会的法律制度、文化期待和观念制度等成为人们广为接受的社会事实，对个体具有强大的约束力，规范着人们的行为（周雪光，2003）。DiMaggio & Powell（1983）在合法性机制的基础上认为组织趋同有三种机制：强制性趋同、模仿过程、规范压力。强制性趋同来源于所依赖的其他组织和社会文化期待施加于组织的正式和非正式压力；模仿过程是由组织外部或内部环境的不确定性导致，它是组织对不确定性的一种反应；规范压力源于普遍的社会规范。合法性的基础有三种，分别是强制性奖惩、价值观与规范遵从、共同理解（陈扬等，2012）。Suchman（1995）将合法性分为三种类型：实用合法性取决于组织最直接受众群体的自利计算，这种即时性涉及组织与受众之间的直接交流，也可能涉及更广泛的政治、经济或社会相互依存的关系，民众的福利会受到组织行动影响；道德合法性强调"社会性"的特点，主要判断该活动是不是"正确的事情"，这些判断通常是关于活动能否有效促进社会福利，由受众的社会建构价值体系所定义；认知合法性涉及对组织的积极肯定支持。因此，合法性的重要功能是让组织具有连续性与可信性，这样能够使其获得主动和被动的社会支持，从而进一步获取其他方面的资源（肖林，2014）。该路径合法性的研究关注组织之间的相似性，社区作为组织类型之一，不同的治理创新模式同样受到它的影响，因此在对机制的解读中是不可忽视的因素。

由于中西方在政体上的不同，合法性概念在两种文化背景之下存在一定的差异性。杨光斌（2016）指出国内学者关于合法性的论战完全局限在西方的政治哲学理论范畴内，忽视了本国的历史传统与文化背景。在中国的话语体系下，合法性的重要来源之一是中央政府的授权。我国的政策执行是通过中央向省级下达指令，下级单位按照政令施行，因此上级授权是合法性获得的重要源泉。本文的合法性从其来源上分为自上而下和自下而上两种不同的类型，自上而下的合法性更加符合韦伯的类型，强调基层政府在日常实践中追求工作能力和绩效，从而得到认可的主动行为，符合政策要求；自下而上的合法性来源于社会、观念和价值等，它是民众对组织的期望，这里的合法性强调民众的社会认可度和社会需求，是政策执行的有效性（见图1）。

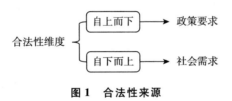

图1　合法性来源

资源依赖理论是组织理论的重要流派之一，组织的生存需要通过与环境的交换而获得关键性资源，资源的重要性决定了组织的依赖程度（林润辉等，2015）。一方面组织为了获取资源要通过修正、操纵或控制其他组织来维持自身的独立性，平衡与其他组织的关系；另一方面组织需要改变其他的环境因素，例如政治性活动和合法性等（费显政，2006）。Pfeffer & Salancik（2003）认为组织的依赖度有三个决定性因素：资源的重要性、组织内外部的特定群体获得裁决资源的使用度、替代性资源来源的存在程度。Pfeffer（1987）提供了资源依赖和组织间关系的论证：第一，理解公司间关系和社会的基本单位是组织；第二，这些组织不是自治的，而是受到与其他组织相互依赖的网络关系限制；第三，组织的行动不确定将会使彼此相互依存，因此导致生存环境和持续成功的情况不再存在；第四，组织采取行动来管理外部相互依赖关系，虽然这种行动未必会永远完全成功，同时将会产生新的依赖模式；第五，这些依赖模式产生于组织间和组织内部的权力，有一些权力对组织行为有影响。在此之后学者们围绕资源依赖理论构建了组织可以制定最小化环境依赖度的五个关键要素：合并/纵向一体化、合资企业和其他组织间关系、董事会、政治行动以及行政继承（Hillman et al.，2009）。社区的创新行为面临着资源的支持，本文认为社区依赖的资源有两个重要来源，正式资源主要是指社区依赖于政府自上而下输送的技术支持、人力投入、财政补贴和规章制度等；非正式资源主要指企业资金、社区自身的文化基因和其他的支持等。从政策的角度来看，本文更加关注正式资源对基层社区治理创新的供给，它是创新策略选择和机制形成的重要影响因素。

基层政府在日常治理中通过不断的创新增强自身合法性。一方面在政绩型和压力型体制下，满足自上而下的各项精神和政策要求；另一方面积极回应自下而上自发产生和表达的社会需求。一般情况下，当合法性来源强时，基层政府会具有强大的动力和意愿去创造有利于解决难题的办法或制度等，依照发展的逻辑进行大刀阔斧地尝试等。当合法性来源弱时，基层政府往往采取不出事的保守逻辑，呈现一种维持型状态，静观其变。同时，合法性来源的程度差异也间接影响资源供给情况，当合法性来源强时，基层政府在治理创新中获得丰富和有利的资源，依赖于政府的正式资源投入以及社会的非正式资源。但是依赖政府的正式资源越大，将面临越严格的制度、程序和效率等强约束。由合法性影响的创新动力强弱和资源依赖程度影响的创新资源环境共同决定了创新策略的选择。依照这一内在过程，实际上可以内窥看似丰富社区治理创新的机制，基本呈现强制创新机制、压力创新机制、模仿创新机制、功能创新机制四种。为了进一步对各种社区治理创新机制的内在逻辑进行详细的分解，组织创新过程中的合法性来源和资源依赖，共同导致了不同的创新策略选择，最终形成了四种机制的结构特征（见表1）。

表1　社区治理创新四种机制结构特征

创新机制	合法性维度	资源依赖	创新策略
强制创新机制	自上而下，自下而上都强；但自上而下＞自下而上	强的正式＆非正式资源供给	政策要求明确，创新动力十足 ↓ 政府引导下的发展型逻辑 ↑ 正式规范硬约束，资源软约束

创新机制	合法性维度	资源依赖	创新策略
压力创新机制	自上而下，自下而上都强；但自下而上＞自上而下	非正式资源的强供给	社会需求强烈，创新动力十足 ↓ 动员社会下的发展型逻辑 ↑ 正式资源有限，非正式资源软约束
模仿创新机制	自上而下，自下而上都弱；但自下而上＞自上而下	弱的正式＆非正式资源供给	政策要求模糊，创新动力不足 ↓ 包装转化下的维持型逻辑 ↑ 资源硬约束，利用整合现有资源
功能创新机制	自上而下，自下而上都弱；但自上而下＞自下而上	正式资源的强供给	政策要求错位，创新动力有限 ↓ 责任转移下的维持型逻辑 ↑ 资源软约束，力求避免潜在风险

三 创新机制的典型案例分析

近年各地在社区治理创新上进行了一系列的探索实践，形成了各种典型的地方性经验与多元合作治理模式。笔者在北京、上海、杭州、南京、绍兴、成都、武汉、淄博等地对不同类型社区进行了深入调研，关注点包括社区党建、社区社会组织发展、社区参与、社区文化建设等各个方面，收集了大量基层政府创新经验的素材，对各地的社区治理创新有了一定了解和判断。虽然各地创新模式丰富多彩、层出不穷，但是其背后的机制正是因为合法性来源和资源依赖的差异而导致。为了更清楚地说明不同机制的特征，每种创新机制分别选择一个基层社区完整的案例对其内在逻辑进行解释。考虑到不同的社区类型、地域差异等影响因素，本文选择了四个能够突出创新机制的社区实践。

（一）强制创新机制

案例：绍兴市越城区 T 街道 HY 社区的老吴 2001 年开通"老吴服务热线"，以"烦事难事来找我，尽心尽力帮助你"为口号，主动帮助独居老人维修水电、缴费跑腿、生活照料等，老吴的热心肠受到了老人们的热烈欢迎。现代家庭代际关系和居住方式的变迁产生了很多独居老人，他们需要这种便捷放心的服务，很多周围社区的老人也都开始拨打该热线。一方面，随着服务人群和范围的扩展，老吴和他的伙伴们应接不暇，经济上也逐渐难以支撑；另一方面，由于服务对象的特殊性，老年人是高风险群体，服务过程存在不可控性，所以"老吴"这种个体化的自愿形式在进一步发展的过程中面临风险和成本双重制约。社区居委会为了更好地向上向下负责，能够创新推广，最佳选择就是引导"老吴服务热线"逐渐注册成为正式社会组织，发挥自组织的力量，同时也能尊重"老吴服务热线"原有的服务理念和内容，保持其与社区老人在地化的亲密关系。于是，社区通过宣传引导、人员吸纳、资源交换等方式把"老吴服务热线"这一草根组织逐渐转型成为正式组织。最终 2017 年 3 月"老吴服务热线"志愿服务中心在越城区民政局登记注册，目前为止热线中心有 10 多支服务队伍，200 多名志愿者，在越城区 7 个街道的其中 9 个社区设立分站，提供水电修理、裁剪理发、慈善帮扶等贴近居民日常生活的多项服务。"老吴服务热线"的总站也有了 3 名固定的工作人员，开通了专门账户接受企业的部分捐款，加强资金管理，购买保险，进行风险控制，定期参加越城区民政局社会组织相关课程的学习，进一步规范组织运行，定期接受评估和年检。

合法性维度。民政部《关于大力培育发展社区社会组织的意见》（民发〔2017〕191 号）（简称《意见》）重点提出大力培育发展社区社会组织的部署要求，以满足群众需求为导向、鼓励扶持为重点、能力提升为基础，引导社区社会组织健康有序发展，充分发挥社区社会组织提供服务、反映诉求、规范行为的积极作用；力争到 2020 年社区社会组织培育发展初见成效，实现城市社区平均拥有不少于 10 个社会组织，农村社区平均拥有不少于 5 个社会组织。《意见》对今后的发展要求也做了规划，5~10 年后社区社会组织管理制度更加健全，支持措施更加完备，整体发展更加有序，作用发挥更加明显，成为创新基层社会治理的有力支撑。国家和上级政府有明确的政策要求和发展方向，鼓励社区社会组织多开展服务，同时也要求加强管理和指导。另一方面，我国老龄化问题越来越明显，社区老年人对养老服务需求强烈，需要更加专业的社会组织提供服务，所以积极培育和发展这类提供相关民生服务的社区社会组织，具有自上而下和自下而上的双重合法性，于是基层政府在创新中具有很强的发展动力。

资源依赖。由于社区社会组织的自发性、灵活性等特点使其进一步发挥更大更稳定作用面临一些困难，特别是资源能力、制度规范等方面都受到一定制约。2016年8月中共中央办公厅、国务院办公厅印发了《关于改革社会组织管理制度促进社会组织健康有序发展的意见》，要求大力培育发展社区社会组织，对符合登记条件的社区社会组织，优化服务、加快审核办理程序、简化登记程序，采取政府购买服务、设立项目资金、补贴活动经费等措施加大对社区社会组织扶持力度。HY社区在努力把"老吴服务热线"逐渐转变成一个正式注册的社会组织，使其更加规范化和标准化运作。按照该思路发展就非常符合上级的政策偏好和要求，易得到上级充足的正式资源供给；再者，这些已经存在的自组织本身就拥有大量的非正式资源供给。与此同时，成为正式组织的过程中也将会面对更复杂的程序规范和法规制度的约束。

创新策略。在政府政策方向明确且居民有迫切需求时，自上而下和自下而上的合法性来源都强，基层政府创新动力十足。自上而下的配套资源丰富，呈资源软约束状态。但同时依赖上级政府的资源输入时，其策略选择的自由空间小，对创新成果有硬性的考核指标要求。"老吴服务热线"在获得资源时也要开始承担部分原先没有的社会志愿活动，接受更加严格的考核、审查和培训等，资金使用和信息公开等呈现严格的制度约束局面。合法性来源自上而下的力量更强时，创新模式符合政府现代化、标准化、法制化、精细化的价值追求。迎合政府偏好的创新在享受资源支持的同时也形成权力依赖，其所能选择的创新策略较为有限，呈现在政府政策方向引导下的发展型逻辑，集中导向了强制创新。

（二）压力创新机制

案例：在上级政府提倡移风易俗和农村文化建设的背景下，山东省淄博市马桥镇HJ村成立红白理事会，简化和规范红白喜事操办程序，使其在完成社会意义之时，更加适应现代生活方式。红白理事会共有成员10人，理事长由文化和威望较高且经验丰富的"礼生"担任，和其他村民代表一起负责红白理事会的日常运行。礼生为村民操办各类红白喜事多年，根据自己对有关仪式礼仪、规则程序等传统经验的理解，组织大家讨论仪式意义、简化仪式程序、控制规模时长等。结合村庄实际生活情况和村民心理需求，引导其他成员代表一起制定全新的规范。最重要的是红白理事会在日常的仪式中进一步承担指导和监督责任，全程参与仪式的流程。红白理事会在该地区有悠久的历史传统，曾经在村庄的公共生活和仪式规范上发挥很大作用，是维持社区交往和意义再生产的重要组织，在村民之间有一定的影响力。恢复这一传统受到村民的支持和认可，使村庄失序的人情风得到了及时遏制。此外，人情往来带有很强的地方认同和规范性，而红白喜事又涉及村民的精神和价值世界，这些共同决定了其治理不得不更多依赖当地社会的传统习惯来减少自上而下可能造成的冲突和不适应性。据统计，目前山东全省建立起红白理事会8.6万个，覆盖率达到67%，在减弱攀比之风和减轻农民负担方面取得了良好效果。

合法性维度。社会主义新农村建设和"十九大"乡村振兴战略都强调乡风文明，伦理道德、村规民约、风俗习惯是乡村治理的重要载体，也是乡村文化建设的重要手段。2017年中央的一号文件也提到要加强农村移风易俗工作，引导群众抵制婚丧嫁娶大操大办、人情债等陈规陋习，各地纷纷出台了一系列具体操作办法和细则，村委会在治理和改善该问题时具有很强的自上而下的合法性。从"差序格局"到人缘、人情和人伦的三位一体人际关系成为社区治理的社会性权力。传统的村庄社会通过红白喜事的帮工、随礼等形式来维持关系，红白喜事具有较强的公共性和功能性（胡荣，2013）。人情的异化给村民的日常生活带来了很大影响，所以重塑人情规范并恢复其本来的社会意义成为广大村民的迫切愿望。因为治理要与社会风俗习惯和村民的实际需求相符合，所以其自下而上的合法性略强于自上而下的合法性。

资源依赖。相较而言，自下而上的合法性强于自上而下的合法性，特别是这些社区内部具有天然的环境优势，能获得更多的非正式资源供给。一方面，社区成员的配合可以减少治理实践中的协调成本，实现低成本运行；另一方面，动员社会力量的加入可以丰富治理资源，起到增量作用，也会为创新提供更和谐的社区环境氛围。社区作为地域性生活共同体在其形成和发展过程中有一套共享价值、社会规范、文化惯习，日积月累形成了自身的运作逻辑。基层政府在创新时可以动员社区已有的社会性资源，大大降低了对自上而下资源的依赖和标准化规则的限制。

创新策略。政府自上而下有一定的政策要求，然而基层自下而上的改进需求特别强烈和急迫时，其创新动力也十分充足。特别是当来自社会的合法性更强时，尽管政府资源有限，但是仍然可以动员丰富的非正式资源，此时基层政府进行创新的政策创新空间大且更为灵活。虽然创新策略选择空间较大，但地方创新实践仍是在基本政策方向和制度约束范围内，组织形式必须符合社会惯习，激发非正式资源的参与，呈现动员社会的发展型逻辑。这类地方规范性和共识性强的社会事务更多尊重和借用已有的集体意识是较为合适的选择。压力之下的社区依靠存量不多的社会资源，运用策略建构起一套地方性互动网络来获取上级的认同（刘岩、刘威，2008），这就是压力创新。

（三）模仿创新机制

案例：山东省淄博市马桥镇工业化程度较高，由于化工、造纸等产业的发展，企业的用地需求量较大。自2002年开始，周围几个村庄开始推动集中居住，H村因为村集体实力强，分三批逐渐进行，2008年基本全部完成。新的居住形态需要全新的管理方式，上级也高度重视这类小区的和谐稳定，大体上要求做好这类小区居民的生活保障和就业指导工作；同时引导居民进一步市民化，采取借鉴或引入物业管理的思维，加强小区环境建设，营造优美卫生的居住环境。由于对其具体管理形式缺乏明确思路，而且最重要的是政府人力财力有限，能够投入的资源非常有限。村委会为了保持村民生活水平稳定和小区的基本公共服务设施运转正常有序，试图引进市场上的物业公司，但是按照小区整体面积的收费方式和标准远超过村民和村集体的承受能力。村民生活成本增高、外来居住人群分享集体福利等都制约引入专业性的物业公司。2009年村委会下设一个物业处，参照专业物业公司的管理模式和运作方式，由副书记在村委层面负责，来全面管理小区的整体环境。这种村集体自己提供的物业管理不同于市场上专业化的物业管理服务，呈现集体兜底、底线式服务、松散式管理等特征。物业处象征性收取一定的费用，服务只包含基本的卫生保洁、治安巡逻、水电维修等，管理依靠个人权威，缺乏明确的规章制度。自办物业较为节省成本，相当于在村委会的日常工作中增加一项条线工作内容，且该形式也便于转型，目前深圳很多城中村的自办物业已经转型成正规的企业，是一种成本较低，便于转型成市场化运作的创新实践。

合法性维度。随着工业化和城市化进程的加快，在国家鼓励增减挂钩、地票交易等一系列政策试点的基础上，各地进行农民上楼、村转居等一系列探索。大部分农民退出自己的宅基地和耕地居住到现代化小区，村转居和农民上楼作为近年来城镇化的产物，居住方式的改变要求新的治理方式和手段。各地政府高度关注这一新趋势，对村转居安置社区的稳定方面提出要求。转型时期国家政策方向和治理目标具有调整性和不确定性，有些政策多为暂时性和阶段性的要求，政府内部结构相互之间的扯皮也产生了较强的不确定性（张虎祥，2005）。有关村转居和农民上楼的这类社区，中央的政策存在一定的模糊性，只对保证社会的稳定和居民生活做出要求，并没有对政策、资金、方式等方面进行规定。2015年山东省委办公厅、省政府办公厅印发了《关于深入推进农村社区建设的实施意见》，要求将这类社区纳入城镇化管理，也只分为四种不同情况做了大致指导。基层政府面对这一情况，只能稍微动作，自上而下的合法性较弱。大部分居民由于经济条件和传统习惯对小区居住环境和服务管理方式需求不强，自下而上探索新型管理方式的合法性也较弱，但因与自身生活密切相关，其自下而上的合法性略强于自上而下的合法性。

资源依赖。在两个维度的合法性都较弱的情况下，上级政府能够投入的相关资源（补贴或拨款）较少，村转居社区的治理成本较之以往会大幅度增加。此时能够动员的社会力量和资源也不足，即正式和非正式的资源供给都有限。地方政府在治理创新中面临强的资源硬约束，必须把成本降到最低，因此只能挖掘、激活和整合已有的资源条件。

创新策略。政策要求的模糊使得基层在探索创新时缺乏上级方向的指引，想要产生有影响且能获得上级认可的创新成果较难，因此创新动力较弱。但向下负责的压力略强于向上，常规治理仍要满足居民基本需求、解决困难和维持社区稳定。此时基层多采用维持型的逻辑，试图在常规工作中有一定创新效果，往往从外在形式上着力包装和转化已有的村集体组织形式。村委会在日常的管理中增加一个部门专门负责开展物业工作和服务，模仿市场上物业公司的形式，提供保底式的物业服务，在保证基本正常运行的情况下把费用降到最低。通过模仿现有的正式化程度高且规范性强的组织，最终产生模仿创新。

（四） 功能创新机制

　　案例：居委会作为一个居民自我管理、自我教育、自我服务的基层群众性的自治组织，是社区建设的最前沿。组织居民自治，进行社区建设是其最重要的职能。但是居委会在实际生活中更多地是在完成政府的行政性工作，可谓上面千条线，下面一根针。在完善社区治理，激发社区活力，形成多元共治的号召下，国家要求给居委会减负，让其回归自治功能，发挥应有的作用。于是广东、江苏、浙江等地先后探索"居站分离"的模式，除原来的居委会以外，再单独设立一个社区服务站，专门为居民提供各项服务和承接政府条线部门的行政性工作，招聘专业的社会工作者。自2010年开始，绍兴市T街道LB社区对200余项工作任务进行了梳理与整合，按照《绍兴市社区党委、居委会、社区服务站工作职责》《绍政办发〔2015〕24号〈关于推行政府向社会力量购买服务的实施意见〉》等文件，由社区服务站承担各项代理代办事项和便民利民服务，涉及民政、社保、党务、文教、综治、卫生等项目。社区建立了一体化的服务站窗口，由岗位社工负责各自条线的行政性业务办理和政策宣传等工作。按这种设置运行一段时间后，陆续出现了一系列问题，而且很多在意料之外。改革后实现了完全议行分离，结果使居委会进一步边缘化，不提供这些行政性服务以后，居委会在社区自治上的能力有限，发挥的作用更小。

　　合法性维度。政府大部分职能逐渐延伸和下沉到社区居委会，居委会的工作量不断增多，导致其出现行政化倾向。社区居委会群众性自治组织的身份和定位引起一系列争论，国家开始减负松绑，逐渐恢复它在治理结构中的初始定位。政府部门的体制分割及其技术治理的精细化导致公共服务的严重切割和碎片化，使各部门政策和要求不一致（渠敬东等，2009）。这造成块块层面具体治理工作中创新难度的增大，容易受到其他条线职能部门的干预，较难协调条和块之间的关系。一方面，政策和部门职能之间的重叠错位，降低了政策有效性；另一方面，政策要求和社会需求的脱节，导致自上而下和自下而上的合法性都较弱。由于各种原因的影响，现在社区居民对居委会的定位较为忽视，对究竟是自治性还是行政性的区分类型则更加不关心，从这个角度来看，政府自上而下的合法性要求略强。

资源依赖。居委会的减负工作一直处在反复强调和不断探索之中，其职能界限和边界不断收放和调整。近年来政府通过各种渠道向社区投入了丰富的资源，通过配建"一委一居一站"硬件设施，购买岗位社工等措施，加强政府购买服务、社区公益金等，自上而下对社区发展提供的资源进行软约束。但是由于居民本身自治精神的缺乏和对社区生活的不关心，非正式资源的支持获得途径较少，社区的发展更多依赖自上而下的投入。

创新策略。由于部门利益和工作重点的不同等造成政策之间的错位，大量的政策指导措施在实际工作中产生的非预期后果往往不能顺利达到期望目标，给基层政府治理创新带来了一定风险。因此尽量避免出错的思维往往成为很多基层政府的原则，面对此类情况时基层创新动力较弱。尽管资源的供给充足，但事本主义的思维使策略选择空间较小，地方政府多遵循责任转移下的维持性逻辑，通过功能性地调整解决特定治理问题，着眼于规避潜在的风险。其尝试创新的手段、内容、方式等都多以局部性、暂时性、策略性的适应为主，最终呈现功能创新。

四 结论

本文通过合法性和资源依赖建构起来的框架分析各种社区治理创新的内部动力机制，研究分析得出四种创新机制。强制创新机制是因为治理价值取向明确，政策法规和制度建设完善，治理客体需求不断提高，依赖正式资源程度高，多在政府引导下积极创新，国家控制社会模式、政府主导模式、行政主导模式等可以看作强制创新机制的结果。压力创新机制是因为治理目标较为灵活，治理客体需求迫切，地方性惯习作用显著，可以充分地动员非正式资源，所以动员社会下积极创新。国家与社会共生模式、社会自治模式等可以看作压力创新机制的结果。模仿创新机制是因为治理的政策环境具有不确定性，采用节约成本且易转型的方式，主动模仿合法性较强的成熟组织形式。社会参与国家模式、市场主导模式可看作模仿创新机制的结果。功能创新机制是因为治理任务具有很强的工具性导向，社区按照责任转移的逻辑进行有限创新。专家参与模式、项目制政府购买模式则是功能创新机制的结果。

合法性来源决定基层创新的动力，资源依赖是创新的客观约束，两者决定了创新过程中具体策略的选择空间大小，形成了各种不同创新机制。本文从社区治理创新的丰富成果和经验模式出发，进一步厘清社区治理创新的深层结构和趋势，避免经验泛化、模式滥用，推进社区治理朝着多元共治的方向发展。

参考文献

陈扬等（2012）：《组织制度理论中的"合法性"研究述评》，《华东经济管理》，（10），137~142。

费显政（2006）：《组织与环境的关系——不同学派述评与比较》，《国外社会科学》，（3），15~21。

葛天任、李强（2016）：《我国城市社区治理创新的四种模式》，《西北师大学报》（社会科学版），（6），5~13。

〔德〕哈贝马斯（1989）：《交往与社会进化》，张博树译，重庆：重庆出版社。

胡荣（2013）：《中国农村居民的红白喜事网及其影响因素研究》，《社会学评论》，（3），49~58。

郝宇青（2007）：《论合法性理论之流变》，《华东师范大学》（哲学社会科学版），（5），67~74。

李慧凤（2010）：《社区治理与社会管理体制创新——基于宁波市社区案例研究》，《公共管理学报》，（1），67~72。

林润辉等（2015）：《政治关联，政府补助与环境信息披露——资源依赖理论视角》，《公共管理学报》，（2），30~41。

林进平（2017）：《对韦伯合法性理论的历史唯物主义审视》，《马克思主义与现实》，（4），50~56。

刘岩、刘威（2008）：《从"公民参与"到"群众参与"——转型期城市社区参与的范式转换与实践逻辑》，《浙江社会科学》，（1），86~92。

刘旺洪、徐梓文（2017）：《合法性理论及其意义——韦伯与哈贝马斯的比较》，《世界经济与政治论坛》，（6），152~164。

〔德〕马克斯·韦伯（2004）：《经济与社会》，林荣远译，北京：商务印书馆。

渠敬东等（2009）：《从总体支配到技术治理——基于中国30年改革经验的社会学分析》，《中国社会科学》，（6），106~129。

王升平（2017）：《我国城市社区治理机制创新的模式，逻辑及趋势》，《长白学刊》，（1），119~125。

肖林（2014）：《不对称的合法性：居民委员会和业主委员之比较》，《社会学评论》，（6），58~68。

徐林等（2015）：《殊途同归：异质资源禀赋下的社区社会组织发展路径》，《公共管理学报》，（4），122～130。

杨光斌（2016）：《合法性概念的滥用与重述》，《政治学研究》，（2），2～19。

尹广文（2016）：《多元主体参与社区场域中的协同治理实践——基于四种典型的社区治理创新模式的比较研究》，《云南行政学院学报》，（5），125～130。

张虎祥（2005）：《社区治理与权力秩序的重构——对上海市 KJ 社区的研究》，《社会》，（6），146～171。

赵岩、孙涛（2016）：《国内社区治理研究知识图谱分析：基于 CSSCI 论文（2005 - 2015）》，《中国行政管理》，（5），32～37。

周雪光（2003）：《组织社会学十讲》，北京：社会科学文献出版社。

张康之（2002）：《合法性的思维历程：从韦伯到哈贝马斯》，《教学与研究》，（3），63～68。

DiMaggio, P. & Powell, W. W. (1983), "The Iron Cage Revisited: Collective Rationality and Institutional Isomorphism in Organizational Fields", *American Sociological Review*, 48 (2), 147 – 160.

Hillman, A. J., et al. (2009), "Resource Dependence Theory: A Review", *Journal of Management*, 35 (6), 1404 – 1427.

Pfeffer, J. & Salancik, G. R. (2003), *The External Control of Organizations: A Resource Dependence Perspective*, Stanford University Press, 2003.

Pfeffer, J. (1987), "A Resource Dependence Perspective on Interorganizational Relations", in M. S. Mizruchi, & M. Schwartz (Eds.), *Intercorporate Relations: The Structural Analysis of Business*, Cambridge, UK: Cambridge University Press, 22 – 55.

Suchman, M. C. (1995), "Managing Legitimacy: Strategic and Institutional Approaches", *Academy of Management Review*, 20 (3), 571 – 610.

Research on the Internal Dynamic Mechanism of Community Governance for Innovation in China

Liu Bo, Yang Chunzi & Peng Zongchao

[**Abstract**] The innovation of community governance emphasizes the innovative feature of governance. Many models, appearing novel and diversified superficially, are later found very similar in nature through further analysis. This paper jumps out of the traditional research of innovative community governance that lie in the state-market-social relations. Based on various typical innovation models and experiences, we rethink the interactive processes and internal mechanisms of the three in innovative community governance from the dynamic perspective of the body and structure of governance. Since the limited choice of space of innovative forms depends on both the dynamic mechanisms and objective conditions of resource dependence, the four mechanisms of innovative community governance, namely mechanism of forced innovation, mechanism of pressure innovation, mechanism of imitation innovation and mechanism of functional innovation, are eventually formed. This research is helpful to profoundly reveal the substance and kernel of community governance and can guide the innovation form of community governance, which will provide some reference for the practice of community governance.

[**Keywords**] Community Governance; Legitimacy; Resource Dependence; Innovation Mechanism

（责任编辑：赖伟军）

中国社区治理创新的内部动力机制研究

政社合作中社会服务组织的功能
建构及其实现

——以 S 市购买服务为例[*]

宋亚娟　蓝煜昕^{**}

【摘要】本文基于社会工作和政社合作相关理论，构建了一个社会工作服务机构功能实现的分析框架。社会工作服务机构功能实现需要特定的支持条件和制度要素，其具体镶嵌于政府的治理实践中。本文以 S 市政府购买社工服务的实践为案例，通过分析社会工作服务机构功能实现的"理想条件"和"制度要素配置"之间的张力，发现由于地方政府购买服务呈现创新锦标赛、风险控制和技术治理的逻辑以及体制内购买特征，社会工作服务机构出现"劳务派遣化"和"行政代理化"等新型组织特征。社会工作服务机构的科学服务和政策倡导功能难以实现，由此文章提出了更进一步的改革思路。

【关键词】社会工作服务机构　制度要素　共同合作　共同治理

* 本文系清华大学自主科研计划青年教师基础研究专项（2015THZ02 - 1）"社会共治类型、机制与条件研究"成果。

** 宋亚娟，清华大学公共管理学院博士研究生，主要研究方向：社会组织与社会治理；蓝煜昕，清华大学公共管理学院助理教授，主要研究方向：社会组织、社区治理、公益慈善。

一　引言

近年来，随着政府由"总体性支配"（渠敬东等，2009）向"服务型政府"的职能转变，国家开始在社会服务领域进行"改革存量，发展增量"的双轨制改革（王名、刘国翰，2015；徐盈燕、黎熙元，2018），开启了政府与社会服务组织合作进行公共服务供给的模式，尤其是政府购买社会工作服务的制度实践，催生了一种新的社会服务组织：社会工作服务机构。2006 年以来，我国社会工作服务机构呈现快速发展的趋势①，但是，社会工作服务机构的发展存在"微观化""技术化"倾向（郭伟和，2014；李伟，2018），其专业定位不清（黄晓星、杨杰，2015），并且忽视了对宏观社会结构的关切（陈涛，2011；李伟，2018），成为"国家代理和控制的工具"（Fabricant & Fisher，2003）和"政府的伙计"（朱健刚、陈安娜，2013）。这些争议的背后，实际上涉及怎样理解和把握社会工作服务机构在政社合作中的使命和功能建构问题。

目前学界对社会工作服务机构功能的理解和把握要么基于西方理论进行理想意义的建构（陈涛，2011；郭伟和，2014；李伟，2018），要么从政策执行与实践的角度分析和总结社会服务组织的发展特征，如"去边界化生产"（黄晓星、杨杰，2015）和"分层嵌入"（徐盈燕、黎熙元，2018）。但鲜有研究从"功能建构－制度条件"的角度研判社会工作服务机构的功能和发展现状（黄晓春，2017）。本文将结合社会工作发展的经典理论建构社会工作服务机构的功能和使命，结合政社合作的理论机理总结其功能实现的制度要素，从而构建一个中观层次的"社会服务组织功能实现－制度要素匹配模型"，该模型能够为理解当前社会工作服务机构发展特征提供依据。然后，本文将以某市政府购买社工服务为案例，从实践层次分析当前社会工作服务机构功能实现的"理想条件"和"制度要素配置"之间的张力（黄晓春，2017），从而理解国内社会工作服务机构在政府购买服务实践中的发展特征，最后提出中国社会工作服务机构可持续健康发展的一些理论思考。

---

① 截止到 2018 年底，全国社会工作服务机构已经发展到近 1 万家，各级社工协会达到 860 多个，http://www.sohu.com/a/302055054_120029946。

二 社会工作服务机构的功能建构与实现条件

科学的服务和宏观社会变革是社会工作服务机构的双重使命，其双方不休的争论贯穿于社会工作发展的百年历史，二者也同时成为社会工作服务机构参与政府购买公共服务的比较优势。基于此，西方学者在论述社会服务组织的功能时，大多具有特殊的语境和理论假设。作为西方舶来品的政府购买公共服务和社会工作与中国相遇却出现了"公共服务行政化"（朱健刚、陈安娜，2013）、"组织使命漂移"（Fabricant & Fisher，2003）、"选择性服务"（文军，2016；黄晓星、熊慧玲，2018）等问题。由此，我们用西方经典理论来理解本土化情景中社会服务组织的发展特征时，必须认识到不同时空的实践差异。本文将从科学服务和社会变革两个维度建构社会工作服务机构的功能及其实现的制度条件，构建相应的分析框架以此来把握和分析中国实践。

（一）科学的服务与专业化诸条件

社会工作在 19 世纪末慈善事业对科学的追求中诞生，它强调通过规范的、标准化的知识和具体的服务方法建构慈善实践。早在 1880 年，实践领域的凯洛格（D. O. Kellogg）就宣称"慈善是一门关于社会治疗的科学"，美国教育家帕腾（Simon N. Patten）将社会治疗的科学定义为"社会工作"，由此开启了社会工作专业的建构和发展。专业化成为社会工作发展过程中的重大议题，为了摆脱业余、志愿和非专业的形象，大量学者和实践者致力于社会工作的专业化建构。尤其是 1915 年弗莱克斯纳（Flexner）之问——"社会工作是一门专业吗？"——后，社会工作在"实证科学主义"的指引下，逐渐向医学和心理学等专业靠拢，期望以专业的方法诊疗个人和社会问题。在专业化建构的过程中，社会工作形成了诊断理论（Diagnostic School）、循证实践学派（Evidence-based Practice）、精神分析理论、功能学派和社会 - 心理学派等，社会工作专业化建构达到了顶峰。专业化除了要求社会工作服务和实践的专业化外，还要求社会服务组织的专业化，即组织强调雇佣职业社会工作者，利用专业知识和服务技术在专属服务领域进行工作（Geoghegan & Powell，2006）。专业化成为社会服务组织存在的基础，也成为其参与政府购买服务和公共服务递送者的最强比较优势（Dimaggio & Anheier，1990；Macindoe & Whalen，2013；黄晓星、杨杰，2015）。

在西方国家，社会服务组织是公共服务体系的重要构成（Schmid & Hillel，2004），政府与社会服务组织合作。购买社会服务组织的服务具有复杂的理论渊源，其中大部分理论主要从社会服务组织的功能角度进行理论预设，如由于政府失败（Weisbrod，1975）和合约失败（Hansmann，1980），社会服务组织具有"非分配约束"的特征，成为顾客的一种选择；另外，社会服务组织可以提供满足客户需求的多样化服务，并成为第三方治理的主体（Salamon，1995）和政府提供公共服务的有效补充（Young，2000；Najam，2000）。西方国家在政府购买服务过程中理解社会服务组织的功能是建立在社会服务组织专业化服务能力比较强大的基础上，二者在平等的基础上谈合作，社会服务组织在政府购买服务的支持下，组织能力得到进一步的提升和发展。以此功能假设解释中国政府购买公共服务，我们就很难理解为什么有些社会服务组织能够提供高效的服务，组织能力得到发展，而有些社会服务组织却出现"服务行政化"（朱健刚、陈安娜，2013）、"组织代理化"（Wen，2017）等问题。这些问题的出现都促使我们不仅仅要从理论假设的角度理解社会服务组织的功能，同时还要从政府购买服务的制度根源中理解社会服务组织的比较优势。

新公共管理理论、交易成本理论和委托代理理论为西方政府购买公共服务奠定了思想基础，它们共同强调私有化和市场机制的重要性，期待通过向社会服务组织购买公共服务的方式，提高公共服务的效率和质量。这些理论更多强调在公共服务的传递过程中，政府与社会服务组织的合作生产（Coproduction）过程（Nabatchi et al.，2017）。由此，"契约治理"为公共服务外包的主要管理方式，它旨在通过竞争性的方式，筛选出具有专业能力的社会服务组织。可以说，只有具有专业化服务能力的社会服务组织才能在服务外包的机制中胜出，获得政府购买公共服务资金的支持，组织专业化服务能力因获得政府支持而进一步得到提升。专业化服务也是社会服务组织的主要功能和使命。因此，政府购买服务制度设计时，一方面要保证挑选出具有专业服务能力的社会服务组织；另一方面还要保证社会服务组织专业服务能力的可持续发展，最终实现社会服务组织专业化建构的功能和使命。

由此可见，西方理论界认为引入市场机制可以更好地促进公共服务承接者以专业化方式提供公共产品。考虑到承接者需要长期在专业领域投入资源，为鼓励社会组织形成更强的专业能力，许多发达国家十分注重政府购买服务的相应制度设计。首先就是竞争性的公共服务市场。只有建立充分竞争性的公共服务市场，具有专业服务能力的社会组织才能在竞争中脱颖而出，而这种市场竞争和激励的方式也正好奖励长期致力于服务能力专有性建设的社会服务组织（王名、蔡志鸿，2019）。其次是以具体的服务领域设计购买项目，使得在某一服务领域精耕细作的组织能够在竞争中胜出，激励社会服务组织在某一服务领域实现专业化。最后是政府形成长期稳定的购买服务政策，使社会服务组织形成稳定的发展预期，敢于长时间在某一服务领域投入资源，形成更强的服务能力。

（二）政策性倡导与代表性诸条件

经过半个多世纪的发展，社会工作都在围绕专业化的建构而努力，其更加关注以个人为焦点的微观化的技术性服务，忽视了社会工作对宏观社会问题的关切和对贫困群体的帮助。1976 年出版的《责怪受害者》（Ryan，1976）和《黑人的增权：受压迫社区的社会工作》（Solomon，1976），促使社会工作转向对宏观社会问题的关切和对政策倡导使命的建构。尤其是美国学者施佩希特和考特尼于 1994 年发表的《堕落的天使：社会工作何以抛弃了自己的使命》，指出了建构社会工作对弱势群体的道德责任和社会正义使命（Specht & Courtney，1994），激进主义和进步主义的社会工作范式由此开始大规模的建构。到 20 世纪末，逐渐形成了女性主义社会工作（Dominelli & Mcleod，1989）、结构社会工作（Mullaly，1993）、反压迫实践（Dalrymple & Burke，1995）和优势视角（Saleebey，1997）等社会工作的相关理论流派。这些流派的核心观点是社会工作要解决的核心问题不是个人，而是制度和政策安排。因此社会服务组织除了与政府合作提供公共服务外，还需要承担起政策性倡导的功能，由和政府一起共同生产（Coproduction）转向共同治理（Cogovernance）（Cheng，2018）。

共同治理理念改变了传统委托代理理论和交易成本理论中把政府与社会服务组织看成服务供给的对立方的观点，它们是共同的合作者。同时共同治理强调社会服务组织与政府的合作不仅仅是共同生产公共服务，而是共同参与公共服务的设计和规划。另外，最近大量研究也强调了社会服务组织除了为服务对象提供专业的服务外，它们在政策倡导和政策设计方面也具有十分重要的作用（Almog-Bar & Schmid，2014；Mosley & Jennifer，2010；Chin，2018；Macindoe & Whalen，2013）。Chin（2018）探讨了提供医疗保健等服务的社会服务组织，在与政府公共服务的合作过程中逐渐从提供服务到影响政府在医疗保健领域的政策过程。Macindoe & Whalen（2013）的研究也证明非营利服务组织越来越多地参与相关领域的政策倡导。但我们以共同治理理论来理解社会服务组织在政策倡导方面的功能时，却很难解释为什么一些社会服务组织会成为"国家的代理"和"政府的伙计"等问题。这些问题的出现促使我们不仅仅从合作治理的角度理解社会服务组织的倡导功能，还要关注西方国家合作治理背后社会服务组织的代表性问题。

简单来说，代表性就是非营利服务组织通过代表所服务的对象，积极地表达声音，参与公共政策的设计和制定。其主要包括实质性、象征性、形式性、描述性和参与性代表五个维度（Guo & Musso，2007）。其中实质性和象征性维度主要从合法性角度讨论非营利组织的代表性；形式性、描述性和参与性代表主要从组织能力的角度理解非营利组织的代表性。从某种程度上来说，代表性是社会服务组织实现倡导功能的基础，如果组织缺乏代表能力，其组织的政策倡导功能和治理价值将成为"无源之水"。由此，从托克维尔"民主的学校"到伯格的"中介结构"（Berger & Neuhaus，1977），学者在评价非营利组织的功能时，大都强调其重要的代表性功能，尤其是合作治理和多元治理理论强调非营利服务组织通过代表性为民主和治理做出贡献（Warren，2001）。因为非营利组织更加了解所服务群体的需求，能够更好地回应客户和社区公民的需求，能够代表所服务的群体表达观点和参与公共政策的设计（Guo & Musso，2007；Mosley & Grogan，2013；张潮，2018）。

鉴于代表性在社会服务组织政策性倡导中的功能和价值，社会服务组织可以通过建立代表性结构来增强组织的代表能力，尤其是在与政府的合作治理过程中，通过相应的制度设计来保证社会服务组织的代表能力。一般来说，在共同治理的情景下，要实现社会服务组织的代表性，要满足下列制度要素。（1）使得社会服务组织嵌入当前的治理网络，社会服务组织不仅仅是服务的供给者，还是公共服务相关政策设计的重要参与主体和基层治理主体。如果社会服务组织仅仅是悬浮在基层治理网络之上，空讲其公共服务，社会服务组织的政策倡导功能就难以实现，共同治理的目标也难以达成。（2）形成社会服务组织代表其服务对象表达利益诉求的机制。唯有如此，社会工作服务机构才能真正嵌入社会治理网络，成为服务对象"意见的代表"，同时推动公民"有责任的行动"

（哈贝马斯，1999）。（3）支持社会工作服务机构参与公共服务政策的相关制度设计和政策制定，同时对公共部门的活动进行监督，实现自下而上的政策制定网络和社会监督网络。这些制度要素有助于提高社会工作服务机构建构其组织的代表能力，发挥其政策性倡导功能，真正实现从共同生产到共同治理。

（三）社会服务组织的功能及其实现：一种新的理解和分析

综上所述，无论是社会工作服务机构要实现其科学服务的功能还是政策倡导的功能，其都需要一系列的支持条件和相应的制度要素作为支撑（见表1）。西方国家社会工作已经发展了百余年，社会服务组织的功能及其实现的支持条件已经成为社会服务组织视之当然的能力和要素。因此，政府通过资助和购买服务等方式与社会服务组织的合作，建立在社会服务组织具有强大的专业能力和代表性基础上，由此形成伙伴关系等相关理论来理解社会服务组织的发展。但是仍然处于转型的中国，社会服务组织实现其功能的支持条件和制度要素还不具备，社会服务组织在政府购买服务中呈现的新型组织特征也无法从西方理论中进行推演和解释。

表1　社会工作服务机构的功能、支持条件与制度要素

功能	支持条件	制度要素
科学的服务	专业性的建构	适度竞争的外包市场 长期稳定的购买服务制度设计 专业的项目购买工具
政策性倡导	代表性的产生	嵌入基层服务治理网络 组织代表社会成员的利益表达机制 组织参与公共部门决策的机制

上述梳理使我们对社会服务组织的功能和实现条件有了一个理论和理想意义的理解。与传统研究不同，本文并不仅仅旨在建构一个社会服务组织的功能分析框架，还要在这一分析框架下理解转型期中国政府购买服务中社会服务组织的发展特征。由此，我们同时借鉴社会组织领域政策执行的前沿研究（黄晓春，2017；徐盈燕、黎熙元，2018；黄晓星、熊慧玲，2018），把社会工作服务机构的功能实现模型与政府购买服务的政策执行结合起来，重点分析社会工作服务机构的理想模型与政策实践之间的张力，进一步理解社会工作服务机构在政府购买服务中的新型组织特征。政策执行视角的分析弥补了社会组织领域既

有的制度文本分析和结构分析视角的不足，强调地方政府作为政策执行者的利益、策略和治理逻辑，有效地将制度性要素、行动者（地方政府和社会工作服务机构）和彼此的关系机制纳入一个整体性分析框架（黄晓春，2015）。借鉴该种视角和方法论，我们可以把对当前国内社会工作服务机构的发展与功能分析从"应然"层次向实践层次推进，从而实现更具洞察力的思考和解释。

三　理解社会工作服务机构的发展：以"购买服务"为例

以上文建构的社会工作服务机构的功能和理论视角为参考，当前国内社会工作服务机构发展的制度要素处于何种状态，社会工作服务机构具有怎样的发展特征？对这一问题的回答首先要理解社会工作服务机构发展的宏观制度环境。自2006年十六届六中全会提出"构建宏大的社会工作人才队伍"开始，中央政府先后在社会工作人才建设、购买社会工作服务、社会工作领域建设等方面做出了积极的政策导向。相对于传统社会组织，社会工作服务机构是含着政策的金钥匙而出生的，其一出生就被赋予了提供专业服务和政府购买公共服务的职能，尤其是国家直接登记政策的出台，社会服务组织面临更为宽松和受鼓励的宏观政策。在宏观鼓励的背景下，各地政府和职能部门也积极地探索以政府购买服务的方式促进社会工作服务机构的发展，但是由于各级地方政府的认知、策略和行为偏好的不同，其治理实践对社会工作服务机构的发展影响也呈现不同特征。因此，我们需要结合地方政府的治理实践及其创造的制度条件来研判社会工作服务机构呈现的不同组织特征。

本文以S市政府购买社会工作服务的实践过程为案例，试图对上述问题进行回答。首先，政府购买社会工作服务是现阶段政社合作的主要形式，并且政府购买服务是多数社会工作服务机构的资金来源，其制度中蕴含的地方逻辑对社会工作服务机构的行为产生重要影响。其次，S市是在全国较早探索政府购买社会工作服务的城市，并且形成了具有标杆性意义的发展模式，对其实践过程的分析具有普遍的价值和意义。最后，笔者从2013年开始长期跟踪这项制度在S市各区各街道的实施情况，就政府购买服务项目多次到各区进行调研，并且访谈到了市、区、街道不同层级的政策执行官员，同时还访谈了大量社会工作服务机构，形成了大量访谈记录和田野笔记。

（一）购买决策的地方逻辑与专业性弱化

关于中国地方政府行为的前沿研究围绕"晋升激励"（周黎安，2007）和"风险控制"（曹正汉、周杰，2013）等视角展开了深入的分析（黄晓春，2015），为我们理解 S 市各级政府在社会工作政策执行领域的行为逻辑提供了分析视角。随着以 GDP 增长为政绩的竞争锦标赛逐渐弱化，地方政府围绕社会领域的创新开启了新一轮的锦标赛（李妮，2018），虽然不如经济领域的竞争锦标赛指标明晰，但在社会治理领域做出突出的成绩，相关人员也有可能得到中央领导的关注甚至是提拔。作为经济领域改革的前沿城市，S 市在社会领域的改革和创新也不甘示弱，自中央释放"构建宏大的社会工作人才队伍"政策信号始，该市就积极行动，开始在社会工作发展领域和公共服务领域进行地方改革和制度创新。2007 年 S 市政府在借鉴和学习香港经验的基础上，直接推出具有影响力的"1＋7"文件。"1＋7"文件以制度先行的方式规定了以政府购买社会工作服务的方式促进社会工作人才队伍的建设、社会工作服务机构的发展和政府公共服务职能的转变。在创新锦标赛的驱动下，"第一""首次"是政府政策出台较为关心的指标，制度的快速设计使得地方政府无法充分考虑政府购买公共服务的本质和内在价值、社会工作者这一职业的发展路径、社会工作服务机构与其他社会组织的本质区别。在没有完全厘清这些关系的情况下，"1＋7"制度的设计就有可能形成一定的制度漏洞，购买公共服务的实践可能违背购买公共服务的前提假设和内在精神，社会工作服务机构的发展也很难形成与原有社会服务组织协同的组织系统，并且这一制度带来的后果可能存在路径依赖。在 S 市各个区的政策执行过程中，也存在晋升锦标赛的逻辑，各区政府在培育社会服务组织的过程中存在排他性的竞争锦标赛。因此，各区倾向于采取属地购买原则，也就是倾向于购买本区成立的社会服务组织服务，从而导致外包市场无法形成统一的竞争平台。

另外，购买公共服务的财政资金迅速大规模投入，再加上该市对 8 类社会组织放开登记①，为机会主义社工机构的成立提供了空间。在"1＋7"文件中，

---

① 2012 年 S 市出台《关于进一步推进社会组织改革发展的意见》，提出工商经济类、社会福利类、社会服务类、文娱类、科技类、体育类和生态环境类等 8 类社会组织由民政部门直接登记。

其中《S市财政支持社会工作发展的实施方案（试行）》（简称《方案》）中确立了财政支持、社会筹资相结合的社会工作发展的财政支持机制。其中政府购买公共服务的资金主要由区级财政承担，市级财政给予区级一定的转移和补助，同时《方案》还要求福利彩票公益基金对政府购买社工服务给予一定比例的资金支持。如该市仅仅在社区就每年投入约14亿元用于民生类的服务，其中80%都是购买社工机构的服务。除此之外，S市还投入大量资金用于社工机构的岗位购买和公益创投，以促进社工机构创新和发展等。正如访谈中一位民政局的工作人员说"我们从来不担心没钱花，每年的预算我们都用不完，关键是我们得找出事情来做"（20151123，民政局某处长）。在此情景下成立的社会工作服务机构，并没有明确的发展目标和服务定位，而是完全根据政府购买的政策导向来定位组织的发展策略。我们梳理了1992～2016年S市社会工作服务机构的业务范围，其中80%的社工机构对业务范围的阐述都具有较强的模糊性和趋同性，即"承接政府有关部门委托的各类公益服务项目和其他服务；为有关单位、企业、社区、家庭或个人提供专业化社工服务"。这说明大部分社会工作服务机构都没有致力于某一服务领域的专业化建设，而是采取一种迎合购买政策的发展策略。

最后，政府购买社会工作服务涉及多重的制度目标，其中包括构建宏大的社会工作人才队伍，培育承载社会工作人才的社会工作服务机构，转变政府职能，实现公共服务供给的社会化，提供专业化的、公民满意的公共服务。但是要真正转变政府职能，彻底改变传统公共服务的供给模式，涉及多部门的协调和复杂关系的调整，地方政府在中央宏观政策模糊的情况下，其治理创新带有较高的制度生产风险。因此，在政策工具的选择上，S市遵循了风险控制的逻辑，分别采用了岗位购买和社区服务中心两种政策工具购买社会服务。岗位购买要求市、区、街道的民政、教育、文化、卫生、劳动、信访、人口计生、公安、司法、监所、禁毒、工会、团委、妇联、残联等部门，根据社会工作管理和服务的实际需要提出并设置社会工作服务的岗位，然后汇集到市、区两级民政部门，由市、区两级民政部门采取政府招投标的方式向社工机构购买服务。社区服务中心的运作模式是由社区提供服务场地，由区财政购买社会工作服务机构的服务，要求中标的社会工作服务机构派驻6名专业社工进驻社区服务中心提供服务。每个社区服务中心的购买费用是50万元，其中包括购买的6名社工的工资和服务费用。整体上来说，岗位购买和社区服务中心都没有改变原有的服务供给格局，属于典型的增量创新。岗位购买基本不触及原有行政部门和事业单位的利益格局，操作相对容易，其主要方式是中标的社会工作服务机构按照岗位设置的需求，向行政部门和事业单位派驻社工进行服务。社会工作者完全嵌入原有的行政服务体系，听任行政机关的指挥和安排，基本上成为行政部门的"类员工"，社会工作服务自身的价值和专业性受到挑战。社区服务中心直接在原有社区中成立，其服务与原有社区居委会提供的服务有很大的重复性，同时50万元购买资金，更多地是支付6名派驻社工的工资，再扣除中标社工机构的管理费用，可用的服务经费所剩无几。在访谈中，某街道民政科科长这样评价社区服务中心："我感觉社区服务中心就是硬塞给社区的，政府花了这50万，一部分用来给社工发工资，机构还要留一部分管理费用，真正用在社工服务上的几乎没有了。"（20151109，某街道科长）另外两种购买工具的设计都有别于专业化的项目购买，在某种程度上是在购买社工机构的社工，而不是购买机构的整体服务，在一定程度上影响了社会工作服务机构专业化方面的建构。

概括来讲，S市地方政府的晋升锦标赛和风险控制逻辑使政府购买服务的实践无法形成一个统一的竞争外包市场，社会工作服务机构无法形成稳定的预期，再加上以岗位购买为主的政策工具的实践，社会工作服务机构所依赖的专业化建构条件处于缺位状态。在此治理情景下，S市社会工作服务机构呈现一种劳务派遣化的新型组织特征和运作模式。在该种模式下，社会工作服务机构不再把服务作为组织核心功能，而是不断地招募社会工作者，然后再把社会工作者派遣到政府购买的岗位上服务，社会工作者呈现雇佣和使用相分离的状态。如S市A机构从最早成立时仅有十几人，到2018年底组织已经具有400多人的规模，其中组织90%以上的社会工作者都被派遣到了购买服务的岗位和社区中进行服务，而社会工作服务机构本身处于"空心化"状态。另一方面，社会工作服务机构呈现服务领域的多样化，成为"什么都能干，什么都能做"的组织，表现为组织在某一服务领域的专业性弱化。如为了迎合各职能部门购买服务的需要和获取各职能部门购买服务的资金，A机构从最擅长的司法社会工作开始，不断地拓展服务领域，逐渐变成了一家涉及司法、妇女家庭、青少年、企业等13项服务领域的机构，呈现组织服务领域多样化特征。经过统计分析，我们还发现S市社会工作服务机构在劳务派遣化和服务领域多样化这两个组织特征上呈现场域内趋同现象，即整个 S 市社会工作服务机构都出现典型的劳务派遣化现象，其组织的专业性大大弱化。我们在 179 份有效问卷的统计中（见图 1 和图 2）[①]，发现服务于 5 个及以上领域的组织数量达到 151 家，占总样本的 84%，有 142 家机构都把组织 70% 以上的员工派遣到政府购买的岗位上进行服务。

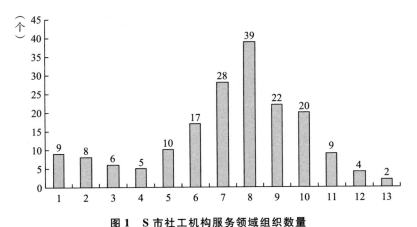

图 1　S 市社工机构服务领域组织数量

说明：横轴表示社会工作服务机构服务领域数，如专一服务于一个领域的组织有 9 家。

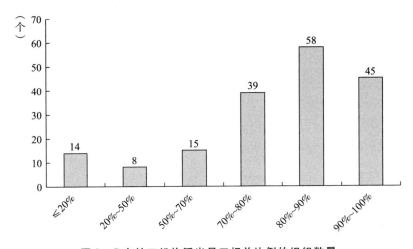

图 2　S 市社工机构派出员工相关比例的组织数量

---

① 在 "S 市民政在线" 中收集 1992～2016 年成立的社会工作服务机构，共获取 218 家组织，进行全样本抽样，最后回收有效问卷 179 份。

（二）自上而下的政策设计与代表性缺失

共同治理不仅强调社会服务组织与政府合作参与公共服务的供给，而且更加强调社会服务组织代表服务对象表达其需求，参与公共服务政策的规划和设计，真正实现社会工作服务机构对宏观社会问题的关切。同时共同治理也强调社会公众的参与，尤其是服务对象对服务需求的表达。但是通过调研和观察，我们发现在 S 市政府购买服务政策设计和制定阶段，几乎看不到社会工作服务机构的身影，社会服务机构仅仅成为迎合政府购买服务的对象，公众也只是服务被动的接受者。

S 市重要的"1 + 7"文件和社区服务中心相关政策的出台，均具有行政体制内决策的特点，缺乏社会工作服务机构代表服务对象利益的机制和政策参与机制。"1 + 7"文件出台时，S 市只有两家刚刚成立的社会工作服务机构，组织对自身定位和发展目标并不清晰，也不能为政府政策的设计建言献策。政府采取岗位购买的方式向社会工作服务机构购买服务，社会工作服务机构就完全按照政策设计的方向发展自己，逐渐形成了依赖岗位购买政策的中介代理特征。虽然社区服务中心政策出台时，S 市的社会工作服务机构已有大量发展，但是社区服务中心的项目设计仍然缺乏社会工作服务机构的参与，更不用说社区公众的参与。政府大量的资金投入，又加上行政化的购买绩效评估，使得大量社会工作服务机构形成唯资源导向的发展模式和成为政府的伙计，忽视了社区公众的真正需要，其代表性也无从谈起。如社区服务中心的成立主要满足的是基层公众的服务需求，因此相关文件要求中标的社工机构在设置服务项目前要进行社区调研，开发真正满足公众需求的项目，但实际执行中这种公众参与也往往呈现"走形式"的现状。一位社区服务中心的负责人谈道：

> 按照社会工作的原理，我们设计一个项目尤其是社区服务的项目是要做广泛的调查的，听取公众的需求是什么。一方面是我们没钱，人手也不够，我们没有这么大的精力让居民提意见。另一方面，上面还要我们赶快出成绩，我们经常是匆匆设计项目，匆匆结案，尤其是社区个案的服务。（20151125，某社区服务中心社工）

社区服务中心中标的社会工作服务机构大都不是本社区服务组织，派驻的6名社工在服务的过程中存在的最大问题就是嵌入性问题。专业社会工作者通过政府购买服务首次与社区各治理主体发生实质性的联系，其就像一种"外来物"进入庞大和复杂的体系。因此，需要社会工作者细致深入地嵌入社区的治理网络，一方面与社区其他治理主体建立良好的合作关系；另一方面了解居民的真正需求，代表居民提供社区服务和进入社区治理网络。但由于 S 市社区服务中心项目都由区统一投标进行购买，且社区服务中心提供的 12 项标准化服务也均由市统一规定，缺乏社区治理主体如社区居委会、社区工作站、社区党委、社区居民等治理主体自下而上的讨论和参与，社会工作服务机构首先遇到社区进入问题。虽然通过购买服务社会工作服务机构进入了社区，但不能保证社会工作者得到了社区其他治理主体的认可，有时不同的治理主体之间还形成了相互竞争，其他治理主体对社会工作者的服务存在不理解和排斥心态。其中 QX 社区居委会主任这样抱怨："社会工作进来以后，把我们居委会都边缘化了。"（20161121，访谈资料）LH 区社会事务科负责人以某社区组织重阳节活动为例，生动再现了其社区居委会、社区工作站、社区党委和社区服务中心都举办为老年人包饺子的活动，体现了社区各治理主体之间的竞争性关系和服务重叠问题。S 市社区服务中心的购买实行每三年招标一次，也即意味着一个社会工作服务机构在某个社区服务三年将会离开，新的组织需要重新进入社区，遭遇新的社区嵌入问题。服务机构的频繁更换使得社会工作服务机构很难深入地嵌入社区的治理网络，因此承接社区服务中心的工作只能按照项目的方式，权宜地完成政府需要评估的指标，进而悬浮于社区治理体系之上。

为了有效开展社区服务中心的工作，社会工作者开始积极与社区居委会和工作站建立合作关系，但是由于社区工作站掌握着自上而下的行政资源，社区服务中心与之存在强烈的权力不对等关系，社会工作服务机构大多屈从于政府的逻辑，倾向于社会工作服务的"活动化"和"指标化"。社会工作服务的"活动化"是 S 市社区服务中心社工服务的普遍现象，主要指社区服务中心社工协助社区组织一场场声势浩大的单次性的活动，一方面向上级领导展示其服务成绩，另一方面向公众传递其影响力。活动化并不是社区服务中心社工的核心工作，却成了配合社区完成政绩的"拿手好戏"，使得社工服务出现行政化现象，损害社工服务自身的专业性和自主性。正如一名社工所言："我们服务的时候，最大的问题就是社区的干预太多，它们希望我们经常多搞些场面大的活动，搞出品牌和特色以好向上面汇报，我们真正该深入的工作领导并不关心的。"（20151105，社区服务中心社工）社会工作服务的"指标化"指社会工作服务过程中，将更多精力用在完成上级评估所需要的指标上，忽视了民众的真正需求。按照绩效管理的原则，S市制定了社区服务中心绩效考核的详细指标，并且要求对社区服务中心项目进行每年一次的中期和末期评估。为了完成绩效考核，社会工作者往往把大量精力放在其开展的活动是否满足绩效的数量，填写评估所需表格和撰写报告等上，而忽视了服务的质量，如上文访谈中社工提到的匆匆结案问题。另一方面，绩效指标均来自政府自上而下的制定，绩效考核的过程也缺乏公众的参与。虽然对社会工作服务机构购买的项目采用了多方主体打分的方式进行评估，但公众评估占整体评估的权重较低，只占5%。同时公众评估由于涉及对象较多，这一权重的得分也基本上是评估中心以电话访谈的方式代为完成。其中一位在社区服务中心工作的社工说："评估标准最后落到实处的是很少的，真正的居民满意度的调查是很少的，这注定了社工的工作是往行政靠了。"（20151104，某社工）"活动化"和"指标化"反映了社会工作服务越来越多地迎合政府的需求，社会工作服务机构也逐渐成为"政府的代理"或"政府的伙计"，以服务对象需求为本的代表性功能受到威胁。

（三）进一步讨论

案例表明，当前广为流传的政府购买公共服务解决了社会服务组织长期以来遭受的组织合法性与资源不足的问题，并且承担了建构社会工作服务机构功能和使命的重任。但是地方政府购买服务实践的不同逻辑使得社会工作服务机构功能实现所依赖的制度条件缺乏，导致社会工作服务机构出现专业弱化的劳务派遣特征、代表性缺失的行政代理现象，其社会工作的科学服务与政策性倡导功能难以实现。本文建构的理论框架从中观层次上识别了实现社会工作服务机构功能的制度要素，也即政府购买服务的制度安排需要遵循外包市场的竞争逻辑、合作治理的参与逻辑，创造有利于社会工作服务机构代表公民进入公共服务的政策议程和政策制定的制度条件。而案例研究却发现，地方政府更多的是基于自身晋升逻辑和风险控制逻辑来推进政府购买服务，自上而下地设计相关政策，导致社会工作服务机构形成唯资源和政策导向的发展逻辑，呈现独特的组织特征。

四　结论

本文基于社会工作发展的历史和文献，梳理了社会工作服务机构科学的服务和政策性倡导功能，二者也刚好契合了其在公共服务供给中从"合作生产"到"合作治理"的过程。合作生产强调社会工作服务机构的科学服务功能，其中专业化为其实现条件，合作治理强调社会工作服务机构在公共服务相关政策中的倡导和参与，代表性为其实现条件。社会工作服务机构的专业化和代表性实现需要政府购买服务的相关制度要素给予支持和保障。本文在"社会服务组织功能实现－制度要素匹配模型"的基础上，通过比较政府购买服务政策执行过程中现实与要素之间的张力，解释了社会工作服务机构专业性弱化和代表性缺失出现的原因。同时也发现在国家宏观鼓励的背景下，地方政府的治理逻辑，如创新锦标赛逻辑、风险控制逻辑、技术治理逻辑等成为影响社会服务组织行为和塑造社会服务组织特征的主要原因。本文通过 S 市政府购买服务的案例研究，发现地方政府基于创新锦标赛的逻辑，在缺乏购买服务实践基础上，以制度先行方式出台总体性政策，导致政府购买社会工作服务与其他领域的改革难以有效衔接。基于风险控制的逻辑，政府购买服务基本上遵循"增量改革"的方式，使得社会工作服务很难有效嵌入基层治理体系。技术改革的逻辑导致各级行政部门和社会工作服务机构只专注于"对上负责"，从而"对下负责"不足。地方政府的各种实践逻辑相互交织，互相强化，最终导致社会工作服务机构出现工具主义的发展策略，如 S 市社会工作服务机构出现的"劳务派遣化"和"行政代理化"组织特征。所以，未来社会工作政策领域的改革要形成一种整体性的思路，如构建具有长远规划的总体性发展策略，为社会工作服务机构提供稳定的发展预期；构建统一化和竞争性的购买服务机制，促进社会工作服务机构的专业化成长；搭建有效的共同治理体系，促进社会工作服务机构在公共服务中实现从共同生产到共同治理，实现社会工作服务机构有效的代表性；强化社会工作领域政策与整体性改革的衔接与协调，使得社会工作服务有效嵌入基层治理网络，同时推动社会工作服务机构与其他社会组织的协同发展。

参考文献

曹正汉、周杰（2013）：《社会风险与地方分权——中国食品安全监管实行地方分级管理的原因》，《社会学研究》，（1），182～205、245。

陈涛（2011）：《社会工作专业使命的探讨》，《社会学研究》，（6），211～237。

郭伟和（2014）：《后专业化时代的社会工作及其借鉴意义》，《社会学研究》，（5），217～240。

〔德〕哈贝马斯（1999）：《公共领域的结构转型》，曹卫东、王晓珏、刘北成、宋伟杰译，上海：学林出版社。

黄晓春（2015）：《当代中国社会组织的制度环境与发展》，《中国社会科学》，（9），146～164。

——（2017）：《中国社会组织成长条件的再思考——一个总体性理论视角》，《社会学研究》，（1），101～124。

黄晓星、杨杰（2015）：《社会服务组织的边界生产——基于Z市家庭综合服务中心的研究》，《社会学研究》，（6），99～121。

黄晓星、熊慧玲（2018）：《过度治理情景下的中国社会服务困境：基于Z市社会工作服务的研究》，《社会》，（4），133～159。

李伟（2018）：《社会工作何以走向"去社会变革华"？基于美国百年社会工作史的分析》，《社会》，（4），100～132。

李妮（2018）：《模糊性政治任务的科层运作——A县政府是如何构建"创新"政绩的?》，《公共管理学报》，（1），1～11、153。

渠敬东等（2009）：《从总体支配到技术治理——基于中国30年改革经验的社会学分析》，《中国社会科学》，（6），104～127、207。

王名、刘国翰（2015）：《增量共治：以创新促变革的杭州经验考察》，《社会科学战线》，（5），190～201。

王名、蔡志鸿（2019）：《以"能力专有性"论政社合作——以两岸防艾社会组织为例》，《中国非营利评论》，（1），1～33。

文军（2016）：《社会工作"选择性服务"现象极其反思》，《学习与探索》，（7），38～45。

徐盈燕、黎熙元（2018）：《浮动控制与分层嵌入——服务外包下的政社关系调整机制分析》，《社会学研究》，（2），115～139。

张潮（2018）：《弱势社群的公共表达：草根NGO的政策倡导行动和策略》，《中国非营利评论》，（2），1～21。

周黎安（2007）：《中国地方官员的晋升锦标赛模式研究》，《经济研究》，（7），36～50。

朱健刚、陈安娜（2013）：《嵌入中的专业社会工作与街区权力关系——对一个政府购买服务项目的个案分析》,《社会学研究》,(1),43~64。

Almog-Bar, M. , & Schmid, H. (2014), "Advocacy Activities of Nonprofit Human Service Organizations: A Critical Review", *Nonprofit and Voluntary Sector Quarterly*, 43 (1), 11 – 35.

Berger, P. L. , & Neuhaus, R. J. (1977), *To Empower People: The Role of Mediating Structures in Public Policy*, Washington, DC: American Enterprise Institute.

Cheng, Yuan. (2018), "Exploring the Role of Nonprofits in Public Service Provision: Moving from Coproduction to Cogovernance", *Public Administration Review*, 47 (1), 203 – 214.

Chin, J. J. (2018), "Service-Providing Nonprofits Working in Coalition to Advocate for Policy Change", *Nonprofit and Voluntary Sector Quarterly*, 47 (1), 27 – 48.

Dalrymple, J. & Burke, B. (1995), *Anti-Oppressive Practice: Social Care and the Law*, London: Routledge and Kegan Paul.

Dimaggio & Anheier (1990), "The Sociology of Nonprofit Organizations and Sectors", *Annual Review of Sociology*, 16 (1), 137 – 159.

Dominelli, L. & Mcleod, E. (1989), *Feminist Social Work*, New York: MacMillan.

Fabricant & Fisher (2003), *Settlement Houses under Siege: the Struggle to Sustain Community Organisations in New York City*, New York: Columbia University Press.

Geoghegan, M. , Powell, F. (2006), "Community Development, Partnership Governance and Dilemmas of Professionalization: Profiling and Assessing the Case of Ireland", *British Journal of Social Work*, 36 (5), 845 – 861.

Guo, C. , Musso J. A. (2007), "Representation in Noaprofit and Voluntary Organizations: A Conceptual Framework", *Nonprofit and Voluntary Sector Quarterly*, 36 (2), 308 – 326.

Guo, C. & Zhang, Z. (2013), "Mapping the Representational Dimensions of Non-profit Organizations in China", *Public Administration*, 91 (2), 325 – 346.

Hansmann, H. B. (1980), "The Role of Nonprofit Enterprise", *Yale Law Journal*, 89 (5), 835 – 901.

Macindoe, H. & Whalen, Ryan (2013), "Specialists, Generalists, and Policy Advocacy by Charitable Nonprofit Organizations", *Journal of Sociology & Social Welfare*, 40 (2), 119 – 150.

Mosley & Jennifer, E. (2010), "Organizational Resources and Environmental Incentives: Understanding the Policy Advocacy Involvement of Human Service Nonprofits", *Social Service Review*, 84 (1), 57 – 76.

Mosley & Grogan (2013), "Representation in Nonelected Participatory Processes: How Residents Understand the Role of Nonprofit Community-based Organizations", *Journal of Public Administration Research and Theory*, 23 (4), 839 – 863.

Mullaly, R. (1993), *Structural Social Work: Ideology, Theory, and Practice*, London: Oxford University Press.

Nabatchi, et al. (2017), "Varieties of Participation in Public Services: the who, when,

政
社
合
作
中
社
会
服
务
组
织
的
功
能
建
构
及
其
实
现

and what of Coproduction", *Public Administration Review*, 77 (5), 766 – 776.

Najam, A. (2000), "The Fourc's of Government Third Sector-government Relations", *Nonprofit Management & Leadership*, 10 (4), 375 – 396.

Ryan, W. (1976), *Blaming the Victim*, New York: Vintage Books.

Salamon, L. M. (1995), *Partners in Public Service*, Baltimore: Johns Hopkins University Press.

Saleebey, D. (1997), *Strengths Perspective in Social Work Practice*, London: Allyn & Bacon.

Schmid & Hillel (2004), "The Role of Nonprofit Human Service Organizations in Providing Social Services", *Administration in Social Work*, 28 (3 – 4), 1 – 21.

Solomon, B. (1976), *Black Empowerment: Social Work in Oppressed Community*, NY: Columbia University Press.

Specht, Harry & Courtney, Mark, E. (1994), *Unfaithful Angels: How Social Work Has Abandoned Its Mission*, New York: Free Press.

Warren, M. E. (2001), *Democracy and Association*, Princeton, NJ: Princeton University Press.

Weisbrod (1975), "Toward A Theory of the Voluntary Non-profit Sector in A Three-sector Economy", In E. D. Phelps (ed.), *Altruism, Morality, and Economic Theory*, New York: Russell Sage Foundation.

Wen, Zhuoyi (2017), "Government Purchase of Services in China: Similar Intentions, Different Policy Designs", *Public Administration & Development*, 37 (1), 65 – 78.

Young, Dennis R. (2000), "Alternative Models of Government Nonprofit Sector Relations: Theoretical and International Perspectives", *Nonprofit and Voluntary Sector Quarterly*, 29 (1), 149 – 172.

The Functional Construction and Realization of Social Work Service Institutions in the Cooperation Between Government and Society

Song Yajuan, Lan Yuxin

[**Abstract**] Based on the theories of social work and cooperation, this paper constructs an analytical framework which is for the functional realization of the social work service institutions. The functional realization of the social work service institutions requires specific supporting conditions and institutional elements, which are embedded in the governance practice. Taking the purchasing social work services in S city as an example, this paper analyses the tension between "ideal conditions" and "allocation of institutional elements" in the process of purchasing public service. It is found that due to the logic of innovation championship, risk control and technological governance and the characteristics of purchasing within the administrative system, the social work service institutions have presented new organizational characteristics such as "labor dispatch" and "administrative agency". It is difficult for social work service institutions to achieve their function of scientific service and policy advocacy, so this article puts forward further reform ideas.

[**Keywords**] Social Work Service Institutions; Institutional Elements; Coproduction; Cogovernance

NP

政社合作中社会服务组织的功能建构及其实现

品牌公益论纲[*]

王　名　胡　斌^{**}

【摘要】品牌公益是基于品牌公共性而产生的公益理念及其行动，以及由之形成的公益新模式。品牌公益具有公益性、互益性和独立性三大特点，其背后则存在财产公益化、利益共享化和治理公域化的内在机制。理论上，品牌的公共性促成品牌公域的形成，品牌公域则孕育了品牌公益理念和行动，并为品牌公益提供支持。实践上，品牌公益具有独特的行动逻辑：建立以品牌命名的公益基金会，以品牌为纽带并借公益营造品牌社区，构建相对完整的公益供给系统。品牌公益亦有其局限性和挑战。品牌公益的优化应注重品牌财产公益化，以公共性为引领，努力营造品牌社区，提升公众参与度，并以品牌为核心完善公益品供给，优化公益生态，探索全球公益品牌。

【关键词】品牌公益　公共性　品牌公域　品牌社区

近年来，公益慈善逐渐成为一些企业的"新名片"，有时甚至被纳入企业发展战略。作为市场主体的企业缘何能"化私为公"开展公益行动？企业公益行动究竟是一种营销策略，还是一种独特的公益模式？其背后的理论及逻辑为何？基于实证调研和观察研究，我们发现，企业基于品牌而形成的公益理念及

---

* 本文为国家自然科学基金项目"社会创新实验的理论、模式及路径选择研究"（71673157）的阶段性成果。

** 王名，清华大学公共管理学院教授；胡斌，清华大学公共管理学院博士后。

其行动，逐渐发展形成一种新的公益慈善模式——品牌公益，表现为基于自身品牌形成的一套完整的公益供给系统，构成独立的公益模式。品牌公益与"公益营销"等传统概念不同，其基础在于品牌的公共性。随着公共性的多元化发展（唐文玉，2015），市场特别是品牌的公共性得以彰显；品牌的公共性又促使围绕品牌形成独特的公共领域，为公益提供了场域，孵化出新的公益理念与行动，进而形成独特的公益模式。品牌公益的核心机制表现为财产公益化、利益共享性和治理公域化。品牌公益概念的提出，既可以为企业的公益行动提供科学的解释，也可以为优化企业的公益行动提供理论支撑。

一 品牌公益：基于"品牌"的公益新模式

品牌公益作为一个理论概念提出，是对现实观察的理性总结，也是对公益慈善理论的创造性建构。品牌公益的本质是品牌的公益化，是以品牌为核心的公益新模式，具有自身的特点、优势和价值。

（一）何谓品牌公益？

品牌公益并非"品牌＋公益"的简单文字组合，其意味着一种全新的公益模式的诞生。品牌公益是基于仁爱思想，以品牌为主要共同体并主要面向品牌利益相关者，进行的包含一定的财产公益化、利益共享化、治理公域化的实践探索。质而言之，品牌公益是基于品牌而形成公益场域以及在公益场域中孕育的公益理念与公益行动所构成的相对独立的公益供给体系和公益模式。

品牌公益意味着企业形成了一定的利益共享理念与机制，即企业的发展成果或者说盈利，与客户或者社会群体共享。

品牌公益与传统的公益模式不同。品牌公益的核心是品牌，公益品的产生和供给均围绕品牌进行。为明确界定外延，应将品牌公益与公益领域的若干相似概念区别开来。

首先，品牌公益不是"公益品牌"。公益品牌主要在两个层面使用：一是公益项目或公益组织的品牌化，即公益项目或者公益组织因得到社会认可而形成一定的品牌；二是企业借助公益的品牌提升战略，即企业通过从事公益和慈善活动提升企业品牌，其实质是将通常被视为义务的企业慈善活动转化为有价值的企业资产，从而实现公益与商业目标的双赢（葛笑春，2009）。品牌公益与此二者不同，其品牌本身就构成独立的公益系统。

其次，品牌公益有别于"公益营销"。公益营销概念最早由美国运通公司①于1981年提出并成功运作（韩晓莉，2011），被认为是"一种将企业的盈利目标和公益目标相融合，借助公益活动的有效宣传、执行以及消费者的主动参与，以树立良好的企业形象，以此来影响消费者心理及行为，使其对企业的产品或服务产生偏好，并优先选择购买该企业产品或服务的一种新型营销方式"（刘勇、张虎，2011：2）。公益营销的核心是将"公益"作为营销的手段，虽强调公益与营销的相互促进关系，但公益为辅，营销为主。品牌公益则是一种独立的公益模式。

（二）品牌公益的特点和优势

与传统公益模式相区别，品牌公益的特点在于：品牌公益体现品牌的公益性、公益的互益性及公益的独立性。这些特点背后的内在机制则是财产公益化、利益共享化和治理公域化（如图1）。品牌公益的这三个特点及其内在机制，决定了品牌公益具有独特的优势。

图1　品牌公益的内在机制②

1. 品牌公益性及其背后的财产公益化

品牌的公益性是品牌公益的最大特点，其内在机制是品牌财产的公益化。品牌公益的基础和前提，便是品牌（企业）的部分财产具有公益属性，用于支持公益活动。品牌公益发端于市场，与市场具有天然的联系，这是其与"专业公益活动"③的关键区别。品牌财产的公益化，属于化私为公的过程，品牌公益则是这个过程的外在表现和成果。品牌公益彰显了市场的公益潜质，使得市

---

① 该公司在全国范围内利用与公益事业相结合的市场营销，将信用片的发放使用以公司捐赠的方式推出，1983年又捐赠170万美元修复自由女神像等，赢得良好声誉，促使公司营销额大幅上升。
② 作者自制。
③ 这里的"专业公益活动"指的是公益组织、慈善组织开展的公益活动。

场主体的私属性迸发出"公"的光辉。品牌公益的市场属性，使得这一类型的公益与商业之间有着更加紧密的联系，是实现商业与公益有机融合、良性互动的媒介和渠道。

品牌公益的优势之一，便是与市场的天然联系，为公益与商业的融合与互动建立了一个便捷、安全的渠道。品牌公益的市场性，一方面方便公益行动更为直接地获得市场上的资源和支持，另一方面，品牌的影响力和凝聚力，可以使基于品牌而进行的公益行动得到更多的资源和支持。当然，品牌公益的市场属性，也使其具有一定的局限性，需要面对一定的挑战。

2. 互益性公益及其背后的利益共享化

传统公益模式主要是利他性公益，即公益供给者与受益者之间是一种单向的关系：公益供给者与受益者角色分明，公益供给者向受益者提供公益产品，受益者接受公益产品。与传统公益相比，品牌公益则凸显了互益性。品牌公益的互益性背后则是利益的共享化。品牌公益意味着企业形成了一定的利益共享理念与机制，即企业的发展成果或盈利，与客户乃至更大的社会群体共享。正是这种利益共享化过程，决定了品牌公益的互益性。

品牌公益的利益共享化机制，具体表现在三个层面。第一，品牌持有者与公益受益者之间的利益共享化。无论从公益行动的动机还是效果来看，品牌公益都不是单向的。品牌公益不仅为受益者提供了公益品，反过来品牌本身也可以借助公益行动提升自身的影响和公信力。第二，品牌持有者与其他公益参与者之间的利益共享化。品牌公益主要的参与者是品牌关联企业、客户和受品牌影响者，通过品牌公益行动，扩展品牌与关联企业、客户的联系渠道，强化品牌的社会影响，提升客户的忠诚度。反过来，品牌公益也为客户和其他主体提供更加专业化、有特色或可信赖的公益渠道，使其公益之心得以化作行动。部分汽车流通行业开展的"自驾游 + 公益"的公益模式，便是将企业特色活动与公益有机结合的例子。第三，品牌公益的参与者与受益者之间的利益共享化。品牌公益的参与者，可借助品牌搭建的平台，使公益参与者在公益活动中"自我实现"，反过来，公益受益者亦可得到救助或者助成。

因此，品牌公益表现为互益性公益，这种互益性一方面成为品牌公益的共同体优势，另一方面又因其共享化而为公益的理念和认知提供了新的契机。当然，品牌公益的实现，也有赖于品牌企业利益共享格局与机制的形成。

3. 独立性公益及其背后的治理公域化

从公益行动的运作机制来看，品牌公益一般构成独立的公益供给系统：以品牌为核心形成一个相对封闭、独立和完整的公益供给系统。与其他类型的公益模式相比，品牌公益的资金和物质一般由公司承担，公益行动由公司策划和组织，公司及其员工还是恒定公益参与者，而且其他参与者也主要以与品牌相关的主体为主。换言之，品牌企业可以独立生产公益品，并完成公益品的供给。其他组织和人员的参与只是"锦上添花"，不是必要条件。品牌公益的独立性还体现为，公益行动的目标人群和活动往往以品牌为纽带。相比之下，其他类型的公益模式则往往是开放的、非独立系统。比如，公募型基金会在上游需要获得捐助和资本注入，在下游需要公益组织为其具体实施项目。其他公益模式往往需要各方力量密切配合，方能完成公益品的生产和输送。

品牌公益形成的相对独立的公益供给系统，实际上是"治理公域化"的体现。企业内部治理以及企业与外部资源、客户的互动等，构成一个大的治理空间。而品牌公益的形成，意味着企业内部治理、企业与外部资源、客户的互动等等，构成了一定的公共领域，即治理公域化。换言之，品牌公益模式下，企业的内部治理和外部互动，已经由纯粹的私人行动，变成一种公共行动，而行动的空间也因为公共话语和公共行动而变成了公共领域。

品牌公益的独立性和系统性是其一大优势：一方面，与企业效益直接挂钩，筹款压力较小，减少了部分环节，行动能力更强；另一方面，有助于防范公益行动异化为营利性活动。施乐会"置顶费"事件，反映了公益组织可能变相谋求营利（余玉花、李敏，2016），品牌公益的资金直接源于企业，其生存压力则小得多。

品牌具有一定的号召力和凝聚力，特别是知名品牌更是如此。品牌公益的相对封闭性，可以借助品牌的公信力和影响力，使得参与者更容易形成共识并开展集体行动。品牌公益的参与者身份的特定性，使得组织活动更加方便，而且行动能力更强。

品牌公益目标人群的特定性，使得公益行动的参与者身份更加纯粹和可控，进而容易形成"品牌社区"。品牌社区构成一种基于品牌而形成的跨地区、跨文化的非实体化社区（李建州，2005）。品牌社区具有社会属性，存在一个亚文化圈，可以吸引不同的主体加入社区，围绕品牌价值形成共识，并开展相应的行动。品牌社区为公益理念和行动的开展提供了有利的载体。品牌社区实际上是公司治理公域化的"物质载体",一方面,品牌公益使得公司治理这种私属性的治理具备了公共属性;另一方面,品牌公益使得公司治理与社会治理、国家治理相互嵌入和促进,公司治理以及与外部资源的互动成为重要的治理公域。

(三) 品牌公益的价值

品牌公益所呈现的上述特点,使其具有独特的价值。

1. 转变公益慈善观

既有的公益慈善观认为,慈善与市场虽然不是泾渭分明,但也是各自独立的系统,公益慈善主要是"利他性"行动。正如麦可·波特(Michael E. Porler)指出,企业面对公益问题时经常会犯两个错误:其一,把企业和社会相对立,只考虑两者的矛盾,而无视两者之间相互依存、相互转化的关系;其二,孤立地考虑社会责任,而没有从企业战略的角度出发来思考这一问题(Porter & Kramer,2007)。杨团也认为,中国企业更多采取的是一种利他型的慈善态度。但这是一种过时的模式。利他模式的基本规则,其实是将公司社会责任与经济责任相对立(陈致中、王萍,2013)。

品牌公益的提出,有助于转变既有的公益慈善观。其一,重塑市场与公益间的关系。品牌公益模式下,市场与公益建立了直接联系,具有私属性的市场主体在特定机制下产生了公益属性。品牌公益使市场与公益之间的融合与互动变得更为畅通。其二,品牌公益意味着公益可直接进入企业的发展战略,有助于提升企业的品牌。其三,品牌公益彰显了品牌与公益、市场与社会的共享性,是一种互益性公益,因而品牌公益的运行、发展及取得的成果,有助于形成超越既有公益观念的新公益观。

2. 企业与政府、社会互动的良性媒介

公益的公共性使其成为政府、社会和企业的共同关注点,品牌公益为政社企的跨界互动与合作提供了媒介。首先,品牌公益或可成为企业和政府间合作与交流的安全平台。企业的发展离不开政府的支持,从前企业与政府间交流渠道较单一,而衍生出一些灰色甚至黑色地带。品牌公益为企业与政府间互动与合作提供了新的契机。企业做公益不仅可得到政府的政策支持,亦可借助公益平台或行动与政府合作。其次,品牌公益为企业与社会间交流互动提供了新的渠道和平台,易于得到社会的认可与接受,并为公众参与公益活动提供了更加

多元的渠道。

3. 强化品牌影响力和认同

真正的品牌是建立在品牌利益相关者对品牌独特核心价值的认同且双方都受益的基础上的（唐·舒尔茨、海蒂·舒尔茨，2005：23）[①]。而市场营销和品牌竞争的实践证明，成功的品牌必然具有很强的文化附加值，并得到公众特别是客户的认可和接受。品牌公益紧紧围绕品牌展开，有助于强化品牌的影响，客户以及社会对品牌的认同。首先，品牌公益可营造或提高品牌公信（王稚琴，2015）。品牌本身即代表一定的公信，或者说，品牌营造的主要目的便是打造品牌公信（Aaker，1991）。通过品牌公益，可在社会或者客户心中打造负责任的企业形象，而这种负责形象是公信的基础。其次，品牌公益有助于提高客户对品牌的忠诚度及非客户对品牌的认可度。用营销学的术语来说，品牌公益可增强客户对品牌及其产品的黏性。反过来，品牌忠诚度有助于防范品牌产品的风险。三星手机 Galaxy Note 7 尽管被曝出电池质量问题但仍能引爆市场被抢售一空便是例证。Park 认为，消费者在感知品牌产品溢价出售或者有质量缺陷后仍然忠诚地进行购买，是因为消费者对产品品牌形象有强烈的认同感，从而产生了强烈的品牌认知和品牌依恋（Brand Attachment）（Park et al.，2006）。Elena 和 Jose 认为品牌信任是消费者在面临风险的情况下，对品牌的可靠性和倾向性有信心的期望，是消费者从品牌中得到的一种安全感，该品牌可以满足消费者的期待（贺爱忠等，2005）。企业越能加深消费者对品牌的关联度认知和心理位置认知，消费者对品牌的依恋程度就会越高，从而将会产生更高、更持续的品牌忠诚度，促使产品能够获得溢价销售（邓诗鉴等，2018）。

4. 落实企业社会责任

品牌公益是落实企业社会责任的重要渠道。企业社会责任已成普遍共识，并为我国立法所确认。[②] 但对于什么是企业社会责任、如何落实企业社会责任等问题，无论是企业还是学界都有着不同的答案。品牌公益是企业落实社会责

[①] 具体体现为：①品牌具有鲜明的个性；②品牌是商品信息和内涵文化的巨大载体；③品牌具有符号价值，能产生丰富的对应式联想；④品牌具有一定的信任度和追随度，有很强的创利能力；⑤品牌具有强大的感染力，能让消费者对其产生情感乃至自豪感，最终成为消费者情感的依托。

[②] 《公司法》第 5 条规定：公司从事经营活动，必须遵守法律、行政法规，遵守社会公德、商业道德，诚实守信，接受政府和社会公众的监督，承担社会责任。

任的重要方式，而且实践证明取得了良好的社会效果。首先，品牌公益是企业主动开展的公益慈善活动，与其营利性截然不同，是企业承担社会责任的方式之一。其次，品牌公益有助于实现企业社会责任与经济责任、公共性与营利性的融合。传统上，企业常常将企业社会责任与企业业务发展相对立，而这无疑会影响企业承担社会责任的积极性和主动性。品牌公益的互益性意味着企业承担社会责任与品牌发展不仅不矛盾，而且是相互促进的，这无疑有利于激发企业承担社会责任的积极性。四川汶川大地震发生后，那些在第一时间以巨资捐助灾区的本土企业及其品牌获得了公众的空前追捧；一些没有及时捐款的著名外资企业遭到网络舆论的猛烈抨击，发生了前所未有的品牌信任危机，其品牌产品遭到消费者的强烈抵制（贺爱忠等，2005）。正反两个方面的例子恰恰证明企业承担社会责任的意义。最后，品牌公益是以品牌为核心的，公益行动中伴随着品牌标识和理念的使用，因而可使企业承担社会责任的行为为公众所知晓。

5. 塑造品牌的内在德性

品牌公益实际上是品牌内在德性的体现，也是品牌内在德性塑造的途径和方法。按照亚里士多德的定义，德性就是一种使人善良并出色发挥其功能的品质。从现实来看，成功的品牌不仅赢在产品和服务上，而且赢在品牌本身彰显的德性和价值理念之上。企业在自身发展的同时，必须以符合伦理道德的行动回报社会。品牌公益与品牌内在德性的关系体现在两个方面。首先，品牌公益使得品牌本身的德性得以彰显。品牌的市场性使其德性被忽视或者掩盖，品牌公益则使企业、品牌善的因素得以发挥。公益关乎公共事务，其本身彰显了一种公共道德。品牌公益意味着企业公共品德的彰显和发挥。其次，品牌公益使得企业、企业员工和其他参与者，能够在公益活动中提升自身的德性。

二 品牌公益产生的理论逻辑：品牌公共性

品牌公益作为一种独立的公益模式，其产生与运行并非偶然，而是有着深厚的理论根基：品牌公共性。品牌公共性使得围绕品牌而形成了品牌公共领域（品牌公域），后者则孕育了品牌公益理念和行动（见图2）。而搭建品牌公共性与品牌公域的桥梁和载体则是财产公益化和利益共享化。

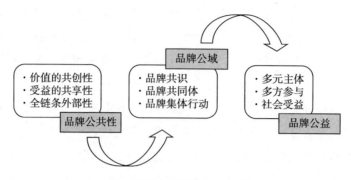

图 2 品牌公益的理论逻辑①

（一）理论前提：品牌公共性

哲学意义上的公共性概念被认为最早由存在主义哲学家阿伦特提出，哈贝马斯和罗尔斯则各自发展了自己的公共性理论。理论上，公共性既是人们存在的基础，也是人们建构的目的。关于公共性的本质，有学者认为，公共性指人与人之间的相互共享性（谭清华，2014）。也有学者主张，公共性强调的是某种事物与公众或者共同体之间相关联的性质，通俗地讲就是某种事物所体现出来的"为大家好"的属性（唐文玉，2015）。有学者指出，公共性离不开共同性，公共性需要以共同性为基础（唐文玉，2011）。日本学者今田高俊对公共性进行了类型学上的研究，认为可以把公共性划分为言论系谱的公共性和实践系谱的公共性两种基本类型，并认为这两个方面的公共性都很重要，需要在两者之间保持平衡。②

从学者的观点来看，公共性意味着与某种共同体的关联性，关涉不特定主体的利益（公共利益），并且为不特定主体所关注和讨论。换言之，公共性意味着共享性和外部性。我们发现，企业一旦形成一定的品牌，品牌本身便具有了公共性。

1. 品牌的公共性客观存在

从营销学角度看，品牌是产品利益点、品牌所有者核心价值、消费者体验与感受这三者的结合（王敏，2010）。根据学者考察，当前社会处于"多元化

---

① 作者自制。

② 从阿伦特（H. Arendt）、哈贝马斯（J. Habermas）到梅鲁西（A. Melucci）等西方学者所研究的作为公共舆论以及讨论的公共空间的公共性，是言论系谱的公共性；而由支援活动所开拓出来的公共性，则是实践系谱的公共性（今田高俊，2009）。

主义公共性时代"（唐文玉，2015），市场组织也成为公共性的开拓者，品牌作为市场组织的核心代表亦可以成为公共性的开拓者。之所以认为市场属性的品牌具有公共性，主要基于以下理由。第一，品牌一旦形成，则会与特定的共同体产生联系，特别是品牌产品或者服务的使用者、上下游关联企业。客观上，围绕品牌的使用或者影响力，会形成一定的"品牌共同体"，即由品牌的使用者、上下游关联企业构成的虚拟共同体，使得品牌的公共性得以凸显。恰如学者所言，对共同体的理解，最重要的是公共性问题。品牌共同体的存在，为品牌公共性提供了基础。第二，品牌具有辐射性和外部性，影响不特定多数群体的利益、认知和情感。品牌的质量、声誉和行动，会直接、间接影响公众及其利益。第三，品牌促使公共舆论和公共领域的形成。品牌面向公众而存在并产生公共影响，反过来不特定群体会围绕品牌形成对话、争论或共识，从而形成一种公共领域。品牌的成长，往往伴随着公共舆论，且品牌越大，公共领域也越大。第四，品牌具有共享性。虽然从财产属性上看品牌属于私主体，但其在价值和精神层面上，则可以为不特定群体所共享。实际上，品牌共同体的形成，恰恰是基于品牌本身的共享性。当基于品牌而形成一定的共同体，就意味着共同体内部共享着品牌的价值与荣耀，有"荣辱与共，共进共退"之感。第五，品牌化本身就是公共性的体现。品牌必须进入公共生活，进入公共关切的视野内。只有那些实现公共性的品牌，那些真正进入公共生活的品牌，才成为有影响力的品牌（李九如，2011）。故品牌化乃公共交往行为，其目的在于公共交往，而更为根本的目标则在于实现更好的公共生活。第六，品牌具有外部性。品牌一旦形成，便超出企业产品或者服务本身，具有外溢的效果。② 比如，宾利、劳斯莱斯品牌，早已超出了汽车的内涵，而成为一种身份的象征。

2. 品牌的公共性意义重大

第一，品牌的公共性决定了品牌不只是私人的事情，品牌的维护和价值的提升是"大家的事情"。第二，品牌的公共性，意味着品牌可以成为公众关注

---

① 市场组织或者说营利组织在新的时代背景下也日益充当了公共性的显性开拓者，很多市场组织在从事营利性活动之外，也会从事一些非营利性的公共活动，构成了新时期公共性开拓的亮丽风景（唐文玉，2015）。

② 大部分的公共物品和共有资源都具有所谓的效益外溢现象，经济学中称之为"外部性"。如果这种影响是不利的，称为"负外部性"；如果影响是有利的，称为"正外部性"（格里高利·曼昆，1999）。

的焦点，基于品牌而形成一定的共同体或者社区。这一共同体或者社区可能是跨区域的、非实体的。第三，品牌的公共性意味着品牌具有凝聚力和感召力，可以形成一定的共识、聚集一定的资源，从而形成一定的合力。第四，品牌的公共性意味着维护和实现公共利益，是品牌的天然属性和必然要求。第五，品牌公共性为公益行动提供了终极合法性根据。第六，品牌公共性意味着公益性是品牌的内在属性。公益实际上是通过合理的偏狭，即对特定主体利益的特殊照顾而供给和弥补政府公共性（张乾友，2018）。换言之，公共性与公益性存在天然的联系。

（二）品牌公共性产生品牌公域

品牌的公共性使围绕品牌的公共领域得以形成和发展。换言之，品牌使人们形成了公共话语、交往和行动的空间和场域，即哈贝马斯所说的"公共领域"，我们称之为"品牌公域"。

从功能性视野来看，公共领域就是在多元价值主体之间构筑的公共对话平台，使代表不同价值取向的个体能够进行对话和商讨。而从实践理性来看，公共领域还为不同主体形成集体行动提供了平台和基础。

与公共性相似，现代意义上的"公共领域"概念是汉娜·阿伦特于1958年在她的《人的条件》一书中首先提出来的。在她看来，人的活动可以分为劳动、工作和行动。劳动和工作基本属于私人领域，行动则基本属于公共领域（阿伦特，1999：35）。而公共领域理论的集大成者当属哈贝马斯。他在《公共领域的结构转型》一书中全面论述了公共领域，强调"公共性本身表现为一个独立的领域，即公共领域，它和私人领域是相对立的。有些时候，公共领域说到底就是公众舆论领域，它和公共权力机关直接相抗衡"（哈贝马斯，1999）。在后来的相关著述中，他又对公共领域概念作了若干重要的补充。[①]

在哈贝马斯看来，公共领域是基于公共性而产生的，是人们讨论公共事务、

---

① 比如，1964年，哈贝马斯在《论公共领域》一文中，对"公共领域"做了如下界定："所谓'公共领域'，首先是指我们的社会生活的一个领域，在这个领域中，像公共意见这样的事务能够形成。公共领域原则上向所有公民开放。公共领域的一部分由各种对话构成，在这些对话中，作为私人的人们来到一起形成了公众。那时，他们既不是作为商业或专业人士来处理私人行为，也不是作为合法团体接受国家官僚机构的法律规章的规约。当他们在非强制的情况下处理普遍利益问题时，公民们作为一个群体来行动；因此这种行动具有这样的保障，即他们可以自由地集合和组合，可以自由地表达和公开他们的意见。"（哈贝马斯，1997）

开展集体行动的场域。在这个意义上，具有公共性的事物可以促成公共领域的产生与发展。由品牌的公共性促成的公共领域，简称"品牌公域"。

品牌公域主要有如下特点。第一，不特定多数的主体围绕品牌展开对话、讨论，甚至争论，从而形成了一定的公共舆论场域。当人们围绕品牌形成公共对话，品牌本身便成为公共事务。实践中，品牌形成并产生影响时，逐渐会吸引公众围绕品牌展开对话。以宝马品牌为例。宝马作为一个品牌，会吸引不同主体围绕该品牌的质量、服务和影响等展开对话。由于宝马属于知名品牌，围绕该品牌的对话甚至可能超出品牌产品的功能本身。如某相亲节目女嘉宾"宁愿坐在宝马车里哭泣"的言论①，引发了公众的讨论，此时"宝马"品牌已经不只是一种车，而是一种财富或者地位的象征。第二，围绕品牌形成一定的集体行动。基于对品牌产品质量或者品牌价值的认同，部分客户可能自发形成一定的组织，并开展一定的集体行动。比如，宝马、奔驰品牌的消费者，自发组成车友会，并开展相应的公共活动。第三，品牌公域具有开放性、自由性。品牌的市场性决定了其营造的公共领域是开放的和自由的，而且品牌存在扩展公共领域的内在动力。品牌在市场机制作用下具有辐射性，其所影响的群体范围和人数将不断扩张。

品牌公域的形成，表明以品牌为核心塑造了一定的公共治理空间。品牌公域是一个异于营商行为的公共空间，在这个空间里存在一定的公共事务和公共精神，因而需要一定意义上的公共治理。

（三）品牌公域孕育公益行动

品牌公域的形成，实际上是品牌治理公域化的结果，品牌财产的公共性和利益共享化，使得围绕品牌而开展的行动具有很强的治理性，抑或说品牌的运营或维护体现了具有公共色彩的治理性。

品牌公域一旦形成，便为公益精神和公益行动的孕育提供了土壤和空间。第一，品牌公域的形成，有助于培育公益理念和精神。品牌一旦形成便成为各方情感、精神维系的纽带，从而体现出公共精神，这种公共精神在特定的机制下便转化成公益精神。而且品牌化本质上就是品牌进入公共空间，其更为根本的目标则是关于如何实现更好的公共生活（李九如，2011）。因而品牌具有公

---

① 2010年，江苏卫视相亲节目《非诚勿扰》上，一位女嘉宾说"宁愿坐在宝马车里哭泣，也不愿坐在自行车上笑"，引起公众讨论。

共精神，而这种公共精神与公益精神相通。第二，品牌公域的形成，使得围绕品牌而产生的公共事务有了讨论的空间和可能，进而培育出公共精神和公共行动。公益活动是公共事务之一，也是公共精神的体现，因而品牌公域亦可以产生公益。第三，品牌公域的形成，意味着特定公共体的形成，而品牌公域中的共同体既可以是公益的行动者，也可以是公益的受益者，即品牌公域为公益提供了相应的主体。第四，品牌公域可以汇聚共识、聚集资源。在品牌公域中，各主体围绕品牌的影响、价值等，形成一定的共识，而共识是开展集体行动的前提。品牌公域也可产生一定的吸引力，能够吸引支持公益的资源。质言之，品牌公域形成，可以为公益行动提供资源和支持。一方面，品牌背后的企业可以直接为公益行动提供各种人力、物力支持；另一方面，品牌的利益相关者，比如客户、上下游关联企业亦基于对品牌的信任或者认同，而愿意贡献人力和物力。第五，品牌公域为集体行动提供基础。一方面，品牌公域之中，各方更容易形成共识，从而转化为集体行动；另一方面，品牌公域一旦形成，则为各方采取集体行动提供了相应的场域。品牌成为一个纽带，将品牌的利益相关者联系在一起（李建州，2005），形成公益集群以及公益集体行动。第六，品牌公域一旦形成，品牌的维护和塑造便成为一种"公共事务"，而公益行动是塑造和维护品牌形象、凝聚公信的重要方式，因而品牌公域的形成为品牌公益行动提供了持续的动力机制。

三　品牌公益的行动逻辑
——以汽车生产流通行业为例

品牌公益以品牌为核心，以品牌公域为载体的特点决定了其独特的行动逻辑。品牌公益的行动者与品牌存在或近或远的关系，品牌公益的活动中品牌的影响力始终存在，品牌的持有者是品牌公益的主导者。通过考察汽车生产、流通领域部分企业品牌开展的公益行动，可以发现品牌公益的行动逻辑具有"财产公益化"、"利益共享化"和"治理公域化"的特点。

（一）以品牌命名的公益基金（会）

通过考察可知，越来越多的企业倾向于通过建立以品牌名称命名的公益基金或者公益基金会，为公益行动提供资金支持，并作为开展公益行动的平台。

比如，北京利星行集团于 2010 年成立了"北京利星行慈善基金会"，集团通过基金会这一平台支持帮扶青少年教育、扶助特殊群体等慈善事业。实际上，不仅汽车流通行业，其他领域的企业也纷纷加入成立品牌基金会的行列，目前以品牌为名称设立的企业基金会包括但不限于：腾讯公益基金会、阿里巴巴公益基金会、万科公益基金会、顺丰公益基金会等。这些基金会的共同特点便是以企业品牌名称命名基金会，基金会形式为非公募，资金主要来源于企业或者企业共同发起人。

部分企业虽然没有成立专门的基金会，但与其他基金会合作设立了以品牌名称命名的公益基金。比如，2008 年 6 月 5 日，宝马中国和华晨宝马共同捐资携手中华慈善总会设立中华慈善总会宝马爱心基金（简称"宝马爱心基金"），为包括 BMW 员工、经销商和爱心车主在内的宝马大家庭建立了一个持续的汇聚爱心的平台。[1] 2010 年 6 月，梅赛德斯－奔驰（中国）汽车销售有限公司与中国青少年发展基金会携手设立了梅赛德斯－奔驰星愿基金，该基金是目前奔驰在全球范围内启动资金最多的综合性公益事业基金，并将针对环境保护、教育支持、艺术体育、社会关爱以及驾驶文化五大领域开展工作。该基金启动资金为 3000 万元，是目前中国汽车行业内启动资金最多的公益基金之一。

质言之，无论是以品牌命名的公益基金会还是公益基金，均是企业财产公益化的过程和结果。企业的部分财产独立出来，用于支持公益行动，此时这部分财产已经公益化，即这部分财产本身呈现公益性。品牌公益基金会和公益基金的存在，还意味着企业的经营不再只是"自利性"的私行为，企业的经营所产生的利益具有了共享性。换言之，品牌公益意味着品牌之外的相关主体可以分享品牌发展的成果和利益。

从现实来看，成立品牌公益基金会和品牌公益基金具有积极的意义。首先，品牌基金（会）的名称与企业品牌相同，基于品牌基金（会）而开展的公益活动，有助于提升品牌的影响力。其次，成立品牌基金（会）可以使企业或者品牌公益活动常态化、专业化。再次，品牌基金（会）使得企业资本与公益资金实现分离，确保公益资金的专门化、金额更加明确、使用更加透明。而且成立专门的公益基金（会）可以提高企业公益基金的使用效能。最后，品牌基金

---

[1] https://www.mybmwclub.cn/whf/index.php？m = aboutus&a = aboutus，2019 年 3 月 12 日最后访问。

（会）的存在，为企业或者品牌与政府、社会的合作与交流提供了一个更加安全和便捷的平台。公益基金（会）的公益本质，使其他合作者可以免除后顾之忧。

（二）公益行动者以品牌为纽带

品牌公益的主要行动者是以品牌为纽带形成的多元化主体构成的"共同体"，行动者与受益者之间存在交叉、融合以及互相转化的关系。企业、公益参与者与受益者围绕品牌开展公益行动，品牌是此类公益的核心纽带和桥梁（见图3）。

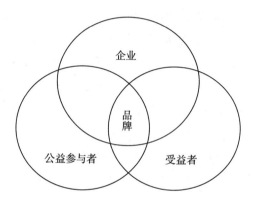

图 3　品牌公益主体结构与关系

首先，品牌公益中起主导作用的公益行动者是品牌所属的企业，既包括企业的分支机构，也包括企业的内部机构和职员。品牌公益中，品牌企业及其职员是永恒的行动者，有时候可能是唯一的行动者。其次，除了企业之外，品牌公益的行动者往往还包括与品牌有密切关联的主体。从实践来看，这些主体主要包括：与品牌相关的上下游关联企业、品牌客户、品牌潜在客户以及认同品牌价值的主体。最后，品牌公益的受益者同样以品牌为核心，包含以下类型：品牌企业内的员工、品牌上下游关联企业及员工、品牌客户、普通的困难群众。

以宝马爱心基金为例。截至2017年底，宝马中国和华晨宝马，带动其利益相关方，通过各公益机构，共同对宝马爱心基金进行慈善公益类捐助，捐款总额累计达到人民币9600万元。同时带动250多家 BMW 经销商以及超过86700多名车主、员工投身于各类公益项目，受益群体超157600人次。① 从宝马品牌公益行动来看，宝马公司是品牌公益的主导者，关联公司、经销商、车主和员

---

① 资料来源：宝马爱心基金网站。

工是公益的主要参与者，这些主体的共同特征是均与宝马品牌有着直接的关联和利益相关性。换言之，品牌公益的行动者主要是以品牌为纽带而建立起来的多元化共同体，这些主体相互交融，特定情况下发生相互转化。

值得强调的是，品牌公益行动者以品牌为纽带的现实，恰恰印证了品牌的公共性和品牌公域的客观存在。正是品牌的公共性和品牌公域，使得与品牌存在密切联系的主体可以形成集体的公益行动。而品牌公益中，多元主体之间相互转化的关系，则恰恰证明了品牌公益中利益共享化的特色——以品牌为纽带的相关主体，分享企业盈利带来的利益。

（三）品牌影响力和价值提升是持续动力

品牌公共性与品牌公域主要解释了品牌公益的产生基础，而品牌影响力和价值提升则是品牌公益的持续动力。首先，品牌公益行动中，一般会伴随着品牌的宣传或者在公益行动中进行品牌嵌入。比如，北京利星行公益基金会捐建的希望小学，均称为"××利星行希望小学"，将企业品牌以"公益"的方式融入受捐助的地区。再比如，宝马爱心基金开展的所有项目，都是以"宝马××""BMW××"形式冠名，而且活动中会使用品牌标识，通过多种途径将品牌嵌入公益活动之中。其次，品牌公益行动中，重要的参与者是企业客户。企业通过组织部分客户参与公益行动，实际上也是通过公益平台建立与客户的密切联系，提升客户对品牌的认可度。比如，利星行、宝马等公司在开展公益活动时，一般会邀请爱心车主参加，客观上加强了企业与客户之间的互动，以及品牌对客户的影响力。最后，品牌公益行动中，企业注重将企业文化、价值观等注入公益行动中。比如，可口可乐公司、宝马公司在开展公益行动时，注重将公司的价值观融入公益项目，其中一个非常重要的目的便是在公益行动中，宣传公司的价值观，提升公众对公司价值的认同。

（四）通过公益营造品牌社区

品牌社区是不同主体（主要是企业主、关联企业和客户）基于对品牌的认可和价值认同而形成的精神上或行动上的共同体。品牌社区营造有助于建立关系的纽带、培养顾客忠诚、提高竞争优势、扩宽信息渠道（李建州，2005）。品牌社区既是品牌影响力的自然产物，也是企业积极营造的结果。过去，企业品牌社区的营造主要依赖的是品牌质量优化、品牌宣传和有奖回馈等形式。品牌公益模式下，企业品牌社区的营造开始两条腿走路，通过公益行动营造品牌社区成为众多企业的选择。相比之下，通过公益行动营造品牌社区，具有独特的优势：一方面，公益行动更容易为各方所接受，其更具有号召力和凝聚力；另一方面，公益行动代表更高的价值追求，使得参与者更好地"自我实现"。换言之，品牌公益行动中的参与者具有更强的道德优越感，而且能够在公益行动中"实现自我"。以宝马公司为例，该公司以"宝马爱心基金"为平台，召集经销商、车主等开展公益活动，从而营造了宝马爱心社区。①

品牌社区本质上是治理公域化的结果或者载体。品牌社区的存在意味着围绕品牌而形成一定的公共空间，而营造、维系和优化品牌社区的行动具有明显的治理色彩，因而品牌社区的营造实际上是治理公域化的表现。通过公益行动营造的品牌社区更具有公域化的色彩。

（五）相对完整的公益供给系统

从公益品供给机制和过程来看，每个品牌公益基本上构成一个相对独立完整的公益供给系统，资金的筹集、项目的策划和实施等各个环节，基本上都可以在品牌共同体内部实现。以利星行为例，其开展的公益活动主要是援建希望小学。希望小学的资金由利星行筹集，项目由利星行工作人员负责开展，即公益品的生产主要由品牌企业完成。再以宝马的公益行动为例。宝马品牌公益行动的资金由宝马爱心基金资助，公益项目由宝马基金策划，项目实施由宝马主导，其他主体的参与只是锦上添花，并非必要因素。润华集团组织的"贫困地区儿童游济南"的公益活动，资金、策划和组织完全是在润华集团内部实现的。

除了能够独立提供公益品供给外，品牌公益的系统性还体现在其朝着网状网化结构发展。比如，利星行的所有子公司、润华集团的所有4S店都是一个独立的公益行动的组织者、策划者和行动者，而这些分布在全国（省）各地的子公司或者机构形成一个庞大的、相互联系的公益网络。另以宝马公司为例，截至2016年底，已有250多家经销商合作伙伴以及超过8万名车主、员工参与了BMW企业社会责任活动，各地爱心车主还在15个城市自发成立了17家爱心车主俱乐部，形成全国联动的公益网。

品牌公益供给的独立化和网格化，恰恰表明品牌公益具有治理公域化的特征，即品牌内部形成一个围绕公共事务进行对话、展开行动的空间和系统，显

①　https://www.mybmwclub.cn/whf/index.php? m = aboutus&a = aboutus，2019年1月5日最后访问。

著区别于品牌的经营行动。

因此，品牌公益的行动逻辑和做法，恰恰印证了"财产公益化"、"利益共享化"和"治理公域化"的特点（如图4）。

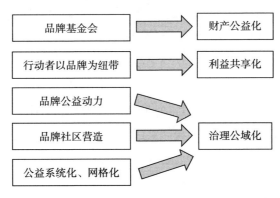

图4　品牌公益实践的特点

四　品牌公益的挑战与局限性

品牌的市场属性和品牌公益的相对封闭性，在为其公益供给提供优势的同时，也使得品牌公益存在局限性和面临挑战。通过对品牌公益实践的考察以及品牌公益与其他公益模式的对比，我们发现，品牌公益存在的局限性和挑战主要体现为以下几点。

（一）财产公益化缺失或不足

品牌公益的良性和稳定运行，有赖于企业财产的部分公益化，即至少部分资金专门用来做公益。目前来看，部分企业的公益行动具有随机性、偶然性，缺乏稳定的公益机制。究其原因，主要是这些企业并未实现财产公益化或者形成稳定的财产公益化的机制。具体表现为，部分企业并没有专门的公益慈善资金，只是基于偶然机会或者原因，从企业资金中拨出一定金额支持公益活动。比如，汶川地震，很多企业纷纷慷慨解囊，但大部分企业是从企业账户中划拨资金，并没有专门的公益基金或者公益账户。财产公益化缺失或不足，是企业稳定、持续承担社会责任、从事社会公益的阻碍。

（二）封闭性阻断公益生态链形成

目前来看，除个别大型品牌企业之外，大多数品牌公益行动是品牌企业的

"单打独斗"，具有一定的封闭性，从而阻断了品牌公益领域生态链的形成。具体表现在以下方面。第一，部分企业的公益活动主要由本企业员工参与，未能有效地吸引客户、上下游关联企业的参与。以部分企业流通行业的企业公益行动为例。其公益慈善多是汽车流通企业的个体行为，缺乏基于企业、车主、行业协会等多元主体共创的公益慈善生态建设。第二，品牌企业之间在公益行动上缺少联系、合作与互动。品牌公益主要以企业为核心开展公益活动，与其他品牌企业缺少沟通、合作与共享。第三，部分品牌企业与行业协会、专业慈善组织缺少足够的合作与互动。部分企业的动员范围过分局限于客户、经销商，未能更为充分地挖掘社会资源，无法更好地与外界沟通、实现资源共享。

公益生态链的缺失，导致品牌公益无法形成有效的合力，而且可能导致公益资源的浪费或者重复行动等问题。

（三）公益理念与行动有待优化

从现实来看，受制于品牌公益的非专业性或者副业性，部分企业的公益实践存在理念偏差、行动有待优化的问题。首先，部分企业对公益慈善的理解存在偏差。通过调研可知，部分企业将扶贫救困等同于公益慈善，重慈善而轻公益，大大缩小了公益的范围。理论上看，公益是更为宽泛的概念，企业对公益的狭隘理解，直接影响了其公益行动内容和范围。其次，部分企业未认识到"公益"与"品牌"的科学联系。部分企业将"公益"视为政治任务或者负担，导致其公益行动缺乏动力和有效性不足。有些企业将公益当成作秀，存在走过场的嫌疑。再次，部分企业未能将公益行动与企业发展战略有机结合。这使得品牌公益的优势无法更好地发挥，而且可能导致该类企业做公益的动力不足。复次，部分企业的公益活动单一、范围过窄。比如，有的企业的公益行动仅限于"精准扶贫"，有的企业的公益行动仅限于建设"希望小学"。最后，部分企业的公益活动存在同质化、重复化、相互模仿的问题，缺乏创意和创新，结果导致公益资源的浪费和不均衡。

企业公益理念和公益行动的偏差，关键原因是未能充分认识到公益的互益性、利益共享化本质。

（四）市场化、功利化色彩较浓

品牌归根结底是市场的产物，未能处理好市场与公益的关系，导致部分企业的公益行动打上了"市场化""功利化"的烙印。首先，部分企业开展公益行动，主要是为品牌商业价值服务，公益本身的公共价值和精神被忽视。企业的营利性活动与非营利性活动界限不清，既影响公益的效果，也容易导致社会反感（唐文玉，2015）。其次，有些企业对做公益活动要么急功近利，要么是迫于社会压力而违心为之，缺乏诚意。品牌公益的功利性过强，必然影响其真正的公益性，进而无法发挥品牌公益应有的价值。最后，有些企业的公益行动过于简单、粗糙，存在形式化、走过场的嫌疑，并没有真正融入或者体现公益之精神。品牌虽然具有公共性，但其仍然是"私的"。因而如何防范有些人利用品牌"假公济私"是值得考虑的问题。

（五）存在内在局限与风险

品牌以及品牌公益的特殊性，也使得品牌公益存在内在的局限性和风险。

首先，品牌公益的局限性主要体现在以下几个方面。第一，品牌公益更依赖于企业提供相应的资源，而企业提供资源的能力又取决于企业的盈利能力或者企业效益。因而品牌公益的行动能力与企业的盈利能力和造血能力有直接关系，一旦企业盈利不足，品牌公益便往往无法为继。第二，品牌公益的专业性不足。虽然部分企业开始成立公益基金或者基金会专门从事公益行动，但与专业的公益组织相比，品牌公益的专业性仍然不足。

其次，品牌公益也存在一定的风险。有学者认为企业做公益将为企业带来三种风险：消费者认知风险、财务风险和法律风险（刘勇、张虎，2011）。我们认为，品牌公益的风险主要体现在以下方面。第一，品牌公益行动可能给企业带来法律风险。部分公益行动中，公益行动参与者和受益人的生命、财产安全存在一定的风险，一旦发生问题，首要的责任便会由公益行动的发起人承担。第二，品牌公益行动对于品牌的影响也是一把双刃剑。品牌公益行动亦可能对品牌塑造带来不利的影响。比如，品牌公益行动如果存在问题，将直接影响公众对品牌的认知。品牌公益行动有可能混淆品牌认知，即公众搞不清其到底是公益组织还是企业。第三，品牌公益活动也意味着较大的成本，对企业发展可能带来不小的资金压力。比如，Ross 等认为企业做公益的资金来源于企业的营销预算，企业做公益会减少企业其他营销活动的市场预算（Ross et al.，1991）。

五 品牌公益的塑造与优化

品牌公益作为一种公益模式，有自身的优势及独特的行动逻辑，同时也面临着风险和挑战。品牌公益可以而且应当成为我国公益系统的重要组成部分，而要更好地发挥品牌公益的价值，应当注重品牌公益的塑造与优化。品牌公益的优化关键是推动财产公益化、塑造利益共享化格局以及打造治理公域。

（一）推动品牌财产公益化

企业财产公益化是确保品牌公益稳定、持续供给的基础，也是品牌公益得以独立存在的前提。因此，为了更好地促进品牌公益，应当多措并举，推动品牌财产的公益化，建立品牌财产公益化的机制。首先，实现品牌财产公益化有必要将企业财产和公益财产相分离，公益财产建立单独账户或者成立基金（会）。其次，品牌财产公益化需要政府的支持。为了激励品牌财产公益化，政府可出台相应的税收优惠及其他奖励政策，鼓励企业将部分财产进行公益化。再次，企业内部应当建立财产公益化的机制，使品牌财产公益化有章可循，有人负责，持续和稳定地提供公益财产。最后，除了企业内部资源之外，还应当积极吸收外部资源，使内部和外部资源集聚形成统一的公益化财产。

（二）公共性引领品牌公益

品牌一旦形成，便具有独立于公司市场性的"公共性"面向。公益本质上属于"公共事务"，即属于公共性的范畴。因此，基于品牌而进行的公益活动应当以"公共性"作为重要的价值引领。而公共性的内涵便是共享性。

品牌公益坚持"公共性"价值引领，本质上是将"公共精神""公共价值""公共行动"等融入品牌公益的理念与行动之中，实现企业部分资源的"利益共享"。首先，品牌公益应当注重公共精神的融入和塑造。这就要求企业将品牌作为一项公共事业对待。品牌维护和发展，不仅是公司的"私事"，还是关系到客户、社会和国家利益的"公共事业"。当我们将品牌作为一项公共事业来管理时，公益便成为品牌自然的"外溢"。品牌企业做公益，不仅是"企业家的善心"，而且是企业作为公共体一员，对公共事务应当尽的一份义务和责任。因而品牌公益要坚持"公共精神"的融入和塑造，不能将公益行动等同于"捐赠"和"扶贫"。其次，品牌公益应当区别于"公益营销"，公益营销是将公益作为营销手段，是一种"化公为私"的行动；品牌公益则是将公益作为一种独特的使命和责任，是一种"化私为公"的行动。坚持以公共性为价值导向，意味着品牌公益不是企业对社会的恩赐，而是企业应尽的社会义务，是一种责任。最后，品牌公益应当以推动和实现品牌的公共性为重要的价值追求。在现代社会里，以公共性为价值目标的集体行动才能维护社会正义，才能获得正当性（王稚琴，2015）。企业社会责任概念的提出，实际上是对企业作为共同体一员之合法性的一种终极追问。企业存在的正当性在于，在追求私目标的同时，外溢出公共性，从而获得正当性。因而，品牌公益应当以公共性为终极价值取向，以为企业的存在提供正当性。既然品牌公益以公共性为价值追求，那么就应当注重以解决公共事务、回应公众需要、符合公众利益为原则。

品牌公益以公共性为引领，还要求建立"利益共享格局和理念"。首先，企业应当树立企业发展的部分成果为社会共享的理念，这是品牌公益的核心之一。其次，在利益共享的观念引导下，企业还应当建立一定的利益共享格局和机制，使社会公众、客户以及关联企业等，能够共享企业的部分发展成果。而更高层面上，品牌公益是使得公益行动的参与者能够贡献各自资源，而且共享这部分资源。

（三）营造与优化品牌社区

品牌社区是品牌公益的重要载体和场域，而品牌社区的营造实际上是品牌治理公域化的体现和结果。从实践来看，品牌社区与品牌公益往往是互为因果、互相促进的。前文已经述及，宝马公司的公益行动以"爱心社区"为名，实际上是在打造"品牌公益社区"。无论是从促进品牌公益的角度，还是从提升品牌影响力的角度，营造和优化品牌社区都是企业的明智之选。品牌社区反映了品牌的社会属性，消费者寻求的不仅仅是产品、服务的使用价值或品牌的象征性价值，更多的是联系价值——与其他人、社区或社会的联系，而这种联系价值必须依靠品牌社区来实现（李建州，2005）。

首先，品牌社区营造有助于更好地开展品牌公益行动。品牌社区的形成意味着用户基于对于品牌及其价值的认同而形成一个共同体，在共同体内部形成责任感和集体意识。这种责任感、归属感是吸引客户参与到公益行动之中的重要心理基础，并且是客户持续参与公益行动的动力机制。

其次，通过公益行动营造品牌社区"事半功倍"。品牌社区的营造对于培养用户忠诚、提高品牌价值具有积极意义。从实践来看，通过公益行动营造品牌社区能够起到事半功倍的效果。一方面，公益行动比起纯粹的商业营销活动，更容易引起消费者的兴趣和认同，更容易引起"品牌联想"；另一方面，公益的公共性决定了公益行动可以整合或者借助外部资源，从而使得社区营造的成本降低、收益反而提高。通过品牌公益打造品牌社区，可以使得"公益"与"商业"有机融合，提高社区的凝聚力和感情认同。

最后，品牌社区的营造与优化应当多措并举。根据学者的考察，品牌社区的营造应当注重培养意见领袖、改进营销措施和积极支持社区活动等。同时，还应当注重向社会的持续回馈。这一点上，部分国际性品牌的做法值得借鉴。可口可乐基金会总裁 Helen Smith Price 表示："我们从 2007 年承诺，每年都至少将上一年度营业收入的 1% 回馈社会。我们相信，只有可口可乐服务的社区强大起来，公司才能良性运行并实现可持续发展。"①

品牌社区是品牌治理公域化的结果，因而品牌社区的打造应当注重治理公域化：第一，注重公共精神的引入，即品牌社区的营造不是仅仅为了"营利"，而是为了打造公共空间；第二，关注和解决公共事务，即品牌社区的营造应当以解决公共事务、促进公共利益为纽带和渠道，而不仅仅依赖商业行动；第三，品牌社区的营造应当注重共同体的培育，而且应当建构以品牌为中心的治理结构和治理策略。

（四）强化品牌公益的"参与性"和"内在德性"

理想状态的公益结构应当具有开放性，注重参与性和内在德性。与传统公益模式相比，品牌公益的开放性往往不足：有的企业的公益活动仅限于捐赠，有的仅限于内部员工，有的只吸引少量的客户参与。而在"内在德性"方面，品牌公益也有待提升。

首先，强化品牌公益的"参与性"。参与既是品牌公共性的要求，同时也有助于推动品牌的公共性。理论上，品牌公益中的参与，可以经由形式的公共性，促进实质公共性的实现（王稚琴，2015）。而且公益慈善归根到底是全社会的事情，需要个人的主动参与（王名，2016）。因而，品牌公益亦应当强化参与性。品牌公益的参与性有四个方面的内涵。第一，品牌公益具有开放性，允许和鼓励不同主体加入其中开展公益行动。第二，参与性意味着不同主体进入品牌公益场域是基于自愿而非强迫。第三，参与性意味着要发挥各方的主动性和积极性，各方均是主体，均可以提供公益产品。第四，参与性意味着各方均获得相应的角色，有参与的存在感，能够发现自我、实现自我。而为了强化品牌

---

① http://www.sohu.com/a/259838745_100119172，2019 年 1 月 5 日最后访问。

公益的参与性，应注重以下几点：第一，应当激发各方的参与热情；第二，应当提供和优化参与渠道；第三，应当确保参与的持续性和安全性。而在吸引参与的对象上，存在三个层次：第一层次，企业内部员工的参与；第二层次，上下游关联企业和客户的参与，品牌公益的优势在于借助品牌的吸引力，提高与品牌存在关联的各方之参与热情；第三层次，其他社会成员。吸引更多的公民加入公益行动，有助于提升参与者的仁爱、公义精神，有助于激发社会受助人的感恩情怀和将来回馈社会的道德动力。

其次，提升品牌公益的"内在德性"。理论上，社会公众会依据公益组织的道德选择和社会后果对其进行评价（余玉花、李敏，2016），品牌公益自不例外。品牌公益的局限性在于其可能过于注重"品牌"价值提升，潜藏营利动机。为了克服上述弊端，品牌公益应当注重培育"内在德性"。这里的内在德性包括以下几点。第一，品牌公益应当以"化私为公"和"利他"为基本价值追求。麦金泰尔认为，良善生活定是社会的、利他的（万俊人，2005），品牌公益应当追求公益而不是私利，这是最基本的伦理底线。第二，公益供给主体应当讲求诚信、坚守底线（余玉花、李敏，2016）。第三，品牌公益应当注重培育"公共道德"。第四，品牌公益应当注重对参与者各方意志和感情的尊重。韩国学者金泰昌指出，"无论以哪个主体来开拓公共性都不能像以前那样通过牺牲'私'来构筑'公'，而是要活用'私'，通过'私'的参加来开拓'公'"。[1] 第五，品牌公益行动应当公开、透明。第六，品牌公益应当注重引导个人由"私"向"公"，培育公民的公共理性。公共理性的形成是公民意识培养、公共领域秩序维持、公共生活构建以及多元共识形成的关键（王稚琴，2015）。公共理性贯彻于意志的诞生过程，最终形成以社会的共同福祉为最高利益的观念。第七，品牌公益的行动应当注重参与者"自我实现"，因为自我实现是马斯洛"需求理论"的较高层级。品牌公益应当注重德性的阐发。品牌公益的目的不仅在于彰显品牌价值，应当注重通过公益行动，使得品牌的参与者的德性、公心得到更好的阐发。

（五）推动以品牌为中心的公益品供给

品牌公益作为一种公益模式，具有独特的优势，是企业做公益值得推广和

---

① 参见（佐佐木毅、金泰昌主编，2009：33）。

利用的公益模式。特别是对于已经具备一定品牌影响力的企业或者组织而言，选择品牌公益模式，推动以品牌为中心的公益品供给无疑是非常明智的选择。企业选择"品牌公益"模式应当注意以下几点。

首先，企业所选择的公益活动必须符合企业品牌的核心价值，以及目标人群的喜好。企业做好事绝不能见好事就做，不管公司的实力有多大都不可能有足够的资源来运作全方位的公益事业。如果能选择其中一些适合公司的公益，把它做好就能帮企业树立起良好的品牌形象；如果公益行为与品牌核心价值不符就会使品牌形象模糊。公益行为越多，大家就越不知道这个品牌代表着什么。因此，公益活动的具体策划必须注意定位问题，公益活动要与企业主营领域特别是营销任务的主体有明确的相关性（葛笑春，2009）。

其次，以品牌为"公器"，充分彰显品牌公共性。企业推动品牌公益，应当充分认识品牌的公共性，并且充分利用品牌的公共性组织相关的公益活动。根据已有的成功经验，结合品牌的公共性，品牌公益的基础工作应注意两点。第一，成立品牌基金会。为了确保公益的持续性和专业性，企业可以成立以企业"品牌"命名的基金会。前文中提到的利星行慈善基金会、腾讯基金会、阿里巴巴基金会都是比较成功的例子。第二，搭建品牌共同体。企业可以借助品牌本身的公共性、吸引力和凝聚力，多措并举建立其以品牌为中心，由企业员工、上下游企业、客户以及其他爱心人士构成的共同体，从而为公益行动提供行动者或支持者。

再次，聚品牌之公信，提高品牌公益的凝聚力和吸引力。公益以公信为前提，品牌公益则以品牌的公信力为基础和前提，因而促进品牌公益应当注重打造和提升企业品牌的公信力。企业品牌公信力的打造与提升，需要从三个层面着手。第一，注重培育品牌精神。企业应当注重将企业精神和公益精神融入品牌，使品牌本身能够产生独立的价值和影响。第二，塑造品牌文化。企业应当注重将文化建设品牌化，将企业文化和价值融入品牌，使品牌具备丰富的文化内涵。第三，规范品牌伦理。企业行为应当遵守一定的道德规范，并且注重企业经营行为的内在德性，使品牌本身能够成为"道德"的典范。

最后，行品牌之公益，围绕品牌展开公益行动。品牌公益以品牌为核心的特点决定了该模式下公益行动的对象和范围具有层次性，按照与品牌的关联度，由内而外分别是以下内容。第一，服务品牌社区。品牌社区是与品牌联系最为密切的人构成的共同体，品牌公益首先应注重服务于品牌社区的人群。第二，服务行业共同体。行业共同体是企业所在行业的企业、组织构成的共同体，品牌公益行动亦应当注重服务行业共同体。第三，支持公益慈善。品牌公益与其他公益模式相同，亦应当以为社会公众提供公益品为核心使命和追求，因而品牌公益行动的核心和主要内容仍然还是支持公益慈善，因而应当注重品牌公益的包容性。

（六）打造品牌公域，优化行业公益生态

理论上看，品牌公域是品牌公益的载体和有机土壤，因为品牌公益的核心要素便是治理公域化。推动品牌公益的发展，有必要打造品牌公域，优化行业公益生态。

首先，打造品牌公域。品牌公域是基于品牌公共性而形成的集公共舆论与行动于一体的公共空间和场域。以推动品牌公益为目的而打造的品牌公域，本质上是实现品牌治理的公域化。打造品牌公域的措施包括但不限于以下内容。第一，以品牌为核心，凝聚品牌共同体。品牌共同体是品牌公域产生的前提。第二，引导围绕品牌的公共舆论。通过品牌宣传或者品牌活动，引导围绕品牌的公共舆论形成和讨论。第三，策划和组织与品牌相关的集体行动。品牌共同体、品牌公共舆论和品牌集体行动是打造品牌公域的三大关键要素。

其次，构建和优化以品牌为核心的公益生态链。要使品牌公益摆脱"单打独斗""各自为战"的尴尬局面，关键是要建构和优化以品牌为核心的公益生态链。品牌公益生态链的建构与优化，应把握以下几点。第一，优化品牌公益的内部结构。品牌公益的内部结构是开展公益行动的基础，包括内部组织机构、人员构成、章程、资金等等。应当从专业化、独立化的角度，优化品牌公益的内部结构。第二，搭建全方位多层次的合作平台。为了更好地实现资源共享、优势互补，企业亦应当加强与外部的合作。品牌公益的合作主要有四个层次。层次一，品牌与品牌之间的合作。不同的企业各有自身的优势，企业之间可以进行有效的合作，发挥自身的特长，从而形成有效的品牌公益联盟。层次二，企业品牌与社会组织、慈善组织之间的合作。企业与社会组织、慈善组织之间的合作，可以相互借力，实现优势互补。非营利组织的发展需要来自企业的合作与支持，企业履行社会责任也需要借助非营利组织的合作与支持（王名等，2008）。层次三，企业品牌与政府之间的合作。企业通过公益与政府合作，是较

为安全而且容易得到政府认可的方式。层次四，企业品牌与行业协会、媒体之间的合作。第三，行业协会应当积极推动全行业公益生态系统的建设。行业协会的公共使命决定了其应当为全行业开展公益行动贡献力量。行业协会应当在充分调研的基础上，倡导和组织行业会员积极行动，搭建全行业的公益网络和平台，实现资源的整合、共享，并形成公益合力，建构良性的行业公益生态。第四，品牌公益应当注重伦理道德建设、培养法治思维。公益行动若没有伦理道德支撑，必然会黯然失色，若不遵守法律制度，也无法长久，因而伦理道德建设和法治思维，是品牌公益生态建设的重要内容。品牌公益组织应当加强规章制度建设，建立自我监督和纠正机制，防范公益行动突破道德底线、违反法律规定。第五，品牌公益行动亦应当做到财务透明、行动公开，接受社会的监督。为了更好地确立公信，品牌公益亦有必要引入第三方评估机制，对项目进行测评，增强项目的公信力。

（七）基于"一带一路"，建构全球公益品牌

"一带一路"倡议背景下，更多的中国企业将"走出去"，而中国企业走出去的关键是能够融入当地社会，树立品牌形象，获得当地民众和政府的认可。从国际知名品牌进入中国的成功经验来看，公益行动与企业发展同行，将公益行动纳入企业战略，是很多企业提高品牌知名度、融入当地社会的重要方式。我国企业"走出去"，完全可以参考国际知名品牌的经验，在积极拓展当地业务的同时，更加主动地承担社会责任、开展公益行动，争取打造具有全球影响力的公益品牌。

建构全球公益品牌应当坚持以下几点。第一，沿着"一带一路"，形成以品牌为核心的公益共同体。"一带一路"沿线的国家之政府、关联企业、客户等，可以基于某种品牌而形成共同体，并在该品牌公益理念和行动的感召下，形成公益共同体。品牌企业应该注重在开展对外业务的同时，积极打造公益共同体。第二，建构全球公益品牌需要与当地公益组织和政府紧密合作。从国际知名品牌的成果经验来看，全球公益品牌的打造，离不开与当地社会组织和政府的合作。"一带一路"沿线的国家和地区经济发展水平、自然环境、文化传统等存在较大的差异，因而各地对于公益品的需求以及接受方式均存在较大差异，而只有当地的社会组织和政府才能更准确地把握本地的实际情况和需求，因而建构全球公益品牌亦需要因地制宜，加强与当地政府和社会组织的合作。

第三，建构全球公益品牌需要成立专门的公益基金会。从宝马、奔驰等国际知名品牌的经验来看，建立全球公益品牌，需要建立品牌公益基金会，从而实现公益慈善资金的专门化。第四，建构全球公益品牌应当注重将公益战略与企业的全球发展战略相融合。无论从理论还是现实来看，将品牌公益与企业发展战略相融合都是品牌公益"做大做强"的重要保证，我国企业要打造全球公益品牌，应当注重将公益行动与企业走出去的发展战略相结合。

参考文献

陈致中、王萍（2013）：《公益营销传播理论与研究现状：基于案例分析的视角》，《现代管理科学》，9。

邓诗鉴等（2018）：《品牌联想、品牌认知与品牌依恋关系研究》，《管理学刊》，1。

葛笑春（2009）：《企业公益品牌策略的案例研究》，《商业研究》，4。

〔美〕格里高利·曼昆（Mankiw, N. Gregory）（1999）：《经济学原理》（*Principles of Economics*），梁小民译，北京：生活·读书·新知三联书店、北京大学出版社。

韩晓莉（2011）：《企业公益营销的误区及对策》，《山西财经大学学报》，3。

贺爱忠等（2005）：《公益营销对消费者品牌信任及购买意愿的影响》，《北京工商大学》（社会科学版），3。

〔德〕汉娜·阿伦特（1999）：《人的条件》，竺乾威等译，上海：上海人民出版社，35。

〔德〕哈贝马斯（1997）：《论公共领域》，汪晖译，《天涯》，3。

——（1999）：《公共领域的结构转型》，曹卫东等译，上海：学林出版社，2。

〔日〕今田高俊（2009）：《从社会学观点看公私问题——支援与公共性》，〔日〕佐佐木毅、〔韩〕金泰昌主编《社会科学中的公私问题》，刘荣、钱听怡译，北京：人民出版社，60~61。

刘勇、张虎（2011）：《公益营销：通过做好事把事情做得更好》，北京：中国经济出版社，2。

李建州（2005）：《简论品牌社区》，《经济管理》，6。

李九如（2011）：《〈大国手系列〉：公共性与品牌策略》，《当代电影》，4。

唐文玉（2011）：《国家介入与社会组织公共性生长——基于J街道的经验分析》，《学习与实践》，4。

——（2015）：《社会组织公共性：价值、内涵与生长》，《复旦学报》（社会科学版），3。

〔美〕唐·舒尔茨、海蒂·舒尔茨（2005）：《论品牌》，高增安，赵红译，北京：

人民邮电出版社，23。

谭清华（2014）：《谁之公共性？何谓公共性？》，《理论探讨》，4。

王稚琴（2015）：《治理视野下的行政公共性》，《中国行政管理》，9。

王敏（2010）：《品牌策略下的城市公共性景观效能优化研究》，《同济大学学报》（社会科学版），6。

王名（2016）：《中国公益慈善：发展、改革与趋势》，《中国人大》，4。

王名等（2008）：《中国非营利组织的发展与企业公益活动》，《经济界》，1。

万俊人主编（2005）：《20 世纪西方伦理学经典》，北京：中国人民大学出版社，148。

余玉花、李敏（2016）：《论公益组织的诚信生态》，《伦理学研究》，5。

张乾友（2018）：《作为合理偏狭的公共性——兼论现代治理的价值导向》，《国家行政学院学报》，5。

〔日〕佐佐木毅、〔韩〕金泰昌主编（2009）：《中间团体开创的公共性》，王伟译，北京：人民出版社，33。

Aaker, D. A. (1991), *Managing Brand Equity：Capitalizing on the Value of A Brand Name*, New York：The Free Fress, 1991, 18.

Park, C. W., et al. (2006), "Brand Attachment：Constructs, Consequences and Causes", *Foundations & Trends in Marketing*, 2006, 1 (3), 191 – 230.

Porter, Michael E. & Kramer, Mark R. (2007), "Strategy and Society：The Link Between Competitive Advantage and Corporate Social Responsibility", *Harvard Business Review*, 2007 (11), 77 – 92.

Ross, J. K., et al. (1991), "Tactical Considerations for the Effective Use of Cause—Related Marketing", *The Journal of Applied Business Research*, (2), 58 – 64.

On Brand Philanthropy

Wang Ming, *Hu Bin*

[**Abstract**] Brand Philanthropy is a kind of philosophy and action for public benefit that come from brand publicity, and which constitute a kind of new mode of philanthropy. Brand Philanthropy has three features that public welfare, mutually beneficial and independence, which are based on some internal mechanisms include that public welfare of property, benefit sharing and public sphere of governance. In theory, the brand publicity has promoted the formation of brand public sphere, then the brand public sphere breeds the philosophy and action for Brand Philanthropy, and provide support for Brand Philanthropy. In practice, Brand Philanthropy has special action logic include that: to build the foundation in the name of brand; it's actions ties with brand and to build brand community through actions for public interest and to build a comparatively integrated supply system for public interest. The Brand Philanthropy has limitations and challenges. To optimize Brand Philanthropy we should to emphasis on public welfare of property, to build brand community base on publicity, to enhance the public participation, to improve the supply of public interest in the center of brand, to optimize the ecology of philanthropy and to explore to build global Brand philanthropy brand.

[**Keywords**] Brand Philanthropy; Publicity; Public Sphere; Brand Community

（责任编辑：李长文）

政府购买社会组织服务中参与式
预算的作用、困境与对策[*]

王　栋^{**}

【摘要】 将参与式预算引入政府购买社会组织服务是一个实践新趋势。我国从中央到地方在政府购买社会组织服务相关政策中大都制定了预算要求和规则，但针对参与式预算的相关规定还存在观点模糊、思路不清晰、措施较为笼统、参与层次标准低等问题。基于政策文本分析和案例的研究发现，公民参与意识和能力不足、政府不愿意割权、公民难以达成共识、程序不中立、社会组织自我选择困难等是出现以上问题的重要原因。解决问题的对策应重点从公民意识和能力的培养、政府权力的变移、公共精神的塑造、程序正义以及社会组织自立能力的增强等方面着手。此外，如何将参与式预算的成果变为决策并增强决策的合法性，还需公民参与过程与政治系统对接。

【关键词】 政府购买　社会组织服务　参与式预算

---

* 本文系国家社科基金项目“新形势下我国社会组织界别协商建设研究”（15BZZ075）、重庆工商大学高层次人才科研启动项目“政府购买社会组织服务参与式预算治腐研究”（1855038）的成果。
** 王栋，博士，重庆工商大学重庆廉政研究中心副教授，硕士生导师，主要研究方向为社会组织、廉政治理。

一 研究意义及研究背景

政府购买社会组织服务是推动简政放权，促进政府职能转变，发挥社会组织的积极性，实现国家治理体系和治理能力现代化的重要举措，目前已在全国各地展开实施。然而在政府购买社会组织服务过程中，由于相关配套法律法规还未完善，"无论是政府采购领域还是社会组织行业，都是腐败频发区域。在政府采购领域，吃回扣、天价采购、暗箱操作等问题频遭曝光"（李晗，2016）。如何防止腐败问题的进一步扩大，单纯依靠政府和社会组织自律以及各职能部门的监管很难达到全面、透明的反腐效果。公民通过外部监督和内部参与的双重控制过程，在预算过程中，设置公民监督的机构或者机制，嵌入购买服务预算的全过程，"参与式预算通过决策过程的透明化、公开化以及广泛的民众参与，降低了预算过程的交易成本，减少了政府公然的腐败和浪费行为，促使地方政治格局从对抗性策略和腐败的特权交易逐步转变为合作建设型的协商和公民参与的民主治理"（Serageldin et al.，2004）。然而腐败治理只是购买服务中为了达到最终目标采取的过程控制制度之一，"反腐倡廉和廉政建设的目标不应停留在廉洁政治的目标上，而是应当进一步实现廉能政治，即建设一个廉而有为、廉而有能的政权"（何增科，2017）。一是避免浪费和目标偏颇，"政府与社会组织均更倾向于能产生较大社会影响的项目，那些被忽略或者力所不及的社会领域依旧被搁浅，导致一种没有发展的增长，即公共服务的内卷化"（崔光胜，2015）。二是公民直接参与到政府购买社会组织服务的预算过程中来，通过公民内部的协商，并与社会组织和政府进行政策建议的互动协商，这种集思广益、多方论证的过程可有助于拿出科学、高效的项目方案，"参与式预算是一种人们可以对全部或者部分公共资源的最终用途做出决定或者对这些决定做出贡献的机制"（Cabannes，2004）。再则，参与式预算还可以有效促进项目的公平实施，由于公民的直接参与，公民可以提出有利于自己的建议，"参与式预算是一种公民直接参与影响自身利益的决策过程"（Leonardo，2004）。参与式预算，它既体现了预算的基本监督审计功能，同时通过温和的协商参与方式，嵌入政治体制改革中，它由预算主要是技术的作用延伸为政治上的结构改变，由一种程序上升到民主的效益，"预算过程在很多方面具有政治性，它影响政府行政机关和立法机关之间，以及政府与公众之间的权力分配；其次，它不仅影响权力分配，而且影响政策和开支决策。预算过程常常是民主参与和公共责任的重要工具"（鲁宾，2001）。

何包钢对参与式预算做了一个较为全面深入的内涵分析，"从行政角度来看，参与式预算是通过公民和人大代表审查预算分配，对项目的重要性进行排序。从政治角度来看，参与式预算引入地方民主的工具；第三种定义认为参与式预算是一个公民和非政府组织通过它来决定预算的原则、程序和过程，人民参与预算是决策过程中的一个重要阶段"（何包钢，2011）。具体来说，政府购买社会组织服务中引入参与式预算，具有以下深层意义。

（1）消除了政府、社会组织、公众在反腐中各自为政的隔阂，明确了在参与式预算中它们相互之间的责任和角色关系，成为相互沟通、相互影响、相互制约的预算反腐机制。参与式预算将民众的监督纳入预算监督中来，可以说参与式预算真正明确了预算的监督主体，它将仅仅在传统预算中所提出的"政府和纳税人"之间的义务关系和权利边界的法律界定，真正落实到现实参与中来，民众的参与监督为权利边界提供了可行的场域和操作主体，由此预算才真正在反腐中体现得更加透明，更加公平。然而在政府的宏观施策与公众的具体政策参与中间缺乏一个沟通的中介，单纯依靠公众的监督很难起到实质性的影响作用，公众的分散化、原子化以及对于政策的初步认知，导致监督存在"真空地带"，将民众组织起来，通过专业化或者组织化的力量与政府对话，以及监督政府的行为，将真正促发遏制腐败、提高服务效益的作用。这个中介就是社会组织。

（2）消除了委托—代理链多层之间的隔阂，避免中间环节的腐败。本来在政府一般预算中，委托人"纳税人"和代理人"政府"之间就因为信息不对称，容易发生腐败寻租问题。况且在政府与纳税人之间还有一层代理关系，那就是人大的预算审批和监督，将人大的职能考虑进去，就是公民委托了人大，人大又委托了政府，在这三层代理和委托关系之间，社会组织又直接介入进来，政府将服务委托给了社会组织，在政府和人大之间增加了一个新的代理层级，这就大大增加了腐败寻租的空间。尤其是在当前对社会组织的监督制约体系还未完全建立，社会组织自身发展还未成熟，社会组织廉洁自律的文化氛围还未形成，社会组织洁身自好的价值观念还没确立的情况下，社会组织的介入有着

"双刃剑"作用，避免社会组织代理服务这一环节的腐败产生，必须考虑加大对其的监督力度。

（3）打通了社会协商、会议（政协，人大）协商、政府协商的关系，公民由监督上升为表达，再次到决策，实现了廉洁到廉政再到廉能的目标递进。协商民主在中央以政治协商会议为代表，在地方以预算民主、议事会、听证会为代表，但是在中央与地方两个层面的协商之间似乎形成了一个隔空层，二者缺乏来往与互动，很难再将地方的建议传达到中央层面上来，民众的意见大量积压在基层，要么群众自我消化，造成人心怨愤，要么不断上访、投诉，造成社会的不稳定。参与式预算的实施，在某种程度上在地方建立了公民、人大和政府之间的政治联系，政府预算接受民众监督和意见，人大则对经过公共协商的预算进行审议并批准实施。

（4）打破了个体、政府与社会之间的责任分割，将反腐主体由经济的个体扩展到道德的社会更为广大的领域。在公民参与预算过程中，公民不仅监督政府的腐败或者不作为、滥作为，也同时监督和制约社会组织的腐败等问题，社会组织由此开始考虑对谁负责的问题，社会组织第一次如此真切地认识到应该向公众负责的责任感。参与式预算过程中，公民不仅具有监督和制约的功能，它还起到一种积极建言的作用，建议不仅利于公众也利于社会的稳定和谐，利于项目的利益最大化，利于各个社会主体的团结。公民只有积极参与进来，才会产生主人翁意识，也就认识到自己的责任，只有对自己负责的法律或者制度才是能够真正得以落实的，公民也才会更加对于他人、对于社会或者国家负责，大爱由此产生。"我"变为"我们"，制度上升为伦理问题。

（5）打通了个人自主、公共领域再到政治系统的关系，实现了公民参与式预算反腐的政治化渠道。参与式预算的实施，将公民个人的利益进一步表达出来，这种表达是与参与式预算之前的公民自我理解不同的，公民没有足够的表达机会或者明确的表达渠道的时候，虽然公民已经根据法律获得了表达的自由，但是这种自由只是被动地接受或者起到保护自身不受侵犯的作用，它很可能演化成只是为了自身的利益而争取空间和机会，从而这个社会就形成一个个原子化的没有联系的个人自主模式。当参与式预算参与进来后，这种状况便开始打破，人们会考虑预算是为了完成共同的目标，预算是为民众服务的，而不是个人的，为了获得个人的更多利益，公民必须联合起来争取所有受益者的最大利益量，然后分散到每个人身上的才会相对更大。并且利益一旦争取到，公民为了很好地使用这笔利益，也应建立一套规则，相互支持和维护这个利益的最终实现。因此参与式预算将传统的只为个人利益的个人自主演化成了大家共同努力的公共领域。但是这种公共领域还只是民众的自我对话，一个完整的公共领域是社会组织与公民联合的，他们之间是公共的、互助的、制约的、民主的、相对自由的。我国的社会组织还没有成为这种体系，某种程度上，社会组织本身也是孤立的，它们大多是在社会组织自身话语范畴内，借助公共领域的理念完成自己的使命，因此这正如前面所言的公民个人自主，难免会产生社会组织自私的倾向，并且社会组织行政色彩浓厚，没有完全独立，这更容易被外界干扰，甚至成为某些人员腐败的附庸。因此公民参与预算来监督政府购买社会组织服务中的腐败问题，打通了个人自主到公共领域再到政治系统三者之间的联系。并且它还很明确地建立了三者的政策支持，实现了转化的现实条件，在我国大规模的政府购买社会组织服务及参与式预算中，这种革命式的改革意义非凡。

当前国外政府购买社会组织服务中的参与式预算项目还不多，在政府购买社会组织服务预算的实践研究中，学者主要从参与式预算监督的主体展开，通过总结梳理主要涉及政府、社会组织、专家、公民等主体，这些主体参与或为单一形式或为双方合作形式或为多元参与形式。具体有以下九种形式。①政府独立部门为主体的预算监督。澳大利亚的"监督协调员"预算模式，部门向每个组织指派一名监督协调员，监督框架预计能够降低监督的重复性，尤其是对于那些申请了多个部门资助项目或者多区域资助的组织。其次还有德国规划小组参与式预算。②政府多部门联合为主体的预算监督。2004年韩国的"多个委员会联合协商"预算模式，每个委员会都要对预算提出独立建议，然后经过汇总协商达成最终方案。③政府与社会组织合作参与的预算监督。爱尔兰的"社会伙伴关系协议"预算模式。政府和许多公民社会组织广泛参与了经济和社会目标的咨询。④政府、社会组织和公民多元参与的预算监督。2002年波兰普沃茨克多元参与对非政府组织资助的预算监督。政府组织居民代表、专家、资助方共同审核和评估预算。美国的预算监督经历了基于绩效表现的合同管理到以结果为导向的责任框架的转变，其重要指标也体现了多元参与的需求。⑤政府、社会组织、专家合作参与的预算监督。韩国《非营利性私人组织支持法》成立了由 12 名来自社会团体，7 名来自学术及相关领域，3 名来自政府部门的人员组成的民间社会关系发展委员会，委员会对于政府及社会组织的预算监督起重要作用。另外，日本市川市也采取了相关委员会严格审核受资助的社会组织，然后具体资助资金的用途需要居民投票决定的模式。⑥社会组织为主体的预算监督。1995 年印度"公民预算组织"成立，它以社会组织的名义参与政府的预算监督。⑦公民为主体的预算监督。如 2004 年以个人参与为基础的塞尔维亚参与式预算。⑧专家为主体的咨询式预算监督。英国"政府采购和政策咨询"主要通过专家或者专业组织的咨询来对资金问题进行专门监督，这种监督针对长期的运行项目而不是短时间的合作项目。⑨第三方机构为主体的预算监督。日本政府专门制定了《关于导入竞争机制改革公共服务的法律》，设立第三方独立评估监管机构，并赋予其较高的权力和职责，这一机构的设立对于保证竞标过程的透明、中立和公正发挥了重要的作用。

二 国内的实践及困境

参与式预算在我国许多地区进行了初步探索，如 2005 年浙江温岭"公民代表与人大制度结合的参与式预算"、2007 年河南焦作"网民票决结合社会听证的参与式预算"、2010 年四川省巴中白庙乡"财政预算公开与民主议事会结合的参与式预算"、2012 年云南盐津"公民协商与议事员票决结合的参与式预算"、2014 年北京麦子店街道的"居民、专家、社会组织等分组协商与投票表决的参与式预算"，另外在黑龙江哈尔滨、江苏无锡、海南美兰区等地也陆续出现了参与式预算的探索。这些参与式预算有效推动了地方腐败治理和基层民主的发展。但是这些参与式预算都是公民参与监督政府预算，而没有涉及政府购买社会组织服务这个新的领域。赵早早、杨晖（2014）研究指出，"总体来看，公民参与预算主要都是在地方政府层面开展的，尤其是城市或县这一层面"。裴志军、吴成（2015）认为，"我国目前的参与式研究领域，参与式预算的合作伙伴最明显的组织就是高校，社会组织与参与式预算的互动较少。高校的角色和职能是单一的，不能满足参与式预算多方面的需求。此外，社会伙伴关系也创造了社会资本和信任。因此，注重参与式预算中政府与非政府的研究是十分必要的"。当前我国政府购买社会组织服务中参与式预算的实践基本上处于政策试行阶段（见表1），还没有普遍展开，也没有形成典型的案例经验，因为"我国公共服务需求表达机制严重缺失，属于'供给主导'型模式，政府购买服务决策基本不会考虑公众意见"（尹栾玉，2016），可见政府购买服务中公民参与的需求表达很难真正实现，那么更为深刻的预算阶段的实施将更为困难。而且目前我国对于政府购买社会组织服务预算的公民参与主要体现在事后的预算绩效评估阶段，如周俊（2014），叶托、胡税根（2015），胡穗（2015）的研究。关于政府购买社会组织服务的事前预算的参与，还基本停留于理论论证阶段，①如周俊（2010），余佶（2016）的研究；以及政府购买社会组织服务中参与式预算如何准入研究，如王名（2015）的研究。

表1 我国政府购买社会组织服务政策中有关参与式预算的要素比较

	政策名称	有关参与式预算的相关指标	层次
中央政策	2012年民政部、财政部关于政府购买社会工作服务的指导意见	协调有关部门和群团组织切实做好人民群众尤其是困难群体、特殊人群社会服务需求的摸底调查与分析报告	3
	2015年财政部政府购买服务管理办法（暂行）	探索由行业协会商会搭建行业主管部门、相关职能部门与行业企业沟通交流平台，邀请社会组织参与社区及社会公益服务洽谈会等形式，及时收集、汇总公共服务需求信息，并向相关行业主管部门反馈	3
	2016年中华人民共和国国民经济和社会发展第十三个五年规划纲要	依法保障社会组织和公众的知情权、参与权、决策权和监督权，完善公众参与治理的制度化渠道	4
北京	2007年关于修订社区公益事业专项补助资金管理办法的通知	成立由主要领导为正副组长，街道（乡镇）有关科室负责人、社区居委会代表和部分居民代表组成的社区公益事业项目管理小组	5
上海	2015年政府购买服务管理办法	发挥行业主管部门、行业组织、专业咨询评估机构、专家等专业优势	3
		涉及保障和改善民生等相关领域的服务项目，要向社会公众征集意见和建议	5
天津	2014年关于政府向社会力量购买服务管理办法的通知	及时将购买服务项目、内容、要求、采购结果、预决算信息以及绩效评价结果向社会公开	1
		自觉接受财政、监察、审计等部门检查和社会监督	2

---

① 赵雪峰（2013）：《我国政府向社会组织购买公共服务研究》，http://www.china-reform.org/?content_501.html，2013年8月29日。

	政策名称	有关参与式预算的相关指标	层次
重庆	2014 年政府向社会力量购买服务项目政府采购工作流程	部门在编报购买计划前，要发现好、确认好群众对服务的需求，防止部门想象代替公民需要，先开展需求调研和咨询论证	4
		对重点考虑和优先安排与改善民生密切相关的领域项目，还应当通过网络、媒体或其他方式征求社会公众的意见，了解群众需求	5
广东	2009 年关于开展政府购买社会组织服务试点的意见	政府购买服务全过程应对外公开	1
		依法接受财政、监察、审计等部门的监督检查	2
江苏	2013 年省级政府购买公共服务改革暂行办法	明确公共服务购买方、承接方和受益方在购买、提供和享受公共服务过程中的权利和责任	
安徽	2015 年关于进一步规范省级政府购买服务流程的通知	结合履职需要和公众需求，编制本部门政府购买服务预算	4
山东	2017 年关于印发政府购买服务竞争性评审和定向委托方式暂行办法的通知	在定向委托方式中，开展协商谈判。购买主体或邀请具有相关经验的专业人员与拟定承接主体进行平等协商谈判，形成协商记录报告	3
河南	2013 年政府购买社会工作服务实施办法	探索建立多方参与政府购买社会工作服务监管方式，增强政府购买社会工作服务的针对性和有效性	2
云南	2013 年县级以上政府向社会组织购买服务暂行办法	向社会公开所需购买服务的服务标准、购买预算、评价办法和服务要求	1
甘肃	2013 年关于印发政府购买社会工作服务实施办法（试行）的通知	协调有关部门和群团组织切实做好人民群众尤其是困难群体、特殊人群社会服务需求的摸底调查和分析评估	4
	2014 年关于政府向社会力量购买服务的实施意见	相关预算资金等应向社会公示	1
河北	2014 年关于政府向社会力量购买服务的实施意见	明确购买服务项目基本情况，购买方式和购买时间等内容，并试行向社会公布	1
黑龙江	2013 年关于政府购买社会工作服务的实施意见	协调有关部门和群团组织切实做好人民群众尤其是困难群体、特殊人群社会服务需求的摸底与分析评估	4
湖南	2017 年省政府购买服务管理实施办法（暂行）	充分发挥行业主管部门、行业组织和专业咨询评估机构、专家等专业优势	3

政府购买社会组织服务中参与式预算的作用、困境与对策

续表

	政策名称	有关参与式预算的相关指标	层次
海南	2017年关于政府向社会力量购买公共服务的实施意见	将购买服务项目计划向社会公布	1
浙江	2015年政府购买服务采购管理暂行办法	购买主体应当邀请具有相关经验的专业人员和其采购人员一起组成谈判小组，与承接主体平等协商谈判。谈判开始前，承接主体应向谈判小组提供该项目详细的成本费用测算标准或依据（含工作量清单），以及近两年内承接其他单位服务项目的合同等材料	3
		必要时，政府可将成本测算标准或依据向社会公开	1
福建	2015年政府购买服务实施办法（暂行）	购买主体应当充分发挥行业主管部门、行业组织和专业咨询评估机构、专家等专业优势	3

注：数据采集截至2018年3月31日；表格自制。

经过全面梳理我国中央及地方关于政府购买服务预算中相关参与式预算的政策，我们会发现，关于政府购买社会组织服务中的参与式预算相关规定的成熟度参差不齐。根据比较分析，按照由低到高的发展程度，将其分为五个层次。

第一层次是向社会公示。2014年甘肃省《关于政府向社会力量购买服务的实施意见》对于购买服务实施计划，明确购买服务项目基本情况、购买方式和购买时间等内容要向社会公示。2013年云南省《县级以上政府向社会组织购买服务暂行办法》，向社会公开所需购买服务的服务标准、购买预算、评价办法和服务要求。而2014年河北省《关于政府向社会力量购买服务的实施意见》，要求相关预算资金等应向社会公示。2017年海南省《关于政府向社会力量购买公共服务的实施意见》，将购买服务项目计划向社会公布等。以上向社会公示只是向社会发布项目信息，而没有公众参与监督或者参与互动的渠道体现。

第二层次是向社会公示并接受监督。2014年天津市《关于政府向社会力量购买服务管理办法的通知》，及时将购买服务项目、内容、要求、采购结果、预决算信息以及绩效评价结果向社会公开，自觉接受财政、监察、审计等部门检查和社会监督。2013年河南省《政府购买社会工作服务实施办法》，探索建立多方参与政府购买社会工作服务监管方式，增强政府购买社会工作服务的针对性和有效性。2009年广东省《关于开展政府购买社会组织服务试点的意见》，政府购买服务全过程应对外公开，并依法接受财政、监察、审计等部门的监督检查。在接受监督主体方面三个文件都未明确指出社会公众是监督参与主体之一，向社会公示而未接受社会公众的监督建议，呈现社会公示与接受社会监督的功能脱节的问题。

第三层次是通过专家咨询以及与社会组织协商谈判等。2015 年福建省《政府购买服务实施办法（暂行）》和 2017 年湖南省《政府购买服务管理实施办法（暂行）》都提出充分发挥行业主管部门、行业组织和专业咨询评估机构、专家等专业优势，但仍是政府征求行业管理和评估咨询部门的意见，并未与承接方社会组织进行协商谈判，属于政府单方面行为。2015 年财政部《政府购买服务管理办法（暂行）》指出有条件的地方可以探索由行业协会商会搭建行业主管部门、相关职能部门与行业企业沟通交流平台，通过邀请社会组织参与社区及社会公益服务洽谈会等形式，及时收集、汇总公共服务需求信息，并向相关行业主管部门反馈。但是这个交流沟通并未纳入预算工作中，没有与预算接轨。2017 年山东省《关于印发政府购买服务竞争性评审和定向委托方式暂行办法的通知》则正式提出政府与社会组织的协商谈判并纳入预算计划。2015 年浙江省《政府购买服务采购管理暂行办法》则更为具体，不仅提出政府及相关部门与社会组织协商谈判，而且对政府及相关部门的前期预算评估工作和对承接方的能力和实际情况进行测评。

第四层次是摸底公民需求。2015 年安徽省《关于进一步规范省级政府购买服务流程的通知》，提出结合履职需要和公众需求，编制本部门政府购买服务预算。2012 年民政部、财政部《关于政府购买社会工作服务的指导意见》，提出协调有关部门和群团组织切实做好人民群众尤其是困难群体、特殊人群社会服务需求的摸底调查与分析报告。2013 年甘肃省《关于印发政府购买社会工作服务实施办法（试行）的通知》、2013 年黑龙江省《关于政府购买社会工作服务的实施意见》则根据中央的这个政策也做出了相应的规定，但没有实质变化或改进。2014 年重庆市《政府向社会力量购买服务项目政府采购工作流程》则提出"在编报购买计划前，先开展需求调研和咨询论证，对重点考虑和优先安排与改善民生密切相关的领域项目，还应当通过网络、媒体或其他方式征求社会公众的意见，了解群众需求"。不仅要摸底调查群众的实际需求，而且通过网络、媒体及其他方式征求社会公众意见，实现了双向互动，这是公民参与式预算的雏形，虽只是简单提出，但已经有了这方面的相关要求。

第五层次是公民参与到预算中来。2013 年江苏省《省级政府购买公共服改革暂行办法》指出，"明确公共服务购买方、承接方和受益方在购买、提供和享受公共服务过程中的权利和责任"。这个规定对于受益方公众做出了要求，但是未具体到权利和责任的细则。2015 年上海市《政府购买服务管理办法》指出，"涉及保障和改善民生等相关领域的服务项目，要向社会公众征集意见和建议"，规定了公众在相关领域的话语权，但是参与渠道和方式不够直接，仍是征集的方式，基本上通过网络媒体等。而 2007 年北京市《关于修订社区公益事业专项补助资金管理办法的通知》指出，"成立由主要领导为正副组长，街道（乡镇）有关科室负责人、社区居委会代表和部分居民代表组成的社区公益事业项目管理小组"。这个规定则明确了居民代表在参与式预算管理中的角色和参与机制。这三个案例说明，我国公民参与式预算渠道和机制不明确，参与的权利和责任也不明确，在我国民主改革由下到上的顺次中，基层民主的优先发展模式为社区等居民参与式预算的实验做了铺垫。但是在区县及其以上的层次中，参与式预算还没有正式明确细化。

从表 1 中层次的总体次数分布来看一共 25 次，其中处于第一层次的有 7 次，处于第二层次的有 3 次，处于第三层次的有 7 次，处于第四层次的有 5 次，处于第五层次的有 3 次。从时间分布来看，基本上是 2012 年以后，共 19 次，其他时间较早的 2007 年 1 次和 2009 年 1 次，可见这些参与式预算的要素基本上是近期才逐步出现的（未出现相关要素的没有列入表中）。但是这并不是说 2012 年以后全国各地都实现了参与式预算的相关要求，因为本表同样对于未出现相关政策的省（区、市）没有列入，列入的仅有 17 个省级地区，约占全国（本数据采集不包含我国的港澳台地区）的 54.8%。这说明我国其他地区还大量存在政府购买社会组织服务参与式预算政策设计程度不高的问题。从分布的区域来看，处于西部地区的有 3 个，中部地区的 2 个，东部地区的 12 个。而且 3 个处于第 5 层次，分别出现于北京、上海和重庆，而且北京的相关政策出现于 2007 年，可见东部地区的政府购买社会组织服务参与式预算的政策制定和实施都明显处于优势地位。从目前已经出现政府购买社会组织参与式预算的省份来看，大都处于第一层次和第三层次，由于第一层次和第二层次都包含向社会公示，第二层次只是明确了公示并监督的要求，所以可以放在一块对待，即第一层次（含第二层次数据）为 10 次，可以看出我国政府购买社会组织服务参与式预算的程度还较低，基本上是仅仅对公众公示预算内容，而缺乏实际的参与要求，即使是参与的主体又大都体现为第三层次的专家和社会组织这些专业性的社会主体。

从我国目前政府购买社会组织服务中公民参与相关民意征集、项目讨论和决策建议等来看，这方面的案例还十分少（见表2），而且征求的民意主要是通过问卷、网络和委托第三方的方式间接获得，直接参与的三个项目即上海普陀区"一品香自治家园理事会"、江苏省南通市崇川区"邻里自理"、浙江省乐清市"购买社区公共服务"。但是这三个项目中公民参与的内容主要是项目的选择和确定，针对项目的资金预算还没有涉及，虽然浙江乐清的项目已经与民众自治会议、政府机构对接，但是预算内容的讨论仍没涉及。而且所有这些项目均处于我国东部发达地区，经济发展和民主程度对于公民参与的影响有一定直接关联。

表 2　政府购买社会组织服务中公民参与的案例

地区	公众参与的平台	公众参与的方式
广东省佛山市顺德区	政府向社会组织购买公共服务项目需求调查表	问卷调查需求
广东省深圳市	南山区民生服务微实事项目库	网络征集需求
北京市朝阳区	购买"三社联动"服务项目	委托北京市协作者社会工作中心开展需求调查委托
北京市西城区	社工委购买社会服务项目	委托社会组织孵化中心需求调查
上海市杨浦区	百姓家门口的会所	通过社会组织传达需求和建议
上海市普陀区	一品香自治家园理事会	参与项目需求、选择和确定等讨论
江苏省南通市崇川区	邻里自理	参与项目需求、选择和确定等讨论
浙江省乐清市	购买社区公共服务	社会组织调研民众需求、居民通过社区恳谈会对项目进行讨论、修改经社区居民代表会议表决报送街道办事处审批

注：资料来源于调研，表格自制。

从以上分析我们进行反思，造成公民参与式预算程度不同的有哪些影响因素，为何有着明显的时间差异和地区差异，以及参与程度的差异？带着疑问，我们初步假设以下问题：公民参与度为何很低，是公民参与的能力不够，还是政府不愿意放权，还是参与的程序设计不合理？或者是社会组织在其中起到干扰作用，不仅没有代表民意，反而被政府行政利益绑架，阻扰民意参与表达？等等。

关于我国当前相关实践的问题、分析，许多学者提出了卓有见地的观点，值得关注的是这些研究观点和解决对策较为宏观，未能涉及具体案例的具体情况，赵早早等认为参与式预算主要发生于我国基层政府，主要基于两点原因：一是只有在这个层面公民才有充足的兴趣以及足够的能力参与预算；二是在这一层面推动直接民主的成本比较低，也比较可行（赵早早、杨晖，2014）。而马骏（2007）认为我国政治体制改革滞后造成了参与式预算的发展，"预算改革以来，各地的调研都表明宏观政治结构与预算决策方式没有发生相应改进，随着预算改革的深入，预算改革自然会遭遇到政治体制的约束"。唐云锋（2013）也指出，"我国由于政治控制的需要，政府预算监督一般采用体制内的国家监督模式，而较少考虑来自社会的监督"。学者们对于我国目前政府购买社会组织服务现状困境的分析还不够系统、全面，而且没有针对性地结合当前的实践案例进行分析，主要还是对参与式预算普遍问题的关注。从本研究中的案例中我们会清晰地发现，参与的制度有了，参与的政策有了，参与的平台也有了，但是参与的积极性、参与的深度和参与的效果仍旧问题明显。

三　困境原因剖析

基于以上问题，本研究拟深入我国政府购买社会组织服务的实践现状，有针对性地分析现实存在的困境。研究发现我国政府购买社会组织服务的实践还没有成熟的案例，主要还是存在于各级政府相关政策中；我国政府购买社会组织服务的现实困境的原因是多方面的，既有公民参与主体的能力不足原因，也有政府职能转变程度不够，参与预算的程序可行性、科学性不够，社会组织发展的政治和社会环境不充分等原因。由于目前政府购买社会组织服务基本体现在相关政策和少量案例中，对于困境原因分析需结合大量实务资料，因此本研究将分别对购买服务中涉及的受益方公民、承接方社会组织和购买方政府进行有针对性的分析，并着重从体制机制、社会心理等更深层次的原因进行剖析。

（一）公民参与的意识和素质不高

当前我国公民参与意识还比较薄弱，受传统观念影响，很多公民认为政府提倡的参与是做做样子，最后还是政府说了算。著名的霍布森困局就说明了这个问题，"英国古时候一位马匹买卖商人，他对前来购买马匹的客户说，你们随便挑，但附加一个条件，最后成交时，必须是马厩里最靠近门口的那匹马"。所以霍布森困局说明了政府给出的是没有选择的选择。再者，公民参与的能力有限，公民对基本的政策法规不太了解，对于决策程序、选择标准要求更是置若罔闻，这种问题在温岭民主恳谈中体现了出来。而在政府购买服务的参与式预算这一问题上，相关公民的参与将更为困难。因为在温岭民主恳谈中，针对的受益对象是所在地区所有的群众，选择代表面广，也可以选出能力强的精英代表。但是政府购买的服务针对性强，所涉及的群体人数有限，这就为选出真正能够代表以及有能力参与预算的个体带来了困难，并且公民所参与监督的对象已经不单纯是政府，还有社会组织，尤其是在政府与社会组织之间的购买关系又增加了复杂的程序和内容情况下，群众监督起来更为不明朗，或者更为麻烦。

（二）公民难以达成共识

中国传统的家庭"私有制"意识十分浓厚，基于家庭成员的活动形成一个循环体，可以自给自足，对外界依赖性不强。这种模式直到现在还一直影响着人们对于外界的认识，以及影响着人们的行为选择。在公民参与政府购买社会组织服务预算中，公民第一时间考虑的是自身利益或者自己家庭的利益，这种意识导致人们在沟通上，可能有意回避公共决策的程序，而采取要么不参与，要么提出利于自身（家）的要求，使得程序成为摆设，甚至暗箱操作。其次，选择的困难，在针对一些项目选择或者资金投入大小上，公民由于各自利益不同，提出的意见也就"众口难调"。在这种情况下，越是放开民众的自我决定权，因为意见众多，反而越面临难以达成一致的选择困难。同时还有一个困难就是面对带来效益相同，人们认可度都一致的两个或多个项目，公众又陷入选择的难题。最后，政府权力集中也造成了公民合作不足的问题，"个人对集体的义务通常会弱化个人的道德属性。政府（包办）代为承担了本应属于我的责任，而且决定了我的义务的对象范围。于是对于身边真实的个人，我不再承担义务；相反，我的义务是服从一些对于我来说没有道德内涵的规则。义务由此变得抽象、非人格化，于是我会想方设法逃避义务"（艾伦·沃尔夫，2012）。

（三）政府权力分割有限

政府有着自利的一面，改革会影响政府的"既得利益"，政府不愿意将更多的权力放给公民。同时由于社会组织本身的能力还不强，发展不够成熟，政府对于社会组织承接权力的能力还不信任。甚至有些社会组织承接相关职能权力后，由于缺乏完善的法律监督机制，社会组织滥用权力，寻租腐败的问题容易发生，这也阻碍了政府进一步放权。在程序设置上，一些环节由政府直接把控，有些环节形同虚设，有些环节又留有余地很大。政府加强控制并采取变相措施来影响购买服务的过程，在选择项目、提出预算标准、选择社会组织以及选择哪些公民参与预算上，政府具有一定的决定权，"政府关注的是如何收集公众对于政策的看法，从而为决策的制定和改进提供依据，他们并非将公众视为公共决策的主体，由于缺乏充分赋权，公众缺乏足够的信息来贡献有效的政策建议，导致公众参与的质量低下"（岳经纶、刘璐，2018）。当然政府的行为有一定的可行性，当购买服务中各方利益及意见难以协调时，政府以调解者或者最后决断者出面，控制场面，做出决断。但是，在政府的责任不可回避的情况下，其就为政府的"路径依赖"和"行政过度干预"提供了方便，政府可以利用这些便利为政府或者关系人谋利。

（四）程序难以保持中立

中立性是在公民、社会组织以及政府之间建立程序原则的一个重要标准，它将有效降低以上三者之间的力量失衡问题，也将增加程序的透明性和可行性。但是中立性也有一个负面问题，基于中立的东西能否是选出的最优的东西。在政府购买社会组织服务中，到底选择哪个社会组织作为购买的对象，很多人提出不同的意见，有的提出要看社会组织所专注的业务、所服务的质量和成绩，有的人提出要看它成立的时间，所具有的资金多少、成员多少，有的人提出要在购买的项目上有丰富的经验，最后为了综合平衡这些分歧，某些地方政府提出了一个通用的标准，那就是凡是被当地评上 3 星级以上的社会组织才有资格参与购买服务。那么受到质疑的是 3 星级标准是否公平。再者，程序是否保持中立，如果程序仅仅针对政府购买服务展开工作，而不问购买服务这个项目是不是正义的，这似乎又是本末倒置的问题。比如政府购买社会组织进行反艾滋病活动，其中一个重要内容就是反对同性恋，因为同性恋是导致艾滋病的重要原因，那么这个项目就有了价值取向了，程序如何对此甄别。

（五）社会组织在政府选择和公民选择中很难进行自我选择

社会组织有自己的本体宗旨：非营利性、非政府性、公益性等。但是社会组织并不是完全摒弃了自己的逐利性，尤其是在我国社会组织发展初期，民间资本不够富余，集资相对困难，政府购买服务及其他资助方式力度较小情况下，很难保持在资金来源上取舍的定力。在政府购买社会组织服务的参与式预算中，社会组织要接受政府和公民的双重选择，政府的要求大致是根据政绩或者宏观的考虑，而公民则考虑对自己有无直接利益，能否带来及时的好处和作用。社会组织如果过多考虑政府的取向，则可能与公民的意愿不太一致，公民在预算中将会提出反对意见，但如果过多考虑政府的意见，则可能会沦为政府的工具，追求表面和形象工程。从目前我国社会组织的处境来看，社会组织往往因为政策、环境、自身经济问题就偏向了政府一方，"社会组织在提供服务过程不但要接受政府的各项考核，还要考虑以后从政府手中继续承接服务项目，提供服务过程中社会组织会天然的倾向于迎合政府，而不是接受服务的公民"（蔡礼强，2018）。而且现行体制下项目和预算一般会通过，政府仍旧掌握着预算决策的最后决定权，公民对于预算只能修改而难以有大的改变，这种参与式预算就难以保证它的真实性和公平性。

四　困境突破的对策

一是公民参与意识和能力不足的改进办法。在政府购买社会组织服务的参与式预算中，受益方公民将作为项目的直接参与预算者，由于公民之间的知识水平、交际能力以及参与技术存在参差不齐的状况，可以采取普通公民代表（通过抽签方式直接产生）和精英代表（从公民中选举）结合的方式，由多方主体组成的预算参与结构将有效化解部分民众参与意识不强、参与能力不足的入口问题。再者，政府购买社会组织服务中受益方群体人数可能存在偏少问题，再从中选择很难有更大空间，甚至有些受益人群本身是弱势群体或者特殊人群，其知识水平和社会能力更为欠缺，因此邀请第三方代表（可以是非受益方公民代表、非承接方社会组织代表、专家、第三方评议机构等）参加。最后，在选定组成的评估机构基础上，对这些参与的公民进行专门参与技术的培训，"倡导公民在参与政府购买公共服务的过程中，理性依法表达诉求，客观监督评价服务效果，更好地与政府和社会组织互助合作，促进公民意识和素质的不断提高"（余佶，2016）。

二是提升公民的合作精神和能力。参与式预算需要公民之间的协商谈判，因为项目针对的受益方的利益分配可能存在差异，不同公民的利益取向和价值取向也有不同。利益之争和观念差异不仅造成参与式预算监督难以真正实施，而且项目的有效性也大打折扣。因此在观念和价值取向上，公民之间需要"求同存异"；在利益差异方面采取"公平为先，效率为辅，照顾弱者"的原则；在目标任务上采取合作互动的机制；而在竞争性谈判中，公民之间也应学会妥协的原则，妥协利于整体的发展，从而也有利于自己的受益。但是"合作"在我国现实实践中，基于封建文化和制度的影响，人们由于自利倾向和明哲保身的心理很难达成。这就需要培育公共精神，公共精神需要建立在公共领域氛围基础上，公共领域氛围又需要社群主体的支撑，而社群主体的产生则需要公平民主的法律和自由和谐的制度建设。制度的建构和文化的养成需要很长的时间，在现实条件限制下，需要政府积极进行引导，主动听取民众的不同意见，尤其是不满意的意见，"在需求调查的基础上分析数据，针对公众不满意的服务或者公众急需的服务项目提出购买目录建议"。① 通过大量的需求调查和对不满意意见的回应，弥补民众之间的意见分隔。

三是正确对待和利用政府权力下放。首先，要加大对社会组织的扶持力度，增强社会组织的服务能力。加强社会组织尤其是政府购买社会组织服务的法律法规的建设，建立完整的防腐倡廉机制，从而保证政府能够放心地将权力下放给社会组织。其次，注重合作，讲究策略，"为最终实现预算目标层次监督和预算反腐败的长远目标而不得不采取的战略与战术的'迂回'，需要尽量避免与权力的'正面冲突'，以增加政治上的可行性，采用社会合围的策略，最终谋求通过预算社会监督来逐步实现规范政府行为的战略目标"（唐云峰，2013）。最后，政府不仅要向社会组织转移权力，而且还要实现"权力的转型"，使得转移的权力能够符合社会组织的实际情况，社会组织既能接得住，也要运用得好，从而建立科学有效的社会组织权力运行机制。

四是追求程序的正义性。在程序实施中，"一旦伦理分歧，中立对话要求过渡到较高抽象层次的正义商谈，在这种商谈中将考察：在承认这些分歧的同时，什么是平等地有利于所有参与者的"（John Rawls，1996）。因此程序所说的中立是指遇到分歧时，双方应该求同存异，本着解决问题的方式达成损失最小或者收益最大的妥协式的合作。程序保持的中立是指在无关价值问题，或在同一个双方认同的问题价值上，对双方进行的公平的评判。程序应该在保持中立的基础上，针对好的东西有所偏颇。比如说，在很多程序问题上，老人、残疾人、

---

① 赵雪峰（2018）：《我国政府向社会组织购买公共服务研究》，http://www.china-reform.org/?content_501.html，2018 - 09 - 11。

妇幼等弱势群体受到的照顾要多些。在政府购买社会组织服务中，公民在参与预算程序设计中要考虑对于一些特殊人群采取特殊程序关照。其次，在政府购买社会组织服务中，程序难以保持中立的一个重要原因就是许多社会组织的行政色彩十分浓厚。政社不分的问题严重影响了政府选择购买对象中的取向，政府有时会优先向与自己联系紧密的社会组织购买，从而造成政社合伙腐败。最后，程序的正义性还要求更有利于公民在参与式预算中获得更多的收益，在程序操作上方便公民参与，程序设置上考虑公民的意愿表达，并严格限制非法和腐败空间的存在。

五是维护社会组织的价值中立。首先，应增强社会组织生存与发展的能力，保证社会组织在购买服务中的目标正义。其一，政府在购买服务政策上，重视社会组织中的"弱势群体"，当前我国政府购买服务中优先选择经济性、服务性或慈善性社会组织，而价值类、思想类社会组织不受重视，政策建议渠道不畅，政府很难购买到有思想价值的成果。其二，将合法合理的获利形式制度化，用国家相关财务监管制度进行规范，这将有利于社会组织的健康发展，也有利于社会组织的自立自强。其次，加大社会组织去行政化改革，实现社会组织地位独立。最后，政府在购买服务承接方社会组织选择上，注重公平公正，"在社会可获得的信息平台上发布政府购买公共服务的范围和标准、内容与经费、招投标方式和程序，以及能够承接公共服务的社会组织资质认证办法等，并以居民会议、议事协商、民主听证等形式，广泛征求公众意见建议，减少中间环节和暗箱操作，选拔出真正合适的社会组织从事公共服务供给，推动政府购买服务从工具化提升至本体化"（王名，2015）。

五　进一步讨论

政府购买社会组织服务中公民参与能力、政府简政放权的力度、购买程序的可行性和科学性以及社会组织的独立能力都是影响购买服务质量和廉洁程度的重要因素，但是公民参与预算对于购买服务的影响只是完成了第一阶段的任务，如果将公民在参与中对项目的选择真正上升至决策阶段，还需将这些建议纳入政治系统，通过人大会议以及相关职能机构的审批，如果没有立法机构或者审议机关的表决同意，这些公民协商的成果很可能只是政府参考的建议而不能成为"决议",即使能够形成最后决策,但是没有经过法定程序的政治系统认可,这些决策也不具有刚性,也缺乏合法性,很容易夭折,"只有当这种舆论政治影响通过民主的意见形成和意志形成过程的建制化程序的过滤、转化成交往权力、并进入合法的立法过程之后,才会从事实上普遍化的公共意见中产生出一种礼仪普遍化的角度出发得到了检验、赋予政治决策以合法性的信念"(哈贝马斯,2014)。参与式预算较为成功的浙江温岭民主恳谈是对接了人大预算审批程序,在本文政府购买社会组织服务案例中,浙江乐清市购买社区服务项目经过了社区居民代表会议表决,并报街道办事处审批,也体现了这一特征。参与式预算在我国政府购买社会组织服务领域还处于起步阶段,它对于政府改革、社会转型乃至民主发展具有积极影响,具有极大的挖掘和发展空间。

参考文献

〔美〕爱伦·鲁宾(2001):《公共预算中的政治:收入与支出,借贷与平衡》,叶娟丽、马骏译,北京:中国人民大学出版社。

〔美〕艾伦·沃尔夫(2012):《谁的守护者?社会科学和道德义务》,载〔美〕唐·E. 艾伯利主编《市民社会基础读本》,北京:商务印书馆。

崔光胜(2015):《理论逻辑与现实困境:政府购买社会组织服务的路径研究》,《学术论坛》,(6),116~119。

蔡礼强(2018):《政府向社会组织购买公共服务的需求表达——基于三方主体的分析框架》,《政治学研究》,(1),70~81、128。

何增科(2017):《廉能政治是更高目标》,《北京日报》2017年8月28日。

何包钢(2011):《近年中国地方政府参与式预算试验评析》,《贵州社会科学》,(6),27~32。

胡穗(2015):《政府购买社会组织服务绩效评估的实践困境与路径创新》,《湖南师范大学社会科学学报》,(4),110~115。

〔德〕哈贝马斯(2014):《在事实与规范之间——关于法律和民主法治国的商谈理论》,童世骏译,北京:生活·读书·新知三联书店。

李晗(2016):《政府购买社会组织服务审计研究——基于中国红十字会总会彩票公益金项目》,《财会月刊》,(30),99~103。

马骏(2007):《中国预算改革的政治学:成就与困惑》,《中山大学学报》,(3),68~69。

裴志军、吴成(2015):《国际参与式预算研究的现状、趋势及借鉴——基于2000 -

2014 年 web of science 文献数据分析》，《财经论丛》，（7），24 ~ 32。

唐云锋（2013）：《我国预算反腐败困境与预算的社会监督逻辑》，《财经论丛》，（6），15 ~ 22。

王名（2015）：《完善政府购买服务，建立新型政社关系——访清华大学公益慈善研究院院长王名教授》，《中国民政》，（9），18 ~ 19。

尹栾玉（2016）：《基本公共服务：理论现状与对策分析》，《政治学研究》，（5），83 ~ 96、127。

叶托、胡税根（2015）：《政府购买社会服务的绩效评估指标体系研究——基于德尔菲法和层次分析法的应用》，《广东行政学院学报》，（2），5 ~ 13、45。

余佶（2016）：《政府向社会组织购买公共服务的风险管理——基于委托代理视角及其超越》，《马克思主义与现实》，（3），169 ~ 175。

岳经纶、刘璐（2018）：《公众参与实践差异性研究——以珠三角城市公共服务政策公众评议活动为例》，《武汉大学学报》（哲学社会科学版），（2），175 ~ 188。

赵早早、杨晖（2014）：《构建公开透明的地方政府预算制度研究——以无锡、温岭和焦作参与式预算实践为例》，《北京行政学院学报》，（4），40 ~ 46。

周俊（2010）：《政府购买公共服务的风险及其防范》，《中国行政管理》，（6），13 ~ 18。

—— （2014）：《健全政府购买服务的评估监管制度和体系》，《中国社会报》2014年5月19日。

Cabannes（2004），"Participatory Budgeting：A Significant Contribution to Participatory Democracy"，*Environment and Urbanization*.

John Rawls（1996），*Political Liberalism*，New York：Columbia University Press.

Leonardo（2004），"Public Deberation at the Local Level：Participatory Budgeting in Brazil"，Experiments for Deliberative Democracy Conference.

Serageldin，et al.（2004），"Assessment of Participatory Budgeting in Brazil"，*Inter-American Development Bank Report 31*.

The Role，Dilemma and Countermeasures of Participatory Budgeting in Government Purchasing Social Organization Services

Wang Dong

[**Abstract**] It is a new practice trend to introduce participatory budge-

ting into the government's purchase of social organization services. In China, most of the policies related to the purchase of social organization services by the central and local governments have formulated budget requirements and rules, but there are still some problems in the relevant provisions on participatory budgeting, such as vague views, unclear ideas, relatively general measures and low level of participation standards. Based on the analysis of policy texts and case studies, it is found that the above problems are mainly caused by the insufficient awareness and ability of citizens' participation, the government's unwillingness to cede rights, citizens' difficulty in reaching consensus, procedural neutrality and the difficulty in self-selection of social organizations. The countermeasures should focus on the cultivation of citizen consciousness and ability, the change of government power, the shaping of public spirit, procedural justice and the enhancement of self-reliance of social organizations. In addition, how to turn the results of budget participation into decision-making and enhance the legitimacy of decision-making also needs to link the process of citizen participation with the political system.

[**Keywords**] Government Purchase; Social Organization Service; Participatory Budgeting

（责任编辑：郑琦　蓝煜昕）

艾滋病防治领域非政府组织社会
资本形成的影响因素研究[*]

徐金燕　蒋利平^{**}

【摘要】 社会资本的形成和积累可以促进非政府组织（NGO）获取各种发展机会和社会资源，提升艾滋病防治工作的成效和可持续性。在全国艾滋病高、中、低流行地区随机抽取 117 家防艾 NGO 作为调查对象，从个体、组织和社会三个层面实证剖析不同地区和不同类型防艾 NGO 社会资本存量的影响因素。研究发现：个体因素中负责人的综合素质、组织成员的文化程度和志愿精神，组织因素中的志愿者管理制度、组织工作的社会评价，社会因素中的组织社会合法性、地区经济状况对防艾 NGO 社会资本具有显著影响。加大对组织成员的培训力度和培育公民志愿精神，建立合理的组织内部管理机构和完善志愿者管理机制，加强组织社会公信力和合法性建设，有利于防艾 NGO 社会资本的形成和积累。

---

* 本文系国家自然科学青年基金项目"社会资本视角下我国公民社会组织参与艾滋病防治的网络化机制研究"（71503077）、湖南省教育厅优秀青年项目（17B105）、湖南省新型工业化研究基地项目（E41607）、湖南科技大学科学研究基金（KJ1947）、湖南科技大学硕士研究生科研经费启动项目（E50591）、国家留学基金委资助项目（201808430038）的成果。

** 徐金燕，湖南科技大学法学与公共管理学院博士、副教授、硕士生导师，研究方向为社会组织发展与地方社会治理；蒋利平，湖南科技大学法学与公共管理学院讲师，研究方向为政府与社会组织关系治理。

【关键词】 艾滋病防治　非政府组织　社会资本

一　引言

非政府组织（NGO）在艾滋病防治工作中具有政府部门和其他组织不可比拟的优势和作用，但我国防艾领域大多数 NGO 是在国际合作项目推动下成立的，随着国际合作组织和项目的逐渐淡出，它们陷入可持续发展困境，阻碍了其应有功能的发挥。社会资本作为区别于物质资本、人力资本等有形资本的新资本形式，对组织的发展及成功具有强大的解释力，已成为管理学、经济学等众多领域学者关注的热点。在艾滋病防治领域，笔者的前期研究已揭示了社会资本是非政府组织获取防艾工作资源的重要渠道，是促进组织内部集体行动一致性达成和提升防艾工作能力与效果的重要途径（梁辉等，2015：74～76；徐金燕、范学工，2016：83～89）；并构建了一套防艾 NGO 社会资本的测量指标体系，实证分析了我国防艾 NGO 社会资本的存量及形态（徐金燕，2018：22～63）。已有对组织社会资本的文献主要探讨社会资本对组织发展的影响；虽然有部分研究了组织社会资本的形成及其影响因素，但关于艾滋病防治领域的研究很少，定量研究更是匮乏。在我国数量众多的防艾 NGO 中，社会资本的积累为何在不同地区和不同类型组织中形成差异？影响 NGO 社会资本形成和积累的因素有哪些？它们是如何对防艾 NGO 获取社会资本产生影响的？对社会资本形成的影响因素研究是深入理解防艾 NGO 社会资本发展状况的基础，也是非政府组织开发和利用社会资本更好地开展艾滋病防治工作的重要途径。因此，探讨防艾 NGO 社会资本形成及发展的影响因素及其内在机理成为亟待研究的重要课题。

二　理论溯源与研究概况

（一）组织社会资本的概念界定

社会资本理论框架主要由布尔迪厄（Bourdieu）、科尔曼（Coleman）和普特南（Putnam）三位学者构建，后来的学者大都是在他们建立的理论框架内进行研究。布尔迪厄最早从社会网络角度定义社会资本，认为"社会资本是个人通过参与群体网络的活动，获得给予个人或集体支持的资源"（Bourdieu，1986）。在此基础上，科尔曼从社会结构角度阐述了社会资本理论，强调规范、责任与期望对行动者的影响（Coleman，1988）。普特南认为社会资本的信任、规范以及网络的核心要素可以增进集体行动和促进社会效率（普特南，2011）。虽然社会资本的概念界定不一，但大都从社会关系的角度进行定义，基本包含信任、规范、合作和社会网络四大要素。从拥有者的角度来看，社会资本的研究主要分为个体社会资本（Bekele & Rourke，2013：337－346；Oppong，2012：340－345）、集体社会资本（Gilgen et al.，2001：387－392；Sivaram et al.，2009：233－250）和国家社会资本（Semaan et al.，2007：2324－2341）。早期研究主要以个体为主，关注个人拥有的社会关系网络对其获取稀缺资源的影响。

随着社会资本理论的不断发展，不少学者将其延伸到社区、企业、政府和其他非政府组织等层面进行研究。Burt 最早将社会资本运用于企业，提出企业社会资本就是企业内部和企业之间的关系，是企业竞争成功的决定要素（Burt，2001：202－247）。之后，组织管理领域出现了组织社会资本的研究，大多数学者从组织内外部的社会关系对其概念进行界定（Krishna & Shrader，1999：103－110；Harald et al.，2004：463－481）。Nahapiet 和 Ghoshal 提出组织社会资本是来源于组织内部的社会单元拥有的社会网络，通过这种网络可以使用的各种实际和潜在资源的总和，并进一步把组织社会资本划分为结构、关系和认知三大维度。结构维度社会资本是各行为主体在社会关系网络中的联系方式，主要包括网络密度、网络位置和网络连接状态等构成要素。关系维度社会资本是组织内外部网络关系的质量，主要由网络内外部成员之间的相互信任、互惠、义务与期望等要素构成。认知维度社会资本指促进组织网络成员之间沟通和理解的资源，包括共同语言、共同价值观和目标等构成要素（Nahapiet & Ghoshal，1998：242－266）。Nahapiet 和 Ghoshal 从三维度对社会资本的内在性成分进行了明晰，结构与关系维度社会资本与 Bourdieu 对社会资本概念中的嵌入性分析具有一致性，所以在组织管理研究中得到了普遍应用。组织是由多个成员构成，并通过内部分工协作以及和外部发生联系实现组织共同目标的过程。因此，组织社会资本包括内部和外部两个部分。Tsai 和 Ghoshal 以组织为边界，对组织内部和外部社会资本进行了阐述（Tsai & Ghoshal，1998：464－476）。本文借鉴 Nahapiet 和 Ghoshal 的三维度社会资本分析方法以及 Tsai 和 Ghoshal 内外部分类方法，对防艾 NGO 社会资本的内涵进行界定。艾滋病防治领域 NGO 社会资本是指组织内部成员及组织之间建立的社会网络，并通过这些网络获取各种稀缺资源的能力，表现为组织内部成员和组织与外部网络主体之间的交往结构、信任合作、互惠规范、共同语言和共同愿景等。

（二）关于组织社会资本测量的研究

社会资本的内涵具有多维性和复杂性，学者们主要是根据其需要进行研究，导致社会资本的测量标准无法统一且面临诸多问题，但部分学者仍展开了积极的探索，相关成果为本文开展防艾 NGO 社会资本的实证研究提供了一定的参考。已有关于组织社会资本测量的方法主要分三种。

第一种是对社会资本的共同要素进行概念化操作，根据行动者的网络结构及其在网络中获益的能力进行测量。边燕杰和丘海雄通过企业法人与上级领导机关的纵向网络关系、与其他企业的横向网络关系及其社会交往和联系三个指标来对企业社会资本进行测量（边燕杰、丘海雄，2000：87～100）。Krishna 等在世界银行综合调查问卷基础上，构建了包括组织网络、集体行为、信任和团结等的测量指标体系（Krishna & Shrader，1999：103－110）。Fischer 和 Pollock 认为组织外部社会资本通过企业网络结构来测量，具体指标包括承销网络的规模及其嵌入性。组织内部社会资本关注企业从内部网络结构获益的能力，把企业创始人和执行总裁的社会资本等同于企业的社会资本，以 CEO 和管理团队在企业的任职时间两个指标来测量，前提是他们具有较长的任职时间，使其能力得到积累与发挥（Fischer HM & Pollock TG，2004：463－481）。但这种测量方法也具有一定的局限性，仅以任职时间来测量利用社会网络获益的能力不免过于牵强。

第二种是从结构、认知和关系三维度对社会资本进行测量。从三维度对社会资本进行清晰的分解可以更好地理解其内在结构性成分及其相互关系，对确定测量内容和法则提供了更具有可操作性和可行性的思路。较早的系统测量社会资本的工具是 SCAT（Grootaert & Van Bastelaer，2002）。之后，学者们作了进一步的完善，形成了 A-SCAT。该测量工具从组织密度特征、组织网络和相互支持、与组织的联系等 7 个方面测量结构维度社会资本，从信任合作、冲突问题的解决、社会凝聚力 11 个方面测量认知维度社会资本（Kostova & Roth，2003：297－317）。De Silva 等人制定的社会资本测量量表（SASCAT）中的认知维度社会资本，通过社区凝聚力和信任来测量（Silva et al.，2006：62－68）。另外，Adler 和 Kwon 指出，关系维度社会资本的测量要关注个体在与他人的关系网络中所获取的隐性与显性知识，加强对他人的合作与管理（Adler & Kwon，2002：17－40）。

第三种是结合前两种方法对社会资本进行综合测量。前两种测量方法各有侧重，部分学者主张应将两种方法结合起来，构建一个完整的社会资本测量框架。Anirudh 和 Elizabeth 建立了一个包括微观、宏观、认知和结构维度社会资本的分析框架（Anirudh & Elizabeth，1999：103－110）。Grootaert 提出了社会资本测量的结构维度和认知维度以及微观和宏观两个层次相互结合的四象限框架（Grootaert，2003）。Grootaert 等使用了微观和宏观社会资本、结构和认知社会资本的大部分测量指标，提炼出了包括组织和网络、信任、集体行动与合作、信息与共享、社会关系等 6 个维度的社会资本综合问卷 SC-IQ，对发展中国家社会资本的测量进行了研究（Grootaert & Van Bastelaer，2002）。

综观国内外已有研究，迄今为止学者对社会资本的测量还没有形成较为统一和成熟的体系，尽管有些学者开始尝试对微观层次的组织（如企业）或集体的社会资本状况进行测量，但对非政府组织社会资本的测量非常缺乏。Nahapiet 和 Ghoshal 等人从结构、关系和认知三维度对社会资本进行清晰的分解可以更好地理解其内在结构性成分及其相互关系，该方法为确定社会资本的测量指标和测量方法提供了较易操作的思路。因此，本文根据经典三维度社会资本理论，结合我国防艾非政府组织的特点，从组织内、外部两个方面来构建防艾非政府组织社会资本的测量维度和指标体系。

（三）关于组织社会资本形成的影响因素研究

微观组织理论认为，组织社会资本是内部行动者通过构建相互间的社会关系而增加的组织资源，来源于个体的互动、个体的感知和网络结构，具有公共物品的性质。社会资本的生成、运用和享受都是在个体间的互动中形成的社会网络中完成（雅森特·佛丹纳，2003），但个体网络只有转化为个体社会资本并被组织吸收才能转化为组织社会资本（Kostova & Roth，2003）。Bolino 等的研究发现，组织员工的忠诚和服从、职责外参与、社会参与和支持性参与，与组织社会资本的三个维度具有直接的关系，对组织社会资本的积累具有积极的作用（Bolino & Turnley，2002）。组织内过多的网络闭合和结构洞的存在不利于组织社会资本的形成，组织理论强调网络结构与网络关系的动态平衡对社会资本形成的重要作用（Ostroff，1993：569－582），成员的相互信任和以共同目标为行动导向的水平决定了网络结构是否为组织带来资源，从而决定社会资本的水平。

关于组织社会资本形成的影响因素研究中，主要有个体因素、社会文化因素和组织因素三大方面。从早年生活习性和社会化过程形成的公民人格、个体信仰、道德观以及与公民认同的象征性社群等个体人格特征可以创造社会资本（怀特利，2000）。在环境非政府组织中，领导者是激励员工实现目标的主体，是影响组织获取社会资本的重要因素（艾洁，2005）。领导人的个人能力和志愿者的奉献精神是草根 NGO 积累社会资本的关键（崔欣，2007）。此外，社会文化传统对其社会资本存量具有重要的影响，它决定了社会的信任程度。社会资本通常是由等级权威产生，权威的体制规范要求人们无条件服从（弗朗西斯·福山，2003）。高度集权的统治使人们习惯被控制与保护，民主化程度低，制约了社会资本的产生，导致政府效率低下（普特南，2001）。大部分学者关注的社会中的"礼"文化对组织内部网络的信任、共同语言和共同价值观具有的促进作用，是组织社会资本产生的源泉。而意识形态作为文化组成的一部分，通过把某种要求强加给信仰者，使他们不考虑自身利益而按照某种既定利益行动，是影响社会资本形成或消亡的主要因素之一（科尔曼，1999）。

大部分学者主要从组织本身的特点出发，探讨组织社会资本形成的环境基础。组织作为一个制度系统，可以提供社会结构和人际关系形成所需要的时间要素，促进信任、独特编码和语言形成的组织规范，提供个体相互依赖和网络联系的前提，也为网络的非正式互动创造了条件（Nahapiet & Ghoshal，1998：261－264）。在此基础上，Arregle 等从时间、相互依赖等方面分析了家族企业制度对组织社会资本形成的积极作用（Arregle et al.，2007：2322－2380）。众多学者从组织管理制度和措施挖掘中促进成员之间的积极互动、共同价值观以及合作关系的形成（Leana & Frits，2006：353－366）。高组织绩效工作系统对组织社会资本多个维度具有显著影响（Evans & Davis，2005：758－775），为员工创造建立社会关系的机会、鼓励发展社会关系的动机和提高社会交往能力的人力资源管理系统，可以通过对个体合作行为的影响促进组织社会资本的增加（Chuang & Chen，2013：678－687）。此外，组织社会资本受经理和员工的动机与伦理的影响，管理者应促进员工伦理理念的发展和超越自我利益的受激励能力，进而建立起组织的社会资本（Pastoriza & Aril，2008：329 - 341）。成员参与水平是衡量社会资本水平的重要指标，有研究指出，"第三部门"通过资源分配、服务传递、组织教育等促进了成员参与，加速了社会资本的形成和转化（青木昌彦，2001）。

综上所述，在特定的社会和组织环境下，个体互动网络可以转化为组织社会资本。组织的文化、结构、氛围等组织因素，可以直接影响组织社会资本的产生和发展。组织对成员的管理制度和措施可以直接影响成员的互动心理和行为，适宜的组织环境可以促进个体的积极互动和积极认知，从而有利于组织社会资本的形成和发展。本文将从个体、组织和社会三个方面分析艾滋病防治领域非政府组织社会资本的影响因素。个体因素主要包括成员的文化程度、领导的个人特征、志愿精神、任职经历等几个方面。组织因素主要从组织合法性、组织对志愿者的管理制度、组织声誉、社会影响力等方面进行探讨。社会因素包括政治、经济、文化等宏观环境方面，政治因素主要体现为政府对防艾 NGO 的相关政策制度；经济因素主要体现为 NGO 所处的地理位置和经济发展程度；文化因素主要体现为社会公众对 NGO 开展艾滋病防治的态度、认可和支持的程度。本文通过组织的合法性和组织所处地区的经济状况来分析社会宏观环境对组织社会资本的影响。

三　研究设计

（一）数据收集与样本构成

本研究的数据来自湖南科技大学国家自然科学青年基金项目"社会资本视角下我国公民社会组织参与艾滋病防治的网络化机制研究"的调查。课题组主要采用问卷调查法和深度访谈法收集所需的数据资料。从湖南省疾控中心艾滋病防治办公室获得全国从事艾滋病防治非政府组织的名单，共有 30 个省份 561 个组织的信息，包括各种社会（社区）组织、工作网络与平台、法律机构、协会等。根据近年来卫生部门发布的全国各省市艾滋病疫情数据资料的情况，把艾滋病流行省份或地区划分为高、中、低三种类型（以下简称"高流省份/地区"、"中流省份/地区"和"低流省份/地区"），分别在不同地区随机抽取承担较多艾滋病防治项目，具有一定规模的非政府组织作为调查对象。调查重点选择基层草根组织，同时兼顾一些自上而下成立的官办 NGO，调查自 2015 年 3 月至 2015 年 12 月。

社会资本调查问卷分为 A、B、C 三部分，由熟悉组织情况的负责人和核心工作人员共同填写。其中，A 部分为防艾非政府组织的基本信息和发展状况，如登记注册情况、财务状况、管理状况、筹资能力、社会影响力等，该部分由负责人填写。B 部分为防艾非政府组织调查对象的个人背景特征情况，如性别、年龄、文化程度、参与艾滋病防治工作时间等。C 部分为组织社会资本的调查情况。B、C 部分由负责人及熟悉组织状况的核心工作人员填写。

现有关于组织社会资本的测量研究大都强调社会资本概念的集体层次，但是在对量表的效度和信度的检验中，使用的分析单位却是个人层次的，不过最理想的仍然是直接以集体作为分析单位（荣泰生，2012）。本文非政府组织的变量指标值首先在个体层面上进行测量，然后将组织成员个体的指标值进行汇总而成非政府组织的社会资本指标，而不是直接收集组织的变量指标值。在进行数据分析时，以非政府组织为单位进行，这样做既切合非政府组织社会资本理论内涵，在实践中也更加可行。

为获取组织层次的数据，对成员问卷进行筛选，只有同时获取了组织负责人和至少一名工作人员的问卷才作为一份有效的组织问卷。最终调查到的 NGO有 117 个，发放组织成员问卷共 468 份，收回有效问卷 331 份，有效回收率为70.7%。117 个调查组织的分布情况是：艾滋病高流省份（广西、云南、四川）共 31 个，占 26.5%；艾滋病中流省份（安徽、河南、贵州、广东）共 33 个，占 28.2%；艾滋病低流省份（湖南、湖北、上海、山东、山西、浙江、重庆）共 53 个，占 45.3%。从成立时间来看，2006 年至今成立的数量为 70.2%。从组织类别来看，MSM 组织和感染者支持组织居多，分别占 32.1% 和 28.3%，其后依次为健康宣教组织（6.3%）、商业性工作者服务组织（5.8%）、药物依赖者服务组织（4.9%）和艾滋病防治协会（3.7%），其他的占 18.9%，主要为受艾滋病影响的儿童救助组织、综合服务类组织、行为干预组织、医学会、各种社会组织工作与网络平台等。数据结果表明，调查组织分布地区较广，且包含类型较全面，可以较好地代表我国防艾非政府组织社会资本的总体状况。

（二）变量测量

1. 因变量

本研究的因变量为防艾非政府组织社会资本，包括总体得分和各维度得分。防艾 NGO 社会资本测量指标体系主要是基于已有研究成果自主研发形成，共包括 3 个维度（一级指标）——结构维度、关系维度、认知维度，6 个二级指标，14 个三级指标，44 个测量条目（见表1）①。

表1　艾滋病防治领域非政府组织社会资本测量指标体系

变量	一级指标	二级指标	三级指标	测量项目数
社会资本	结构维度	内部结构维度	内部网络互动	3
			内部网络规模	3
			内部网络异质性	3
			组织稳定性	3
		外部结构维度	外部网络互动	4
			外部网络规模	3
	关系维度	内部关系维度	内部网络信任	3
			内部互惠规范	3
		外部关系维度	外部网络信任	3
			外部互惠规范	4
	认知维度	内部认知维度	内部共同语言	3
			内部共同愿景	3
		外部认知维度	外部共同语言	3
			外部共同愿景	3

2. 自变量

根据前文相关理论分析，结合研究目的、调查的便利性和数据的可获得性，本研究对学者有关组织社会资本影响因素设计的指标进行了部分替换和调整，使之更符合防艾 NGO 的实际情况。自变量的选取主要有六类变量。第一类是控制变量，包括组织成员的年龄（X_1）、成员文化程度（X_2）、是否具有艾滋病防治工作经验（X_3）、是否在其他部门任职过（X_4）、组织成立的时间（X_5）。第

---

① 该测量指标体系的构建过程详见作者论文《艾滋病防治领域非政府组织社会资本的测量及反思》，发表在《中国第三部门研究》第15卷第1期，第22～63页。

二类是组织合法性，包括社会合法性（X_6）和法律合法性（X_7），社会合法性通过题项"贵组织所开展的防艾活动能够得到社会公众认可的情况"来设置，回答从"每次活动都没有得到认可"到"每次活动都得到认可"分为 5 个等级，每个等级分别赋值"1~5"分；组织的法律合法性通过题项"组织是否注册"来设置。第三类是领导者综合素质，从"负责人行政级别"（X_8）和"负责人文化程度"（X_9）两个题项来设置。第四类变量是组织管理制度，从"人力资源管理手册"（X_{10}）、"岗位工作说明书"（X_{11}）、"负责人绩效定期的评估机制"（X_{12}）、"成员年度评估机制"（X_{13}）、"成员意见反馈机制"（X_{14}）以及"成员培养机制"（X_{15}）方面来设置。第五类变量是组织声誉，它反映组织的知名程度，主要通过"组织开展活动的数量"（X_{16}）和"组织工作的社会评价"（X_{17}）来测量。第六类变量是社会影响力，通过"组织是否为政府提供过建议"（X_{18}）、"组织的建议被政府采纳的情况"（X_{19}）、"组织活动被媒体报道的情况"（X_{20}）来测量。自变量和因变量的赋值见表2。

表2 变量选取及赋值

变量		指标选取	变量赋值
因变量		结构维度（Y_1）	评分均值
		认知维度（Y_2）	评分均值
		关系维度（Y_3）	评分均值
		社会资本总量（Y_4）	评分均值
自变量	控制变量	组织成员的年龄（X_1）	1 = 25 岁及以下，2 = 26~35 岁，3 = 36~45 岁，4 = 46 岁及以上
		成员文化程度（X_2）	1 = 初中及以下，2 = 高中及中专，3 = 大专，4 = 本科及以上
		是否具有艾滋病防治工作经验（X_3）	1 = 是，0 = 否
		是否在其他部门任职过（X_4）	1 = 是，0 = 否
		组织成立的时间（X_5）	1 = 2000 年及以前，2 = 2001~2005 年，3 = 2006~2010 年，4 = 2011 年至今
	组织合法性	社会合法性（X_6）	1 = 每次活动都没有得到认可，2 = 较少活动得到认可，3 = 一般，4 = 大多数活动得到认可，5 = 每次活动都得到认可

变量		指标选取	变量赋值
自变量	组织合法性	法律合法性（X_7）	1＝注册，0＝没有注册
	领导者综合素质	负责人行政级别（X_8）	1＝没有级别，1＝科级，3＝处级，4＝厅级，5＝部级及以上
		负责人文化程度（X_9）	1＝初中及以下，2＝高中及中专，3＝大专，4＝本科及以上
	组织管理制度	人力资源管理手册（X_{10}）	1＝没有；2＝有，但需要改进；3＝有，很完善
		岗位工作说明书（X_{11}）	1＝没有；2＝有，但需要改进；3＝有，很完善
		负责人绩效定期的评估机制（X_{12}）	1＝没有；2＝有，但需要改进；3＝有，很完善
		成员年度评估机制（X_{13}）	1＝没有；2＝有，但需要改进；3＝有，很完善
		成员意见反馈机制（X_{14}）	1＝没有；2＝有，但需要改进；3＝有，很完善
		成员培训机制（X_{15}）	1＝没有；2＝有，但需要改进；3＝有，很完善
	组织声誉	组织开展活动的数量（X_{16}）	1＝0次，2＝1～5次，3＝6～10次，4＝10次以上
		组织工作的社会评价（X_{17}）	1＝很不满意，2＝不太满意，3＝一般，4＝比较满意，5＝非常满意
	社会影响力	组织是否为政府提供过建议（X_{18}）	1＝是，0＝否
		组织的建议被政府采纳的情况（X_{19}）	1＝从未被采纳，2＝很少被采纳，3＝大多数被采纳，4＝都被采纳
		组织活动被媒体报道的情况（X_{20}）	1＝没有被报道过，2＝报道得很少，3＝报道过一些，4＝报道过很多次，5＝每次活动都被报道过

四　结果与分析

（一）防艾非政府组织社会资本的现状

本研究构建的非政府组织社会资本测评量表的一、二、三级指标均是不可直接观测的变量，因此，需要对变量进行赋值，并采用均值的方法直接计算指标的值。社会资本问卷测评部分的题项采用 Liker 5 级量表打分法完成，每个等级赋值20分，一共100分。一般认为，60~80分为中等水平，低于60分为较低水平，80~100分为较高水平。① 利用已建立的防艾NGO社会资本综合评分方法对抽取的117家防艾非政府组织进行评价，得到的结果见表3。

表3 防艾非政府组织社会资本各维度得分和总得分情况

单位：分

	N	最大值	最小值	平均得分	标准差
内部结构维度	117	94.78	23.00	71.30	6.35
外部结构维度	117	92.5	21.03	74.57	7.52
内部关系维度	117	100	47.50	84.08	12.74
外部关系维度	117	100	37.24	72.67	14.13
内部认知维度	117	100	46.67	84.98	12.83
外部认知维度	117	100	43.33	81.65	13.02
结构维度	117	93.4	44.22	71.71	11.10
关系维度	117	100	43.75	78.38	12.87
认知维度	117	100	46.67	83.31	12.17
社会资本总分	117	94.85	45.48	78.16	10.17

表3的数据显示，从内部和外部社会资本各维度得分来看，内部认知维度的平均分最高（84.98分），其次是内部关系维度（84.08分）；均值较低的是外部关系维度（72.67分）和内部结构维度（71.30分）。从总体社会资本三维度来看，认知维度水平最高（83.31分），其次是关系维度（78.38分），最后是结构维度（71.71分），但是三者差异不是很大。社会资本综合评分总分为78.16分，处于中等水平。

根据艾滋病防治领域NGO的分布地区、注册状况、性质分类得到不同地区、身份、性质的组织社会资本综合平均得分（见表4）。

---

① 防艾NGO社会资本各维度指标权重及计算过程详情请见徐金燕《艾滋病防治领域非政府组织社会资本的测量及反思》，发表在《中国第三部门研究》2018年第15卷第1期，第22~63页。

表4 不同类型调查地区非政府组织社会资本综合评分的平均得分

分类方式	组织分类	平均得分 ± 标准差	P 值
按地区分	高流	77.83 ± 14.28	0.037
	中流	78.68 ± 12.33	
	低流	76.27 ± 11.08	
按注册分	注册	79.64 ± 11.85	0.217
	未注册	75.19 ± 13.74	
按性质分	有官方背景	72.58 ± 12.95	0.027
	草根组织	79.47 ± 15.38	

由表4可知，社会资本综合平均分得分最高的是中流地区，为78.68分，其次是高流地区，为77.83分，最后是低流地区，为76.27分，三者差异具有显著统计性。已注册防艾NGO社会资本的综合平均分为79.64分，未注册的为75.19分，二者差异无统计学意义。具有官方背景的防艾NGO社会资本的综合平均分为72.58分，草根组织的综合平均分79.47分，二者差异有统计学意义。

（二）防艾非政府组织社会资本的影响因素分析

1. 防艾非政府组织社会资本影响因素的总体分析结果

本研究采用多元线性回归方法以社会资本三个维度（结构维度、关系维度、认知维度）和社会资本总量为因变量，以六类变量（$X_1 \sim X_{20}$）为自变量进行变量筛选回归，定量判定影响非政府组织社会资本的主要因素。通过回归分析，最终统计结果见表5。简明起见，表中未列出不显著的变量系数值，表中值为各自变量对因变量的回归系数。

表5 防艾非政府组织社会资本影响因素的多元回归模型

引入变量	结构维度	关系维度	认知维度	社会资本总量
组织成员的年龄（X_1）	0.133 **	0.025	− 0.127	− 0.063
是否具有艾滋病防治工作经验[a]（X_3）	0.057	0.138 *	0.096 **	0.145 **
是否在其他部门任职过[b]（X_4）	0.308 **	0.106 **	0.194	0.138 **
组织成立的时间（X_5）	0.127 *	0.083	0.249	0.282
社会合法性[c]（X_6）	0.459 ***	0.241 **	0.238 **	0.561 ***
法律合法性[d]（X_7）	0.434	0.535 *	0.273	0.387

续表

引入变量	结构维度	关系维度	认知维度	社会资本总量
负责人行政级别^e（X_8）	0.572 ***	0.549 **	0.295	0.408 ***
负责人文化程度^f（X_9）	0.376	0.608 **	0.169	0.456 **
成员意见反馈机制^h（X_{14}）	0.048	0.342	0.248 *	0.159
成员培训机制^i（X_{15}）	0.175 *	0.268 **	0.488 **	0.296 ***
组织开展活动的数量（X_{16}）	0.503 **	0.374	0.472 ***	0.381 **
组织工作的社会评价（X_{17}）	0.569 **	0.456 *	0.148	0.517 ***
组织的建议被政府采纳的情况（X_{19}）	0.275	0.387 **	0.086	0.151 **
组织活动被媒体报道的情况（X_{20}）	0.057 **	0.038	0.139	0.490
调整后的 R^2	0.468 ***	0.413 ***	0.312 ***	0.574 ***
F	21.156 ***	7.312 ***	13.474 ***	9.176 ***
N	117	117	117	117

注：双尾检验统计显著度：* $P < 0.05$，** $P < 0.01$，*** $P < 0.001$。

a 以没有工作经验为参照。b 以没有在其他部门任职为参照。c 以活动没有得到社会认可为参照。d 以没有注册为参照。e 以科级以下为参照。f 以初中及以下为参照。h 以没有成员意见反馈机制为参照。i 以没有成员培训机制为参照。

从表 5 中可以看出，各类自变量对社会资本总量及三个维度的主要影响方向和影响程度的大小。第 5 列的数据表明，自变量对防艾 NGO 社会资本总体状况的解释力达到了显著水平（调整后的 $R^2 = 0.574$，p = < 0.001）。从具体三维度来看，对结构维度的解释力最大（调整后的 $R^2 = 0.468$，p = < 0.001），其次是对关系维度的解释力（调整后的 $R^2 = 0.413$，p = < 0.001），对认知维度的解释力最小（调整后的 $R^2 = 0.312$，p = < 0.001）。

从表中的回归结果来看，影响结构维度社会资本的主要因素有组织成员的年龄（X_1）、是否在其他部门任职过（X_4）、组织成立的时间（X_5）、社会合法性（X_6）、负责人行政级别（X_8）、成员培训机制（X_{15}）、组织开展活动的数量（X_{16}）、组织工作的社会评价（X_{17}）以及组织活动被媒体报道的情况（X_{20}）九个变量，均呈正向影响，影响系数分别为 0.133、0.308、0.127、0.459、0.572、0.175、0.503、0.569 和 0.057，其中对结构维度社会资本影响最大的是负责人行政级别，具有科级行政级别的负责人与科级以下的相比，组织结构社会资本平均多 57.2%。

对关系维度社会资本而言，组织成员是否具有艾滋病防治工作经验（X_3）、是否在其他部门任职过（X_4）、社会合法性（X_6）、法律合法性（X_7）、负责人行政级别（X_8）、负责人文化程度（X_9）、成员培训机制（X_{15}）、组织开展活动的数量（X_{16}）、组织工作的社会评价（X_{17}）和组织的建议被政府采纳的情况（X_{19}）是主要影响因素，影响系数分别为 0.138、0.106、0.241、0.535、0.549、0.608、0.268、0.374、0.456 和 0.387，其中，对关系维度社会资本影响最大的是负责人文化程度，负责人具有高中及以上水平与初中及以下的相比，关系维度社会资本高出 60.8%。

影响认知维度社会资本的因素主要有成员是否具有艾滋病防治工作经验（X_3）、社会合法性（X_6）、成员意见反馈机制（X_{14}）、成员培训机制（X_{15}）和组织开展活动的数量（X_{16}），影响系数分别为 0.096、0.238、0.248、0.488 和 0.472，对认知维度社会资本影响最大的是成员培训机制，即是说，组织制定有成员培训机制的关系维度社会资本比没有制定的组织高出 48.8%。

从总体上看，对社会资本总量影响显著的变量主要包括成员是否具有艾滋病防治工作经验（X_3）、是否在其他部门任职过（X_4）、社会合法性（X_6）、负责人行政级别（X_8）、负责人文化程度（X_9）、成员培训机制（X_{15}）、组织开展活动的数量（X_{16}）、组织工作的社会评价（X_{17}）、组织的建议被政府采纳的情况（X_{19}）。这些变量对组织社会资本均呈正向影响，系数分别为 0.145、0.138、0.561、0.408、0.456、0.296、0.381、0.517 和 0.151。其中，对社会资本影响最大的是组织的社会合法性，即组织开展的活动得到社会认可的程度每提高一个单位，社会资本总量增加 56.1%。

2. 不同地区防艾非政府组织影响因素的比较分析结果

本研究仍采用多元回归方法以六类变量（$X_1 \sim X_{20}$）为自变量，分别以艾滋病高、中、低流地区调查对象的社会资本三个维度和社会资本总量为因变量进行回归分析，最终得到的统计结果见表 6，表中仅列出具有统计显著性的变量。

表 6 显示，影响艾滋病高流地区社会资本各维度和总量的主要因素包括：是否具有艾滋病防治工作经验（X_3）、组织成立的时间（X_5）、社会合法性（X_6）、负责人行政级别（X_8）和负责人文化程度（X_9）、成员培训机制（X_{15}）、组织开展活动的数量（X_{16}）、组织工作的社会评价（X_{17}）、组织的建议被政府采纳的情况（X_{19}）及组织活动被媒体报道的情况（X_{20}）。

表 6 不同地区非政府组织社会资本影响因素的回归模型

因变量	高流地区	中流地区	低流地区
结构维度	X_3 (0.473 **) X_5 (0.281 **) X_6 (0.475 **) X_8 (0.369 **) X_{15} (0.195 **)	X_3 (0.421 **) X_6 (0.529 **) X_8 (0.741 **) X_{15} (0.327 **) X_{16} (0.641 *) X_{20} (0.406 **)	X_3 (0.225 **) X_5 (0.116 **) X_6 (0.507 **) X_8 (0.369 **) X_{16} (0.743 **)
关系维度	X_3 (0.573 ***) X_6 (0.175 **) X_8 (0.407 **) X_9 (0.825 **) X_{15} (0.303 **) X_{16} (0.138 ***) X_{19} (0.273 *) X_{20} (0.864 *)	X_3 (0.451 ***) X_6 (0.343 **) X_7 (0.316 ***) X_8 (0.638 **) X_{15} (0.103 **) X_{16} (0.754 ***) X_{17} (0.164 ***) X_{19} (0.273 *)	X_3 (0.316 ***) X_6 (0.456 **) X_8 (0.163 **) X_{15} (0.211 **) X_{16} (0.459 ***) X_{17} (0.039 ***) X_{18} (0.273 *)
认知维度	X_{14} (0.532 **) X_{15} (0.543 *) X_{16} (0.322 **) X_{20} (0.055 **)	X_8 (0.213 **) X_{15} (0.469 **) X_{16} (0.473 ***) X_{20} (0.267 *)	X_3 (0.242 **) X_{15} (0.556 **) X_{16} (0.548 **) X_{20} (0.391 *)
社会资本总量	X_3 (0.087 **) X_6 (0.379 ***) X_8 (0.301 **) X_{15} (0.078 **) X_{16} (0.243 ***) X_{17} (0.746 ***) X_{20} (0.132 *)	X_3 (0.909 **) X_6 (0.431 **) X_8 (0.461 **) X_{15} (0.051 **) X_{16} (0.656 ***) X_{17} (0.458 ***) X_{20} (0.853 **)	X_3 (0.673 **) X_6 (0.394 **) X_8 (0.213 **) X_{15} (0.038 **) X_{16} (0.243 ***) X_{17} (0.905 ***)

注：双尾检验统计显著度：* $P < 0.05$，** $P < 0.01$，*** $P < 0.001$。

对于中流地区而言，影响社会资本各维度和总量的主要因素包括：是否具有艾滋病防治工作经验（X_3）、社会合法性（X_6）和法律合法性（X_7）、负责人行政级别（X_8）、组织开展活动的数量（X_{16}）、组织工作的社会评价（X_{17}）、组织的建议被政府采纳的情况（X_{19}）以及组织活动被媒体报道的情况（X_{20}），这些因素均为正向影响。

影响低流地区非政府组织社会资本各维度和总量的主要因素包括：是否具

有艾滋病防治工作经验（X_3）、组织成立的时间（X_5）、社会合法性（X_6）、负责人行政级别（X_8）、成员培训机制（X_{15}）、组织开展活动的数量（X_{16}）、组织工作的社会评价（X_{17}）、组织是否为政府提供过建议（X_{18}）以及组织活动被媒体报道的情况（X_{20}），影响的方向也均呈正向。

从具体变量对不同维度社会资本的影响对比来看，三个地区具有共同的因素，但也存在一定的差异。组织成立的时间（X_5）是高流和低流两个地区的NGO结构维度社会资本的影响因素，但对中流地区没有影响。成员培训机制（X_{15}）对低流地区的组织结构维度社会资本无影响，但对其他两个地区均具有正向影响。组织开展活动的数量（X_{16}）对高流地区NGO结构维度社会资本没有影响，组织活动被媒体报道的情况（X_{20}）只是中流地区NGO结构维度社会资本的主要影响因素。从关系维度社会资本的影响因素对比来看，除了具有共同的影响因素，法律合法性（X_7）只对中流地区有影响，组织工作的社会评价（X_{17}）对高流地区无影响，组织的建议被政府采纳的情况（X_{19}）对低流地区无影响，组织活动被媒体报道的情况（X_{20}）只对高流地区有影响。从认知维度社会资本的影响因素对比来看，是否具有艾滋病防治工作经验（X_3）只是低流地区的主要影响因素，负责人行政级别（X_8）只对中流地区有影响，成员意见反馈机制（X_{14}）只对高流地区有影响。对于社会资本总量而言，组织活动被媒体报道的情况（X_{20}）对低流地区无影响。

从各因素对三个地区社会资本的影响程度对比来看，也具有一定的差异。对于结构维度、关系维度和社会资本而言，成员是否具有艾滋病防治经验（X_3）对高、中、低流地区的影响程度呈递减趋势；社会合法性（X_6）、负责人行政级别（X_8）对中流地区结构维度社会资本的影响最大，回归系数分别为0.529、0.741。在结构维度，组织开展活动的数量（X_{16}）对低流地区的影响（$B=0.743$）比对中流地区的影响程度高（$B=0.641$）。社会合法性（X_6）对高、中流地区NGO结构维度社会资本影响呈递增趋势，对关系维度和社会资本总量呈递增趋势。成员培训机制（X_{15}）对高流地区关系维度社会资本影响最大（$B=0.303$），其次为低流地区（$B=0.211$）和中流地区（$B=0.103$）。相对于其他两个地区，组织开展活动的数量（X_{16}）、组织活动被媒体报道的情况（X_{20}）对低流地区认知维度社会资本影响程度最高，系数分别为0.548和0.391。

总体上，除了组织活动被媒体报道的情况（X_{20}）对低流地区的组织社会资本影响不显著以外，三个地区的防艾 NGO 社会资本的影响因素基本相同。

3. 不同类型防艾非政府组织影响因素的比较分析结果

本研究对具有官方背景 NGO、草根 NGO 社会资本的各维度进行影响因素的回归分析，同样采用 $X_1 \sim X_{20}$ 20 个指标，但由于具有官方背景的 NGO 全为注册的组织，组织活动一般都经过官方渠道得到认可才开展，不存在社会合法性的问题。所以回归时省去社会合法性和法律合法性两个变量，其余自变量的回归系数见表 7 所示，表中仅列出具有统计显著性的变量。

表 7　不同类型非政府组织社会资本影响因素的回归模型

因变量	官方非政府组织	草根非政府组织
结构维度	X_5（0.186 **）、X_8（0.483 ***）、X_{15}（0.304 **）	X_3（0.304 **）、X_4（0.231 **）、X_8（0.315 ***）、X_{15}（0.468 **）、X_{16}（0.465 **）
关系维度	X_3（0.093 ***）、X_8（0.403 ***）、X_9（0.142 **）、X_{114}（0.081 ***）、X_{15}（0.068 **）、X_{19}（0.169 **）	X_8（0.349 **）、X_{15}（0.128 **）、X_{16}（0.157 ***）、X_{17}（0.286 ***）、X_{19}（0.079 **）
认知维度	X_8（0.469 **）、X_{15}（0.263 *）	X_{15}（0.357 **）、X_{16}（0.293 ***）、X_{20}（0.109 *）
社会资本总量	X_3（0.161 **）、X_8（0.582 ***）、X_9（0.547 **）、X_{14}（0.163 **）、X_{17}（0.061 **）X_{18}（0.545 **）、X_{19}（0.332 *）	X_3（0.383 **）、X_8（0.408 ***）、X_{15}（0.243 **）、X_{16}（0.336 ***）、X_{17}（0.321 ***）、X_{19}（0.259 *）、X_{20}（0.137 ***）

注：双尾检验统计显著度：* P < 0.05，** P < 0.01，*** P < 0.001。

从表 7 中的回归系数可以看出，影响官方 NGO 社会资本各维度和总量的因素主要有：组织成立的时间（X_5）、是否具有艾滋病防治工作经验（X_3）、负责人行政级别（X_8）、负责人文化程度（X_9）、成员意见反馈机制（X_{14}）、成员培训机制（X_{15}）、组织工作的社会评价（X_{17}）、组织是否为政府提供过建议（X_{18}）以及组织的建议被政府采纳的情况（X_{19}）9 个变量，这些因素均呈正向影响。

对于草根非政府组织而言，影响社会资本各维度和总量的主要因素有：是否具有艾滋病防治工作经验（X_3）、是否在其他部门任职过（X_4）、负责人行政级别（X_8）、成员培训机制（X_{15}）、组织开展活动的数量（X_{16}）、组织工作的社会评价（X_{17}）、组织的建议被政府采纳的情况（X_{19}）以及组织活动被媒体报道的情况（X_{20}）8个变量。从具体变量对两类非政府组织社会资本各维度的影响比较来看，是否具有艾滋病防治工作经验（X_3）、是否在其他部门任职过（X_4）、组织开展活动的数量（X_{16}）对草根非政府组织结构维度社会资本有影响，而对官方非政府组织影响不显著。负责人行政级别（X_8）只对官方非政府组织认知维度社会资本有影响；组织开展活动的数量（X_{16}）和组织活动被媒体报道的情况（X_{20}）是草根非政府组织认知维度社会资本的影响因素，对官方非政府组织不具显著影响。

从各因素对两类非政府组织社会资本影响程度的比较来看，负责人行政级别（X_8）变量对官方非政府组织的影响程度比草根非政府组织更高。组织开展活动的数量（X_{16}）对草根非政府组织社会资本的影响程度更大。相对于草根非政府组织，组织的建议被政府采纳的情况（X_{19}）对官方非政府组织的关系维度和社会资本总量的影响更大。

（三）内生性检验

组织声誉和社会影响力作为本文的核心解释变量可能存在内生性问题，主要是因为它们与组织社会资本水平存在一定的双向因果关系。组织声誉和社会影响力的提升可以促进社会资本的形成和积累，社会资本水平的提升反过来又为提高组织声誉和社会影响力提供有利的条件，从而对本文的研究结论可能存在疑问，是组织声誉和社会影响力影响了防艾 NGO 社会资本的形成和积累，还是因为社会资本水平的提高促进了组织声誉和社会影响力的提升？目前，自变量和因变量的互为因果的内生性问题主要通过工具变量（IV）法解决。已有研究寻找工具变量的途径主要有两种：一是具有显著外生性的工具变量；二是在内生性解释变量难以找到严格的外生性变量情况下，使用内生性滞后变量作为内生性解释变量的工具变量。因其具有"前定性"，该种方法在已有研究中得到广泛应用（黄之骏、王华，2006：29～58；赵磊，2015：33～49）。本文在数据调查过程中，进行了两次规模较大的调查，第一次是预测量表的调查，第二次是正式调查。结合本文调查的实际情况，采用第二种方法即组织声誉和社会影响力的滞后一期值作为工具变量，以当期防艾 NGO 社会资本水平为因变量，用组织声誉和社会影响力以及控制变量的滞后一期值作为自变量进行回归分析，数据表明，内生性的检验与主检验的结果一致，说明本文研究结论具有一定的稳健性。由于篇幅所限，未列出表格。

五　结论与讨论

本文通过对全国 117 家防艾非政府组织社会资本的测量，建立线性回归模型，就防艾 NGO 社会资本形成和积累的影响因素进行了实证分析。结果表明，个体因素中组织成员的文化程度、领导的个人特征和志愿精神，组织因素中对志愿者的管理制度、组织开展工作的社会评价，社会因素中的组织社会合法性、地区经济状况对防艾 NGO 社会资本具有显著的影响。这有助于我们更全面、深刻地认识我国防艾 NGO 社会资本水平的差异化发展状况及其背后的深层次原因。

1. 个体因素对防艾非政府组织社会资本的影响

（1）教育水平与防艾 NGO 社会资本的关系

防艾 NGO 工作人员通过教育和培训掌握艾滋病防治知识和专业的工作技能，学会如何同服务对象进行合作、如何去理解目标群体的需求，所以教育能够提高工作人员的沟通技能和工作技能，为组织社会资本的形成提供了可能。同时，接受教育的过程本身也是一种社会活动，组织成员在学习知识和工作技能的同时建立起各种关系网络，促进成员之间的正式和非正式互动。因此，组织成员的受教育水平越高，培育和开发社会资本的可能性越大。

（2）负责人的个人特质与防艾 NGO 社会资本的关系

回归分析表明，组织负责人行政级别和文化程度是影响社会资本的重要因素。韦伯指出，在个人魅力型统治中，领导人某种"特殊的人格品质，是具有超自然的、超人的至少不是任何人都能获得的力量和特质"（贾春增，2000）。我国防艾 NGO 大都属于个人魅力型的组织。组织的创始人或负责人建立的信任社会关系网络更多的是因为个人的特质（如性格、沟通能力、奉献精神等）。而负责人的行政级别和文化程度往往又在一定程度上反映其个人的特质。虽然很多非政府组织的领导者没有行政职务，但他们具有相应的行政级别。在中国，具有一定的行政级别意味着具有更多资源分配和运作的权力。因此，负责人的行政级别越高，文化程度越高，个人的综合素质越高，他所接触不同类型人员的机会也就越多，对周围人形成的影响力也越大。领导者的社交网络是组织获取重要资源的关键性途径，从大部分草根组织来看，组织的创立和运行的整个过程基本都依赖组织创始人的管理能力和动员社会资源的能力。因此，组织负责人的个人特征对组织社会资本具有正向影响，负责人的社会地位越高，个人魅力越大，越容易增进组织社会资本的存量。

（3）志愿者的奉献精神与防艾 NGO 社会资本的关系

志愿者的奉献精神是提高 NGO 凝聚力和增强成员合作关系的主要影响因素。志愿者是防艾 NGO 的重要组成力量，他们对组织的生存和发展非常重要。成员大都是出于自身对艾滋病防治事业的工作热情参与活动，不在乎是否取得任何报酬，这与卫生部门把艾滋病防治工作作为一项任务来完成具有极大的区别。通过微博建立与目标群体的联系网络来开展宣教和招募志愿者，极大地推动了防艾工作的顺利开展。同时当他们面对自己的服务对象时，必须有很大的耐心和爱心，这些都是构建信任与合作关系的重要基础。因此，组织成员的志愿精神对关系和认知维度社会资本的积累具有重要的影响，成员的奉献意识越强，组织社会资本的水平越高。

2. 组织因素对防艾非政府组织社会资本的影响

（1）志愿者管理制度与防艾 NGO 社会资本的关系

组织对成员工作的评估机制、成员意见的反馈机制和培养机制是影响组织社会资本的因素。志愿者是组织宝贵的人力资源，组织的人力资源管理水平影响其发挥作用的程度。如果没有健全的组织体系和明确的规章制度，成员参与活动存在随意性，工作缺乏可持续性，组织成员之间的互动交流自然减少，有些志愿者甚至会退出，这也意味着组织社会资本的流失。因此，组织制定的志愿者管理制度越完善，越有利于提升组织社会资本水平。现实中，我国大部分草根防艾 NGO 缺乏完善的管理制度，小组成员大都为兼职，出于公益心义务参与活动，还不能通过强制性手段规范他们的行为。有些志愿者只是在接到通知时来参加活动，活动结束之后就离开了。负责人平时与志愿者的交流和联系较少，志愿者对组织的情况缺乏了解，也不参与组织的管理，更谈不上运用自身的社会资源为组织谋发展了。

（2）组织声誉与防艾 NGO 社会资本的关系

本文将组织的声誉操作化为"组织开展活动的数量"和"组织工作的社会评价"两个变量，回归分析结果显示，这两个变量都对组织社会资本具有显著正向影响。组织开展活动是组织积累社会资本的重要途径和方式。非政府组织开展各种艾滋病防治项目的活动，需要动员和招募很多志愿者来参加。而这些志愿者都是通过参加活动后对组织有所了解，并选择是否继续参加活动。组织开展活动的次数越多，志愿者参与活动越频繁，了解组织工作的社会价值越深刻，越能获得更多的认同、参与和支持。可见，组织的活动本身就是吸引和扩大组织关系网络的方式。因此，组织开展的活动次数越多，越有利于提升组织的社会资本水平。组织开展工作的社会评价越高，越说明组织享有良好的声誉，也是吸引成员加入组织并为其长期工作的原因之一，同时，也更能吸引政府和其他 NGO 与它们联系，建立良好的合作关系为组织的发展积累各种活动资源。

3. 社会因素对防艾非政府组织社会资本的影响

（1）组织的合法性和防艾 NGO 社会资本的关系

社会合法性是影响组织社会资本的主要因素，而组织法律合法性的影响无统计学意义，揭示了组织社会合法性对防艾 NGO 获取社会资本的重要作用，是否注册并不重要。合法性分为社会合法性和法律合法性。社会合法性是指 NGO 的存在及其行为符合社会广泛认可的正当性，得到社会公众的接受、承认和参与（卡尔·施米特，2015）。组织产生的合法性源于结社权的合法性，而结社又来源于人们的需要。在艾滋病防治领域，NGO 的产生也来源于社会的需求。虽然我国艾滋病疫情总体上呈低流态势，但感染者、发病和死亡人数还在不断增加，而且艾滋病在局部地区和特定人群中出现高流行趋势。艾滋病防治工作需要动员社会力量的广泛参与，尤其是要发挥各种 NGO 的作用。因此，越来越多的有识之士主动投身于艾滋病防治事业中。随着政府机构的改革和社会管理职能的剥离，艾滋病防治 NGO 渐崭露头角，各种艾滋病防治协会、工作小组等先后成立。它们在艾滋病知识宣教、行为干预、心理咨询和关怀等领域具有天然的优势，可以有效提高艾滋病防治工作成效，成为政府治理艾滋病问题的理想合作伙伴。因此，即使在整个社会范围内了解防艾 NGO 的人不多，但是在组织活动的社区或某个地区内，它们的活动和行为基本得到了当地政府和民众的认可。从这一角度来说，防艾 NGO 具有社会学层面上的普遍合法性，这也是它们能够动员相关部门和人员，建立良好互信关系网络的原因，是组织能够长期生存下来的重要保证。

组织的法律合法性是指组织在相关部门登记注册，得到法律认可，成为合法组织，是组织开展活动的重要依据（卡尔·施米特，2015）。我国对非政府组织实行的是双重管理体制，即非政府组织要接受政府主管部门的领导，还要接受挂靠单位的领导。现实中，要找到合适的挂靠单位比较困难，很多有法人资格的单位不愿意接受非政府组织托管，非政府组织想维持自身的独立性也不愿意挂靠在其他部门之下，所以不愿意注册或达不到注册的条件不能注册。而且防艾 NGO 在我国仍属于新生事物，人们对它并不了解或者关注甚少，因此，也就谈不上什么重视合法性的问题了。可见，非政府组织的法律合法性在我国仅仅是政府管理的一种手段和方式，而不是必要的身份象征。因此，它对于组织社会资本的积累在目前看来并没有明显的影响。

（2）地区经济因素与防艾 NGO 社会资本的关系

一般而言，经济欠发达地区基础设施不健全，道路交通和通信网络等条件也比较落后，限制了非政府组织与其他相关部门和工作人员的沟通和交流。加上当地政府资金不足，支持非政府组织开展活动的经费有限，影响了防艾工作的可持续性和社会资本的积累。经济发达地区可以为防艾 NGO 成员的交流和组织的发展提供有利的机会。调查得知，社会资本存量较高的非政府组织大部分分布在中流地区，中等水平的非政府组织主要分布在高流地区，较低水平的非政府组织分布在低流地区。社会资本在特定的地域表现出一定的独特性，与艾滋病疫情的严重性、复杂性和文化等因素有关。高流省份的防艾 NGO 大都处于经济较落后和外出务工人员较多的地区，由于经济和文化双重贫困，大部分农民工对艾滋病防治知识缺乏，成为感染艾滋病的高危群体，同时也增加了自己性伴侣感染的风险。而且当地非政府组织参与艾滋病防治工作的体制和机制不完善，NGO 对社会资本的积累缺乏足够的重视和有效的培育，导致社会资本水平比中流地区低。

（3）政府对防艾 NGO 的政策态度与社会资本的关系

没有官方背景的 NGO 社会资本积累量高于有官方背景的 NGO。这是因为有官方背景的 NGO 社会资源主要来自政府相关部门，它们在职能、运作方式及内部管理等方面与政府具有密切的关系，成为政府工作的职能或延伸机构，所以很难自主决定组织的发展模式和发展方向，对财务、人力等资源的运用不具有自主权，不利于其社会资本的积累。而没有官方背景的草根非政府组织力量规模较小，为了维持组织生存和活动开展，需要尽可能广泛地寻找和动员各种社会资源，在社会资本积累上有强烈的动机，因此，社会资本的水平自然会更高。

组织社会资本的形成受到多种因素的影响，本文从研究对象的特殊性和数据的可获得性角度主要分析了组织合法性、组织声誉等六类变量的影响作用，是否还有其他的变量需要在今后的研究中不断完善。由于受到防艾 NGO 发展持续性和实际条件的限制，本文采用横截面数据对防艾 NGO 社会资本的影响因素进行了分析，这些因素通过何种方式影响防艾 NGO 社会资本的发展，需要时间序列数据和综合运用多种统计技术进一步探讨。

参考文献

艾洁（2005）：《社会事件中环境非政府组织的社会资本研究》，中国人民大学硕士学位论文。

边燕杰、丘海雄（2000）：《企业社会资本及其功效》，《中国社会科学》，（2）。

崔欣（2007）：《中国草根非政府组织发展中社会资本的匮乏》，中央民族大学硕士学位论文。

〔美〕弗朗西斯·福山（2003）：《公民社会与发展》，载曹荣湘选编《走出囚徒困境——社会资本与制度分析》，上海：上海三联书店。

梁辉等（2015）：《微观社会资本视角下促进公民社会组织参与艾滋病防治的思考》，《中国卫生事业管理》，（1）。

〔英〕保罗·F. 怀特利（2000）：《社会资本的起源》，载李惠斌等主编《社会资本与社会发展》，北京：社会科学文献出版社。

〔美〕J. S. 科尔曼（1999）：《社会理论的基础》，邓方译，社会科学文献出版社。

贾春增（2000）：《外国社会学史》，北京：中国人民大学出版社。

〔德〕卡尔·施米特（2015）：《合法性与正当性》，刘小枫编，冯克利、李秋零、朱雁冰译，世纪文景/上海人民出版社。

〔美〕罗伯特·普特南（2011）：《独自打保龄球：美国社区的衰落与复兴》，刘波译，北京：北京大学出版社。

〔美〕普特南（2001）：《使民主运转起来：现代意大利的公民传统》，王列、赖海榕译，南昌：江西人民出版社。

〔日〕青木昌彦（2001）：《比较制度分析》，周黎安译，上海：上海远东出版社。

荣泰生（2012）：《SPSS 与研究方法》，大连：东北财经大学出版社。

徐金燕、范学工（2016）：《社会资本对非政府组织发展影响的内在机理研究》，《湖南科技大学学报》（社科版），19（1）。

徐金燕（2018）：《艾滋病防治领域非政府组织社会资本的测量及反思》，《中国第三部门研究》，15（1）。

〔西〕雅森特·佛丹纳（2003）：《集体行为理论的比较分析框架》，载曹荣湘选编《走出囚徒困境——社会资本与制度分析》，上海：上海三联书店。

黄之骏，王华（2006）：《经营者股权激励与企业价值——基于内生性视角的理论分析与经验证据》，《中国会计评论》，（1）。

赵磊（2015）：《旅游发展与经济增长——来自中国的经验证据》，《旅游学刊》，（4）。

Adler, P. S. & Kwon, S. W. (2002), "Social Capital: Prospects for A New Concept", *The Academy of Management Review*, 27 (1), 17 – 40.

Anirudh, K. & Elizabeth, S. (1999), "Social Capital Assessment Tool. Social Capital InitiativeWorking Paper", *The World Bank*, *Washington*, *D. C.*

Arregle, J. , et al. (2007), "The Development of Organizational Social Capital: Attributes of Family Firms", *Journal of Management Studies*, 44 (1), 2322 – 2380.

Bekele, T. , & Rourke, S. B. , Tucker, R. , et al. (2013), "Direct and Indirect Effects of Perceived Social Support on Health-related Quality of Life in Persons Living with HIV/AIDS", *AID Care*, 25 (3), 337 – 346.

Bolino, M. C. & Turnley, W. H. , Bloodgood, J. M. (2002), "Citizenship Behavior and the Creation of Social Capital in Organizations", *Academy of Management Review*, 27 (4), 505 – 522.

Bourdieu, P. (1986), "The Forms of Capital", *Wiley Online Library*.

Burt, R. S. (2001), "The Social Capital of Structural Holes", in Mauro, F. G. , Randall, C. , Paula, E. , and Marshall M. (Eds.), *New Directions in Economic Sociology*, New York: Russell Sage Foundation, pp: 202 – 247.

Chuang, C. H. & Chen, S. , Chuang, C. W. (2013), "Human Resource Management Practices and Organizational Social Capital: The Role of Industrial Characteristics", *Journal of Business Research*, 66 (5), 678 – 687.

Coleman, J. S. (1988), "Social Capital in the Creation of Human Capital", *American Journal of Sociology*, 94 (5), S95 – S120.

Evans, W. & Davis, W. (2005), "High-performance Work Systems and Organizational Performance: The Mediating Role of Internal Social Structure", *Journal Management*, (31), 758 – 775.

Fischer, H. M. , Pollock, T. G. (2004), "Effects of Social Capital and Power on Surviving Transformational Change: The Case of Initial Public offerings", *Academy of Management Journal*, 47 (1), pp: 463 – 481.

Gilgen, D. R. A. , et al. (2001), "The Natural History of HIV/AIDS in A Major Gold-mining Centre in South Africa: Results of A Biomedical and Social Survey", *South African Journal of Science*, 97 (9 – 10), 387 – 392.

Grootaert, C. & Van Bastelaer, T. (2002), "Understanding and Measuring Social Capital: A Synthesis of Findings and Recommendations from the Social Capital Initiative", *The World Bank*, *Washington*, *DC*.

Grootaert, C. (2003), "Measuring Social Capital: An Integrated Questionnaire", *World Bank Publications*.

Harald, M. , et al. (2004), "Effects of Social Capital and Power on Surviving Transformational Change: The Case of Initial Public offerings", *Academy of Management Journal*, 47

艾滋病防治领域非政府组织社会资本形成的影响因素研究

（1），463 – 481.

Kostova, T. & Roth, K. （2003）, "Social Capital in Multinational Corporations and A Micro-macro Model of its Formation", *Academy of Management Review*, 28 （2）, 297 – 317.

Krishna, A. & Shrader, E. （1999）, "Social Capital Assessment Tool. Social Capital Initiative Working Paper", *The World Bank*, *Washington*, *D. C.*

Leana, C. & Frits, K. （2006）, "Social Capital and Organizational Performance: Evidence from Urban Public Schools", *Organization Science*, 17 （3）, 353 – 366.

Nahapiet, J. & Ghoshal, S. （1998）, "Social Capital, Intellectual Capital and the Organizational Advantage", *Academy of Management Review*, 23 （2）, 242 – 266, 261 – 264.

Oppong, A. K. （2012）, "Social Support and the Psychological Wellbeing of People Living with HIV/AIDS in Ghana", *Afr. J. Psychiatry （Johannesbg）*, 15 （5）, 340 – 345.

Ostroff, C. （1993）, "Comparing correlations based on individual level and aggregate data", *Journal of Applied Psychology*, 78 （5）, pp: 569 – 582.

Pastoriza, D. & Aril, M. A. , Ricart, J. E. （2008）, "Ethical Managerial Behavior As Antecedent of Organizational Social Capital", *Journal of Business Ethics*, （78）, 329 – 341.

Semaan, S. , et al. （2007）, "Social Capital and Rates of Gonorrhea and Syphilis in the United States: Spatial Regression Analyses of State-level Associations", *Soc. Sci. Med.* , 64 （11）, 2324 – 2341.

Silva, M. , et al. （2006）, "Psychometric and Cognitive Validation of A Social Capital Measurement Tool in Peru and Vietnam", *Social Science and Medicine*, 14 （3）, 62 – 68.

Sivaram, S. , et al. （2009）, "Associations between Social Capital and HIV Stigma in Chennai, India: Considerations for Prevention Intervention Design", *AIDS Education Prevention*, 21 （3）, 233 – 250.

Tsai, W. & Ghoshal, S. （1998）, "Social Capital and Value Creation: The Role of Intrafirm Networks", *The Academy of Management Journal*, 41 （4）, 464 – 476.

Study on the Impact Factors in the Formation of NGOs Social Capital in AIDS Prevention and Control

Xu Jinyan, *Jiang Liping*

[**Abstract**] The formation and accumulation of social capital can pro-

mote non-governmental organization（NGO）to obtain various develop-
ment opportunities and social resources, and improve the effectiveness and
sustainability of AIDS prevention and control work. 117 NGOs in HIV/AIDS
prevention were randomly selected from high, medium and low prevalence
areas as the survey objects. From the individual, organizational and social lev-
els, this paper empirically analyzes the influencing factors of social capital
stock of different regions and different types of NGO. The study found that
the individual factors including the overall quality of the person in charge,
the educational level of the members of the organization and the volunteer
spirit, the organizational factors including volunteers' management system,
the social evaluation of activities and work, the social factors including social
legitimacy of the organization and the regional economic situation in have a
significant impact on the social capital of the NGO. It is beneficial to promote
the formation and accumulation of social capital of NGO according to
strengthen the training of members of the organization and foster the citizen's
voluntary spirit, establish a reasonable internal management organization of
the organization and perfect the management mechanism of volunteers, and
strengthen the construction of social credibility and legitimacy of the organiza-
tion.

[**Keywords**] HIV/AIDS Prevention and Control; NGO; Social
Capital

（责任编辑：蓝煜昕）

艾滋病防治领域非政府组织社会资本形成的影响因素研究

捐赠网络与基金会信息公开[*]

——基于社会网络方法的实证研究

桑　壮　陶　泽　程文浩[**]

【摘要】信息公开是慈善基金会赖以生存和发展的根本保障，也是慈善事业合法性的重要来源。现有关于影响信息公开因素的研究，忽略了组织网络这一近年来实践界初现的中观力量所带来的影响。引入社会网络分析和工具变量的信息公开影响因素模型表明，虽然我国基金会之间的捐赠体量和覆盖面不断增加和扩展，但捐赠网络仍较为松散；捐赠网络等外部治理环境对基金会信息公开具有积极影响，尤其对于处在捐赠接受方的基金会，其影响更为显著。因此，今后监管部门应积极培育和引导行业网络的构建，为提升行业公信力开拓新的路径。

【关键词】捐赠网络　信息公开　社会网络分析　工具变量法

一　引言

改革开放 40 多年来，国家治理体系和治理能力现代化不断提升，以基金会为代表的社会组织能力建设发生了翻天覆地的变化，成为国家治理体系有效运

---

* 衷心感谢邓国胜教授、蓝煜昕助理教授及其他师友在本文撰写、修改期间提出的宝贵意见。
** 桑壮，清华大学公共管理学院博士生；陶泽，清华大学公共管理学院博士生；程文浩，清华大学公共管理学院教授。

转的重要组成部分。2008 年汶川地震以来，社会组织和慈善领域最重要的变化，便是基金会行业力量的崛起。原有政府管控、社会监督的二元治理结构，根植于问责压力的被动传导，已不足以适应基金会行业发展的现实需求。此时，行业内部网络的不断发育和完善，为公益慈善领域带来新的内生动力（王玉生、罗丹，2013：137～144），成为基金会行业发展阶段的必然产物。其中，组织之间的有形、无形资源流动越发密切（Brouard & Glass，2017），枢纽型、捐赠型基金会不仅有利于基金会的个体发展，更成为行业发展的重要推动力量（Yang et al.，2018）；基金会之间的人才流动与互嵌也越来越普遍（Faulk et al.，2016），公益职业经理人的出现，创造了基金会高级管理人才竞争、合作的新格局；行业中大量互联网募捐平台、联盟、论坛和第三方机构也不断涌现，自律体系不断完善。

国家与社会关系的研究和争论由来已久，统合主义的观点仍是以法律和制度设计将 NGO 纳入体制序列（康晓光、韩恒，2005：73～89），但这忽略了行业自发形成的组织网络的影响因素；与此同时，国家必须通过一定的途径对基金会个体产生影响，这种途径除了政府对场地、人员的控制（李朔严，2018：160～185），也包括党和政府通过行业对基金会形成的间接控制。因此，基金会行业网络是国家与基金会个体外不可或缺的研究主体，对于消弭国家－社会关系等理论中的两者相对力量强弱和自主性的争论有重要意义。

然而，现有关于组织网络对基金会个体和整个行业影响的研究却少之又少，且已有研究并未细分不同的组织网络对行业治理的各个方面带来的不同影响。捐赠是基金会赖以生存的主要资源，因此基金会间捐赠网络便成为基金会对外联系的主要网络形式。这种捐赠网络对于基金会行业内部建设又会带来怎样的影响，尤其是对于基金会行业合法性来源之一的信息公开影响如何，已成为基金会领域研究和实践亟待解决的重要问题。

在探索如何提升基金会行业透明度时，现有研究仍存在一些不足：（1）多集中在政府监管、社会监督的宏观治理环境，以及基金会内部微观治理特征对透明度的影响，忽略了基金会行业内合作的中观视角对透明度产生的影响；（2）在中观视角中，缺少基于社会网络分析（SNA）的相关研究；（3）已有的实证研究在样本量上较为匮乏，缺少对我国基金会大样本的全景描述与分析。对此，本研究试图补充和拓展已有理论和研究：（1）关注行业内捐赠网络对基金会透明度的影响，完善基金会信息公开理论的影响因素和影响机制，将行业能力这一中观视角带回理论视野；（2）将社会网络分析的思路和方法引入基金会透明度研究；（3）利用我国基金会 2012~2016 年行业内捐赠的面板数据，深描我国基金会之间捐赠现状，并为捐赠网络与信息公开关系的假设提供实证支持。

剩余部分结构安排如下：第二部分通过理论分析提出研究假说；第三部分为实证模型设定、数据说明及实证策略；第四部分报告实证结果；第五部分为结论及政策启示。

二　理论分析与研究假说

以往研究主要从内部治理特征和外部环境两个层次分析影响基金会透明度的因素。内部治理特征方面，基金会相比于公司等营利性组织，具有其特殊属性，Saxton 等学者从内部治理角度研究得出规模、资产负债率、包含内部成员的理事会等影响基金会信息公开的因素（Saxton et al.，2012：1051-1071）。华若筠、邓国胜也实证认为慈善组织理事会权力配置、执行层薪资对基金会透明度存在影响（华若筠、邓国胜，2015：15~28）。但是，若只单纯从产品属性和基金会自身特性出发，则可能会得出不一致的研究结论。即使基金会自身规模较大，资本运营良好，若资源渠道较为单一，较少参与到与其他基金会的合作中，便会缺少多元的信息披露动机，进而降低透明度。外部环境层面，张立民等实证得出了政治联系与基金会信息公开的影响（张立民、李晗，2013：79~88）；Hyndman、Cordery 和 Connolly 等则从合法性理论出发，认为政府监管促进了慈善组织，尤其是基金会的信息公开水平（Cordery，2013：831-851；Connolly et al.，2013：785-804；Hyndman & McConville，2016：844-865）。在此背景下，学界主要讨论自上而下的政府对于基金会行业合规性监管，以及自下而上的通过民众、媒体舆论进行社会监督两种机制。然而该理论在解释如下现象时，其解释框架便出现问题：在我国部分省份信息公开政策倾斜、社会舆论压力逐渐增大的同时，其基金会信息公开水平不升反降，是否还有其他因素影响基金会透明度建设？

社会网络理论拓展了制度理论和资源依赖等理论（AbouAssi & Tschirhart，

2018；Guo & Acar，2005），试图在宏观与微观理论之间建立联系并解决现有问题，即在基金会个体和国家之间，存在一个地带，在这个地带内基金会可以相互合作，产生资源获取、相互监督的动力，并受这个地带的机会和约束的影响，基于此产生不同的反应（Bouek，2018），同时政府也可以通过政策与活动参与到行业中，达到共治的效果。因此社会网络理论被视为实现基金会信息公开这一目标的"中层理论"。如今，社会网络的个体已经不再限于个人，而且延伸到组织，这其中就包括以基金会为代表的非营利组织。

已有研究中尚缺乏直接有关组织网络与信息公开的文献，但依然可以通过两条相近的主线进行梳理，首先是组织间关系与问责、自律的研究，其次是网络与合法性建构的相关研究。两条主线相辅相成，但又有所区别：问责与自律是合法性建立的机制（Williams & Taylor，2013），前者来源于信息公开的相关理论，而后者侧重于组织网络的相关理论和实践。

对于自律的研究是近段时间学术界开始兴起的，其尤其是在政府监管缺失的基金会领域（Gugerty，2010）发展迅速。Rhodes 在 1997 年便提出组织间关系可以交换资源，建立信任以及建立问责关系（Rhodes，1997）。Guo 等学者探究了等级权威缺失时问责制的作用及机制（Acar et al.，2008）。Sidel 认为非营利组织自律是组织之间集体行动的一种表现，组织之间为实现获得政府资源、提高行业治理能力、维护行业生态等目的，联合起来并开展自律行为（Sidel，2010）。Similon 将自律作为调和利益相关者需求的唯一有效途径，并基于此将自律机制概括为两种：标签机制和伞形组织（Similon，2015）。Bies 认为自律体系的基础是非营利组织间、非营利组织与资源提供者和其他利益相关方之间的关系（Bies，2010）。虽然组织间关系与自律的研究视角大多综合采用资源依赖等理论，而不是从网络的视角来研究非营利组织间的透明度和信息公开问题，但其已经将自律联盟、伙伴关系等组织间关系作为自律机制必不可少的基础因素，并得出了关于组织间关系对于非营利组织问责、透明和信息公开的积极影响。

随着网络研究的日趋成熟，另一条主线开始从网络分析的视角来评估其对非营利组织合法性、问责建立的作用。Low 等学者认为网络合法性是在网络合作环境遵守制度规范和规制，进而成功向网络成员分配资源、开展活动的过程中建立起来的（Low et al.，2010）。Provan 等在 2001 年提出的网络评估框架中提到，网络在组织层面可以增强合法性（Provan & Milward，2001）。Appe 利用在拉丁美洲广泛出现的非政府组织网络现象，解释了组织网络如何利用扩散机制增强行业合法性（Appe，2015）。刘春湘等学者也提出了合作网络对信息公开产生的作用（刘春湘、谭双泉，2008：90～91）。Romzek 等学者将非正式问责机制概括为网络成员共享规范和助人为乐式的行为，通过奖惩机制增强行为期待，进而建立合法性。与此同时，他们还提出组织在网络中的问责需要平衡好组织自身目标和网络共同目标等问题（Romzek et al.，2012）。

在方法层面上，现有利用社会网络分析的研究主要分为两类，一类是将网络作为目标，通过对网络结构等特征的探讨，对网络本身及其机制进行研究。AbouAssi 等展现了非营利组织网络随捐赠方意愿的变化趋势（AbouAssi & Tschirhart，2018）；Yang 等对中国非营利组织孵化器网络变迁进行了研究（Yang & Cheong，2018）。第二类则是将网络作为一个收集和分析数据的工具（Borgatti & Foster，2003），将网络分析输出的变量纳入其他研究模型里，这类研究将社会网络分析纳入更广泛的应用之中。2014 年 Lecy 等学者通过公共管理中网络的综述发现，在关注网络的 49 篇文献中，只有 5 篇采用正式的定量社会网络分析方法，而在这其中，没有一篇研究是基于大数据而开展的（Lecy et al.，2014）。在这之后，Yang 等人开始将社会网络分析得出的名人人际网络中心度作为自变量，探究其对参与慈善的影响（Yang et al.，2018）；徐夏雨对社会组织参与政治网络、社区网络和商业网络的程度进行了测度，探究其对组织创新等的影响（徐夏雨，2015）。

本研究将从以下几个方面对现有研究进行完善和补充：首先，已有关于信息公开的研究缺乏在组织网络这一中观层面视角的讨论，而使用社会网络研究视角具有一定优势，比如已有研究只是聚焦于捐赠额对信息公开的影响，而未区分基金会之间捐赠的频率，缺少对基金会合作紧密程度的度量，将捐赠网络纳入分析则可以很好弥补此缺陷，通过社会网络分析方法，对某家基金会的合作机构数量和捐赠次数进行计量，分析基金会捐赠网络不同位置对基金会信息公开的影响；其次，已有关于基金会自律的研究多为定性研究，缺少基于实证数据，尤其是中国基金会数据的定量研究；最后，已有关于基金会组织网络和合法性建构的研究多将网络作为目的而非手段，重描述而轻分析。因此本研究利用 2012～2016 年我国基金会捐赠和透明度的面板数据，将网络作为深入研究的手段，实证填补此类空白。

基金会参与捐赠网络的程度可以使用基金会在捐赠网络中的中心度进行衡量。根据社会网络的界定，一个组织（节点）的中心度越高，则代表与之相关联的组织（节点）越多，此组织（节点）越居于中心位置（林聚任，2009）。最活跃的组织在网络中拥有最多的联系（ties）（Wasserman & Faust，1994）。组织网络中拥有较高中心度的组织拥有更多资源，以及更多学习和合作的机会（Schalk et al.，2010）。基于此，基金会在捐赠网络的中心度越高，说明其与其他基金会建立的捐赠关系越多。较多的捐赠关系首先反映为其获得的捐赠会更多，因为捐赠关系的增多会增强其与捐赠方的信任关系，进而增加捐赠金额（Herzog & Yang，2018；Zhou & Ye，2019）。为了获得更多的捐赠，基金会倾向于披露信息，因为信息公开可以提供给捐赠者更多有用的信号，捐赠者的捐款意愿因而更强，同时网络等媒介也提升了信息公开的传播性，进而增加其潜在的捐赠者（Zhou & Ye，2019；Saxton et al.，2014；Gandia，2011；赵秋爽，2013；谢晓霞，2014）。刘志明将捐赠来源作为区分捐赠依赖度的标准，发现非营利组织的捐赠的依赖程度显著影响其在线问责水平，收入主要依赖外部捐赠的组织更倾向于开展问责（刘志明，2015：13～19），Nie 等也通过研究证实了捐赠依赖度与资源信息披露水平成正比（Nie et al.，2016：2374-2400）。

另一方面，基金会的捐赠中心度较高也反映为与其产生捐赠关系的利益相关者（基金会）更多。根据利益相关者理论，利益相关者的多样性会使得问责机制更加复杂（Dainelli et al.，2013），不同非营利组织对信息公开的异质性需求，可以提升其信息公开水平（Keating & Frumkin，2003）。因此，捐赠相关方的增加，会导致信息公开水平的提升。综上，无论是基于捐赠金额增加还是利益相关者增加的逻辑，拥有较高捐赠网络中心度的基金会，其信息公开水平也会较高。

基于此，本研究提出如下假设。

H1：基金会参与捐赠网络中心度与其透明度呈正相关。

根据 2004 年实施的《基金会管理条例》，公募/非公募基金会主要指是否有资格面向公众开展募捐活动的基金会。2016 年，我国取消了公募/非公募基金会的划分方式，但其仍然在我国基金会行业留下了很深的烙印。公募与非公募基金会的最大不同在于资金来源，捐赠方可以划分为自然人捐赠（简称"个人捐赠")和法人机构捐赠(简称"机构捐赠")(Gordon, et al., 2009;陈小林、魏学强,2011)。我国非公募基金会因无法面向社会公开募捐,其捐赠来源自然转向基金会等其他机构法人,而机构法人受到信息公开的影响更大(谢晓霞,2014)。杨平波也认为,相比于公募基金会,非公募慈善基金会更加依赖捐赠者的持续资助,基金会与资财供给者之间会出现一种相对于企业而言更为直接的受托责任关系。非公募慈善基金会的项目运作承担了资财捐赠者的全部信任,如果信任缺失,组织将面临资财枯竭的困境(杨平波,2010)。综上,由于非公募基金会更加依赖其他基金会的捐赠,而这些法人机构对信息公开更加敏感,因此其需要提升自身透明度以输出专业性等信号,获得更多来自机构而非其他个人的信任,进而转化为捐赠。因此非公募基金会通过信息公开获得其他基金会捐赠的意愿和动机更加强烈。结合捐赠与信息公开的关系,本研究提出如下假设。

H2:非公募基金会的捐赠网络对其透明度影响大于公募基金会。

三 模型设定、数据说明和实证策略

为验证以上研究假设,本研究选取如下变量构造研究模型:

$$FTI = C + \beta1\ degree + \beta2\ lntotalasset + \beta3\ employee + \beta4\ age + \beta5\ type +$$
$$\beta6\ registration + \beta7\ board + \beta8\ policy + \beta9\ log\_GDPpercapital +$$
$$\beta10\ industry + \beta11\ year + \varepsilon$$

(一)因变量:中基透明指数(FTI)

关于信息公开,学界普遍认为其包含行为和结果两个层面的内涵。行为层面也可解释为基金会是否采纳某一信息披露的行动或策略,结果层面则将信息公开视为透明的状态和程度,透明度涉及公开管理事务与接受公众监督的问题,相比于行为层面是一个更加综合的结果(华若筠,2017:8)。因此,在衡量组织网络的作用时,采用信息公开结果层面的定义(透明度)较为合适。借鉴已有研究做法,本研究选择中基透明指数(FTI)作为衡量基金会信息公开水平的因变量。中基透明指数是由中国非营利研究领域专家学者和实践人员根据法律法规中对基金会信息披露的要求,秉承公开性、科学性、倡导性、民间性、发展性、国际性的原则得出的指标体系。涵盖基本信息、财务信息、项目信息等披露内容，同时兼顾指标权重、披露渠道和信息完整性等标准，自2011年至今，其已成为我国基金会信息披露测量最权威的指标（华若筠，2017：53）。《基金会管理条例》第38条规定："基金会、境外基金会代表机构应当在通过登记管理机关的年度检查后，将年度工作报告在登记管理机关指定的媒体上公布，接受社会公众的查询、监督。"中国基金会中心网自2011年开始收集FTI数据，并自2012年每年发布中基透明指数榜单。数据来源于基金会在民政部门及中国社会组织公共服务平台、年度工作报告提交系统慈善中国等提交的年度工作报告，并补充以基金会主动提供等其他线下途径，因此基本覆盖该时段内我国所有基金会，最大限度保证了样本的无偏性和信息的可得性。

（二）自变量：基金会捐赠网络中心度（degree）

本研究借鉴徐宇珊、S. Wasserman 和 Provan 等人的定义，认为非营利组织网络是指诸多非营利组织之间，为了达成某一目标，基于共同的价值或规范，形成的具有一定持久性的互动的社会关系，这一界定有几个要素：第一，众多非营利组织构成了这一社会网络中的行动者；第二，网络中有达成的目标，其是这些非营利组织建立社会网络的目的，或者说非营利组织之间互动所要达成的目标，通常这一目标是基于各组织的使命与宗旨而设立的；第三，共同的价值或规范，是这些非营利组织建立社会网络的精神基础；第四，具有一定持久性的互动的社会关系（徐宇珊，2016：54~71）。基金会的捐赠网络以基金会作为行动者，个体之间的捐赠均是建立在使命认同基础上，为共同完成某一目标而开展的重复性活动。捐赠网络也是非营利组织网络的重要组成部分。中心度是社会网络分析（SNA）中发展出的主要指标，主要分为度数中心度、中间中心度（也称间距中心度，betweenness）和接近中心度（紧密中心度，closeness centrality）。其中度数中心度反映了该点与网络的直接联系程度，表征对应成员获取信息和发出信息的能力（赵宇，2017：19）。该变量数据来源于基金会向民政部门提交的年度工作报告，根据《基金会管理条例》等相关规定，本研究年度工作报告来源有三：民政部门的年检报告信息披露网站中国社会组织公共服务平台，民政部主管的慈善组织年度工作报告提交系统慈善中国，以及基金会等社会组织官方网站的主动披露。此三类平台可以保证最大限度地覆盖基金会提交的年度工作报告。而后本研究爬取年度工作报告中的"大额捐赠收入情况"、"重大公益项目大额支付对象"、"基金会与关联方交易"和"本年度公益

捐赠网络与基金会信息公开

慈善项目开展情况"四部分数据,剔除不同基金会(捐赠方与受助方)年报中同一捐赠项目的重复项,并剔除基金会以外的其他合作及捐赠对象,获得基金会最终捐赠情况,包含捐赠方、受助方和捐赠金额,并由社会网络分析软件 Gephi 自动生成该基金会捐赠中心度指标。

(三) 控制变量

借鉴 Nie 和华若筠等人的研究,本研究控制了外部治理、内部治理和组织特征三部分可能会影响基金会信息公开的变量。

1. 外部治理

政策数(policy)。由于我国基金会曾存在登记管理机关和业务主管单位的双重管理体制,政府监管作用更加明显。我国地方政府政策对基金会信息公开等内部管理产生了重要影响,浙江、北京、广东等省市均建立了自己的社会组织信息公开专门条例或规范。本文创新性地建立了省级层面社会组织信息公开政策数据库,以基金会所在省份发布的社会组织信息公开专门政策累计数作为衡量基金会外部监管环境的指标。

人均 GDP(GDP per capital)。人均 GDP 用来衡量一个地区的经济发展水平,若经济发展水平高,其民众监督意识和媒体的发展程度也较高,进而对基金会的监督能力也就越强(华若筠,2017:55),因此本研究将省级层面人均 GDP 加入模型,数据来源于 EPS 中国宏观经济数据库。同时为降低量纲可能带来的扭曲,笔者对数据进行了自然对数处理。

2. 内部治理

理事会规模(board)。理事会规模越大,为减轻其内部监督所带来的压力和成本,理事会成员就越有动机披露更多的信息,以此带来外部监督(Saxton et al. ,2012:1051 - 1071)。该数据来源于基金会年度工作报告中的"理事会成员情况"。

3. 组织特征

总资产(totalasset)、全职雇员数(employee)。Guo 等人认为,更大的基金会倾向于更高的自愿披露水平,当拥有较强的资金和人力资源时,基金会在追求透明度时更灵活从容(Saxton & Guo,2011:270 - 295)。因此本研究将总资产和全职雇员数纳入分析模型,该数据来源于基金会年度工作报告中的"财务会计报告部分",同时为降低异常值带来的偏误以及量纲可能带来的扭曲,笔者对数据进行了双侧缩尾处理（低于1%以及高于99%比率的值）和自然对数处理。

组织年龄（age）：组织成立至今的年数（Behn et al.，2010：6－12）。该数据来源于中国社会组织公共服务平台，并根据2012～2016年基金会年度报告进行手动补充。

类型（type）：公募/非公募基金会主要指是否有资格向社会公开筹集资金。2016年，我国取消了公募/非公募基金会的划分方式，但考虑到本研究数据的时间跨度（2012～2016年），该分类依然具有参考意义。该数据来源于基金会中心网，并根据2012～2016年基金会年度报告进行手动补充。

4. 其他

除此以外，本研究参考已有研究结论，控制了行业和时间虚拟变量。

行业虚拟变量（industry）。慈善组织的项目领域对透明度有重要影响（Behn et al.，2010：6－12），随着基金会行业的发展，每家基金会横跨多个行业，因此无论如何细分，均不能用一个行业代表基金会的业务范围。因此本文根据基金会名称、发起方、原始资金来源、运作资金来源、理事会、项目领域和定义等指标，将基金会分为慈善会、企业型、家族型、学校型、社区型、系统型和独立型7个行业，并为此虚拟变量赋值。

时间虚拟变量（year）。由于面板数据也需考虑时间趋势对因变量产生的影响，因此借鉴张秀吉等的做法，将四个时间虚拟变量加入模型（张秀吉，2017：88）。

本研究时间跨度为2012～2016年，主要基于如下原因。首先《中华人民共和国慈善法》在2016年的出台，可能为本研究带来新的影响因素，因此选择此研究节点可以保证政策的连续性和一致性。其次，基金会中心网FTI自2012年开始推出排名榜单，由于基金会披露年报等信息具有时间滞后性，因此2016年是目前所能收集到的最新全样本数据时间。需要说明的是，本研究数据收集过程具有动态性，主要体现在如下方面。第一，由于基金会的透明度得分是基于当年某节点收集到的数据进行的排名，因此在计算时会遗漏基金会在数据收集节点后提交的年报等信息。而本研究自变量收集的捐赠信息由于收集时间更加接近现在，因此可以补充当时FTI未收集到的部分信息。第二，由于我国基金会增长速度较快，同时每年有部分基金会被注销，因此本研究样本为非平衡面板数据，全样本共 15382 家，其中 2012 年上榜基金会数量为 2146 家，2013 年为 2525 家，2014 年为 2973 家，2015 年为 3558 家，2016 年为 4180 家。以上样本量可以很好地反映我国基金会信息公开情况。

在模型设定方面，本研究使用固定效应对非平衡面板数据进行回归，固定效应模型解决了不随时间变化但随个体变化的遗漏变量问题（陈强，2014），相应地，为解决不随个体变化但随时间变化的遗漏变量问题，本研究引入时间固定效应，得到了双向固定效应模型。

本研究尽可能考虑到基金会和地区层面的控制变量，这在一定程度上控制了双向因果导致的内生性，但仍有可能存在遗漏变量（第三变量）的问题。比如某些地区地理位置优越，一方面导致该地区基金会与其他基金会的资源交流更加便捷；另一方面，人流量的增加也反映地区经济发展水平，进而反映互联网发展水平和人群的集聚效应，影响基金会信息公开。此类遗漏变量会导致模型估计偏误，因此本研究将通过寻找捐赠网络中心度的工具变量来缓解此类内生性问题。

参考李泉和贾中华等关于工具变量的讨论和思路，本研究利用中国 2012 ~ 2016 年旅客周转量（亿人公里）构造工具变量（李泉、王占学，2014：78 ~ 84；贾中华、梁柱，2014：14 ~ 22）。旅客周转量指在一定时期内，由各种运输工具运送的旅客数量与其相应运输距离的乘积总和。该指标可以反映运输业生产的总成果，也是编制和检查运输生产计划，计算运输效率、劳动生产率以及核算运输单位成本的主要基础资料。① 首先，旅客周转量与基金会捐赠网络具有较强相关性。由于周转量既考虑旅客数量，也考虑运送距离，其不仅反映地区在运输网络中的中心性，同时也反映当地人口流量，因此，处在地理位置更加优越、交通枢纽地区的基金会，与其他基金会的交流更为便利和频繁，其自身和项目通过人流带动的宣传效应更强，进而合作基金会的数量可能更多。其次，旅客周转量与某一基金会透明度相关性较小。旅客周转量主要由地理位置、交通基础设施建设和当地经济发展水平三个因素决定。地理位置是一个外生于当地的变量，不随时间、政策等因素发生变化；当地经济发展水平主要可通过人均 GDP 这一指标进行衡量，而人均 GDP 已在本研究模型中进行了控制；交通

---

① 数据来源：国家统计局官方网站。

基础设施建设则是由上级乃至中央政府统筹规划,受当地政府影响较小。综上所述,使用旅客周转量作为本研究的工具变量较为适宜。

四 实证结果及分析

(一) 描述性统计

本研究首先对我国基金会历年情况进行概述,如下表1。

表1 描述性统计情况

Variables	(1) 样本量	(2) 均值	(3) 标准差	(4) 最小值	(5) 最大值
FTI	15322	47.58	22.62	0	100
捐赠中心度	18267	0.368	1.496	0	40
组织年龄	18244	7.020	6.929	1	35
人均 GDP	18267	65691	25025	19710	118198
旅客周转量	18267	1003	642.5	33.46	2998
政策数	18124	2.088	2.342	0	7
总资产	15606	$3.545e+07$	$1.650e+08$	0	$6.318e+09$
净资产	15602	$3.353e+07$	$1.561e+08$	$-1.214e+07$	$6.301e+09$
全职雇员数	15339	3.410	5.850	0	157
理事会规模	18267	10.13	7.274	0	50

依描述性统计可知,我国基金会的行业发展较不平均。这体现在基金会组织年龄和体量等方面的较大差异。与此同时,基金会在信息公开和捐赠表现上也存在较大差异。爱佑慈善基金会等基金会在透明度表现上得到100分,与此同时每年仍有约40家基金会透明度得分不足1分,标准差达到22.62。捐赠表现方面,与其他基金会出现捐赠联系的基金会占比仍需提高,2016年共有876家基金会与其他基金会存在捐赠关系,占比达20.96%,出现捐赠关系的基金会,其中心度均值为2.04;另一方面,基金会之间的捐赠表现参差不齐,捐赠频率最高的基金会在2012~2016年产生了40次捐赠关系,截止到2016年仍有

3000 多家基金会未与其他基金会产生捐赠关系。

图 1 是使用社会网络分析软件 Gephi 绘制的 2012～2016 年捐赠网络图，对比可知，我国基金会捐赠网络中的节点数逐年增加，且节点的捐赠中心度的差

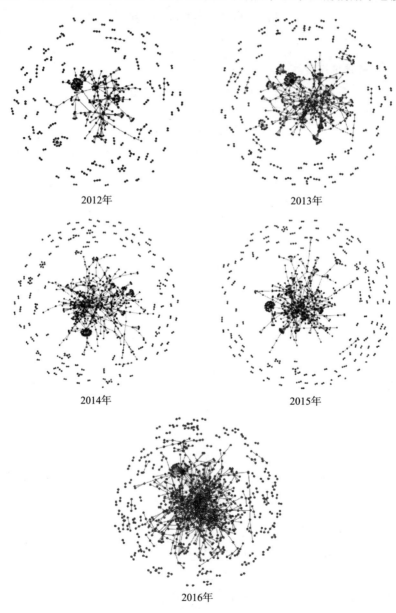

2012年

2013年

2014年

2015年

2016年

图 1　2012～2016 年基金会捐赠网络示意

异较大，这也验证了描述性分析中开展捐赠行为的基金会数量逐年增加，且捐赠表现差异较大的结论。表 2 则汇报了历年基金会捐赠网络的基本情况。网络密度指的是网络中实际存在的沟通数量与理论上可能存在的最大数量的比值（赵宇，2017），取值介于 0 和 1 之间，其代表了整个网络的沟通发生密度，密度越大，则代表网络中行动者参与沟通的频率越大。网络直径是指网络中任意两点的最大距离，而平均路径长度是网络中任一两点距离的平均值（赵宇，2017：19）。因此，虽然我国基金会之间的整体捐赠数量不断增加，但网络直径和平均路径长度的增加，以及自始至终的低网络密度，反映出两基金会之间的距离不断增加，沟通成本相应增加。我国基金会捐赠网络仍处于松散连接状态。

表 2　历年网络参数

参数 ＼ 年度	2012	2013	2014	2015	2016
网络直径	4	5	6	11	7
网络密度	0.002	0.002	0.001	0.001	0.001
平均路径长度	1.387	1.711	2.251	3.606	2.387

（二）基准估计

基于模型的基准估计结果汇报如表 3。其中（1）、（2）、（3）汇报了基于 OLS 的回归结果，并分别控制了外部治理、内部治理和组织特征三部分控制变量；（4）、（5）、（6）是对应了（1）、（2）、（3）的工具变量 IV 估计结果。第一阶段 F 值和 Cragg-Donald 统计量均表明本研究中所使用的工具变量不存在弱工具变量的问题①，而内生性检验（Endogeneity Test）及其 P 值则拒绝了捐赠网络中心度是外生变量的假设（陈强，2014：135～167）。综上，选择此工具变量估计捐赠中心度对基金会透明度的影响是必要且合适的。

回归结果证实，捐赠中心度对基金会透明度的影响系数在各列估计结果中均显著为正。控制变量的估计结果显示，理事会规模、组织年龄、省级信息公开政策数均对基金会透明度表现有正向作用。其中，理事会规模和组织年龄与透明度关系的结论与 Saxton 等人的研究结论相同（Saxton et al.，2012：1051 -

———————————

① 表 3 模型（4）～（6）Stock-Yogo 弱工具变量检验的 10% 临界值均为 16.38。

1071），但组织年龄对透明度表现的影响并不显著，可能的原因是两者之间存在一个"U"形曲线，而并非线性关系，这与 Nie 等学者的研究一致（Nie et al.，2016：2374 - 2400）。最后，基金会所在地区出台的信息公开专门政策数也会对基金会透明度产生积极影响，这与 Cordery、Connolly 等人的研究结论一致，也从侧面印证了合法性理论和（新）制度理论关于信息公开逻辑的讨论。

表 3　捐赠网络中心度与透明度

变量	（1）	（2）	（3）	（4）	（5）	（6）
	OLS 估计			IV 估计		
	透明度 FTI					
捐赠中心度	0.726***	0.694***	0.486**	13.75***	14.39***	24.55***
	(0.242)	(0.241)	(0.242)	(1.611)	(1.518)	(3.400)
总资产对数			0.161			-1.003**
			(0.276)			(0.425)
全职雇员数			0.0259			-0.670***
			(0.0935)			(0.190)
组织年龄			0.753			0.0724**
			(0.846)			(0.0367)
理事会规模		0.0861**	-0.0485		0.717***	0.164***
		(0.0438)	(0.0603)		(0.0372)	(0.0336)
省级信息公开政策数	1.822***	1.826***	1.641***	1.078***	1.151***	0.692***
	(0.200)	(0.200)	(0.201)	(0.0978)	(0.0967)	(0.141)
省级人均GDP 对数	-17.33***	-17.44***	-14.30***	5.203***	3.439***	-0.902
	(3.273)	(3.275)	(3.243)	(0.592)	(0.526)	(0.612)
行业虚拟变量	控制	控制	控制	控制	控制	控制
时间虚拟变量	控制	控制	控制	控制	控制	控制
常数项	236.7***	236.9***	193.0***	-18.58***	-5.270	52.81***
	(36.10)	(36.17)	(39.28)	(6.365)	(5.779)	(10.40)
观测值	15238	15238	12950	15238	15238	12950
R^2	0.071	0.071	0.131	0.102	0.141	0.447
第一阶段 F 值				243.92	261.56	82.12
Cragg-Donald 统计量				275.17	291.76	84.05
内生性检验				13.886	28.257	69.590
P 值				0.0002	0.0000	0.0000

注：括号内为稳健标准误，*** $p < 0.01$，** $p < 0.05$，* $p < 0.1$，IV 估计的 R^2 没有实际统计含义。

（三）异质性分析

表4则汇报了基金会不同特征的透明度差异性影响，本研究选取捐赠频次是否大于接受捐赠频次、地区和类别作为划分标准。首先本文参考中国统计学会和国家统计局统计科学研究所联合开发的地区发展与民生指数（DLI）中对我国东、中、西部地区的划分方式，构建地域哑变量（东部 = 1，非东部 = 0；中部 = 1，非中部 = 0），并将其与核心自变量"捐赠中心度"的交乘项东部 × 捐赠中心度、中部 × 捐赠中心度加入模型，结果如模型（1）、（2）。同时，由于我国特殊的公募与非公募的基金会分类标准，两类基金会在捐赠逻辑上也会存在不同，因此本研究构建基金会类别哑变量（公募 = 1，非公募 = 0），并将其与核心自变量"捐赠中心度"的交乘项类别 × 捐赠中心度键入模型，结果如模型（3）。最后，中心度分为入中心度和出中心度，入中心度代表某基金会获得其他基金会捐赠的频次，而出中心度代表某基金会向其他基金会捐赠的频次。

表4 不同捐赠网络中心度对不同基金会透明度的影响①

变量	（1）	（2）	（3）	（4）
	东部	中部	公募/非公募	中心度方向
	透明度 FTI			
捐赠中心度	45.18 *** (6.643)	33.98 *** (4.147)	41.82 *** (7.689)	
捐赠方向				53.83 *** (12.60)
东部 × 捐赠中心度	−40.37 *** (6.371)	−30.04 *** (4.045)		
中部 × 捐赠中心度		−24.96 *** (3.833)		
类别 × 捐赠中心度			−33.38 *** (6.891)	
其他控制变量	控制	控制	控制	控制
观测值	12950	12950	12950	12950

注：括号内为稳健标准误，*** $p < 0.01$，** $p < 0.05$，* $p < 0.1$。

---

① 因篇幅限制，此处只汇报核心自变量，第一阶段 F 值和 Cragg-Donald 统计量均表明工具变量不存在弱工具变量的问题，内生性检验（Endogeneity Test）及其 P 值则拒绝了捐赠网络中心度是外生变量的假设。

本研究首先根据入中心度是否大于出中心度对基金会进行划分，并构造虚拟变量。若入中心度大于出中心度，记为 1，反之记为 0，并将其与核心自变量"捐赠中心度"的交乘项捐赠方向加入模型，结果如模型（4）。以上结果显示，捐赠网络中心度对西部地区基金会的透明度影响更大，原因可能是西部基金会由于资源有限，更依赖于捐赠网络所带来的影响。另一方面，笔者发现捐赠网络中心度对非公募基金会的信息公开作用更加明显。推测其原因可能是非公募基金会由于其公开募捐限制，更看重基金会之间的交流和捐赠（即机构法人捐赠），因此其对捐赠网络更加重视，这也验证了本研究提出的假设二。最后，在网络中更多处于接受捐赠位置的基金会，其透明度显著高于处于捐赠位置的基金会，说明透明度较高的基金会会获得更多来自其他基金会的捐赠。

（四）稳健性检验

为进一步考察本研究基准估计结果的可靠性，本研究从以下五个方面进行稳健性检验。

在自变量方面，使用净资产（net asset）替换自变量总资产（total asset），使用志愿者数量（volunteer）替换全职雇员数（employee），使用城镇人均可支配收入（UPDI）替换人均 GDP；在工具变量方面，使用客运总量替换旅客周转量（travel），如模型（1）～（4）（见表 5）。最后，虽然本研究利用工具变量等缓解了部分遗漏变量和双向因果带来的影响，但由于因变量 FTI 原始数据主要来源于基金会在民政部门信息公开平台提交的信息，而自变量来自基金会提交的年度工作报告，因此相比于未公开或无法获取年度工作报告的基金会来说，可获取年度工作报告的基金会不仅具有更高的透明度，同时其捐赠信息可能更多，捐赠中心度可能会相应提升。因此为排除信息获取带来的偏误，本部分对样本重新进行筛选，删除未公开或无法获得年度工作报告的基金会，只保留可以获得年度工作报告的基金会样本，如模型（5）。下面依次汇报基于不同捐赠者的稳健性检验结果。

结论显示，无论如何更换关键变量，捐赠网络中心度对基金会透明度的影响均未发生太大变化，而筛选样本的回归结果与主回归结果在相关系数及显著性等方面具有一致性，均证实了本研究基准估计结果的稳健性。

表5　稳健性检验①

变量	(1)	(2)	(3)	(4)	(5)
	净资产	志愿者数量	城镇人均可支配收入	新 IV	公开年报基金会
	透明度 FTI				
捐赠中心度	24.28 *** (3.220)	20.53 *** (2.200)	12.15 *** (2.730)	17.08 *** (3.525)	0.346 *** (0.103)
净资产对数	-1.143 *** (0.440)				
志愿者数量		-1.08e-06 (1.49e-06)			
城镇人均可支配收入对数			7.785 *** (0.809)		
其他控制变量	控制	控制	控制	控制	控制
观测值	12834	12872	12950	12950	12129

注：括号内为稳健标准误，*** p < 0.01，** p < 0.05，* p < 0.1。

五　总结与讨论

本研究实证部分将社会网络分析纳入基金会透明度的影响因素中，首先对我国基金会捐赠网络现状进行了分析，而后构造了捐赠中心度对于基金会透明度的影响模型，使用我国基金会 2012～2016 年全面板数据分析捐赠中心度与信息公开在我国的适用性，并采用工具变量法避免内生性带来的估计偏误。结论认为，我国基金会捐赠网络体量不断增加，但仍处于松散连接的状态；基金会在捐赠网络中所处的中心性会显著影响基金会透明度表现，尤其是对于非公募基金会及处在接受捐赠位置的基金会而言，其中心度对透明度影响更为显著；除此以外，本研究侧面验证了基金会规模对基金会信息公开所带来的积极影响，实证得出了外部治理环境对基金会信息公开的促进作用。

由于篇幅及研究条件的限制，本研究仍存在以下不足：首先，虽然本研究

---

① 因篇幅限制，此处只汇报核心自变量，第一阶段 F 值和 Cragg-Donald 统计量均表明工具变量不存在弱工具变量的问题，内生性检验（Endogeneity Test）及其 P 值则拒绝了捐赠网络中心度是外生变量的假设。

使用了工具变量法缓解了部分遗漏变量和双向因果关系，但工具变量的选取始终是一个尽善尽美、不断完善的过程，因此在后续研究中，应继续寻找更加有效、精巧的工具变量；其次，本研究只使用了社会网络分析中的中心度指标，而诸如网络社群集聚、网络权力、地位（Faulk et al.，2017）等其他网络指标的使用，同样有助于加深对网络作用的理解，因此在今后的研究中可以沿此方向继续展开。

随着我国公益慈善事业的快速发展，捐赠网络等行业内部网络已经成为继监管部门和社会公众外快速增长的力量，并对当前公益慈善行业体制机制产生重要影响。在此视角下，探究基金会的捐赠网络不能将基金会视为一个孤立的个体，而应将其视为嵌入基金会合作网络中的一个节点；不能只关注基金会捐赠或获得的捐赠金额，还应关注其合作对象的不同特征和诉求。若能够对基金会之间形成的捐赠网络监管有道、合理利用，则其会在资源获取、行业公信力建设等方面发挥更加重要的作用。对于民政等监管部门来说，基金会之间通过捐赠形成的地区、行业次级网络在一定程度上代表了行业发展格局，是基金会之间正式、非正式的信任合作关系的体现。因此一方面要关注基金会资金往来的关联方网络，以此更加有的放矢地开展基金会的监管；另一方面应充分重视并引导行业内部网络的建立，加强面向社会组织的培训和交流，密切往来，培育良好的行业创新发展环境，鼓励慈善创投、信托领域发展，将行业力量为我所用。要完善本土基金会行业的信息公开制度，完善基层民政部门对基金会的监督扶持力度，当前我国仍有相当多的省份未建立非营利组织信息公开专门规范条例。

对于基金会来说，应进一步认识到网络与信息公开相辅相成的促进关系。发达的网络不仅有利于慈善资源的获取，还有助于推动基金会内部管理水平的完善。慈善资源竞争的"红海时代"已经到来，应明确信息公开在对外展示进而竞争资源中的重要作用，对于面临瓶颈期和转型期的慈善组织而言，要将资源和发展中心转移到行业发展中来，建立基金会行业共益圈，通过占领网络中心位置，尽早布局未来行业发展。处于捐赠网络中接受捐赠位置的基金会要通过完善规章和合作流程设计，加强信息公开。西部地区基金会要借助互联网慈善发展的浪潮，建立以自身为核心的慈善网络，以弥补地理条件的先天不足，弯道超车。非公募基金会要争取成为具有公募资格的慈善组织，将募捐重心拓展到广大的、更具潜力的社会公众中去，促进组织可持续发展。

参考文献

陈强（2014）：《高级计量经济学及 Stata 应用》，北京：高等教育出版社。

陈小林、魏学强（2011）：《企业捐赠的动机、影响因素与经济后果》，《会计之友》，12，7～10。

华若筠、邓国胜（2015）：《治理结构对慈善组织透明度的影响——基于中国公募基金会的实证研究》，《公共管理评论》，3，15～28。

华若筠（2017）：《组织身份与信息披露行为——基于中国基金会的实证研究》，清华大学公共管理学院博士学位论文。

贾中华、梁柱（2014）：《贸易开放与经济增长——基于不同模型设定和工具变量策略的考察》，《国际贸易问题》，4，14～22。

康晓光、韩恒（2005）：《分类控制：当前中国大陆国家与社会关系研究》，《社会学研究》，6，73～89。

刘春湘、谭双泉（2008）：《非营利组织合作网络及其联结机制》，《求索》，8，90～91。

刘志明（2015）：《非营利组织在线问责实践——基于中国基金会的实证》，《广东行政学院学报》，2，13～19。

林聚任（2009）：《社会网络分析：理论、方法与应用》，北京：北京师范大学出版社。

李朔严（2018）：《政党统合的力量：党、政治资本与草根 NGO 的发展——基于 Z 省 H 市的多案例比较研究》，《社会》，1，160～185。

李泉、王占学（2014）：《对外开放、交通便利度与城乡收入差距关系的实证研究——基于丝绸之路经济带沿线 9 省区的面板数据分析》，《区域经济评论》，4，78～84。

王玉生、罗丹（2013）：《非营利组织联盟现状及展望》，《时代金融》，5，137～144。

徐宇姗（2016）：《美国非营利组织社会网络结构及其对中国的启发》，《中国非营利评论》，2，54～71。

谢晓霞（2014）：《慈善组织财务信息披露对捐赠的影响》，《财贸研究》，2，150～156。

徐夏雨（2015），《组织网络与社会组织发展：一项基于浙江省的实证研究》，浙江大学公共管理学院硕士学位论文。

杨平波（2010）：《产权视角下非公募慈善基金会信息披露探讨》，《财会月刊》，15，36~37。

张秀吉（2017）：《地方政府信息公开行为机制研究》，清华大学公共管理学院博士学位论文。

张立民、李晗（2013）：《我国基金会内部治理机制有效吗？》，《审计与经济研究》，2，79~88。

赵秋爽（2013）：《公益基金会信息透明度对其捐赠收入的影响研究》，东北财经大学硕士学位论文。

赵宇（2017）：《基于社会网络分析的数据中心项目有效沟通研究》，清华大学建设管理系硕士学位论文。

AbouAssi, K. & Tschirhart, M. (2018), "Organizational Response to Changing Demands: Predicting Behavior in Donor Networks", *Public Administration Review*, 78 (1), 126 – 136.

Acar, M., et al. (2008), "Accountability When Hierarchical Authority Is Absent-Views from Public-private Partnership Practitioners", *American Review of Public Administration*, 38 (1), 3 – 23.

Appe, S. (2015), "NGO Networks, the Diffusion and Adaptation of NGO Managerialism, and NGO Legitimacy in Latin America", *Voluntas: International Journal of Voluntary and Nonprofit Organizations*, 27, 187 – 208.

Behn, B., et al. (2010), "The Determinants of Transparency in Nonprofit Organizations: An Exploratory Study", *Advances in International Accounting*, 26 (1), 6 – 12.

Bies, A. L. (2010), "Evolution of Nonprofit Self-Regulation in Europe", *Nonprofit and Voluntary Sector Quarterly*, 39 (6), 1057 – 1086.

Borgatti, S. P. & Foster, P. C. (2003), "The Network Paradigm in Organizational Research: A Review and Typology", *Journal of Management*, 29 (6), 991 – 1013.

Bouek, J. W. (2018), "Navigating Networks: How Nonprofit Network Membership Shapes Response to Resource Scarcity", *Social Problems*, 2018 (65), 11 – 32.

Brouard, F. & Glass, J. (2017), "Understanding Information Exchanges and Reporting by Grantmaking Foundations", *Canadian Journal of Nonprofit and Social Economy Research*, 8 (2), 40 – 56.

Connolly, C., et al. (2013), "Conversion Ratios, Efficiency and Obfuscation: A Study of the Impact of Changed UK Charity Accounting Requirements on External Stakeholders", *Voluntas: International Journal of Voluntary and Nonprofit Organizations*, 24 (3), 785 – 804.

Cordery, C. (2013), "Regulating Small and Medium Charities: Does It Improve Transparency and Accountability?" *Voluntas: International Journal of Voluntary and Nonprofit Organizations*, 24 (3), 831 – 851.

Dainelli, F., et al. (2013), "Web-Based Accountability Practices in Non-profit Organizations: The Case of National Museums", *Voluntas: International Journal of Voluntary and Nonprofit Organizations*, 24 (3), 649 – 665.

Faulk, L., et al. (2016), "Network Connections and Competitively Awarded Funding——The Impacts of Board Network Structures and Status Interlocks on Nonprofit Organizations' Foundation Grant Acquisition", *Public Management Review*, 18 (10), 1425 – 1455.

Faulk, L., et al. (2017), "Competitive Advantage in Nonprofit Grant Markets: Implications of Network Embeddedness and Status", *International Public Management Journal*, 20 (2), 261 – 293.

Gandia, J. L. (2011), "Internet Disclosure by Nonprofit Organizations: Empirical Evidence of Nongovernmental Organizations for Development in Spain", *Nonprofit and Voluntary Sector Quarterly*, 40 (1), 57 – 78.

Gordon, T. P., et al. (2009), "The Role of Rating Agencies in the Market for Charitable Contributions: An Empirical Test", *Journal of Accounting and Public Policy*, 28 (6), 469 – 484.

Gugerty, M. K. (2010), "The Emergence of Nonprofit Self-Regulation in Africa", *Nonprofit and Voluntary Sector Quarterly*, 39 (6), 1087 – 1112.

Guo, C. & Acar, M. (2005), "Understanding Collaboration Among Nonprofit Organizations: Combining Resource Dependency, Institutional, and Network Perspectives", *Nonprofit and Voluntary Sector Quarterly*, 34 (3), 340 – 361.

Herzog, P. S. & Yang, S. (2018), "Social Networks and Charitable Giving: Trusting, Doing, Asking, and Alter Primacy", *Nonprofit and Voluntary Sector Quarterly*, 47 (2), 376 – 394.

Hyndman, N. & McConville, D. (2016), "Transparency in Reporting on Charities' Efficiency: A Framework for Analysis", *Nonprofit & Voluntary Sector Quarterly*, 45 (4), 844 – 865.

Keating, E. K. & Frumkin, P. (2003), "Reengineering Nonprofit Financial Accountability: Toward A More Reliable Foundation for Regulation", *Public Administration Review*, 63 (1), 3 – 15.

Lecy, J. D., et al. (2014), "Network in Public Administration", *Public Management Review*, 16 (5), 643 – 665.

Low, B., et al. (2010), "Organizational Network Legitimacy and Its Impact on Knowledge Networks: The Case of China's TD-SCDMA Mobility Technology", *Journal of Business & Industrial Marketing*, 25 (6), 468 – 477.

Nie, L., et al. (2016), "Exploring Factors that Influence Voluntary Disclosure by Chinese Foundations", *Voluntas: International Journal of Voluntary and Nonprofit Organizations*, 27 (5), 2374 – 2400.

Provan, K. G. & Milward, H. B. (2001), "Do Networks Really Work? A Framework for Evaluating Public-Sector Organizational Networks", *Public Administration Review*, 61 (4),

捐
赠
网
络
与
基
金
会
信
息
公
开

414 - 423.

Rhodes, R. (1997), "Foreword", In W. Kickert, E. Klijn, and J. Koppenjan (eds.), *Managing Complex Networks*, London: Sage.

Romzek, B. S., et al. (2012), "A Preliminary Theory of Informal Accountability among Network Organizational Actors", *Public Administration Review*, 72 (3), 442 - 453.

Saxton, G. & Guo, C. (2011), "Accountability Online: Understanding the Web-Based Accountability Practices of Nonprofit Organizations", *Nonprofit and Voluntary Sector Quarterly*, 40 (2), 270 - 295.

Saxton, G., et al. (2012), "The Determinants of Voluntary Financial Disclosure by Nonprofit Organizations", *Nonprofit and Voluntary Sector Quarterly*, 41 (6), 1051 - 1071.

Saxton, G. D., et al. (2014), "Web Disclosure and the Market for Charitable Contributions", *Journal of Accounting & Public Policy*, 33 (2), 127 - 144.

Schalk, J., et al. (2010), "Network Embeddedness and Public Agency Performance: The Strength of Strong Ties in Dutch Higher Education", *Journal of Public Administration Research and Theory*, 20 (3), 629 - 653.

Sidel, M. (2010), "The Promise and Limits of Collective Action for Nonprofit Self-Regulation: Evidence From Asia", *Nonprofit and Voluntary Sector Quarterly*, 39 (6), 1039 - 1056.

Similon, A. (2015), "Self-Regulation Systems for NPO Coordination: Strengths and Weaknesses of Label and Umbrella Mechanisms", *Annals of Public and Cooperative Economics*, 86 (1), 89 - 104.

Wasserman, S. & Faust, K. (1994), *Social Network Analysis: Methods and Applications*, Cambridge University Press, 178.

Williams, A. P. & Taylor, J. A. (2013), "Resolving Accountability Ambiguity in Nonprofit Organizations", *Voluntas: International Journal of Voluntary and Nonprofit Organizations*, 24 (3), 559 - 580.

Yang, A. & Cheong, P. H. (2018), "Building A Cross-Sectoral Interorganizational Network to Advance Nonprofits: NGO Incubators as Relationship Brokers in China", *Nonprofit and Voluntary Sector Quarterly*, 1 - 30.

Yang, Y. J., et al. (2018), "Celebrity Philanthropy in China: An Analysis of Social Network Effect on Philanthropic Engagement", *Voluntas: International Journal of Voluntary and Nonprofit Organizations*, published online, 15 May 2018.

Zhou, Huiquan & Ye, Shihua (2019), "Fundraising in the Digital Era: Legitimacy, Social Network, and Political Ties Matter in China", *Voluntas: International Journal of Voluntary and Nonprofit Organizations*, published online, 1 April 2019.

Donative Network and Foundation Information Disclosure: Empirical Study Based on Social Network Analysis

Sang Zhuang, Tao Ze & Cheng Wenhao

[**Abstract**] Information disclosure is not only a key factor in charity foundation's survival and development, but also an important source of legitimacy. Studies about information disclosure neglect the influence of the "middle view" —— organizational network. Based on Social Network Analysis (SNA), We found that the foundations' network, especially donative network between foundations is widely spreading but still loose in density. By using Instrumental Variable method, donative network is found have positive influence on foundation information disclosure, and the impact is greater for private foundations and those foundations who often receive donations. Suggestions for foundations should intensify network with other NGOs, and regulators should cultivate the environment for network development, which combine to open up a new path for transparency and legitimacy.

[**Keywords**] Donative Network; Information Disclosure; Social Network Analysis; Instrumental Variable Method

捐赠网络与基金会信息公开

挤出还是挤入：政府社会救助支出对个人慈善捐赠影响的实证研究

杨永政[*]

【摘要】政府支出对于个人慈善捐赠的影响是慈善领域的重要研究课题，可以从宏观国家层面、中观组织层面和微观个体层面三个层面进行探讨。国际上对于这三个层面的实证研究都取得了较为丰富的成果，在我国却仅发现几篇宏观国家层面和中观组织层面的研究，缺少微观个体层面的实证分析。本文利用国家统计数据和中国综合社会调查（CGSS）2012 的数据，从微观个体层面研究了政府社会救助支出对于个人慈善捐赠的影响。采用多层次 Logistic 回归和多层次 Tobit 模型进行分析，本文发现政府社会救助支出对于个人慈善捐赠存在较为显著的挤出效应。分领域来看，政府社会救助支出对个人在救助领域捐赠的挤出效应不显著，对其他领域捐赠产生了显著的挤出效应而非交叉挤入效应。同时应当指出的是，挤出效应非常小，并不足以产生实际的影响，不具有政策意义上的显著性。因此，当前中国不应当过于担心政府支出对慈善捐赠的挤出效应，而是应当考虑发挥政府部门的支持作用和个人慈善捐赠的基石作用，共同促进我国慈善事业的发展。

---

* 杨永政，印第安纳大学礼来家族慈善学院（Indiana University Lilly Family School of Philanthropy）博士研究生（PhD Candidate）。

【关键词】 政府社会救助支出　个人慈善捐赠　挤出效应　中国综合社会调查（CGSS）2012

一　问题的提出

政府、商业和慈善①是当今社会的三个重要的部门。与商业部门不同的是，政府和慈善部门都是提供公共物品或准公共物品和追求社会公共利益的存在；而政府与慈善部门的区别在于，前者以强制的手段实现社会效益，后者以自愿的方式实现社会效益。尤其是随着经济社会的发展和科学技术的进步，现代公益慈善得到了空前的发展，补充和完善了政府的公共服务，成为群众参与度较高的社会活动，促进了社会创新（王名，2016）。政府与慈善部门的合作也在实践中逐步展开，这种合作既表现为政府机构通过各种形式（如政府购买服务等）与慈善组织的合作，也表现为政府机构对慈善相关事业②（如扶贫济困等）的财政支持。

伴随着政府与慈善合作在实践中的推进，政府与慈善合作的影响，尤其是政府支出给慈善组织和慈善事业带来的潜在负面影响引起了学术界的广泛关注，如慈善组织的专业化和官僚化（Froelich，1999；Khieng & Dahles，2015；Lu，2015；Smith & Lipsky，1993；Suarez，2011）、慈善部门独立性的降低（Jung & Moon，2007；Macmillan，2010；Smith & Lipsky，1993；Verschuere & De Corte，2014）、慈善使命漂移或目标转移（Bennett & Savani，2011；Froelich，1999；Khieng & Dahles，2015；Lindsay et al.，2014）、对个人慈善捐赠的挤出效应（De Wit & Bekkers，2017；De Wit et al.，2018；Sokolowski，2013）、慈善的商业化（Eikenberry & Kluver，2004；Guo，2006；LeRoux，2005；Smith & Lipsky，1993；Stone et al.，2001）等。关于政府支出对个人慈善捐赠影响的探讨正是在这样的背景下所进行的一项重要研究。由于不少西方国家特别关注对政府权力的制约和追求慈善部门的自主发展，因此它们非常担心政府对于慈善组织和慈

---

① 对于公益、慈善等概念的探讨超出了本文的研究范围，为了用语简洁和行文方便，本文统一使用慈善的概念，并对其做广义的理解。

② 这里的慈善相关事业或者说慈善事业，严格来说属于政府和慈善部门共享的领域，比如政府社会服务支出包括社会保障、教育科技、医疗卫生等，慈善部门往往也在这些领域活动。

善事业的支出会挤出个人慈善捐赠，损害慈善部门的健康发展。

概括来说，现有的关于政府支出与个体慈善捐赠的实证研究集中于两个方面：一是政府投向慈善组织的支出对于慈善捐赠的影响；二是政府直接投向慈善相关的事业的支出对于慈善捐赠的影响。对于以上两个方面的研究成果，Lu（2016）和 De Wit & Bekkers（2017）通过元分析（meta-analysis）的方法进行了系统的归纳总结。如果按照数据来源和变量衡量标准的不同，我们认为可以将现有的研究分为三个层面：宏观国家层面、中观组织层面和微观个体层面。如附录所示。宏观层面的研究利用国家或地区层面的统计数据，研究政府支出总额或人均额对于个人慈善捐赠总额或人均额的影响；中观层面的研究利用关于慈善组织资金来源的统计数据，研究政府对慈善组织的支出对个人向慈善组织捐赠的影响；微观层面的研究利用大规模的社会调查数据，研究政府支出总额或人均额对个体实际捐赠的影响。

国际上对于这三个层面都进行了较为丰富的研究，而我国现有的几项相关实证研究基本上集中在前两个层面，如汪大海、刘金发（2012）以及张奇林、宋心璐（2018）都是利用多年省级政府支出和社会捐赠构建面板数据进行研究的，对于宏观层面的研究做出了贡献；Ma（2018）利用中国基金会数据探讨了政府支出对慈善捐赠的影响，属于中观组织层面的研究。

宏观国家层面和中观组织层面的研究是必要的，它能够为我们提供总体上的认知。然而，这两个层面的研究存在无法忽视的两个局限。第一，无法区分不同的捐赠来源。宏观和中观层面的捐赠数据是对个人、企业、基金会等不同的来源的捐赠情况的汇总，而无法将政府支出对个体捐赠的影响单独区分。微观层面的慈善捐赠数据是基于对个体的访问调查获得的，这使得单独探讨政府支出对个体捐赠的影响成为可能。第二，仅包含捐赠者，从而将非捐赠者排除在外。在慈善研究领域，学者们分析慈善捐赠数额的数据时，非捐赠者的捐赠情况（即捐赠数额为零）往往是纳入数据分析的（Wang & Graddy，2008；Wiepking，2007），单独对捐赠者进行研究，和对包括非捐赠者在内的全部人群进行分析，往往会造成估计结果的差异性。更何况，非捐赠者尽管当前没有进行捐赠，他们仍然是未来潜在的捐赠者，将非捐赠者排除在外是不合理的。微观调查数据同时包括了非捐赠者和捐赠者，是宏观和中观数据的重要补充。个人捐赠是慈善事业发展的基石（邓国胜，2007），要想推动个人慈善捐赠的增加，促进全民慈善事业的发展，有必要从微观层面研究政府支出对包括捐赠者和非捐赠者在内的个体捐赠的影响。

本文正是从微观个体层面进行的实证研究。政府社会救助支出用的是民政部门统计的 2011 年省级政府各项社会救助支出数据，个体慈善捐赠用的是中国综合社会调查（CGSS）2012 提供的受访者的 2011 年捐赠情况。采用多层 Logistic 回归和多层 Tobit 模型进行分析，本文发现政府社会救助支出对个人慈善捐赠存在较为显著的挤出效应。分领域来看，社会救助支出对于个人在社会救助领域捐赠的挤出效应不显著，对于其他领域捐赠的挤出效应具有统计学意义上的显著性。不过，挤出效应非常小，从政策实践的角度来看这种挤出效应的实际影响有限。

本文是按照如下的逻辑结构行文的。首先对本研究涉及的两个重要概念——政府社会救助支出和个人慈善捐赠——进行简单阐述；其次是系统的文献综述，详细汇报了现有研究中涉及的政府支出对个人慈善捐赠影响的不同结论；再次是介绍本研究的数据来源和分析方法，并呈现了实证分析的结果；最后对本研究进行了总结、讨论，并提出了未来可能的研究方向。

二 政府社会救助支出与个人慈善捐赠

社会保障制度是当今社会的重要制度安排，中国社会保障体系包括社会救助、社会保险和社会福利等多种福利内容。社会救助是其中不可或缺的组成部分，它是指"国家和社会针对由贫困人口和不幸者组成的社会脆弱群体，由政府为其提供物质和服务帮助，从而帮助他们摆脱生存危机的一种生活保障制度"（潘锦棠，2012：183）。郑功成（2015：17）指出，社会救助是"社会保障体系中最基本、最悠久的制度安排，也是肩负免除国民生存危机、维护社会底线公正、促进国家长治久安的国家治理机制"。

因此，社会救助支出也就成为政府支出的重要组成部分。根据《社会救助暂行办法》的规定，我国的社会救助体系包括八个方面的内容：最低生活保障、特困人员供养、受灾人员救助、医疗救助、教育救助、住房救助、就业救助和临时救助。在管理方面，这八项救助由不同的政府部门负责。本文所研究的社会救助支出主要是民政部门的最低生活保障、特困人员供养、受灾人员救助、医疗救助、临时救助等的支出。2017 年政府在城市低保方面支出 640.5 亿元，在农村低保方面支出 1051.8 亿元，城市特困人员救助供养支出 21.2 亿元，农村特困人员救助供养支出 269.4 亿元，临时救助支出 107.7 亿元。[①]

慈善捐赠是慈善事业和慈善组织生存与发展的物质基础，离开了慈善捐赠无法促进慈善部门的健康发展。所谓慈善捐赠是指为了慈善或其他的公益目的而向慈善组织或慈善事业进行的金钱或者实物捐赠（Anheier，2005：9）。国内外的研究表明，慈善捐赠与性别、年龄、教育程度、就业状况、收入水平、婚姻状况、宗教信仰、社会资本、社会化等诸多因素相关。Bekkers & Wiepking（2007，2011b）、Wiepking & Bekkers（2012）对影响慈善捐赠的因素进行了全面的文献梳理和总结。在另一篇有影响力的文献综述中，Bekkers & Wiepking（2011a）提炼出了影响慈善捐赠的八个机制：对社会需要的意识（awareness of need）、募捐（solicitation）、成本和收益（costs and benefits）、利他主义（altruism）、声望（reputation）、心理收益（psychological benefits）、价值观（values）、效果（efficacy）。

慈善捐赠的主体是多样的，既可以是个人的捐赠，也可以是企业、基金会或者遗产捐赠。本文重点关注的是个人的慈善捐赠。《2017 年度中国慈善捐助报告》的数据显示，2017 年我国共接收国内外款物捐赠 1499.86 亿元，其中来自企业的捐赠占到 64.23%，而个人捐赠仅占 23.28%。[②] 而 Giving USA Foundation 2018 的数据显示，2017 年美国慈善捐赠总额超过 4100 亿美元，其中来自企业的捐赠仅占 5%，高达 70% 的捐赠来自个人。[③] 由此可见，我国的个人捐赠占比与美国存在巨大的差距。尽管我们不能忽视企业捐赠的重大作用，但是个人的小额捐赠具有稳定性，不会影响慈善组织的独立性，个人捐赠才是慈善事业发展的基石（邓国胜，2007）。这也是本文不同于以往的研究的一个方面：汪大海、刘金发（2012）和张奇林、宋心璐（2018）的研究涉及的捐赠是包括个人、企业、基金会等多个主体的捐赠，本研究涉及的捐赠专指个人的慈善捐赠。

[①] 数据来源于民政部《2017 年社会服务发展统计公报》，http://www.mca.gov.cn/article/sj/tjgb/2017/201708021607.pdf。

[②] 数据来源于《2017 年度中国慈善捐助报告》，http://news.cctv.com/2018/09/22/ARTI9vVcl3VoCnHboMKK2heL180922.shtml，2018 年 12 月 2 日访问。

[③] 数据来源于 Giving USA Foundation（2018），*Giving USA：The Annual Report on Philanthropy for the Year 2017*，Chicago：Giving USA Foundation。

在我国，由于公益慈善发展水平有限，扶贫济困救灾等传统慈善领域的捐赠仍然占有较大的比重，这就与政府的社会救助支出产生了重合，也就使得研究社会救助支出对个人慈善捐赠的影响有了必要。政府支出的增加，是否会对个人慈善捐赠产生影响？如果有影响，是产生挤出效应还是挤入效应？本文希望对这些问题予以回答。

三　文献综述

国际上对于政府支出与慈善捐赠的关系研究进行了多年，取得了诸多成果。但是，纵观不同的研究，学者们对于这一问题并没有形成一致的结论，而这种争论目前还在继续。

概括现有的宏观层面和中观层面的研究，对于政府支出与慈善捐赠的关系有以下几种观点：挤出说、挤入说、无关说以及其他说法。挤出说是影响力最大的观点，并得到了不少的实证支持（Abrams & Schitz，1978；Bredtmann，2016；张奇林、宋心璐，2018）。需要指出的是，挤出说也分为完全挤出和部分挤出两个不同的观点。部分学者通过理论推导的方式提出政府支出对于慈善捐赠存在完全挤出效应，即政府支出增加多少，慈善捐赠就会相应地减少多少（Warr，1982；Roberts，1984）。但是这种完全挤出效应建立在严格的假设基础上（林琳，2011；王辉，2011；颜克高、彭西妍，2014），并没有得到实证研究的证实。相反，现有的实证研究更多地证实了部分挤出效应的存在。De Wit & Bekkers（2017）发现，三分之二的现有研究证实了政府支出对于慈善捐赠的挤出效应，但是仍然有大约三分之一的实证研究证明了挤入效应（Khanna & Sandler，2000；Smith，2007；Sokolowski，2013；Hughes et al.，2014；汪大海、刘金发，2012）。与挤出说和挤入说同样受到关注的是，不少的实证研究发现政府支出与私人慈善捐赠不相关（Brooks，1999；Lu，2016；Wasif & Prakash，2017）。此外，部分研究表明政府支出与慈善捐赠的关系并不是线性的，而是存在倒"U"形关系（Brooks，2000；Borgonovi，2006）。

与宏观和中观层面类似，对于微观层面的研究结论也并不一致。Steinberg（1985）利用英国家庭支出调查1961~1979年的数据、Kim & Van Ryzin（2014）利用网上调查实验收集的数据，都证实了挤出效应的存在。对于挤出效应一种可能的解释是，强制性的税收缴纳和自愿性的慈善捐赠都是为社会做贡献的方式，二者存在替代的关系，以税收为基础的政府支出的增加会导致自愿性慈善捐赠减少。Schiff（1985）利用美国国家慈善调查 1974 年的数据，发现 1 美元州政府支出的增加会挤入 0.344 美元的慈善捐赠。这种挤入效应可能的原因在于，政府支出起到一种信号和引领的作用，引导人们对于慈善相关事业的关注，因而带来人们对于某项慈善事业的捐赠意愿和捐赠额度的增加。在最近的一篇文献中，利用微观国际慈善数据库（IIPD），并采用多层次模型，De Wit et al.（2018）研究了政府支出对于个人捐赠意愿和捐赠额度的影响，发现两者都不存在统计学意义上的显著性。可以从两个方面对于这种不相关性进行解释：一方面，人们的社会行动往往受到自身价值的驱使，而与外部的政府支出关系不是很紧密，因而不会随着政府支出的变化而改变；另一方面，现实社会中往往一部分人受到政府支出的影响而减少个人捐赠，而另一部分人会增加个人捐赠，两种反方向的行为相互抵消导致整体上的不相关（De Wit et al.，2017）。另外，Horne et al.（2005）指出现实生活中人们并不是非常了解政府对于非营利组织或者慈善事业的资金支持，因此政府支出的变化往往不会带来个人慈善捐赠的增加或减少。

为什么现有研究会得出差异性如此之大的结论呢？除了研究层面（宏观、中观和微观）和慈善领域（社会福利、健康教育、文化艺术等）的不同，一个重要的原因是学者们采用了不同的研究方法。实验法和非实验法得出的结论不同，De Wit & Bekkers（2017）发现 1 美元政府支出的增加，在实验方法下会挤出 0.64 美元私人捐赠，在非实验方法下会挤入 0.06 美元的私人捐赠。不同的变量衡量方法也会导致结果的差异，如利用 1986～1995 年的美国慈善数据，Brooks（2003）发现政府支出对于个人慈善捐赠总额不存在显著的影响，但是对于人均慈善捐赠额度则存在边际效应为 -0.75 的挤出效应。更为重要的是，由于政府支出和私人捐赠可能同时被其他因素所影响，即政府支出具有内生性，因此考虑内生性问题与否也会影响研究结果。如利用 1982～1992 年关于美国人类服务组织的联邦税收申报数据，Payne（1998）发现利用普通的 OLS 回归（不考虑内生性问题）分析时政府支出与个人捐赠不存在挤入或挤出的关系，而利用 2SLS 方法（考虑内生性问题）分析时则存在边际效应为 -0.533 的挤出效应。

值得注意的是，在挤出效应或挤入效应的争论中，学者们研究的或者是总体层面的政府支出对于总体层面的慈善捐赠的影响，或者是某一个具体领域的政府支出对于私人对该领域捐赠的影响。而有的研究发现，政府在某个领域（如社会福利领域）的支出增加，会导致人们对于该领域的慈善捐赠减少，但同时会导致人们对于其他的慈善领域（如文化艺术、环境保护等）的捐赠增加，这就是所谓的慈善替代效应（philanthropic displacement，Sokolowski，2013）或称作交叉挤入效应（crosswise crowding-in effect，Pennerstorfer & Neumayr，2017）。如 Sokolowski（2013）研究发现政府支出挤出了服务性（service）慈善事业的捐赠，但是服务性捐赠的减少伴随着表达性（expressive）捐赠的增加。De Wit et al.（2018）利用多国微观数据的实证分析表明，在健康和社会保护领域政府支出较大的国家，人们在环境、国际援助和艺术领域的慈善捐赠较多。

四　数据来源、变量测量与分析方法

（一）数据来源

本研究使用的是宏观统计数据和微观调查数据匹配而成的数据。宏观统计数据来源于国家统计局分省数据、中国民政统计年鉴、中国农村贫困监测报告等。微观数据来源于中国综合社会调查（Chinese General Social Survey，CGSS）2012 的数据。[①] 中国综合社会调查是一项全国性、综合性、连续性的调查，采用多阶段分层抽样的方法，收集了中国大部分省份的数据，是一项具有全国代表性的微观调查。中国综合社会调查包含了多个重要模块，如社会人口学信息、劳动力市场信息、健康状况、社会资本等。尤其重要的是 2012 年的调查中包含独立的慈善模块，收集了受访者 2011 年慈善捐赠和志愿服务的信息，因而为我们的研究提供了丰富的微观数据。2011 年应答率为 71.5%，处于较高的水平，适合进行学术分析。

在对原始数据进行清理和删除缺失值之后，共有 4627 个有效样本。将样本的性别比和年龄情况与国家统计局公布的 2011 年全国的性别比和年龄情况进行对比，我们发现尽管用于本文分析的样本与全国的实际情况存在差异，但是差

---

① 论文使用的数据部分来自中国人民大学中国调查与数据中心主持之"中国综合社会调查（CGSS）"项目。作者感谢此机构及其人员提供数据协助，本论文内容由作者自行负责。

异较小，总体上仍然具有较高的代表性，可以通过对这些样本的分析管窥全国的情况。

（二）变量测量

1. 因变量：个人慈善捐赠

在本研究中，因变量个人慈善捐赠既包括捐赠的意愿，也包括捐赠的数额；既包括总体层面的慈善捐赠，也包括分领域的慈善捐赠，如救助领域的捐赠和对其他领域的捐赠。

中国综合社会调查 2012 询问受访者这样的问题："在 2011 年，您个人是否以货币、实物或所有权等形式进行过社会捐赠？"我们用这个问题的回答来衡量总体层面个人慈善捐赠的意愿（0 = 没有捐赠，1 = 有捐赠）。对于受访者捐赠的额度，2012 年的调查有这样一个问题："具体来说，您在 2011 年里，分别向以下哪些类别的领域进行了社会捐赠？向各个领域的捐赠折算成人民币总金额大约是多少？"该问题对应的回答包含九个领域：宗教类、扶贫助困救灾类、健康卫生医疗类、教育类、环保与动物保护类、文化与艺术保护类、邻里与社区服务类、综合类和其他类。我们将受访者在各个领域的捐赠额相加，利用加总后的数额来衡量总体层面个人慈善捐赠的数额。

在此基础上，我们单独挑出受访者对于扶贫济困救灾的捐赠，用来衡量社会救助领域的个人慈善捐赠数额。同时，将在该领域进行捐赠的编码为 1，没有进行捐赠的编码为 0，用来衡量社会救助领域的个人慈善捐赠意愿。将扶贫济困救灾之外的另外八个领域的捐赠额度相加，用来衡量其他领域的个人慈善捐赠数额。将对于其他领域进行过捐赠的编码为 1，没有进行过捐赠的编码为 0，用来衡量其他领域的个人慈善捐赠意愿。此外，在后面的统计分析中，总体层面、救助领域和其他领域的慈善捐赠数额都进行了对数化处理，以降低变量非正态分布造成的估计偏误。

2. 自变量：政府社会救助支出

政府社会救助支出来源于《中国民政统计年鉴 2012》社会救助领域的各省政府支出，包括城市低保支出、农村低保支出、城市其他救助的支出、农村其他救助的支出、自然灾害生活救助支出等。我们将其加总用来衡量 2011 年各省政府社会救助支出。

3. 控制变量：地区层面

地区层面的控制变量包括 2011 年各省份的人均 GDP、社会组织数量、农村贫困人口数量和自然灾害受灾人数。人均 GDP 较高的省份经济较为发达，人们的收入水平相对较高，为人们慈善捐赠提供了物质基础。社会组织数量可以部分地衡量一个地区慈善事业的发展状况，社会组织的数量也可以对人们的慈善捐赠产生影响。农村贫困人口数量和自然灾害受灾人数可以衡量一个地区的救助需要程度，人数越多代表需求越大，往往捐赠的额度也越高。在这四个地区层面的控制变量中，人均 GDP 来源于国家统计局分省统计数据，社会组织数量和自然灾害受灾人数来自《中国民政统计年鉴 2012》，农村贫困人口数量来自《中国农村贫困监测报告 2017》关于 2011 年分地区的贫困人口数据。

4. 控制变量：个体层面

现有的研究表明，许多基本的社会人口学特征，如性别、年龄、政治面貌、宗教信仰、教育程度、收入水平、婚姻状况、户口等会对个人慈善捐赠产生较为显著的影响（Bekkers & Wiepking，2007，2011b；Wiepking & Bekkers，2012；Wu et al.，2018），因此本文将这些个体层面的变量进行控制，以便更好地估计政府社会救助支出对慈善捐赠的影响。表 1 展示了因变量、自变量和控制变量的具体衡量方法。

表 1　因变量、自变量和控制变量的测量

变量类型	变量名称	变量测量
因变量	总体层面个人捐赠意愿	0 = 没有捐赠，1 = 有捐赠
	总体层面个人捐赠数额	2011 年各领域个体慈善捐赠总额（单位：元）
	救助领域个人捐赠意愿	0 = 没有捐赠，1 = 有捐赠
	救助领域个人捐赠数额	2011 年救助领域个体慈善捐赠总额（单位：元）
	其他领域个人捐赠意愿	0 = 没有捐赠，1 = 有捐赠
	其他领域个人捐赠数额	2011 年其他领域个体慈善捐赠总额（单位：元）
自变量	政府社会救助支出	2011 年各省政府社会救助支出总额（单位：亿元）
控制变量：地区层面	人均 GDP	2011 年各省份人均 GDP（单位：万元）
	社会组织数量	2011 年各省份社会组织数量（单位：万个）
	农村贫困人口数量	2011 年各省份农村贫困人口数量（单位：亿人）
	自然灾害受灾人数	2011 年各省份自然灾害受灾总人数（单位：亿人）

续表

变量类型	变量名称	变量测量
控制变量：个体层面	性别	0 = 女，1 = 男
	年龄	受访者 2011 年的实际年龄
	政治面貌	0 = 非党员，1 = 党员
	宗教信仰	0 = 有宗教信仰，1 = 无宗教信仰
	教育程度	1 = 未受过教育，2 = 小学，3 = 中学，4 = 大学
	收入水平	2011 年受访者个人的总收入（单位：元）
	婚姻状况	0 = 无配偶，1 = 有配偶
	户口	0 = 农业户口，1 = 非农户口

（三）分析方法

由于本研究所涉及的变量包含地区层面和个体层面两个层次，因此选择多层次模型（multilevel model）进行分析。该模型通过使得同一国家或地区的不同个体变量的残差项相关（Snijders & Bosker，1999），来实现低层次嵌套在高层次的统计分析，是分析等级嵌套数据的合适方法。不少学者在研究中已经使用了这一分析方法（如 Glanville et al.，2016；De Wit et al.，2018）。

对于个体的慈善捐赠意愿，我们使用多层次 Logistic 模型（multilevel logistic model）进行分析。这是因为个体慈善捐赠意愿是一个二分变量，Logistic 模型适用于因变量为二分变量的情况（Aldrich & Nelson，1984）。在慈善研究领域，已有不少的研究使用 Logistic 模型分析慈善捐赠意愿（如 Houston，2005；Bekkers，2015）。对于个体的慈善捐赠数额，我们使用多层次 Tobit 模型（multilevel tobit model）进行分析。这是因为传统的 OLS 回归要求因变量满足正态分布的假设，但是由于相当一部分人群没有进行捐赠，即慈善捐赠数额会在零处聚集（left-censored at zero），这就使得正态分布的要求在慈善捐赠领域往往难以满足，此时使用传统的 OLS 回归分析会导致估计出现严重的偏误。标准 Tobit 模型可以较好地修正传统方法的弊端，更加适用于类似于慈善捐赠这类数据的分析（Tobin，1958），因而这一模型在慈善研究中也有着广泛的应用（如 Wang & Graddy，2008；Wu et al.，2018）。

接下来我们将分别分析政府社会救助支出对总体层面、社会救助领域和其他领域的个人慈善捐赠意愿和数额的影响。

五　研究发现

（一）描述性统计分析

表 2 展示了所有变量的描述性统计结果。从个人捐赠意愿来看，在全部 4627 个样本中，2011 年进行过社会捐赠的受访者占比 30.49%（n=1411），对社会救助领域进行过捐赠的占比 25.68%（n=1188），对社会救助之外的其他领域进行过捐赠的占比 9.98%（n=462）。从个人捐赠数额来看，对任何领域进行捐赠的平均数额为 170.07 元，对社会救助领域进行捐赠的平均数额为 88.81 元，对社会救助外的其他领域进行捐赠的平均数额为 76.55 元。比较社会救助和其他领域的捐赠情况，我们可以发现对救助领域进行捐赠的人数比重和平均数额都要高于其他领域，这说明社会救助领域的捐赠在我国仍然占据重要地位。

表 2　变量的描述性统计结果（n=4627）

	平均值（Mean）	标准差（Std. Dev.）	最小值（Min.）	最大值（Max.）
因变量				
总体层面个人捐赠意愿	有捐赠：30.49%；无捐赠：69.51%			
总体层面个人捐赠数额（元）	170.07	1656.15	0	80000
救助领域个人捐赠意愿	有捐赠：25.68%；无捐赠：74.32%			
救助领域个人捐赠数额（元）	88.81	769.50	0	30000
其他领域个人捐赠意愿	有捐赠：9.98%；无捐赠：90.02%			
其他领域个人捐赠数额（元）	76.55	1181.18	0	60000
自变量				
政府社会救助支出（亿元）	61.67	26.27	11.66	120.36
控制变量：地区层面				
人均 GDP（万元）	4.07	1.84	1.64	8.34
社会组织数量（万个）	4.07	1.00	0.27	4.11
农村贫困人口数量（亿人）	0.04	0.04	0	0.11
自然灾害受灾人数（亿人）	0.17	0.14	0.0004	0.47

续表

	平均值 （Mean）	标准差 （Std. Dev.）	最小值 （Min.）	最大值 （Max.）
控制变量：个体层面				
性别	男性：51.31%；女性：48.69%			
年龄	49.25	16.09	17	93
政治面貌	党员：11.65%；非党员：88.35%			
宗教信仰	无宗教信仰：86.56%；有宗教信仰：13.44%			
教育程度	未受过教育：13.92%；小学：24.21%； 中学：47.70%；大学：14.18%			
收入水平（元）	18735.88	25133.63	0	300000
婚姻状况	有配偶：80.33%；无配偶：19.67%			
户口	非农户口：41.06%；农业户口：58.94%			

数据来源：中国综合社会调查（CGSS）、国家统计局分省数据、中国民政统计年鉴、中国农村贫困监测报告。

（二）政府社会救助支出对个人慈善捐赠的影响

我们首先分析政府社会救助支出对总体层面个人捐赠意愿和数额的影响，如表3所示。风险发生比（odds ratio）大于1表示自变量对因变量产生了正向影响，反之则表示产生了负向影响。从表中可以看出，在其他变量控制不变的情况下，政府社会救助支出显著地降低了个人慈善捐赠意愿，且一单位政府社会救助支出的增加会导致个人进行慈善捐赠相较于不进行捐赠的可能性降低1.9%（OR=0.981，p<0.05）。对于政府社会救助支出对个人捐赠数额的影响，我们汇报了非标准化回归系数，系数为正表示自变量对因变量的正向作用，反之则为负向作用。从表3中可以看出，政府社会救助支出显著地减少了个人进行捐赠的数额，且一单位政府支出的增加会导致个人捐赠额降低5.6%（β=-0.056，p<0.05）。进一步的边际效应分析表明，政府社会救助支出每增加1万元，个人捐赠额平均来说会减少0.003元。由此可见，一方面，与以往文献中发现的挤出效应相一致（Abrams & Schitz，1978；Steinberg，1985），政府社会救助支出对个人捐赠产生了显著的挤出效应；另一方面，这种挤出效应非常小（张奇林、宋心璐，2018），对实际产生的影响非常有限。

表 3　政府社会救助支出对于总体层面个人捐赠影响的回归结果

（ n~省份~ = 29，n~个体~ = 4627 ）

变量	总体层面个人捐赠意愿		总体层面个人捐赠数额 （ln）	
	风险发生比 （odds ratio）	稳健标准误 （robust std. err.）	回归系数 （coefficient）	稳健标准误 （robust std. err.）
自变量				
政府社会救助支出	0.981 **	0.008	− 0.056 **	0.023
控制变量：地区层面				
人均 GDP	0.902	0.071	− 0.254	0.225
社会组织数量	0.786	0.156	− 0.618	0.571
农村贫困人口数量	0.717	4.178	0.761	17.656
自然灾害受灾人数	1.265	2.002	0.401	4.799
控制变量：个体层面				
性别	0.736 ***	0.076	− 0.802 ***	0.291
年龄	0.984 ***	0.005	− 0.051 ***	0.015
政治面貌	1.743 ***	0.183	1.729 ***	0.281
宗教信仰	0.740 **	0.086	− 1.121 ***	0.379
教育程度	1.513 ***	0.142	1.306 ***	0.279
收入水平 （ln）	1.043 **	0.018	0.151 ***	0.053
婚姻状况	1.357 ***	0.124	1.100 ***	0.274
户口	1.373 **	0.210	1.081 **	0.464
常数项	1.312	0.778	0.191	1.732
地区层面方差	0.257 **	0.071	2.220 **	0.580
ICC	0.073 **	0.019	0.069 **	0.016
Log pseudolikelihood	− 2469.397		− 5855.8465	
AIC	4968.794		11743.69	
BIC	5065.389		11846.73	

注：* p < 0.1；** p < 0.05；*** p < 0.01；ICC = Intraclass Correlation；AIC = Akaike's Information Criterion；BIC = Bayesian Information Criterion。

表 4 展示了政府社会救助支出对于社会救助领域个人捐赠意愿和数额的影响。从表中可以看出，捐赠意愿的风险发生比为 0.986，小于 1，捐赠数额的回归系数为 − 0.042，小于 0，因此政府社会救助支出对于救助领域的个人慈善捐赠意愿和数额都产生了负向影响。但同时，风险发生比接近 1，回归系数接近

0，且两者都不具有统计学意义上的显著性，这说明我们没有充足的证据证明政府社会救助支出对救助领域的个人慈善捐赠产生了显著的负向影响。不同于表3的挤出效应，表4支持了政府社会支出与私人慈善捐赠不存在显著相关性的说法（Pennerstorfer & Neumayr，2017；Wasif & Prakash，2017；De Wit et al.，2018）。

表4 政府社会救助支出对社会救助领域个人捐赠影响的回归结果

（$n_{省份}=29$，$n_{个体}=4627$）

变量	救助领域个人捐赠意愿		救助领域个人捐赠数额（ln）	
	风险发生比（odds ratio）	稳健标准误（robust std. err.）	回归系数（coefficient）	稳健标准误（robust std. err.）
自变量				
政府社会救助支出	0.986	0.010	−0.042	0.028
控制变量：地区层面				
人均GDP	0.895	0.066	−0.252	0.212
社会组织数量	0.780	0.162	−0.672	0.617
农村贫困人口数量	0.253	1.861	−2.482	22.239
自然灾害受灾人数	0.851	1.522	−0.973	5.371
控制变量：个体层面				
性别	0.743***	0.079	−0.779**	0.304
年龄	0.985***	0.005	−0.049***	0.015
政治面貌	1.764***	0.204	1.847***	0.327
宗教信仰	0.960	0.145	−0.179	0.469
教育程度	1.570***	0.136	1.424***	0.263
收入水平（ln）	1.051***	0.019	0.169***	0.056
婚姻状况	1.271**	0.132	0.894***	0.311
户口	1.420**	0.217	1.191***	0.459
常数项	0.583	0.359	−2.600	1.822
地区层面方差	0.301**	0.097	2.705**	0.838
ICC	0.084**	0.027	0.080**	0.022
Log pseudolikelihood	−2288.6706		−5106.032	
AIC	4607.341		10244.06	
BIC	4703.936		10347.1	

注：* p<0.1；** p<0.05；*** p<0.01；ICC = Intraclass Correlation；AIC = Akaike's Information Criterion；BIC = Bayesian Information Criterion。

与对救助领域个人捐赠的影响不同，表 5 的结果表明政府社会救助支出对其他领域个人捐赠意愿和数额产生了显著的负向影响。根据交叉挤入效应的观点，政府在社会救助领域支出的增加，往往会导致个人在救助之外的其他领域的慈善捐赠的增加（Sokolowski，2013；Pennerstorfer & Neumayr，2017；De Wit et al.，2018）。但是我们的数据并没有支持这种观点。从表 5 中可以看出，政府社会救助支出对于其他领域个人捐赠意愿影响的风险发生比为 0.975，小于 1，对于其他领域个人捐赠数额影响的回归系数为 - 0.108，小于 0，且都在 1% 水平下显著，这说明政府社会救助支出显著地挤出了其他领域的个人慈善捐赠，这与交叉挤入效应的预测是相悖的。另外，与表 3 和表 4 类似，表 5 中的风险发生比非常接近 1，非标准化回归系数都非常接近 0，且边际效应分析表明 1 万元的政府社会救助支出的增加仅仅挤出大约 0.005 元的其他领域的个人慈善捐赠，因此可以认为这种挤出效应在实践领域并不会产生实际的影响。

表 5 政府社会救助支出对其他领域个人捐赠影响的回归结果
（$n_{省份} = 29$，$n_{个体} = 4627$）

变量	其他领域个人捐赠意愿		其他领域个人捐赠数额（ln）	
	风险发生比（odds ratio）	稳健标准误（robust std. err.）	回归系数（coefficient）	稳健标准误（robust std. err.）
自变量				
政府社会救助支出	0.975 ***	0.007	- 0.108 ***	0.027
控制变量：地区层面				
人均 GDP	0.935	0.104	- 0.266	0.481
社会组织数量	0.867	0.130	- 0.529	0.622
农村贫困人口数量	525.854	3058.786	26.435	23.739
自然灾害受灾人数	5.588	9.259	6.983	6.824
控制变量：个体层面				
性别	0.736 ***	0.073	- 1.291 ***	0.411
年龄	0.983 ***	0.005	- 0.069 ***	0.020
政治面貌	1.151	0.207	0.737	0.734
宗教信仰	0.382 ***	0.062	- 4.348 ***	0.716
教育程度	1.389 **	0.183	1.418 **	0.547
收入水平（ln）	1.032	0.030	0.140	0.113
婚姻状况	1.748 ***	0.198	2.401 ***	0.432

续表

变量	其他领域个人捐赠意愿		其他领域个人捐赠数额（ln）	
	风险发生比（odds ratio）	稳健标准误（robust std. err.）	回归系数（coefficient）	稳健标准误（robust std. err.）
户口	1.455**	0.218	1.475**	0.638
常数项	0.399	0.327	-4.976	3.635
地区层面方差	0.211**	0.062	3.787**	1.008
ICC	0.060**	0.017	0.052**	0.015
Log pseudolikelihood	-1344.5156		-2506.0408	
AIC	2719.031		5044.082	
BIC	2815.626		5147.116	

注：* $p < 0.1$；** $p < 0.05$；*** $p < 0.01$；ICC = Intraclass Correlation；AIC = Akaike's Information Criterion；BIC = Bayesian Information Criterion。

值得注意的是，在以上六个模型中，ICC 最大为 0.084，最小仅为 0.052，表明上述模型中不到 9% 的捐赠差异是由地区层面的因素引起的，而大部分差异是由个体层面的变量导致的。比较地区层面和个体层面的控制变量，可以发现地区层面的控制变量对个人捐赠没有产生显著影响，而包括性别、年龄、教育程度在内的个体层面的控制变量对个人捐赠的效应在大部分模型中都是显著的。

（三）稳健性检验

利用多层次模型进行数据分析的文献中常用的稳健性检验方法是：依次删除一个国家或地区层面的数据，对于剩余的数据重新运行原来的多层次模型（De Wit et al., 2018；Van den Broek et al., 2019）。借鉴这一方法，我们对本研究进行了稳健性检验，即每次删除一个省份的数据，对于其他 28 个省份的数据重复运行上面的多层次 Logistic 模型和多层次 Tobit 模型。结果表明，不管删除哪个省份的数据，政府社会救助支出对于总体层面和社会救助之外的其他领域的捐赠都产生了显著的挤出效应，且挤出效应大小与对所有省份进行分析的挤出效应大小基本一致。除了删除吉林和陕西时，政府社会救助支出对于救助领域的个人捐赠产生了显著的挤出效应之外，依次删除其他省份时，政府社会救助支出与救助领域个人捐赠保持了不显著的关系。检验结果说明我们的数据分析结果具有较高的稳健性。

六 结论与讨论

综合利用宏观层面的国家统计数据和微观层面的社会调查数据，并采用多层 Logistic 和多层次 Tobit 回归的统计分析方法，本文研究了政府社会救助支出与个人慈善捐赠之间的关系。政府社会救助支出对总体层面的个人慈善捐赠产生了较为显著的负向影响，从而支持了挤出效应的假设。分领域来看，政府社会救助支出确实挤出了救助领域的慈善捐赠，但是这种挤出效应不具有统计学意义上的显著性；不同于现有文献的交叉挤入假设，政府社会救助支出非但没有对救助之外其他领域的捐赠产生挤入效应，事实上显著地挤出了其他领域的慈善捐赠。

为什么本文中的政府社会救助支出对个人慈善捐赠产生了统计学意义上显著的挤出效应呢？其可能的原因在于强制性的税收缴纳和自愿性的慈善捐赠都是为社会做出贡献的方式，二者可能存在互相替代的关系。投向扶贫、济困、救灾等领域的政府支出本质上来源于人们缴纳的各种税，政府支出的增加意味着人们通过缴税的方式为社会的贡献增加，从而在一定程度上降低了人们通过慈善捐赠的方式继续为社会贡献的意愿和数额。另一个可能的原因在于中国人对于政府作用的重视和强调，这点与不少西方国家尤其是自由主义盛行的英美等国相比存在较大差异。在中国，人们往往认为包括社会救助、教育、健康等在内的社会服务是政府的重要职能，当政府没有财力提供社会服务时，个人的慈善捐赠扮演了重要角色，但是当政府在这些领域的投入增加时，人们对于这些领域的捐赠会减少。

王辉（2011）指出，数据分析时应当区分统计显著和政策显著两个不同的显著性，前者是指变量之间的关系具有统计学意义上的显著性，后者是指变量之间关系足以在政策层面产生较大的作用。虽然本研究的数据表明政府社会救助支出对于个人慈善捐赠产生了显著的挤出效应，但是这种显著是统计显著，挤出效应实际值非常小，并不足以在实践领域产生较大的影响，因此并不具有政策显著性。

对于政策的非显著性，我们认为可以从以下三个方面来解释。第一，慈善捐赠受个体因素影响较大。人们自愿进行慈善捐赠的重要动因是受到自身价的驱动，追求光热效应（warm glow），重视自身内心的满足（De Wit et al.，2017；Andreoni，1990；Bekkers & Wiepking，2011a），在这种情况下，即使政府支出增加，人们仍然会进行一定程度的捐赠，从而造成政府支出的挤出效应较小。上文的数据分析表明，个体层面的因素对于慈善捐赠具有90%以上的解释力，且个体层面的控制变量对慈善捐赠具有显著的影响，而地区层面的控制变量与慈善捐赠没有显著的关系，这也可以说明个体因素对慈善捐赠的影响。第二，人们可能对政府支出的情况了解有限。人们在进行慈善捐赠之前，并不必然会先去了解政府支出的情况，在这种情况下，政府支出对于个人捐赠产生的挤出效应就较为有限，甚至这种挤出效应是不显著的。第三，正如张奇林、宋心璐（2018）所指出的，我国的政府社会救助支出和个人慈善捐赠总量都较低，这种较低的政府支出和慈善捐赠基数也会对两者的关系产生影响，造成挤出效应较小。

总之，本文通过微观层面的分析丰富了现有的挤出或挤入效应的文献，为政府支出对于慈善捐赠影响的研究提供了来自中国的证据，从而具有一定的理论价值。从实践和政策角度来看，本文所发现的较小的挤出效应表明，当前中国不应当过于担心政府支出对个人捐赠的挤出效应，相反，我们应当考虑的是发挥政府部门的支持作用和个人慈善捐赠的基石作用，共同促进我国慈善事业的发展。

当然，本文仍然存在一些不足，需要未来的研究进一步完善。第一，本文使用的是截面数据，严格来说验证的是政府社会救助支出和个人慈善捐赠的相关关系。这是由数据来源的缺陷造成的，中国综合社会调查是一个连续性截面调查，且仅在2012年的调查数据中涉及了公益慈善的模块，因此我们无法像以往的研究一样构建多年的面板数据。未来随着我国公益慈善领域数据的丰富和完善，可以进一步深化政府支出对于个人慈善捐赠的影响的研究。

第二，本研究虽然分析了政府社会救助支出和个人慈善捐赠的关系，证实了挤出效应在中国的存在，并对于这种挤出效应的潜在机制进行了探讨，但是并没有利用严谨的科学研究方法验证挤出效应的机制。在上文提及的机制中，有的是建立在西方发达国家研究的基础上的，是否可以同样解释中国的挤出效应呢？还有的机制是基于中国本土情况提出的，是否能够有力地解释挤出效应呢？仍然需要未来的研究进一步验证和发现。

第三，本文研究的是政府社会救助支出对个人慈善捐赠的影响，未来的研究可以进一步研究政府教育支出、医疗卫生支出等对个人慈善捐赠的影响。汪大海、刘金发（2012）研究了政府社会服务领域的整体支出对人均慈善捐赠的影响，发现了挤入效应的存在；张奇林、宋心璐（2018）研究了政府社会救助支出对人均慈善捐赠的影响，发现了较小的挤出效应。政府支出所包含的不同内容产生了不同的研究结论。因此，未来的研究可以在本研究的基础之上继续探讨政府在教育领域、医疗卫生领域等的支出对个人慈善捐赠的影响，这样才能对政府支出与个人捐赠关系有更加全面的认知。

附录

政府支出与慈善捐赠关系实证研究的三个层面

	宏观（国家层面）	中观（组织层面）	微观（个体层面）
数据来源	政府支出和个体捐赠都来源于国家或地区层面的统计数据	政府支出和个体捐赠都来源于国家、地区、行业协会或慈善组织自身的统计数据	政府支出来源于国家或地区层面的统计数据，个体捐赠来源于社会调查
政府支出的衡量	（1）政府的总支出 （2）政府的人均/户均支出 （3）政府社会支出占总支出的比重 （4）政府支出占 GDP 的比重	政府对某个或某类慈善组织的投入额度	（1）政府的总支出 （2）政府的人均/户均支出 （3）政府社会支出占总支出的比重 （4）政府支出占 GDP 的比重
慈善捐赠的衡量	（1）慈善捐赠总额 （2）国家/地区人均或户均慈善捐赠额 （3）地区捐赠占国家慈善捐赠总额的比重 （4）慈善捐赠占 GDP 的比重	（1）对某个或某类慈善组织捐赠的额度 （2）某个或某类慈善组织接收的慈善捐赠总额	（1）个体是否进行慈善捐赠 （2）个体慈善捐赠的额度
代表性研究	Abrams & Schmitz（1978，1984）；Brooks（2003）；Garrett & Rhine（2010）；Sokolowski（2013）；Bredtmann（2016）；汪大海、刘金发（2012）；张奇林、宋心璐（2018）	Payne（1998）；Brooks（1999，2000）；Khanna & Sandler（2000）；Borgonovi（2006）；Smith（2007）；Hughes et al.（2014）；Ma（2018）	Schiff（1985）；Steinberg（1985）；Kim & Van Ryzin（2014）；De Wit et al.（2017）；Pennerstorfer & Neumayr（2017）；De Wit et al.（2018）

资料来源：根据现有文献归纳整理而成。

参考文献

邓国胜（2007）：《个人捐赠是慈善事业发展的基石》，《中州学刊》，（1），133～134。

林琳（2011）：《政府支出与慈善捐赠之间的效应分析》，《社会科学战线》，（12），168～171。

潘锦棠（2012）：《社会保障学概论》，北京：北京师范大学出版社。

汪大海、刘金发（2012）：《政府支出与慈善捐赠的挤出效应研究——基于2003－2010年中国省市面板数据》，《中国市场》，（50），48～55。

王辉（2011）：《慈善捐赠、政府支出与经济增长》，辽宁大学博士学位论文。

王名（2016）：《中国公益慈善：发展、改革与趋势》，《中国人大》，（7），40～44。

颜克高、彭西妍（2014）：《慈善领域的挤出效应及对策探究》，《中国社会科学院研究生院学报》，（3），126～131。

张奇林、宋心璐（2018）：《中国政府社会救助支出对民间慈善捐赠的挤出效应》，《社会保障评论》，2（4），111～124。

郑功成（2015）：《中国社会救助制度的合理定位与改革取向》，《国家行政学院学报》，（4），17～22。

Abrams, B. A. & Schmitz, M. D. (1978), "The 'Crowding-out' Effect of Governmental Transfers onPrivate Charitable Contributions", *Public Choice*, 33 (1), 29 – 39.

Abrams, B. A. & Schmitz, M. D. (1984), "The Crowding-out Effect of Governmental Transfers on Private Charitable Contributions—cross-section Evidence", *National Tax Journal*, 37 (4), 563 – 568.

Aldrich, J. H. & Nelson, F. D. (1984), *Linear Probability, Logit, and Probit Models*, Newbury Park, CA: Sage.

Andreoni, J. (1990), "Impure Altruism and Donations to Public Goods: A Theory of Warm-glow Giving", *The Economic Journal*, 100 (401), 464 – 477.

Anheier, H. K. (2005), *Nonprofit Organizations: Theory, Management and Policy*, London and New York: Routledge.

Bekkers, R. (2015), "The Analysis of Regional Differences in Philanthropy: Evidence from the European Social Survey", the Eurobarometer and the Giving in the Netherlands Panel Survey, Paper presented at the Proceedings vijfde Nederlandse Workshop European Social Survey.

Bekkers, R. & Wiepking, P. (2007), "Understanding Philanthropy. A Review of 50 Years of Theories and Research", Paper presented at the 35th Annual Conference of the Association for Research on Nonprofit and Voluntary Action, Chicago.

Bekkers, R. & Wiepking, P. (2011a), "A Literature Rreview of Empirical Studies of

Philanthropy: Eight Mechanisms that Drive Charitable Giving", *Nonprofit and Voluntary Sector Quarterly*, 40 (5), 924 – 973.

Bekkers, R. & Wiepking, P. (2011b), "Who Gives? A Literature Review of Predictors of Charitable Giving Part One: Religion, Education, Age and Socialisation", *Voluntary Sector Review*, 2 (3), 337 – 365.

Bennett, R. & Savani, S. (2011), "Surviving Mission Drift: How Charities Can Turn Dependence on Government Contract Funding to their own Advantage", *Nonprofit Management and Leadership*, 22 (2), 217 – 231.

Borgonovi, F. (2006), "Do Public Grants to American Theatres Crowd-out Private Donations", *Public Choice*, 126 (3 – 4), 429 – 451.

Bredtmann, J. (2016), "Does Government Spending Crowd out Voluntary Labor and Donations", *IZA World of Labor*.

Brooks, A. C. (1999), "Do Public Subsidies Leverage Private Philanthropy for the Arts? Empirical Evidence on Symphony Orchestras", *Nonprofit and Voluntary Sector Quarterly*, 28 (1), 32 – 45.

—— (2000), "Public Subsidies and Charitable Giving: Crowding out, Crowding in, or both", *Journal of Policy Analysis and Management*, 19 (3), 451 – 464.

—— (2003), "Do Government Subsidies to Nonprofits Crowd out Donations or Donors", *Public Finance Review*, 31 (2), 166 – 179.

De Wit, A. & Bekkers, R. (2017), "Government Support and Charitable Donations: A Meta-Analysis of the Crowding-out Hypothesis", *Journal of Public Administration Research and Theory*, 27 (2), 301 – 319.

De Wit, A., et al. (2017), "Heterogeneity in Crowding-out: When Are Charitable Donations Responsive to Government Support?" *European Sociological Review*, 33 (1), 59 – 71.

De Wit, A., et al. (2018), "Do Government Expenditures Shift Private Philanthropic Donations to Particular Fields of Welfare? Evidence from Cross-country Data", *European Sociological Review*, 34 (1), 6 – 21.

Eikenberry, A. M. & Kluver, J. D. (2004), "The Marketization of the Nonprofit Sector: Civil Society at Risk", *Public Administration Review*, 64 (2), 132 – 140.

Froelich, K. A. (1999), "Diversification of Revenue Strategies: Evolving Resource Dependence in Nonprofit Organizations", *Nonprofit and Voluntary Sector Quarterly*, 28 (3), 246 – 268.

Garrett, T. & Rhine, R. (2010), "Government Growth and Private Contributions to Charity", *Public Choice*, 143 (1 – 2), 103 – 120.

Glanville, J., et al. (2016), "Social Capital and Generosity", *Nonprofit and Voluntary Sector Quarterly*, 45 (3), 526 – 547.

Guo, B. (2006), "Charity for Profit? Exploring Factors Associated with the Commercialization of Human Service Nonprofits", *Nonprofit and Voluntary Sector Quarterly*, 35 (1), 123 –

138.

Horne, C. S. , et al. (2005), " Do Charitable Donors Know Enough—and Care E-nough—about Government Subsidies to Affect Private Giving to Nonprofit Organizations", *Non-profit and Voluntary Sector Quarterly*, 34 (1), 136 – 149.

Houston, D. J. (2005), " ' Walking the Walk' of Public Service Motivation: Public Em-ployees and Charitable Gifts of Time, Blood, and Money", *Journal of Public Administration Research and Theory*, 16 (1), 67 – 86.

Hughes, P. , et al. (2014), " Crowding-Out and Fundraising Efforts: The Impact of Government Grants on Symphony Orchestras", *Nonprofit Management and Leadership*, 24 (4), 445 – 464.

Jung, K. & Moon, M. J. (2007), "The Double-edged Sword of Public-resource Depend-ence: The Impact of Public Resources on Autonomy and Legitimacy in Korean Cultural Nonprofit Organizations", *Policy Studies Journal*, 35 (2), 205 – 226.

Khanna, J. & Sandler, T. (2000), "Partners in Giving: The Crowding-in Effects of UK Government Grants", *European Economic Review*, 44 (8), 1543 – 1556.

Khieng, S. & Dahles, H. (2015), " Resource Dependence and Effects of Funding Diver-sification Strategies among NGOs in Cambodia", *Voluntas: International Journal of Voluntary and Nonprofit Organizations*, 26 (4), 1412 – 1437.

Kim, M. & Van Ryzin, G. G. (2014), " Impact of Government Funding on Donations to Arts Organizations: A Survey Experiment ", *Nonprofit and Voluntary Sector Quarterly*, 43 (5), 910 – 925.

LeRoux, K. M. (2005), " What Drives Nonprofit Entrepreneurship? A Look at Budget Trends of Metro Detroit Social Service Agencies", *The American Review of Public Administra-tion*, 35 (4), 350 – 362.

Lindsay, C. , et al. (2014), "The ' New Public Governance' and Employability Services in an Ara of Crisis: Challenges for Third Sector Organizations in Scotland", *Public Administra-tion*, 92 (1), 192 – 207.

Lu, J. (2015), " Which Nonprofit gets more Government Funding? Nonprofits' Organiza-tional Attributes and their Receipts of Government Funding", *Nonprofit Management and Lead-ership*, 25 (3), 297 – 312.

Lu, J. (2016), " The Philanthropic Consequence of Government Grants to Nonprofit Or-ganizations", *Nonprofit Management and Leadership*, 26 (4), 381 – 400.

Ma, J. (2018), " Funding Nonprofits inA Networked Society: Toward A Holistic Theory of Government Support", Retrieved from https://papers. ssrn. com/sol3/papers. cfm? abstract_ id = 3262798.

Macmillan, R. (2010), "The Third Sector Delivering Public Services: An Evidence Re-view", Third Sector Research Centre Working Paper.

Payne, A. A. (1998), " Does the Government Crowd-out Private Donations? New Evidence from A Sample of Non-profit Firms", *Journal of Public Economics*, 69 (3), 323 – 345.

Pennerstorfer, A. & Neumayr, M. (2017), "Examining the Association of Welfare State Expenditure, Non-profit Regimes and Charitable Giving", *Voluntas: International Journal of Voluntary and Nonprofit Organizations*, 28 (2), 532 – 555.

Roberts, R. D. (1984), "A Positive Model of Private Charity and Public Transfers", *Journal of Political Economy*, 92 (1), 136 – 148.

Schiff, J. (1985), "Does Government Spending Crowd out Charitable Contributions?" *National Tax Journal*, 535 – 546.

Smith, S. R. & Lipsky, M. (1993), *Nonprofit for Hire: The Welfare State in the Age of Contracting*, Cambridge, MA: Harvard University Press.

Smith, T. M. (2007), "The Impact of Government Funding on Private Contributions to Nonprofit Performing Arts Organizations", *Annals of Public and Cooperative Economics*, 78 (1), 137 – 160.

Snijders, T. A. B. & Bosker, R. J. (1999), *Multilevel Analysis. An Introduction to Basic and Advanced Multilevel Modeling*, London: Sage.

Sokolowski, S. W. (2013), "Effects of Government Support of Nonprofit Institutions on Aggregate Private Philanthropy: Evidence from 40 Countries", *Voluntas International Journal of Voluntary & Nonprofit Organizations*, 24 (2), 359 – 381.

Steinberg, R. (1985), "Empirical Relations between Government Spending and Charitable Donations", *Journal of Voluntary Action Research*, 14 (2 – 3), 54 – 64.

Stone, M. M., et al. (2001), "Organizational Characteristics and Funding Environments: A Study of A Population of United Way-affiliated Nonprofits", *Public Administration Review*, 61 (3), 276 – 289.

Suarez, D. F. (2011), "Collaboration and Professionalization: The Contours of Public Sector Funding for Nonprofit Organizations", *Journal of Public Administration Research and Theory*, 21 (2), 307 – 326.

Tobin, J. (1958), "Estimation of Relationships for Limited Dependent Variables", *Econometrica: Journal of the Econometric Society*, 26 (1), 24 – 36.

Van den Broek, T. A., et al. (2019), "The Influence of Network Structure and Prosocial Cultural Norms on Charitable Giving: A Multilevel Analysis of Movember's Fundraising Campaigns in 24 Countries", *Social Networks*, 58, 128 – 135.

Verschuere, B. & De Corte, J. (2014), "The Impact of Public Resource Dependence on the Autonomy of NPOs in their Strategic Decision Making", *Nonprofit and Voluntary Sector Quarterly*, 43 (2), 293 – 313.

Wang, L. & Graddy, E. (2008), "Social Capital, Volunteering, and Charitable Giving", *Voluntas: International Journal of Voluntary and Nonprofit Organizations*, 19 (1), 23 – 42.

Warr, P. G. (1982), "Pareto Optimal Redistribution and Private Charity", *Journal of Public Economics*, 19 (1), 131 – 138.

中国非营利评论
China Nonprofit Review

Wasif, R. & Prakash, A. (2017), "Do Government and Foreign Funding Influence Individual Donations to Religious Nonprofits? A Survey Experiment in Pakistan", Paper Presented at the Nonprofit Policy Forum.

Wiepking, P. (2007), "The Philanthropic Poor: In Search of Explanations for the Relative Generosity of Lower Income Households", *Voluntas: International Journal of Voluntary and Nonprofit Organizations*, 18 (4), 339 – 358.

Wiepking, P. & Bekkers, R. (2012), "Who Gives? A Literature Review of Predictors of Charitable Giving. Part Two: Gender, Family Composition and Income", *Voluntary Sector Review*, 3 (2), 217 – 245.

Wu, Z., et al. (2018), "The Impact of Social Capital on Volunteering and Giving: Evidence From Urban China", *Nonprofit and Voluntary Sector Quarterly*, 47 (6), 1201 – 1222.

Crowding-out or Crowding-in: The Effect of Government Expenditures of Social Assistance on Individual Charitable Giving

Yang Yongzheng

[**Abstract**] The impact of government expenditures on individual charitable giving is an important research topic in philanthropic studies. This topic can be studied from three levels: macro country level, meso organizational level, and micro individual level. Foreign scholars have made comprehensive research on this topic from the three levels, but we can only find a few empirical studies from macro and meso levels, and there is no research discussing this topic from micro level in China. Using national statistics and micro data from Chinese General Social Survey (CGSS) 2012, this paper studies the impact of government expenditures of social assistance on individual charitable giving from micro level. Adopting multilevel logistic and tobit regression model, we find government expenditures of social assistance have statistically significant crowding-out effect on individual charitable giving. In terms of different fields, the crowding-out effect is not significant in charitable giving on social assistance, while it is significant in charitable giving on other fields. Importantly, the marginal effect of the crowding-out effect is so small that it cannot lead to substantive change in practice. Therefore, we don't have to show much concern about the crowding-out effect, but instead, we should make full use of the roles of government expenditures and individual giving to promote the development of charitable causes in China.

[**Keywords**] Government Expenditures of Social Assistance; Individual Charitable Giving; Crowding-out Effect; Chinese General Social Survey (CGSS) 2012

（责任编辑　张潮）

组织社会评价视角下社会组织
规范化治理研究[*]

——基于全国性社会组织等级评估数据分析

李长文　田　园[**]

【摘要】 社会组织等级评估是促进社会组织规范化治理的重要手段与制度创新。社会评价是社会组织等级评估的重要组成部分，旨在面向社会组织内外各个利益相关方开展社会调查，了解其对于社会组织发展的评价。对 2015 ~ 2017 年度全国性社会组织等级评估社会评价调查数据进行统计与比较，发现社会评价与社会组织规范化治理之间有着千丝万缕的内在联系。基于此，组织社会评价视角下，为进一步规范社会组织规范化治理，需构建与扩大社会组织公众网络、提升社会组织公信力建设、完善社会评价内容与主体范围以及优化社会评价调查方法。

【关键词】 组织社会评价　社会组织等级评估　社会组织评价调查

---

* 本研究是北京市社会科学基金"政府购买服务背景下首都社会组织培育协同机制构建与推进策略研究"（16ZGB003）、民政部社会组织服务中心"全国性社会组织评估调查（2015—2017）课题"及北京社会管理职业学院课题（SGYZD2019 - 2）的阶段性成果。

** 李长文，博士，民政部培训中心（北京社会管理职业学院）副教授，清华大学 NGO 研究所出站博士后，美国夏威夷大学访问学者；田园，硕士，民政部培训中心（北京社会管理职业学院）讲师。

一　引言

过去的十年，中国的社会组织蓬勃发展，截至 2019 年 3 月，我国民政注册社会组织已达 819864 家，其中社会团体 336046 个，社会服务机构 397967 个，基金会 6288 个。① 显然，社会组织已发展成为国家治理体系现代化的重要领域之一。改革开放至今，为了促进众多社会组织的规范化发展，相关政府部门先后采取了诸多措施，其中由民政部门主导的社会组织等级评估是近十年来在推动社会组织规范化发展方面最受社会关注、影响力最大、涉及面最广的制度手段。从 2007 年民政部制定《关于推进民间组织评估工作的指导意见》，到 2010 年颁布《社会组织评估管理办法》，再到 2015 年下发《关于探索建立社会组织第三方评估机制的指导意见》等，我国的社会组织等级评估走过了一路艰辛，也在实践中不断得到发展与完善。社会组织规范化管理从强调登记要件与管理程序等组织发展初期的基础性工作，逐渐转向重视组织治理结构、组织行为与社会评价等组织发展期相关工作要求。

目前，我国现行社会组织等级评估主要围绕"基础条件、内部治理、工作绩效、社会评价"四个维度展开，评估结果从低到高为 1A ~ 5A 五个等级。本研究要讨论的"社会评价"——作为社会组织等级评估的一级指标之一，旨在面向社会组织内外各个利益相关方开展社会调查，了解其对社会组织发展的评价。社会评价结果不仅对于社会组织等级评估结果至关重要，更是社会组织诚信建设的生命线。随着互联网社会的发展，社会组织多而不强、杂而不专的局面越发突出。僵尸组织、空壳组织、冗余组织、山寨组织频出。社会评价调查工作有利于听取来自社会组织内外对于社会组织发展的不同声音，不断完善与促进社会组织的规范化治理。因此，开展科学、客观的社会评价调查工作对于社会组织规范化管理意义重大。

本研究基于参与民政部 2015 ~ 2017 年三年度全国性社会组织等级评估的社会组织全样本分析，并对上述样本评估中的社会评价调查数据进行统计与比较，旨在从组织社会评价的研究视角探讨社会组织规范化发展议题，并提出建议与

---

① 中国社会组织公共服务平台官网：http://data. chinanpo. gov. cn/，2019 年 3 月 5 日访问。

意见，希望对目前我国社会组织规范化治理能有所增益。

二　理论框架：组织社会评价

"互联网＋"时代的来临，不仅引起经济、文化、社会等领域的巨大变化，对国家与社会治理也产生着深刻的影响。借互联网手段与技术，社会公众获取信息、发布和传播意见的便捷性显著提高，组织被社会公众关注与评价也成为普遍的社会现象。不同的社会评价影响不同发展阶段组织生存与发展资源和机会的获得，对于新创组织，社会评价影响关键资源和机会的获取，对于已经克服基本生存障碍的组织，在多大程度上得到社会公众的关注、认可、支持或赞誉，是影响组织生存环境的稳定性、组织成员认同、顾客忠诚等众多决定组织能否获得长远发展的关键问题（Petkova et al.，2014）。由此可见，社会评价已成为组织谋求发展无法回避的重要社会议题。

"组织的社会评价"这一提法正式作为文章题目出现在文献中，是 2011 年 Bitektine 发表的《面向组织的社会评价》一文（Bitektine，2011），文章认为声誉、地位、明星组织、组织过错、身份、合法性、污名等概念都属于组织社会评价研究的范畴。组织的社会评价（social evaluation 或 social judgment of organizations）是指社会公众基于对组织的感知而对组织做出的评价（George et al.，2016）。组织的社会评价通常围绕三个问题展开：（1）社会公众如何对组织做出评价；（2）这种评价会造成什么样的组织后果；（3）组织如何应对和管理社会评价。在网络迅猛发展的当今时代，组织的社会评价是一个不断涌现新问题、新发现的领域，它是涉及来自社会公众多学科和多视角的全面系统评价。

"组织的社会评价"是指社会公众基于对组织的感知而对组织做出的评价。广义上，社会公众（social audience）的概念包括组织所有的利益相关者，如员工、投资者、竞争者等。这些主体通常具有和组织发生实际互动的机会，在过去的研究中已经得到较为广泛的关注。这些不同的利益相关者群体各自对组织的诉求和期望不同（Zavyalova et al.，2016），因而评价标准各有侧重，有时甚至会出现矛盾（Boivie et al.，2016）。

在上述理论框架下，社会组织社会评价即社会公众对社会组织所做的评价，这些社会公众包括社会组织的内部利益相关方以及外部利益相关方。其中前者包括理事、监事、工作人员等，后者包括捐赠人、服务对象、受助人、志愿者等。不同类型的社会组织，其利益相关方也有所不同。通常，社会组织内部利益相关方以不同的方式不同程度地参与社会组织的内部治理。社会组织的外部利益相关方一般不直接参与社会组织的内部治理，却常以项目等为媒介与社会组织发生着千丝万缕的联系。

综上所述，与社会组织规范化治理密切相关的诚信建设、信息公开等重要议题与社会评价的理论要义不谋而合。关注社会组织的社会评价，疏通和创新评价路径，应对和管理好社会评价，对于提升社会组织规范化治理意义重大。

三　数据来源与总体描述

自民政部 2007 年推行社会组织评估工作以来，已初步构建了规范的社会组织评估制度、方法与基本流程，也培育了一批社会组织评估机构与评估专家，社会组织评估体系渐成雏形。截至目前，民政部共组织评估全国性社会组织 1014 家，占总数近 50%。其中评估等级 5A 级社会组织 82 家，4A 级 215 家，3A 级 286 家，2A 级 57 家，1A 级 6 家（王冰洁，2018）。本研究采用民政部 2015 年至 2017 年连续三年开展的全国性社会组织等级评估社会评价调查数据，拟从组织社会评价角度，对社会组织等级评估中涉及社会评价的相关数据进行统计与比较，试图获取社会评价对于社会组织规范化治理有价值的发现，进而提出改进策略。

（一）总体情况

截至目前，民政部主导的全国性社会组织等级评估社会评价调查工作是以社会调查的方式开展的。借助"互联网+"手段，社会评价调查工作以线上调查为主，以传统的实地调查、电话调查为辅，通过多种渠道获取来自社会组织内外的多元评价，以此作为社会组织完善内部治理、规范业务工作的依据。

1. 2015～2017 年三年社会评价调查总况

（1）参评机构数量与类型分布

2015～2017 年连续三年，参与社会组织等级评估社会评价调查工作的全国性社会组织共计 334 家，其中社会团体 223 家，基金会 95 家，社会服务机构 16

家（见表1）。

（2）社会评价调查平均分分布

上述三年中，参评社会组织的社会评价调查平均得分为86.7分，其中社会团体86.1分，基金会85.7分，社会服务机构88.2分。

（3）社会评价调查平均分标准差分布

2015～2017年参评全国性社会组织社会评价调查得分标准差为12.6分，其中社会团体为8.4分，基金会17.3分，社会服务机构12.2分。其中，基金会评估标准差最大，意味着2015～2017年参评基金会在评估得分方面差异明显，即参评基金会发展的差异性较大。社会团体评估得分标准差相对较小，即上述三年参评社团评估得分差异相对较小，参评社团发展差异亦较小。

表1　2015～2017年度全国性社会组织等级评估社会评价调查总体情况

参评机构类型	参评机构数量（家）	平均得分（分）	标准差（分）
基金会	95	85.7	17.3
社会团体	223	86.1	8.4
社会服务机构	16	88.2	12.2
总计	334	86.7	12.6

2. 社会评价调查年度情况

（1）2015年度

2015年度参评全国性社会组织共计110家，其中基金会32家，社会团体71家，社会服务机构7家。社会评价调查平均得分为80.1分，标准差为12.8分（见表2）。

（2）2016年度

2016年度参评全国性社会组织共计113家，其中基金会25家，社会团体83家，社会服务机构5家。社会评价调查平均得分为91.7分，标准差为10.6分。

（3）2017年度

2017年度参评全国性社会组织共计111家，其中基金会38家，社会团体69家，社会服务机构4家。社会评价调查平均得分为86.2分，标准差为12.9分。

由上述三年评估数据可见，2016年度所有参评机构评估平均得分最高，标准差最低，本年度参评社会组织发展相对差异性较小。2015年度所有参评机构评估平均得分最低，标准差相对较高，说明当年参评社会组织发展总体状况偏弱，发展差异性也较大（见图1）。

表2 2015～2017年度全国性社会组织等级评估社会评价调查年度情况分布

机构类别	2015年	2016年	2017年
基金会（家）	32	25	38
社会服务机构（家）	7	5	4
社会团体（家）	71	83	69
数量总计（家）	110	113	111
平均得分（分）	80.1	91.7	86.2
标准差（分）	12.8	10.6	12.9

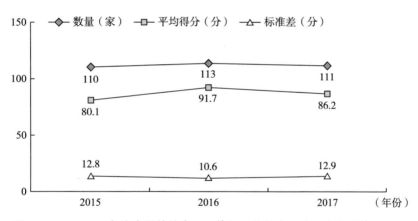

图1 2015～2017年度全国性社会组织等级评估社会评价调查年度情况分布

（二）数据统计与分析

全国性社会组织评估社会评价调查工作面向各类参评社会组织的各个利益相关方开展调查，不同类型参评机构，其调查对象与内容略有差异，因此，评估指标也不尽相同。本部分选取2015年至2017年度参加全国性社会组织评估的各类社会组织的共性指标及其相应数据进行比较与分析。

依据全国性社会组织分类评估原则，在评估实践中，将社会组织分为以下类型：基金会、社会服务机构、社会团体。其中社会团体又细分为行业协会商会类社团、学术类社团、公益类社团、职业类社团、联合类社团。不同类型参评机构社会评价对应不同的调查对象及评估指标。总体看，社会评价一般包括内部评价、公众评价与外部评价。内部评价所针对的调查对象一般包括工作人员、理事、会员、监事。公众评价针对捐赠人、受助人、志愿者、服务对象开展调查。外部评价主要面向登记管理机关、业务主管单位开展调查。本研究主要分析前两类评价，即内部评价与公众评价。在指标权重方面，内部评价所占权重为 30～50 分，公众评价所占权重为 20～30 分，依据每年评估工作侧重不同，指标与权重均有小幅度调整。基于 2015～2017 年度全国性社会组织社会评价评估指标，专门将本研究要分析的共性指标编制如表 3。①

表 3　2015～2017 年度社会评价调查共性指标汇总

组织类型＼指标		调查对象及权重	2015～2017 年共性指标	备注
社会团体	内部评价	理事评价（10～20 分）	领导班子、规范化管理、财务公开、创新能力	
		会员评价（15～30 分）	会员大会、民主办会、信息公开、维护行业利益、接受会员监督、会费管理	
		工作人员评价（10 分）	领导班子建设、薪酬待遇、规范化管理、发挥作用、行业影响力、业务开展情况	
	公众评价	捐赠人评价（10 分）	公益性、项目效果满意度、社会影响力	此两项是公益类社团指标，2016 年、2017 年无公益类社团参评，2015 年仅对捐赠人开展调查，没有针对受助人开展调查
		受助人评价（10 分）	公益性、项目效果满意度、社团规范性、公正公开选定受助人、履行协议	
基金会	内部评价	理事评价（10 分）	民主决策、秘书长工作、筹资能力	
		监事评价（10 分）	民主决策、领导班子履行职责、财务管理、资金使用	
		工作人员评价（5 分）	领导班子履职、内部管理、薪酬待遇、基金会作用发挥	2016 年、2017 年取消此指标
	公众评价	捐赠人评价（10 分）	公益性、项目效果满意度、社会影响力	
		受助人评价（10 分）	总体印象、公平选定受助人、履行协议	

① 文中图表均为基于 Excel 数据统计由作者自主绘制。

组织类型 \\ 指标		调查对象及权重	2015～2017 年共性指标	备注
基金会	公众评价	志愿者评价（10 分）	基金会公益性、项目创新性、项目可操作性、社会效果、志愿者管理等方面的评价	2015 年无此指标，2016 年、2017 年度均有
社会服务机构	内部评价	理事评价（15～20 分）	财务管理、创新能力、班子履职、重大事项民主决策和提供服务能力	
		监事评价（15～20 分）	非营利性、财务管理、领导班子履职、重大事项民主决策、能力建设和规范化管理	
	公众评价	服务对象评价（10～20 分）	服务态度、服务质量、信息公开、社会影响力和诚信度	2015 年此指标曾被列为"外部评价"

资料来源：本表根据 2015－2017 年全国性社会组织评估社会评价指标编制。

在上述社会评价共性指标框架下，结合每年具体评估内容的变化，本文基于以下原则对数据进行筛选与分析：一是按照社会评价的分类，重点对不同类型社会组织内部评价与公众评价所涉及的利益相关方评价进行比较；二是对上述两类评价利益相关方的关键评价内容进行比较与分析；三是基于可分析比较的视角，从横向的三大类社会组织维度以及纵向的评估时间维度，选取可进行横、纵比较的指标数据进行分析。

在上述原则下，本文分别选取了内部评价、公众评价以及关键指标评价的13 个维度指标进行统计与分析。其中内部评价分别包括三类社会组织的理事、基金会与社会服务机构的监事、社会团体会员及工作人员四类利益相关方的评价；公众评价分别包括公益类社会团体与基金会的捐赠人、基金会受助人与志愿者、社会服务机构服务对象四类利益相关方评价；关键指标评价分别包括民主办会与民主决策、领导班子履职/秘书长能力、信息公开、财务管理/资金使用/财务公开、创新工作能力五个维度的评价。

1. 内部评价

（1）理事评价

2015～2017 年，各类全国性社会组织社会评价指标中均包括理事评价，权重为 10～20 分。在理事评价指标中，重点考察理事对于参评社会组织领导班子、规范化管理、财务公开、创新能力方面的评价。

第一，2015～2017年社团理事评价。

社会评价调查数据统计显示，参评组织理事对于社团的整体评价、民主办会、规范管理等方面评价较为一致，没有表现出明显差异，但在年度数据比较上，2017年度评价普遍好于2016年度与2015年度。其中，2016年度、2017年度"财务公开会费使用"指标取消，2015年度无"创新工作能力"项指标，因此无相应数据（其无相应数据均为当年没有该项指标，以下均同）（见图2）。

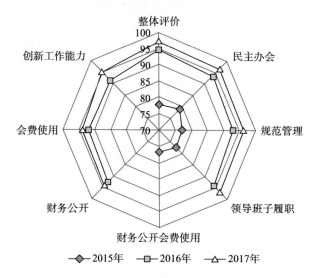

图2　2015～2017年社团理事评价

第二，2015～2017年基金会理事评价。

参评组织理事对于基金会的整体评价、规范管理、民主决策、财务公开、筹资能力、公益项目实施效果以及秘书长工作能力等方面的评价没有表现出明显差异，但年度差异较大。2016年稍好于2017年，但均明显好于2015年的评价（见图3）。

第三，2015～2017年社会服务机构理事评价。

参评组织理事对于社会服务机构各方面工作评价没有表现出明显规律性，2015年度理事对于参评组织的各项工作评价较为一致。2016年度，理事对于组织领导班子履职情况较为满意，对于参评组织创新工作能力评价较低。2017年度，理事对于组织在财务管理方面评价较低，对于领导班子履职情况较为满意。总体看，2017年理事评价好于其余两个年度（见图4）。

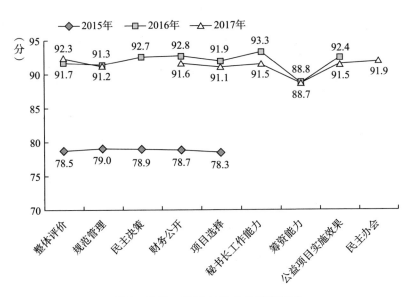

图 3 2015～2017 年基金会理事评价

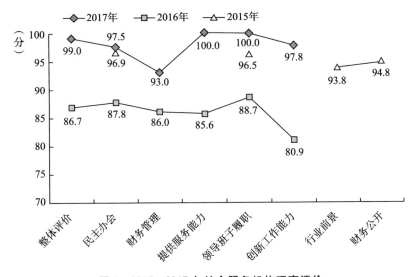

图 4 2015～2017 年社会服务机构理事评价

第四，2015～2017 年三类机构理事评价比较。

纵观三年理事对所属机构评价的变化，2015 年参评机构理事均分最低，2016 年参评机构理事评价均分最高，2017 年则又略有下降。其中社会服务机构理事对机构评价除 2016 年以外总体水平最高，基金会次之，社会团体理事评价最低（见图 5）。

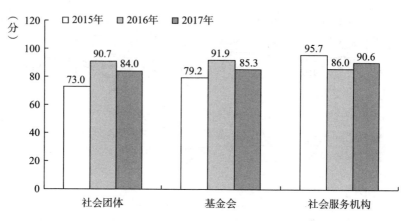

图 5　2015～2017 年三类机构理事评价比较

（2）监事评价

2015～2017 年，全国性社会组织评估社会评价指标中，除了社会团体以外，基金会与社会服务机构评估指标中均包括监事评价，权重为 10～20 分。在监事评价指标中，重点考察监事对参评社会组织民主决策、领导班子履职、财务管理、资金使用、组织非营利性、重大事项民主决策、能力建设和规范化管理等方面的评价。

第一，2015～2017 年基金会监事评价。

参评基金会监事一般针对整体评价、民主决策、领导班子履职、资金使用、监事作用发挥、民主办会、规范管理等方面进行评价。统计数据显示，2016 年度上述指标对应的评价均有小幅变化，总体看，对领导班子履职情况评价较高，对资金使用方面的评价略低。在年度评价方面，2017 年评价好于 2016 年、2015 年（见图 6）。

第二，2015～2017 年社会服务机构监事评价。

参评社会服务机构监事一般针对整体评价、民主决策、领导班子履职、财务规范管理、业务宗旨、资金使用、监事作用发挥等方面进行评价。统计数据显示，除了 2016 年度社会服务机构监事对于上述指标的评价趋同，2015 年度与 2017 年度监事评价均表现出明显的差异。其中，2015 年度对领导班子履职、资金使用方面的评价较高，对于监事作用发挥的评价较低。2017 年度对领导班子履职评价最高，对整体工作与财务规范管理评价较低（见图 7）。

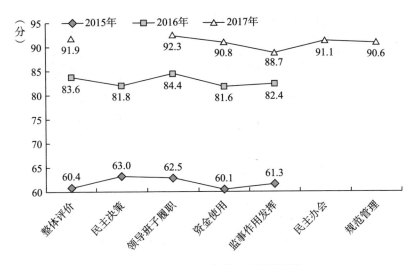

图 6　2015～2017 年基金会监事评价

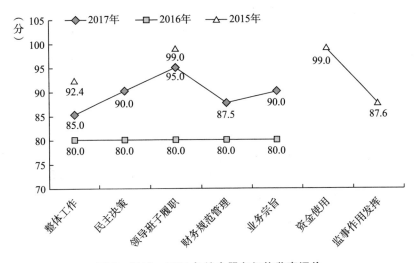

图 7　2015～2017 年社会服务机构监事评价

第三，2015～2017 年两类机构监事评价比较。

纵观三年监事对社会服务机构与基金会评价的变化，2015 年社会服务机构监事评价明显高于基金会监事评价，均分相差高达 33 分。2016 年与 2017 年两年度社会服务机构与基金会监事评价均分差异不大，基金会略高于社会服务机构评价水平（见图 8）。

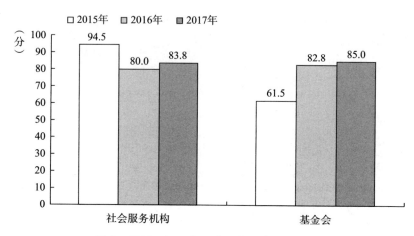

图 8　2015～2017 年两类机构监事评价比较

（3）会员评价

2015～2017 年，全国性社会组织评估社会评价指标中，基金会与社会服务机构均没有会员评价，只有社会团体有会员评价，权重为 15～30 分。在会员评价指标中，重点考察会员对于参评社团整体工作、民主办会、信息公开、社团发挥作用、会员服务、业务宗旨/非营利性、参与活动情况、采纳意见接受监督等方面的评价。

统计数据显示，2015 年度参评社团会员对于组织的整体工作、民主办会、信息公开等各项工作评价较为一致，没有明显差异。2016 年度会员对于参与活动情况的评价相比其他指标明显偏低，分数差距在 20 分之多。2017 年度也表现出与上一年度较为相似的评价趋势，会员对于参与活动情况的评价比其他方面指标得分低出 30 分之多（见图 9）。

（4）工作人员评价

2015～2017 年，全国性社会组织评估社会评价指标中，社会服务机构没有工作人员评价，基金会只有 2015 年有工作人员评价，因此，本部分仅对社会团体工作人员评价进行分析。工作人员评价权重基本保持在 10 分。在工作人员评价指标中，重点考察工作人员对于参评组织领导班子履职、规范化管理、社团发挥作用、个人成长与职业发展等方面的评价。

统计数据显示，在年度工作人员评价方面，2016 年度、2017 年度社团工作人员评价明显好于 2015 年度。在各项指标评价方面，三年的数据没有明显差异，仅体现出小幅变化（见图 10）。

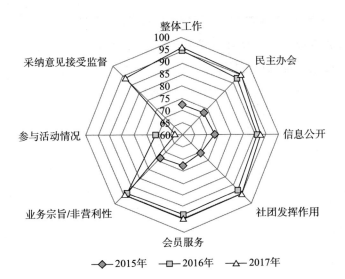

图 9　2015～2017 年社会团体会员评价

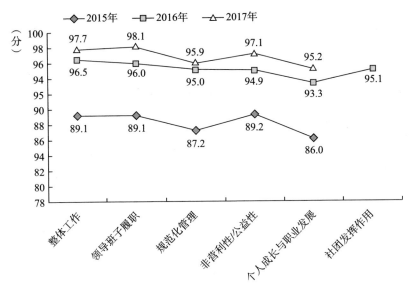

图 10　2015～2017 年社会团体工作人员评价

2. 公众评价

（1）捐赠人评价

2015～2017 年，全国性社会组织评估社会评价指标中，涉及捐赠人评价指标的有公益类社会团体与基金会两类组织。捐赠人评价权重基本保持在 10 分。在捐赠人评价指标中，重点考察捐赠人对参评组织的公益性、项目效果与规范化以及社会影响力、捐赠物资使用等方面的评价。其中，2016 年度、2017 年度无公益类社团参评，仅 2015 年有 4 家公益类社团参评，其中也仅对捐赠人开展了调查，对受助人没有开展调查。

第一，2015 年公益类社会团体捐赠人评价。

统计显示，2015 年度参评公益类社团捐赠人对于社团项目管理及其规范化比较满意，对于社团的社会影响力评价相对较低，社团社会影响力还有待提升（见图 11）。

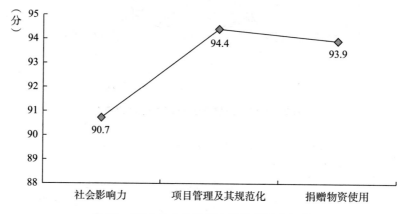

图 11　2015 年公益类社会团体捐赠人评价

第二，2015～2017 年基金会捐赠人评价。

基金会捐赠人评价指标重点考察捐赠人对参评基金会的公益项目规范化、捐赠物资使用、项目效果等方面的评价。三年评价数据显示，捐赠人对于上述指标的评价在当年度没有表现出明显差异，均趋于一致。在年度评价方面，2016 年度评价最高，其次为 2017 年度，评价最低的是 2015 年度（见图 12）。

（2）受助人评价

2015～2017 年，全国性社会组织评估社会评价指标中，涉及受助人评价指标的有公益类社会团体与基金会两类组织。受助人评价权重基本保持在 10 分。其中，仅 2015 年度有 4 家公益类社团参评，其余两年度均无此类社团参评，而2015 年由于调查手段所限没有针对公益类社团以及基金会受助人开展调查，因此没有相应数据。因此，本部分仅考察 2016 年、2017 两年度基金会受助人评价。

基金会受助人评价指标重点考察受助人对参评基金会的公益项目专业化与规范化、遴选受助人公开公正性、满足受助人需求、社会影响力等方面的评价。

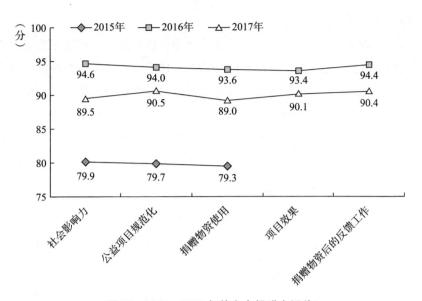

图 12 2015 ~ 2017 年基金会捐赠人评价

统计显示，2016 年度受助人对参评基金会评价总体好于 2017 年度，受助人对于基金会社会影响力评价明显低于其他指标评价。对于遴选受助人公开公正性方面的评价总体高于其他指标评价（见图 13）。

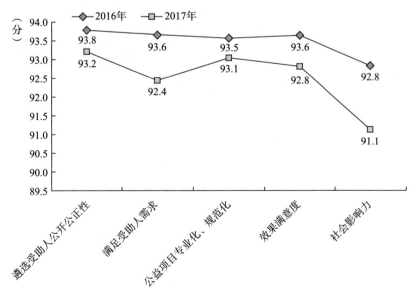

图 13 2016 ~ 2017 年基金会受助人评价

（3）志愿者评价

2015～2017 年，全国性社会组织评估社会评价指标中，涉及志愿者评价指标的只有基金会。志愿者评价权重基本保持在 10 分。除了个别指标在年度评价中有调整，志愿者评价指标重点考察志愿者对基金会项目效果及创新性、志愿者管理、社会影响力等方面的评价。

统计数据显示，三个年度志愿者对参评基金会上述各项工作评价没有明显差异，仅表现出小幅变化。在年度评价方面，2017 年度志愿者评价得分最高，2016 年次之，2015 年度评价最低（见图 14）。

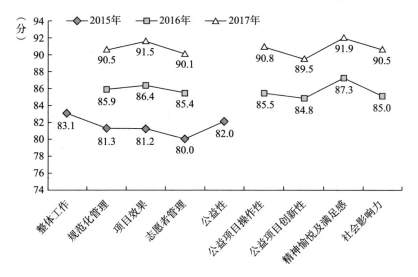

图 14　2015～2017 年基金会志愿者评价

（4）服务对象评价

2015～2017 年，全国性社会组织评估社会评价指标中，涉及服务对象评价指标的只有社会服务机构。服务对象评价权重基本保持在 10～20 分。在服务对象评价指标中，重点考察服务对象对参评组织的服务态度、服务质量、信息公开、社会影响力和机构诚信度等方面的评价。

统计数据显示，三个年度服务对象对参评社会服务机构上述各项工作评价没有明显差异，评价较为一致。在年度评价方面，2017 年度服务对象评价得分最低，相比而言，2015 年与 2016 年度服务对象评价较高（见图 15）。

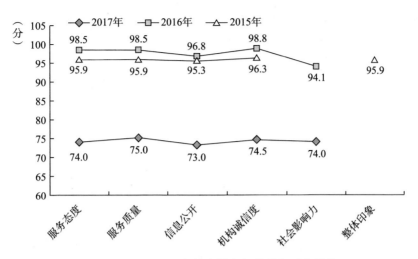

图 15　2015～2017 年社会服务机构服务对象评价

3. 关键评价指标比较

（1）民主办会、民主决策

2015～2017 年度对于"民主办会、民主决策"指标进行评价的分别涉及社团会员与理事、基金会理事与监事、社会服务机构理事与监事六类调查对象。数据显示，2016 年度与 2017 年度关于此项指标评价总体高于 2015 年度。在六类调查对象中，社会服务机构理事对于"民主办会、民主决策"的评价较高，基金会监事评价相对较低。其他调查对象对于此项指标评价较为均衡（见图 16）。

（2）领导班子履职、秘书长能力

2015～2017 年度对于"领导班子履职、秘书长能力"指标进行评价的分别涉及社团理事与工作人员、基金会理事与监事、社会服务机构理事与监事六类调查对象。数据显示，三个年度关于此项指标评价中，2015 年度评价稍低于 2016 年度与 2017 年度。在六类调查对象中，基金会监事与社会服务机构监事对于"领导班子履职、秘书长能力"的评价相对偏低。其他调查对象对于此项指标评价没有表现出明显差异（见图 17）。

（3）信息公开

2015～2017 年度对于"信息公开"指标进行评价的分别涉及社团会员与社会服务机构服务对象两类调查对象。如图 18 所示，上述两类调查对象关于此项指标年度评价表现出较大差异，2015 年度社会服务机构服务对象对于此项指标的评价远高于社团会员，评价分值高出 20 余分。2016 年度上述两类调查对象评

价没有太大差距，2017 年度社团会员关于此项指标的评价远高于社会服务机构
服务对象的评价，评价分值高出近 20 分（见图 18）。

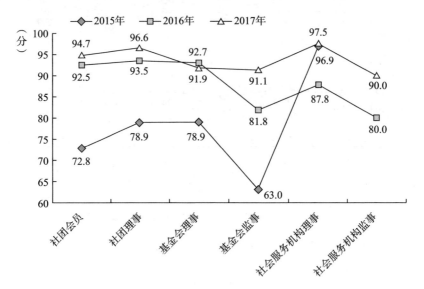

图 16 2015～2017 年"民主办会、民主决策"评价

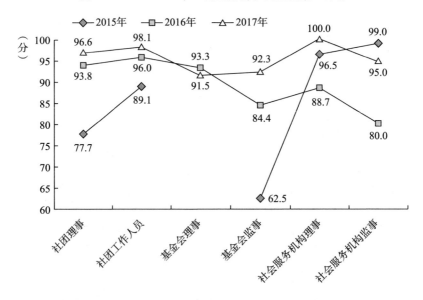

图 17 2015～2017 年"领导班子履职、秘书长能力"评价

说明：由于每年民政部都会对全国性社会组织评估指标进行程度不一的调整与修订，
2015 年度基金会理事评价中没有"领导班子履职、秘书长能力"的评价指标，因此没有该
项对应数据。

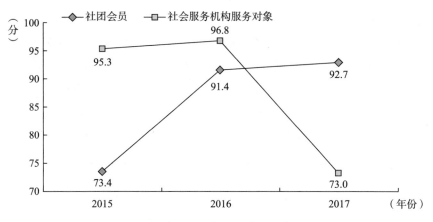

图 18　2015～2017 年"信息公开"评价

（4）财务公开、资金使用、财务管理

2015～2017 年度对于"财务公开、资金使用、财务管理"指标进行评价的
分别涉及社团理事、基金会理事与监事、社会服务机构理事与监事五类调查对
象。数据显示，三个年度关于此项指标评价中，除了社会服务机构理事与监事
评价外，2015 年度评价稍低于 2016 年度与 2017 年度。在六类调查对象中，基
金会监事对于此项指标评价较低，社会服务机构理事与监事对于此项指标评价
相对较高，其他调查对象评价没有明显差异（见图 19）。

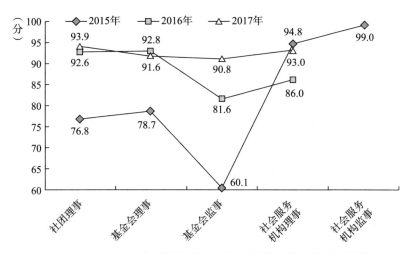

图 19　2015～2017 年"财务公开、资金使用、财务管理"评价

说明：由于每年民政部都会对全国性社会组织评估指标进行程度不一的调整与修订，
2016 年度与 2017 年度社会服务机构监事评价中没有"财务公开、资金使用、财务管理"的
评价指标，因此没有该项对应数据。

（5）创新工作能力

对于"创新工作能力"指标进行评价的分别涉及 2016 年与 2017 年的社团理事、基金会志愿者、社会服务理事三类调查对象。数据显示，2016 年度，社团理事对于此项指标评价最高，其次为基金会志愿者，社会服务机构理事评价相对最低，分差高达 10 余分。2017 年度，社会服务机构理事评价表现最高，其次为社团理事，基金会志愿者评价最低，分差达 8 分（见图 20）。

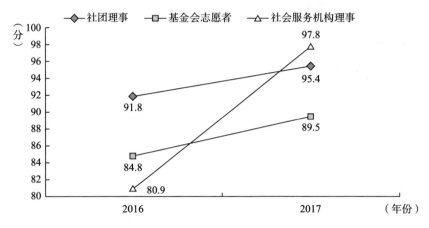

图 20　2016～2017 年"创新工作能力"评价

四　发现与结论

对 2015～2017 年度三年全国性社会组织评估社会评价调查数据进行统计与整理，发现社会评价在社会组织规范化发展过程中，体现出以下特点。

（一）同年度社会评价较为均衡，年度评价差异明显

对上述数据进行统计发现，同年度不同调查对象的社会评价之间没有表现出明显差异，总体显得比较均衡，在分值分布上也较为一致。然而，不同年度社会评价差异却较为明显，社会评价得分有一定差距。总体看，2015 年度社会评价相对低于 2016 年与 2017 年两个年度。具体见本文第三部分各图表所示。

（二）不同类型调查对象评价略有差异

统计数据显示，不同类型调查对象在社会评价中表现出一定的差异性。具体表现在理事、监事与捐赠人评价中。

1. 社团各类调查对象评价比较

课题组对 2015～2017 年三年社团的各类调查对象社会评价进行统计发现，不同调查对象社会评价体现出了一定的差异性。总体看，会员评价偏低，工作人员评价相对较高（见图21）。

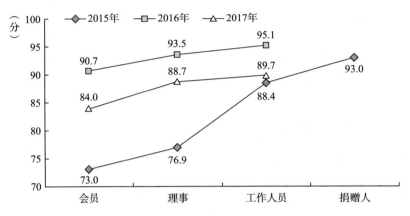

图 21　2015～2017 年社团各类调查对象评价比较

2. 基金会各类调查对象评价比较

如图 22 所示，2015～2017 年基金会各类调查对象评价中，除了 2017 年较为均衡，其他两年度社会评价波动幅度比较大，说明各类调查对象对基金会各项工作的评价差异性较明显。总体看，监事评价相对于其他类型调查对象而言偏低，理事、捐赠人与受助人评价相对较高。

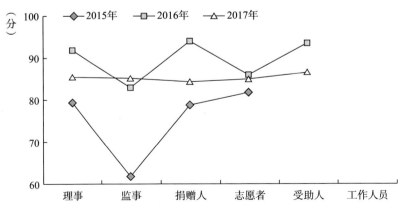

图 22　2015～2017 年基金会各类调查对象评价比较

（三）不同类型机构社会评价表现出明显差异

在指标相对一致的情况下，三类参评机构理事在三年社会评价中表现出了明显差异。如在"整体评价""民主办会""规范管理""领导班子履职/秘书长工作能力""财务公开/财务管理"几项指标中，可以看出，社团、基金会、社会服务机构三类参评机构对于上述工作的评价表现出了明显差异。除了2016年社会服务机构理事评价表现稍低，2015年与2017年度社会服务机构理事评价明显高于基金会与社会团体理事评价。其余年度不同类型机构理事对于上述工作评价也都表现出了明显差异，具体见图23。

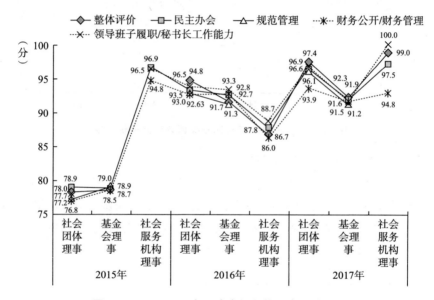

图23 2015～2017年三类参评机构理事评价差异

再有，2015～2017年社会服务机构与基金会监事对于其评价也表现出了一定差异。

都作为项目受益人，基金会受益人与社会服务机构服务对象对于"受助人遴选公开公正性""项目效果满意度/服务质量""社会影响力"维度的评价也表现出明显的差异性（见图24）。

（四）关键指标评价差异明显

如前文所述（文章"关键评价指标比较"部分），各类机构的不同调查对象对于某些关键的共性指标评价存在较为明显的评价差异。如"民主办会、民主决策""领导班子履职、秘书长能力""信息公开""财务管理"等关键指

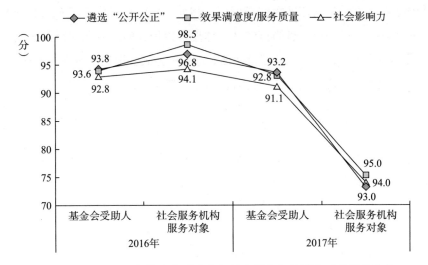

图24　2015～2017年基金会受助人与社会服务机构服务对象评价比较

标，不同或同类机构的不同调查对象或同类调查对象的社会评价均表现出程度不一的差异性。

五　讨论与策略

社会评价调查通过采集社会组织利益相关方对其发展提出的评价并进行汇总统计，基于统计结果，分析组织社会评价视角下，各利益相关方对于社会组织规范化发展的观察及其对社会组织规范化发展均有重要的影响。然而，为获得客观、准确的评价结果，采用科学的评价手段、评价方法以及评价内容至关重要。2015～2017年三年度社会评价调查数据的获取在评价方法与内容以及评价主体与客体等方面主要体现了以下特点。

第一，评价方法。全国性社会组织等级评估中的社会评价一直采取社会调查方式获取相关信息与数据。其中，2015年度社会评价调查以传统的电话调查方式开展，这种方式能保证调查方与调查对象之间一对一开展调查，所获数据较为真实、有效，但也有弊端，比如效率低、电话接通率低、样本量少等。由于上述这些特点，相对于2016年度、2017年度，2015年度社会评价调查数据总体偏低。

第二，评价内容。全国性社会组织社会评价调查内容即评价指标总体能体现参评机构各利益相关方的权益与责任。然而，目前与评价指标对应的问卷设计中还无法验证所采集信息的真实性，体现评价指标的问卷在内容与方式方面还需要不断改进与提升，以便通过便捷、高效的方式获取调查对象的真实表达，确保社会组织评价调查数据在社会组织规范化管理中的参考价值与意义。

第三，评价主体。社会组织评价主体是指对参评社会组织提出评价的各类利益相关方，即理事、监事、工作人员、服务对象、会员等。目前社会组织评估中在评价主体的选择上，重内部评价，轻公众评价，且此处的"公众"并非真正意义上的公众，均与参评社会组织有着千丝万缕的内在联系，比如基金会捐赠人、受助人、志愿者以及社会服务机构服务对象等，而来自社会大众的评价在评估中依然处于缺失状态。

第四，评价客体。社会组织评价客体是指每年的参评社会组织，即被评价方。现行《社会组织评估管理办法》规定评估等级有效期为 5 年（第 28 条），且评估等级有效期满前 2 年，社会组织可以申请重新评估（第 29 条）。因此，参评机构在获得相关等级后在未来的 3 ~ 5 年内不再参评，这意味着每年的社会评价调查均基于不同的参评社会组织样本，因此，评价数据以及评价结果难以避免个别偶然因素的影响。但纵跨不同年度与横跨不同样本的评价调查数据依旧能一定程度上反映出社会评价的一些共性规律与个性特色。

基于上述讨论，提出以下组织评价视角下进一步改进社会组织规范化管理的一些管窥之见。

（一）构建与扩大社会组织公众网络

社会公众网络建设是组织社会评价得以实现的基础。帕特南在《使民主运转起来》中将社会资本界定为"社会组织的特征，如信任、规范和网络，它们能够通过推动协调的行动来提高社会的效率"（帕特南，2001：85）。在帕特南看来，社会资本由与公民的信任、互惠、参与、合作等有关的一系列态度和价值观构成，包含社会信任、互惠规范和网络三个要素。他进一步指出，"在一个共同体中的公民参与网络越密，其公民就越有可能进行互惠合作"（帕特南，2001：204）。社会组织的生存与发展依赖社会公信资源，而社会公众对组织的认可和支持程度又直接影响公信资源的获取与社会公众的参与程度，同时也反映社会组织社会动员能力及其社会影响力的高低。因此，对社会组织而言，要赢得社会公众的认可和支持，就需要不断扩大公民的参与网络与参与渠道，扩大社会组织利益相关方的范围，促进组织与社会公众之间的互动交流与合作，及时掌握社会信息，了解社会公众的公益需求并努力实现社会赋予组织发展的期待，同时积极引导社会公众参与组织的自身建设与发展，鼓励和培育社会公众成为监督与促进社会组织规范化治理的有效力量。

（二）建立社会公众评价参与的社会组织信用体系

包含各类利益相关方的社会公众评价是社会组织信用体系建设的基础。信用是经济社会发展的核心，更是社会治理的重要手段，社会组织信用体系建设是推进"放管服"改革，实现行政监管、组织自律与社会监督有效结合的制度设计。随着社会组织的快速发展，对加强事中事后监管提出了新的要求。2018年1月，民政部印发《社会组织信用信息管理办法》（简称《办法》），通过守信激励、失信惩戒，增加违法成本和惩处力度，强化信用约束，倒逼社会组织加强诚信自律建设。《办法》要求登记管理机关向社会公开社会组织信用信息，将社会组织信用情况置于"阳光监督"之下，为动员和引导广泛社会公众参与监督提供了制度保障。然而，在管理实践中，大多数社会组织的信息公开不到位、组织运作透明度不高，阻塞了社会公众了解社会组织运行的信息渠道。信息化时代背景下，社会组织作为聚集各类公共资源的组织化平台，通过信息公开的渠道，引导社会公众监督社会组织的建设与发展，对社会公众评价进行有效管理和应用，不仅能有效积累社会组织的公信资源，还有助于吸纳由各类利益相关方构成的社会公众参与社会组织治理实践，推动包含公众评价在内的社会组织信用体系建设。

（三）完善与扩大社会评价内容与评价公众范围

科学的社会评价内容与合理的公众范围是获取客观的组织社会评价的关键要素。现行社会组织等级评估社会公众评价在评价内容与主体方面主要表现出以下局限性。一是社会评价权重在社会组织等级评估中较低。在评估总分1000分中，社会评价仅占100分左右，这对于社会组织信用体系建设导向作用不明显。二是社会评价具体内容及指标权重方面，不同调查对象的权重相对比较趋同，对于不同调查对象在不同类型机构中发挥作用的个性化考量不足，不利于健康引导社会组织的分类发展。针对上述问题，具体建议有以下几点。一是增加社会公众评价在社会组织等级评估中的权重，增加各类调查对象（公众）对社会组织的评价分值，用制度化的方式引导社会组织公信力建设。二是调整与改进不同类型社会组织所对应不同调查对象的评价权重设置。会员、工作人员、捐赠人、受助人、志愿者对于不同类型社会组织而言，其相关程度及发挥作用的方式亦不同，因此，在社会评价中所占权重也应体现出差异化分配。三是扩大社会评价中评价主体即调查对象的范围。加大和拓展社会组织社会评价的公众范围，以确保社会评价的全面性与代表性，比如可考虑将兄弟机构之间互评以及与参评社会组织无利益关系的普通社会公众评价纳入评估观测范畴，使社会评价的数据来源更加丰富、多元。

（四）改进与优化社会评价方法

社会评价方法的改进与优化是获取客观公正的组织社会评价的前提与保证。现行社会组织评估评价调查在调查方法方面尚存在很多不足，诸如调查问卷设计不够合理、调查方法不够多元、调查工具不够便捷等。针对这些问题，提出建议如下。一是加大问卷设计的技术含量，对问卷赋分原则进行创新改革，在原仅有统计并赋分题目的基础上，增加统计不计分题目，同时增加与参评社会组织类型相匹配的个性化题目，以此增加问卷信息的采集量与所采集信息的客观性。二是运用"互联网＋"思维模式，大胆开发和引入诸如微信、APP 应用等形式的互联网数据抓取与调查模式，不断扩大参评社会组织相关信息来源与渠道，提高社会评价调查的信度与效度。三是探索不同调查方式与调查工具之间的个性化组合。鉴于社会组织在活动领域以及所属类型等方面的复杂性，可针对不同的参评机构采取灵活权变的调查方式与工具。比如针对同一机构的不同利益相关方可采取不同的调查工具与调查方式，对于较为分散且与参评组织关系较为松散的志愿者、会员等社会公众，可采取微信、邮件调查获取数据，而对理事、捐赠人等重要利益相关方进行调查时，可适当与参评社会组织实地评估相结合，采取面对面访谈方式，以获取 360 度的组织评价信息和数据，确保评估结果准确、客观。

参考文献

〔英〕帕特南，D. 罗伯特（2001）：《使民主运转起来》，王列、赖海榕译，南昌：江西人民出版社。

王冰洁（2018）：《评估：社会组织管理领域成功的创新之举——中国社会组织评估

十周年高峰论坛侧记》，《中国社会组织》，（11），24～26。

Bitektine, A. (2011), "Toward A Theory of Social Judgments of Organizations: The Case of Legitimacy, Reputation, and Status", *Academy of Management Review*, 36 (1), 151–179.

Boivie, S., et al. (2016), "Understanding the Direction, Magnitude, and Joint Effects of Reputation When Multiple Actors' Reputations Collide", *Academy of Management Journal*, 59 (1), 188–206.

George, G., et al. (2016), "Reputation and Status: Expanding the Role of Social E-valuations in Management Research", *Academy of Management Journal*, 59 (1), 1–13.

Petkova, et al. (2014), "Reputation and Decision Making under Ambiguity: A Study of U. S. Venture Capital Firms' Investments in the Emerging Clean Energy Sector", *Academy of Management Journal*, 57 (2), 422–448.

Zavyalova, A., et al. (2016), "Reputation as A Venefit and A Burden? How Stakeholders' Organizational Identification Affects the Role of Reputation Following A Negative Event", *Academy of Management Journal*, 59 (1), 253–276.

Research on Standardized Governance of Social Organizations From the Perspective of Social Evaluation of Organization: Based on Data Analysis of National Social Organization Level Assessment

Li Changwen, Tian Yuan

[**Abstract**] Social organization level assessment is an important means and system innovation to promote the standardized governance of social organizations. Social Evaluation is an important part of social organization level assessment. It aims to conduct social surveys for various stakeholders inside and outside social organizations to understand their evaluation of the development of social organizations. Based on the statistics and comparison of the social e-valuation survey data of the 2015–2017 national Social Organization Rating

组织社会评价视角下社会组织规范化治理研究

Assessment, it is found that social evaluation has numerous internal relations with the standardized governance of social organizations. Based on this, from the perspective of organizational social evaluation, in order to further standardize the standardized governance of social organizations, it is necessary to construct and expand the public network of social organizations, enhance the construction of social organization credibility, improve the content and scope of social evaluation and optimize the survey method of social evaluation.

[**Keywords**] Social Evaluation of Organization; Level Assessment of Social Organization; Social Evaluation Investigations of Social Organization

（责任编辑：宋程成）

论慈善美德之慷慨及其规范性原则[*]

王银春^{**}

【摘要】 近年来，随着中国慈善事业的快速发展，捐赠多少才算得上真正的慷慨？这个问题一直被广泛地争论。为对这一问题在学理层面做出回应，我们从美德伦理学的视角对慷慨概念及其规范性原则两个层面展开研究。通过研究发现，随着传统慈善向现代公益的转换，慷慨的内涵与外延应不断丰富、深化和拓展。慷慨是一种"实践智慧"，是出于美德的实践行动。慷慨是指一个人或机构在财物、知识、技能、权利、机会、精神、心理、爱等方面给予适度的德性与德行。但是，慈善人士的慷慨也存在一定的限度，亚里士多德和西塞罗都对此问题作过较为深入的探讨，且对慷慨的规范性原则作过相应的规定。在现代公益慈善事业中，需要对此规范性原则进行现代性转化。我们认为，"适度原则"是慷慨行为在实践中应当遵循的普遍有效原则，并对其具体内容做出了相关阐释。慷慨概念及其规范性原则的现代性转化，有助于对个体及机构开展的慈善行动进行更为理性和科学的道德评价，从而有助于促进中国慈善事业的健康发展。

* 本文系国家社科基金项目"当代中国慈善伦理范式转换研究"（15BZX102）的阶段性成果、东华大学中央高校基本科研业务费专项资金项目现代化与文明发展研究基地项目成果之一、东华大学人文社科预研究项目阶段性成果。

** 王银春，东华大学马克思主义学院副教授，硕士生导师，哲学博士后，研究方向：公益慈善伦理文化、全球正义等。

【关键词】慈善美德　慷慨　给予　限度

　　从 2008 年的汶川地震、2010 年的玉树地震等重大自然灾害发生时的捐赠排行榜，以及后来比尔·盖茨和沃伦·巴菲特来中国倡导"裸捐"的慈善晚宴所引发的诸多争议来看，其中涉及一个反复被讨论的问题，即一个人或某个机构捐多少算够？捐多少才算得上慷慨，是富人捐一千万元，还是穷人捐一百元？社会公益人士为社会中弱势群体的权利、机会等呼吁奔走，倡导社会改革；志愿者付出时间给他人提供力所能及的帮助；专业人士免费为他人提供专业知识与技能的帮助，或者精神与心理层面的关怀，算不算得上一种慷慨？对慈善人士最佳的评价与赞赏，莫过于称赞其具有"慷慨"的美德，但是，如果因为过度慷慨而使自身以及亲人的生活处于赤贫等举步维艰、难以为继的境地，是否也是值得称颂的慷慨美德？

　　回顾学术史不难发现，哲学、社会学、经济学等不同的学科学者都对慷慨问题作过探讨，比如，社会学领域的学者 Chritian Smith 和 Hilary Davidson（2014）在著作《慷慨的悖论》（The Paradox of Generosity）中探讨过慷慨的两个悖论：其一，慷慨给慷慨主体带来好处，即给予越多，感觉越好；其二，即便有这些好处，但慷慨的人相对较少。管理学领域的 Francis Flynn（2003）等学者从不同的角度探讨过慷慨慈善行为对个人社会地位和公司组织声誉的影响。还有不少文章从经济学角度对慷慨行为动因及其影响进行了深入考察，鉴于其与本文研究问题的相关性不高，就不作具体阐述。在哲学伦理学领域，古希腊哲学家亚里士多德、古罗马哲学家西塞罗等从个人美德方面较为深入地探讨过慷慨及其限度，而马基雅维利则从政治伦理的角度探讨了执政者的慷慨在何种意义上是德性，在何种意义上实为一种获得权力的政治考量。龚群（2004）在《麦金太尔论给予与接受的德性》一文中考察了在共同体中具体公正慷慨地给予与接受的德性实践对共同体生活的意义；肖群忠（2004）在探讨绅士或者君子的德性或美德时涉及慷慨这一道德品行。但在现代慈善已然发生根本性变革的情境下，上述讨论并不足以料理与慷慨相关的诸多现实伦理困境与冲突，为更好地对慷慨这一美德的现实状况进行有效解释，并对现代慈善活动提供更为坚实的理论支撑，本文尝试从美德伦理学的视角就此问题进行探讨。

一 作为慈善德性的慷慨

学术界对于"德性"① 范畴有多种阐释，江畅（2011）在其《德性论》一书中将"德性"阐释为在心理定式作用下，指向于道德品质的概念，同时兼具行为规范的意味。本文是在这个意义上来使用"德性"这一范畴的，而慷慨是与慈善密切相关的德性，且是捐助方极为重要的德性，那么，作为慈善德性的慷慨又具有怎样的内涵与外延呢？"慷慨"作为一个词语、一个概念和一系列的文化实践，经常具有多重含义。在《辞海》中与慷慨相关的解释为"不吝啬，大方"，有"慷慨解囊"之说，比如《小八义》第五回回目："走穷途慷慨解囊，东门外拈香结友"（夏征农、陈至立，2010：1016）。在《辞源》中有"慷他人之慨"，即利用他人财物来作人情或装饰门面的含义。明李贽《焚书四·寒灯小话三》："况慷他人之慨，费别姓之财，於人为不情，於己甚无谓乎？"（何九盈等，2015：1535）即指用他人的钱财来送人情，以增加自己的荣耀的行为。著名学者沈清松认为，一个人走出自我的首发行动隐含着某种原初的慷慨，是所有相互性关系的必要条件（沈清松，2015：40~44）。儒家文化中"仁"和"恕"的观念在本质上是利他主义，"恕"是一个人一生应当遵循的消极黄金法则，"其'恕'乎？己所不欲，勿施于人"（张春林，2011：110），即宽恕待人。而"仁"是积极的黄金法则，"夫仁者，己欲立而立人，己欲达而达人"（张春林，2011：73），是在动态关系中"推己及人"，以诚待人，逐步扩展实现对他者、多元他者乃至宇宙间天地万物的慷慨的实践美德。儒家文化中涉及给予和分享的慷慨美德问题时，首先会想到子路，孔子问他最想做什么时，他回答道"愿车马，衣轻裘，与朋友共，敝之而无憾"（张春林，2011：70）。可见，子路有喜欢与朋友共享物质财货的慷慨美德，这可视为一种大方。但孔子比子路的境界高远，相比物质而言，他更在乎精神层面的抱负，"不义而富且贵，于我如浮云"（张春林，2011：76），其抱负是"老者安之，朋友信之，少者怀之"（张春林，2011：70），近似于亚里士多德意义上的气度"恢弘"。此外，儒家文化中的五德"恭、宽、信、敏、惠"中，"宽"（大方）和"惠"

---

① 本文将"美德"视为德性与德行的统一，前者主要指某种道德品质或道德观念，后者主要指基于某种"美德"或"德性"的道德行动。

（慷慨）都是和慷慨美德有关的，孔子认为"宽则得众"，"惠则足以使人"（张春林，2011：117），即大方就会得人心，而慷慨就可以领导他人，他从结果论的角度阐述了慷慨大方为人所带来的好处。

何谓慷慨？古希腊哲人也作过较为深入的探讨。亚里士多德在《尼各马可伦理学》中将慷慨界定为"一个人给予和接受财物的行为，尤其是给予的行为"，主要关乎"财物方面的适度"。他将慷慨视为"介于吝啬与挥霍之间的德性"（亚里士多德，2011：95～97）。吝啬与挥霍是财物给予方面的不及与过度。吝啬是指把财务看得过重的行为，而挥霍则是较为复杂的一种恶，它既涉及专门浪费他人财物而致他人毁灭的行为，也涉及浪费自己的财物而致自我毁灭的行为。因此，慷慨是指对财物使用的适度的行动，被视为处理财物的美德。法国哲学家安德烈·孔特－斯蓬维尔（2013）认为，慷慨只涉及行动，而且是超越一切文本、超越一切法律的行动，只是符合爱、道德伦理或团结要求的行动。慷慨不是"给其应得"，而是"给其不应得"，但慷慨不是基于理性的必然义务，而是主观的、个人的、自发的、偶然的、感性的行动，不能作为一项客观的、理性的、普遍的声明和要求。

为更好地理解"慷慨"概念，有必要对慷慨观念史变迁进行简要的回顾和梳理。

（1）中世纪基督教的慷慨观念。基督教《圣经》第一卷（《新约》）中，耶稣对信徒说道："有求你的，就给他；有向你借贷的，不可推辞"（Matthew，5：41－42，6：1－6），且将原来的"给出你的富有之物"改成了"给出你拥有之物"。在《新约》中耶稣否定个人利益，要求信徒与最悲惨、最穷困者们一起过艰苦的基督徒生活，这是无私地爱上帝、爱邻人、爱陌生人，甚至爱敌人不可或缺的中间环节，然后才能得到救赎。一位虔诚而富有的年轻基督徒在遵从了所有的基督诫命之后，询问耶稣还需要做什么才能得到救赎，耶稣告诫他将所有的财产变卖然后分给穷人便可得到救赎。当年轻基督徒考虑到家人及自己的利益和幸福，没有遵从耶稣的教导时，耶稣感慨道："富人满心都是尘世之事，又如何能够进入天父之国呢。"（Matthew，16－24；Mark，10：23－25）在这里耶稣对基督徒提出的是捐赠"所拥有之物"的要求，如果未遵从这一诫命，死后就不能进入"天父之国"。此外，基督教中判断慷慨与否的标准并非捐赠额度的大小，而是捐赠量相对于捐赠者所拥有的量而言，捐赠者做出了多大的牺牲。耶稣认为，一个穷寡妇捐出的两个铜板要比一个富人捐出的大宗财富重要得多，因为富人只是给出了他多余的财富，而寡妇却给出的是她活命的钱（Mark，12：41－44）。这是遵循从捐赠与所拥有财富之间的比重大小来评判捐赠者是否慷慨的重要标准，对于我们对人们的捐赠行为作是否慷慨的道德评价仍然具有借鉴意义。

（2）慷慨观念的变革。19世纪，西方公益（philanthropy）或慈善（charity）观念与实践都发生了重大变革。首先，慈善的外延和内涵不断地得到拓展，慈善不再局限于直接的物资捐赠，而是秉持人道主义精神，通过倡导"改善监狱环境；戒除或禁止饮酒；废除奴隶制、鞭笞和死刑；承认劳工、妇女和非白人的权利"（伯姆娜，2017：127）等方式，矫正社会中的邪恶，以及阻止不公正的行为。权利、机会以及对社会的改善等都已纳入慷慨的范畴之中。其次，"思想中的慈善"愈来愈受到重视。思想家们认为对他人善意的表达被视为可贵的、慷慨的表现，并对当时学者由于害怕自己显得天真，不够批判，不够深刻，不敢用思想的方式来做慈善持否定态度。人道的救助者"一生慷慨大方，虔诚地为整个人类而思考……他们一生就浸润在神圣的精神之中，乃至于围绕他们的空气都被净化了。由此，他们便得到一个牢靠的根基，据此，他们才得以发起和完成良善和高尚的事情"（Hawthorne，1972：215－217）。在这个意义上，"思想的慈善"同样被视为慷慨的表现。最后，"科学慈善"或"科学公益"主张和信条的出现，即帮助穷人必定要持续地投入密切的关注，而不能仅仅依赖偶然的、冲动式的慷慨。公益改革家们提出的口号是："非施舍，做朋友"。"科学公益"主张通过彻底调查对方的需求以及所涉事业、人际交往（朋友式的访问），以教育对方要有高尚行为，以及鼓励对方劳动等方式开展公益。

（3）现代慷慨观念的形成。自19世纪80年代开始，随着现代公益与组织化慈善的形成，人们的慷慨观念，尤其是富人的慷慨观念发生了重大变革。卡内基和洛克菲勒等富豪着力探索慈善实用的社会化有效方式，他们不想简单地通过捐赠直接地帮助寡妇和孤儿，或者受伤的旅者，也并未遵循耶稣的告诫，将所有的财产分给穷人，他们认为这不足以真正解决问题，而且弊大于利。因此，他们寻找可持续的能对弱势群体产生彻底变革的方式，选择赞助教育、科研和文化机构，认为这种方法能"极大地、极为正面地促进贫者的抱负……推动他们改变自己的命运"。他们认为，富人做得最糟糕的事情便是把他们的钱直接捐给"不可矫正的穷人"，而且这也褫夺了他们对自己财富该如何使用的决定权和相关责任（Denny，1988：85－99）。

不论是《辞海》《辞源》中关于"慷慨"的解释，还是古希腊哲人对于慷慨的界定，主要倾向于对物质捐赠的大方程度的规定，但通过慷慨观念发展史的回顾不难发现：其一，进入现代社会之后，人们对于权利、机会、精神、心理、爱的需求日益凸显，从传统慈善到现代公益的转换过程中，人们关于慷慨给予的内容开始从物质捐赠，向知识、技能、权利、机会、文化教育、心理援助等方面逐步拓展；其二，给予内容的变化必然伴随着捐赠主体的拓展，在传统慈善中富人是慈善的主体，但在现代公益中，每个个体或机构都能够而且应该成为慈善的主体；其三，给予方式的变化，在传统慈善中主要通过直接的物质捐赠表现慷慨，但在现代公益中，人们寻求更科学的方式，更友好的关系联结来表现慷慨。因此，在这个意义上，我们认为，慷慨是指一个人或机构在财物、知识、技能、权利、机会、精神、心理、爱等方面给予的适度德性。

二　作为慈善德行的慷慨

仅仅知道作为慈善美德德目的慷慨观念，还不足以促使人采取慷慨行动，也不足以使人类过上美好幸福的生活。亚里士多德认为，人们只有通过做有美德的事情变得有美德，即"我们通过做公正的事成为公正的人，通过节制成为节制的人，通过做事勇敢成为勇敢的人"（亚里士多德，2011：37）。同理，我们只有通过慷慨的行动才能变得慷慨。因此，在这个意义上，慷慨是一种"实践智慧"，我们不仅需要知道何谓慷慨，还应该出于慷慨的美德或德性而行动，如果说出于自爱去做慷慨的事情就不符合慷慨美德的要求。罗伯特·奥迪认为，当我们在谈论慷慨、忠诚等德目时，就在谈论"出于美德"或"出于品质"而行动。亚里士多德认为需要对出于美德的行动与符合美德的行动作出区分，有些行动虽然表达了某种美德，比如说慷慨、公正或节制，但是并不意味着行动者在采取这种行动的时候处于恰当的状态，即行动者并不是"出于美德"或"出于品质"而采取的行动。比如说一吝啬鬼，因为他人的劝导或感召，在某种特殊的情境下对有求于他的人慷慨地施以援手，在亚里士多德看来，这一行为符合了慷慨的美德特征，但并不是出于慷慨美德的行动。

那什么才是亚里士多德意义上"出于美德"或"出于品格"的行动的"恰当的状态"呢？他认为，第一，他必须知道那种行为（他正在做具有美德的行动）；第二，他必须选定这些行动，而且是因为行为自身的缘故而选定的；第三，他必须出于一种稳定不变的品格来做出这些行动（奥迪，2007：302～305）。可见，亚里士多德意义上的"出于美德"或"出于品质"而行动，必须符合三个充分必要条件。首先，认知要求（recognition requirement），即我必须知道我正在采取的行动的全部知识信息，这些信息包括对情境中的各种特殊要素的感知，这些特殊的要素包括是谁在做这件事情，在做什么，是针对什么人或事物来做的，又是以什么方式做的，采取了什么工具，出于什么目的等（奥迪，2007：302～305）。易言之，"出于美德"的行动是自觉按照美德要求的行动。如果是出于误解或误差的状态而采取的行动就不符合认知要求。比如说某位企业家原本是为了投资某贫困地区的民办高中赚钱的，在这个过程中却解决了当地贫困家庭的子女的上学问题，在亚里士多德看来，这不符合"出于美德"而行动的道德要求，因此不能视之为慷慨行动。

其次，决定要求（decision requirement），即我必须是出于它自身目的的原因，对我即将采取的行动作出决定。亚里士多德明确断言，美德就是某种决定，或者（确切地说）美德要求决定。认知要求是引发行动的一个先决条件。人们在具体情境下由理性慎思所产生的欲望、单纯的激情或冲动并不会产生美德行动。比如说，我们见到路边乞丐的悲惨处境，大部分人都产生怜悯之情，并有某种想要慷慨解囊相助的冲动，但是最终真正对乞丐给予帮助的人并不是很多，我们会经过这样或那样的理性考量之后，没有作出给予的决定。因此，这一行动需要符合三个环节性要求。（a）挑选要求（selection requirement），我的行动必须是经过选定的，即"慎思的欲望"。（b）内在动机要求（intrinsic motivation requirement），这一决定是以一种特殊的方式由相关的美德驱动的，即"出于美德"。亚里士多德将"善"区分为两种不同的形式：一种形式是无条件的、完满的善，是其他所有善所指向的最终目的，比如说"慷慨""勇敢""幸福"等美德；另一种形式是有条件的善，它的实现有助于实现更高的善。比如说"药物"有助于实现"健康"（蔡蓁，2012：68～72）。"出于美德"即"出于善自身的目的"的行动,在这个意义上,慷慨只能是出于慷慨美德这一自身的目的而决定的行动,不能是出于其他的功利的目的决定的行动,否则这就算不上是慷慨的德行。

最后,品格要求(character requirement),即一个人必须出于一种稳定的不变的品格而行动(奥迪,2007:302~305)。因为美德是一种品格状态,它是"稳定而不变的",不是偶然的、突发的、在某种特殊情境下的状态,这种状态是通过长期习惯化的过程变得稳定和牢固的。习惯化,即"形成对相似活动的不断重复",是美德行动的内在要求,发展道德习惯是出于美德而行动的内在要求,在这个意义上,出于美德而行动甚至就是一种美德习惯化的行动。比如,根据美国基金会中心网的数据统计,2017年美国慈善捐赠中个人捐赠占比超过70%,而且从历年的捐赠统计数据来看,个人捐赠都在美国慈善捐赠中占较大的比重。可见,慷慨捐赠已成为美国人日常生活的习惯化行动,已成为他们的一种生活方式。但是,出于美德的行动容易与出于惯性、不假思索的行动相混淆,误以为是未经过慎思选定过程所作出的自发行动。事实上,看似习惯化的不假思索的自发行动,也会有理性参与的过程,因为如果我们不在理性层面认同这种行动,则很难养成并保持这些习惯。

为更好地对慷慨这一概念进行说明,我们需要对与慷慨相关的概念在学理层面进行清理。毋庸置疑,作为德性与德行相统一的慷慨与慈善或公益等概念密切相关。可以说没有慈善或公益,就无所谓慷慨,慷慨是依附于慈善或公益行为而存在的一种美德。所有的慷慨行为都可以视为一种慈善或公益行为,但是并不是所有的慈善或公益行为都可以视为慷慨,慷慨是一种关于"给予程度"的界定,这是慷慨美德的本质性特征。慷慨的内容、主体、实践方式等都随慈善或公益概念的变化而产生变迁,比如说内容的拓展、主体的丰富、方式的多元等都与现代慈善概念的变迁[①]有密切关联,所以可能会出现慷慨与慈善或公益等概念的内涵在某些方面重合的现象,但"给予程度"是慷慨与慈善或公益等概念相区别的本质性规定。那么,何种程度的给予才能算得上一种真正的慷慨?下文将对此问题展开具体讨论。

---

① 关于慈善概念的变迁,笔者曾在公益慈善学园微信平台上推送的《慈善概念的物质范式及其批判》一文中作过深入的探讨。

三　慷慨的规范性原则

慷慨作为慈善美德的重要德目具有独立的内在价值，一方面提升我们摆脱"小我"，比如怯弱、偏狭、卑劣、悭吝、自私、贪婪、龌龊等低级的兽性的自我；另一方面促使我们与他人更为接近，发展出更为深刻的联系与友谊。因此，其在不同的社会、不同的时期都被大力倡导。随着传统美德伦理在当代的复兴，慷慨作为重要的慈善美德，被提升到尤为重要的地位，但并不意味着越慷慨越好，也不是所有的东西都可以拿来慷慨，更不是所有的慷慨都可以无原则地接受，因此，它也有其应当遵循的规范性原则，但这一规范性原则必须基于慷慨品质基础，而对这一规范性原则的遵守也就展现出慷慨的限度。为澄清前提，划定界限，在确定慷慨的规范性原则之前，我们有必要对与慷慨相关之德目的关系略作考察。

首先，慷慨与索取。慷慨的人"愉快地把适当的数量的财物给予或用在适当的人身上，而且要从适当的资源中索取适当数量的财物"（亚里士多德，2011：107）。美德既不是过度也不是不及，是在两方面的适度，因此，慷慨的人应在这两方面"做其应做"："适度的给予"和"适度的索取"。二者如影随形，同步进行。慷慨的人总是正确地给予和正确地索取，这里的正确往往指给予方式上的恰当、合理和有效，索取方式上的合理、合法和有效。挥霍的人往往在给予上过度而在索取上不足，啬啬的人在给予上不及而在索取上过度（亚里士多德，2011：108）。

其次，慷慨与节俭。节俭是慷慨的前提条件之一，财富的积累除了通过正确的途径与方式赚取之外，还需要财富拥有者具有节俭的美德，否则财富很有可能被挥霍一空，这也才有慷慨的可能。托斯丹·凡勃伦曾劝诫人们应当"节俭、谨慎、平和，以及精明的管理"，称"这是获得最大好处的行为的集合体"，而且将之视为"实用主义知识"（Veblen，1963：312），并深信这是随着历史发展不会过时的知识。

2008年《福布斯》公布的富豪排行榜上巴菲特取代比尔·盖茨成为新的全球首富，巴菲特在接受采访时谈道，"这是对他节俭的奖赏"。巴菲特在生活中的确非常节俭，吃快餐店汉堡包，住几十年前的老房子，开十几年的普通的美国车。节俭是巴菲特所赚来的财富没有被挥霍一空的重要原因，为其慷慨行动提供了可能。而且，巴菲特认为子宫不具备某种神圣性，他决定在有生之年将所有资产的85%捐献给社会，而不留给子女。

最后，慷慨与奢侈。慷慨是他者导向，以利他为中心，是在牺牲自身拥有物的基础上满足他者的需要，一直被视为强道德感的词语。而奢侈是以自我为中心，是以最大可能消费物资以满足自身欲望和需要的行为。克里斯托夫·贝里指出，奢侈是前现代时期的道德词语，它通常与"懒惰、挥霍、道德败坏、健康损坏"等消极评价的词语相关联。但是，奢侈是一个意义不确定的词语，随着时代的变化而变化，在现代消费社会中，曼德维尔通过将奢侈概念与传统道德脱钩，与经济挂钩的方式为奢侈正名，认为它能满足人们追求快乐的心理需要，对经济发展具有某种积极作用。总之，慷慨主要是处理自我与他者之间关系的美德，是在处理财物、权利、机会、利益等问题上利他导向的行为；而奢侈主要是处理自我与对待自我欲望之间关系的观念与行动，是在处理财物、权利、机会、利益等方面利己导向的行为，在不同的历史时代，随着人们观念的变化，有可能被视为"恶德"，也有可能被视为"美德"。

关于慷慨的限度，抑或慷慨的规范性原则，古希腊的哲学家对此有过较为深入的思考。亚里士多德认为，慷慨的人具有以下特征：（1）"把财物给予适当的人，而不是从适当的人那里，或从不适当的人那里，得到财物"，给予是行善和举止高尚（高贵）；（2）人们应当感谢给予者而不是不去接受馈赠的人；（3）不索取比给予容易，要称赞给予者因为他们的慷慨，称赞不索取者因为他们的公正，不称赞索取者因为他们的贪婪；（4）慷慨的人会以正确的方式给予，即以适当的数量，在适当的时间，给予适当的人，按照正确的给予的所有条件来给予；（5）给予时带着快乐，至少不是带着痛苦。给予时感到痛苦不是慷慨的行为，因为他喜欢财物甚于高尚（高贵）的行为（亚里士多德，2011：105）。"适度原则"是亚里士多德强调的核心原则，这一原则仍可视为现代慷慨的核心原则，即坚持以适当的来源为前提，以适当的态度，在适当的时间，以适当的内容、适当的数量、适当的条件、适当的方式，给予适当的对象。因为"如果缺乏对'适度'的正确把握，行为者的品质就不是'真的'伦理美德，而是'假的'伦理美德"，"只有适度的慷慨才是真的慷慨"（李义天，2011：15～21）。但是，在现代公益慈善事业的语境下，需要对"适度原则"

的具体内涵的主要方面进行现代性阐释。

首先，适当的来源。捐赠财物的来源、分享的知识与技能等必须是合法的，任何非法手段获得的财产或知识其本身就是对公正和平等的破坏，若用于慈善中，将是对慈善的亵渎，这是不被道义所接受和支持的，道德至上主义者主张拒斥这种捐赠，实用主义者则主张"接受捐赠"，用于道德的用途，使其焕发新的生机。我们认为应该秉持道德折中主义，如果是对社会产生非常不良影响的捐赠，比如通过贩卖毒品获得的财富用于捐赠等类似有严重不良社会影响的捐赠，必须拒斥。但对某些商人早期通过钻营道德和法律漏洞等方式获取的钱财，则可酌情处理。

其次，适当的数量。西塞罗认为，施助者应当遵循"不超越自己的财力"，坚持量力而行的适度原则，过分慷慨会产生一种掠夺或非法占有财富的热望，以便赠送厚礼提供钱财。在个人财力和能力的有限性与需要帮助的无限性之间，应当对陌生人"慷慨地施以那种只是举手之劳且又利人而不损己的恩惠"，比如"流水都可以用"，"任何人都可以借我们的火种"，"给犹豫不定的人出个好主意"等对"受者有益，施者无损"的行为，恰如诗人恩尼乌斯所说的"他的火把并不会因为点亮了朋友的火把而变得昏暗"（西塞罗，1998：113～114）。彼得·辛格在《饥荒、富裕与道德》一文中从功利主义的角度出发，提出了"在无须牺牲具有同等道德价值的东西的前提下，我们应当尽最大努力阻止苦难的发生"捐赠的道德原则，并将这一原则具体化为"捐赠额不超过边际效应点——'捐赠者将给其自身及其家属带来严重的痛苦'——即可"（Singer，2016：1-33），作为适度慷慨捐赠的评判标准，具有积极的现实意义。如果过度慷慨不仅导致自身无法继续进行善举，而且使自身的生活陷入赤贫的举步维艰的境地，则是非常愚蠢且不明智的行为，明智的行为是通过适度的慷慨保存可持续地施惠的财力与能力。比如北京女博士后夫妇因做慈善遭遇资金断裂，女儿生病无钱医治，甚至不惜借高利贷继续做慈善，就是一种不明智的过度慷慨行为，这样的行为就算不上真正的慷慨，不应当在社会上广泛提倡。

再次，适当的对象。对施助对象的选择，西塞罗认为要根据"适当的需求"选择"适当的人"，应当遵循以下原则：根据与我们的亲疏关系进行慈善，同时不能伤害其他任何人。此处的亲疏关系是根据道德责任排序规定衍生而来的：我们首先应当对不朽的诸神负责；其次应当对国家和父母负责；然后应当对子女负责；最后依次对其余对象负责（西塞罗，1998：113）。按照亚里士多德和西塞罗的标准，朱利乌斯·恺撒属于"挥霍的人"，向公众捐赠了大笔遗产，宣布将其"自由财富赐给罗马的每一个市民"，他除了捐出财富以外，还捐出了"台伯河岸的所有步道、私有凉亭以及新种的果园"，市民可以"漫步其间，欣享其中的乐趣"（Shakespeare，1599：127），但他还是将他的其中大部分财产留给了甥孙及养子屋大维以及其他两位甥孙。恺撒是与西塞罗属于同时代的人，在那个时代亲疏关系是捐助对象选择的一般观念。然而，西塞罗的慈善观念更为进步的地方在于其"不仅将陌生人纳入其施助对象范围之内，且将之扩展至奴隶"（西塞罗，1998：111）。西塞罗根据亲疏关系选择捐赠对象，与中国传统的基于血缘、乡缘的差序伦理进行施予对象的选择具有共通之处，但他将陌生人以及奴隶作为慷慨的对象，对"现代陌生人社会"中将捐赠对象拓展至陌生人具有思想与方法的资源意义。此外，西塞罗认为对受助者的品格及其相互条件也应给予充分的考虑，"我们应当考虑到他的道德品质、对我们的态度、他与我们关系的密切程度、我们共同的社会纽带，以及他曾经对我们有过什么帮助。当然最好是以上所说的条件，一个人全都具备；如果一个人不能全都具备，那么我们就应当对那些具备条件较多或较重要者施予较多的恩惠"（西塞罗，1998：111）。我们认为，对于受助者品质的考量在当代慷慨对象的选择上依然非常重要，比如对具备勤劳、节俭等道德品质的捐助对象，我们往往倾向于更为慷慨，而对于懒惰、挥霍的捐助对象，我们往往不太愿意给予太多援助，最多基于人道主义保证其基本的生存即可。但对受助对象是否对捐助者给予直接的回报，或者与捐助者的情感联系是否紧密，在现代陌生人社会中这些因素愈来愈不太作为考量捐助者的重要因素。

最后，适当的内容。我们还应该考察受惠者的实际需要，给予受惠者适当的帮助。塞内卡在其晚年的著作《论利益》一书中表达了与西塞罗相似的观点，要考虑受助人的需求，即"强调捐赠之量对捐赠人和受益人的适宜性的问题——我们应当根据情况进行捐赠，不应过大过小"（Seneca，1962：219－221），并以亚历山大的案例予以说明，亚历山大曾不顾朋友的需求与感受将整座城市捐赠给了他的朋友，但这个朋友毫无准备且不愿受此重任。因为"对于一个伟大的人而言，有的捐赠实在太小了，而对于其他人而言，有的又实在太大了，令人无法接受"（Seneca，1962：219－221）。事实上，这一问题不仅仅是慷慨过度的问题，更是给予内容的适宜性的问题，即捐赠的是不是受助者所需要的东西，因此，不能将任何东西天然地作为慷慨的对象，必须由"捐赠人和接受人的情况——捐赠的时间、原因和地点"来决定，需要考虑内容或服务的适宜性问题。比如，对农村空巢老人和留守儿童的捐赠，除了物资捐助之外，情感关怀与心理援助才是他们真正迫切的需要。如果对他们给予很多的物资捐赠，却吝啬于情感的关怀与心理的援助，这也算不上真正的慷慨。

四 结论

作为慈善美德的慷慨，随着慈善事业的发展变迁，古典的慷慨概念已经不能对现存慷慨的观念事实与行动实践作出科学合理的规定，逐步丧失了对现实问题的解释力和生命力，需要进行现代性转化，我们在梳理慷慨观念史变迁的基础上认为对慷慨应从以下几方面理解。

首先，慷慨是指一个人或机构在财物、知识、技能、权利、机会、精神、心理、爱等方面给予适度的德性与德行。在这个意义上，慷慨不仅仅指物质捐赠，还涉及包括知识、权利、机会等更为广泛的范围。"给予适度"是慷慨的本质性特征，不及和过度都算不上慷慨。慷慨是一种美德观念，更是一种实践智慧。因此，慈善人士仅有慷慨观念算不上真正的慷慨，还需要有出于慷慨品格的实践行动。

其次，慷慨概念的现代性转化主要涉及：（1）慷慨给予的内容经历了从物质捐赠，向知识、技能、权利、机会、文化教育、心理援助等方面的进一步拓展；（2）慷慨给予的主体随着给予内容的变化逐步从富人拓展至社会普通大众；（3）慷慨给予方式从传统的慈善施舍转变为寻求科学、有效、合理的方式给予，以建立人与人之间友好关系的联结。

最后，慷慨虽作为慈善的重要美德而被赞赏，但是它仍然存在一定的限度，因此，在这个意义上，慷慨是一种"给予适度"的德性，它是一个相对概念，相对于给予者自身所拥有物的度，牺牲自我及其家人需要的过度给予值得肯定，但不值得倡导。古希腊哲学家亚里士多德和西塞罗对慷慨的限度提出过诸多洞见，主张"适度原则"是慷慨的规范性原则。在现代公益慈善语境中，我们认为"适度原则"仍然是慷慨行为在实践中应当遵循的普遍有效原则，但具体内

论慈善美德之慷慨及其规范性原则

容需要重新阐释和规定，在此尝试作出一家之解释。

参考文献

〔法〕安德烈·孔特 – 斯蓬维尔（2013）：《小爱大德——美德浅论》，赵克非译，北京：作家出版社，2013。

蔡蓁（2012）：《亚里士多德论有美德的行动》，《云南大学学报》（社会科学版），（01）。

龚群（2004）：《麦金太尔论给予和接受的德性》，《伦理学研究》，（1）。

何九盈等主编（2015）：《辞源》，北京：商务印书馆，2015。

江畅（2011）：《德性论》，北京：人民出版社。

〔美〕罗伯特·H. 伯姆娜（2017）：《捐赠：西方慈善公益文明史》，褚蓥译，北京：社会科学文献出版社。

〔美〕罗伯特·奥迪（2007）：《出于美德而行动》，蔡蓁译，出自徐向东编《美德伦理与道德要求》，南京：江苏人民出版社，2007。

李义天（2011）：《美德伦理与实践之真》，《伦理学研究》，（1）。

〔加〕沈清松（2015）：《儒家利他主义、慷慨和正义：对全球化的回应》，张志详译，《扬州大学学报》（人文社科版），（2）。

夏征农、陈至立主编（2010）：《辞海》，第六版缩印本，上海：上海辞书出版社。

肖群忠（2004）：《绅士德性论》，《中国人民大学学报》，（4）。

〔古罗马〕西塞罗（1998）：《西塞罗三论：老年·友谊·责任》，徐奕春译，北京：商务印书馆。

〔古希腊〕亚里士多德（2011）：《尼各马可伦理学》，廖申白译，北京：商务印书馆。

张春林主编（2011）：《中华传世藏书·儒家经典卷》，（春秋）孔丘等著，北京：线装书局。

Andrew Carnegie, *Wealth*, The North American Review 148, 1889.

Francis, J. Flynn (2003), "How Much Should I Give and How Often? The Effects of Generosity and Frequency of Favor Exchange on Social Status and Productivity", *Academy of Management Journal*, 2003 (5).

Hawthorne, N. (1972), *The American Notebooks*, Columbus, Ohio: Ohio State University Press.

John D. Rockefeller, *Random Reminiscences of Men and Events*, New York: Doubleday, Page & Company, 1999.

Robert Denny (1988), *American Philanthropy*, Chicago: University of Chicago Press.

Seneca the Younger (1962), "Letter LXXXI", *On Benefits*, in Seneca: Epistulae Morales, translated by Richard M. Gummere, Cambridge University Press.

Shakespeare, W. (1599), "The Tragedy of Julius Caesar", act3, sc. 2, *Plutarch's Lives*, vol. 7.

Singer, P. (2016), *Famine, Affluence and Morality*, Oxford University Press.

Smith, C. & Davidson, H. (2014), *The Paradox of Generosity: Giving We Receive, Grasping We Lose*, Oxford University Press.

The Holy Bible, New International Version (NIV), Biblica, Inc. , 1984.

Veblen, T. (1963), "The Place of Science in Modern Civilization (1906)", in Perry Miller, ed. , *American Thought, Civil War to World War I*, New York: Holt, Rine-hart and Winston.

$\mathcal{NP}$

On Generosity as the Virtues of Philanthropy and its Normative Principles

Wang Yinchun

[**Abstract**] In recent years, with the rapid development of China's philanthropy, the question of how much donation being truly generous has been widely debated. In order to respond to this issue at the academic level, we study the concept of generosity and its normative principles from the perspective of virtue ethics. With the transformation of traditional charity into modern philanthropy, the connotation and denotation of generosity should be enriched, deepened and expanded. Generosity is the "practical wisdom" of philanthropists, and it is a concrete action based on generosity or virtue. Therefore, generosity means that a person or an institution gives appropriate morality and virtue in terms of property, knowledge, skills, rights, opportunities, spirit, psychology, love, etc. However, there are limits to the generosity of philanthropists. Aristotle and Cicero have both conducted in-depth discussions on this issue and have made corresponding provisions on generous normative principles. In the modern philanthropy, it is necessary to carry out modern transformation of this normative principle. The "appropriate

论慈善美德之慷慨及其规范性原则

principle" is a universal and effective principle that generous behavior should follow in practice, and relevant explanations on specific contents have been made. The modernity of the concept of generosity and its normative principles help to make a more rational and scientific moral evaluation of the charitable actions carried out by individuals and institutions, thus contributing to the further healthy development of modern philanthropy.

[**Keywords**] Charity Virtue; Generosity; Giving; Limitation

（责任编辑：俞祖成）

制度吸纳－社会整合：县域社会优抚的结构及其政治过程[*]

制度吸纳－社会整合：县域社会优抚的结构及其政治过程[*]

程坤鹏　苏晓丽　周文星[**]

【摘要】 在中国现代化转型过程中，乡村社会矛盾日益凸显，研究因应治理之道显得极为重要和紧迫。本文以 D 县为个案，运用 SFIC 框架，梳理和剖析了 D 县"皮"与"毛"的社会优抚模式，彰显了一套制度吸纳和社会整合的中国乡村治理叙事。研究进一步发现，在压力型体制下，基层官僚将维稳视为一项政治任务，因社会资本和组织间协作等要素的催化，封闭性体制的窗口被打开，使科层官僚得以吸纳社会组织和地方精英，共同建构了以社会整合为特征的协同治理过程。

【关键词】 社会优抚　制度吸纳　社会整合　政治过程

一　引言

一种现代化的思潮认为，经济发展自然而然推动教育的普及，乃至影响社

---

[*]　特别感谢上海社会科学院苑莉莉博士、上海交通大学博士生张其伟和博士生王昱晨在调研写作过程中提供的帮助。文责由本文作者自负。

[**]　程坤鹏，上海交通大学国际与公共事务学院博士研究生，宾夕法尼亚大学社会政策与实践学院访问学者，中国公益发展研究院研究助理；苏晓丽，上海交通大学国际与公共事务学院硕士研究生；周文星，上海交通大学国际与公共事务学院博士研究生，哈佛大学肯尼迪政府学院亚洲研究员（Asia Fellow），尚道社会研究所研究员。

会价值的变化，进而促进现代化的政治发展。然而在现代化进程中，政治衰退和政治发展一样可能发生，即政治秩序不是现代化想当然的结果。从新兴国家的发展史可以看出，短期高速发展或可缩短甚至跨越英美国家现代化所需的百年时间，但维持经济和社会发展及平衡的政治秩序不可或缺（Huntington，2006）。从传统农业社会向现代工业社会和信息社会转型的过程中，政治系统如何调节来自社会的政治参与，是对国家治理能力的一种考验。本文将研究范围聚焦在县域乡村社会，主要基于以下几点考量。其一，我国当前仍有高达约六亿的农村常住人口[1]，"三农"问题依然是最为重要的社会政治问题之一；其二，以城镇化为核心的经济发展模式产生诸多问题，在未来一段时间，乡村及乡村振兴是对过度倚重城镇化的纠正；其三，现代化过程中，由于城乡单位制和集体制的解体，新的替代性的个体与社会的关联通道尚未建立（张静，2016），现有政治体制无法有效回应急剧涌现的社会利益表达，进而导致乡村社会失序。

优待抚恤（special care）是我国社会保障制度体系的重要组成部分。《中华人民共和国宪法》第 45 条规定，国家和社会保障残废军人的生活，抚恤烈士家属，优待军人家属。[2] 自 1949 年 10 月中华人民共和国成立以来，我国逐步建立了优抚制度，如资金补助、就业安置、褒奖纪念、双拥慰问等。但随着社会经济的发展，优抚制度的缺陷也日益显现，包括：抚恤金支出增速滞后于经济增速，保障水平较低；优抚金主要依靠地方财政，因此优抚城乡差异和中西部差异较大，特别是贫困地区优抚对象的医疗、就业等困难无法得到较好解决；对参战军人的心理需求缺乏关注，在优抚方式上存在思想认识偏差、方式方法陈旧等问题（何兴，2009）。因此，由复杂的现实与个人因素导致的群体上访事件频发，一定程度上，这些事件成为影响社会稳定的隐患。据不完全统计，新中国成立至今累计约有 5700 万退役军人，截至 2017 年底，全国重点优抚对象有857.7 万人。[3] 如果考虑退役军人家庭，优抚涉及的人口总量将更加庞大。2018年 4 月，中华人民共和国退役军人事务部正式挂牌成立，为我国退役军人的管

---

[1]　数据来源于国家统计局，截至 2017 年末乡村常住人口 57661 万人。

[2]　《军人抚恤优待条例》规定优抚对象包括现役军人、现役或者退出现役的残疾军人以及复员军人、退伍军人、烈士遗属、因公牺牲军人遗属、病故军人遗属、现役军人家属。一般意义的优待是指对优抚对象给予物质上和精神上的关怀照顾，而抚恤的对象较狭窄，包括伤残和死亡抚恤，是对重点优抚对象的物质抚慰形式。

[3]　数据来源于民政部《2017 年社会服务发展统计公报》。

理体制由"碎片化"走向"整合化"，运行机制由"行政化"走向"法制化"，待遇标准由"差别多元化"走向"公平规范化"提供了契机（陈成文等，2018）。因此，做好军人优待抚恤工作，对于维护群体权益和维持社会稳定具有重要的现实意义。

二 既有研究与问题的提出

国外较有代表性的文献主要涉及对西式民主政体的回应性研究。传统选区服务的经典研究展示了选举动机如何激发和塑造官员对公众的回应，但这些研究对于解释非西式民主国家地区服务的政治逻辑并无助益。公共服务诉求回应的质量主要受经济现代化和社会稳定水平这两个因素的影响（Distelhorst & Hou，2017），那些回应性更高的地区通常是经济发展水平更高和社会冲突更多的地区。此外，非民主国家的回应性存在三个基本假设：第一，非民主国家将公众服务转化为国家能力层面的议题，地方政府被上级赋予过多的解决公民诉求的责任；第二，经济现代化带动了公民公共服务需求的增加；第三，政府回应性受到管理社会冲突的驱动，因为通常频率高的诉求更指向了导致公民不满的公共政策领域。对中国大调解制度的研究（Hu，2011）指出，政府具有强烈维稳的愿望并且寻求多种冲突解决机制将社会矛盾消弭在基层和萌芽状态，"零上访"常作为地方官员政绩考核体系中的"一票否决"选项。大调解联动机制包括民间调解、行政调解和司法调解，整合多种资源和权力，将社会纠纷和冲突消解在基层。大调解是中国社会控制最为重要的方式之一，它一般是在各级党委政府和司法行政部门的领导下，由政法委综治部门统筹，由信访办等负责纠纷调解的政府部门参与；法院在大调解机制中被授予了领导权，在司法调解中既是责任主体也是重要参与者。还有一些关于农村上访防控的研究（Hurst et al.，2014），一些农村非正式社会组织在吸收和稀释社会矛盾（如大规模上访事件）的过程中发挥着强大的调解和缓冲作用。

当前优抚相关研究主要聚焦在以下几个方面。一是优抚问题分析和策略研究。优抚安置攸关社会稳定，军人接受过严格的国防训练与系统的爱国教育，具有维护政治稳定的较强意识。但近来发生的优抚群体性事件以及长期存在的退役军人越级上访等问题，引起学界乃至社会各界的关注。齐炳文等（1998）

对优抚安置的问题进行了较为全面的分析，指出导致优抚安置难的因素主要有社会就业压力大、经济结构调整、科学技术广泛应用、择业观念陈旧、执法不严等。一般认为，政府应该是优抚安置的主要责任主体，但因为各类复杂原因，政府统包的模式产生很多问题。江治强（2017）提出在我国当前发展阶段，发展优抚保障服务要改进服务的供给方式：通过引入合同外包、公私合作、服务券等方式，依托社区、社会组织探索政府"购买项目"的机制，支持发展面向优抚对象的互助性、公益性服务；通过政府购买服务的方式，在优抚服务领域引入社会工作者的专业性服务；社区公益服务、志愿服务、群团组织的服务需要充分吸纳群众性优抚服务。二是优抚问题中的政府作用研究。在我国，政府无疑是权力中心同时也是资源提供者。由于军人领域的政治性与敏感性，长期以来相关信息与服务都由政府统一管理。无论是官方还是民间，我国都尚未成立类似美国退伍军人组织①、美国黄丝带（Yellow Ribbon America）②等与军人相关的社会组织。孙绍骋（2002）指出在解决退役士兵安置问题上有三种思路。首先，鉴于退役士兵安置关系社会和军队稳定，应强化政府指令性安置就业。其次，应该采取市场和计划相结合的办法，在加强政府计划安置的基础上，采取"供需见面、双向选择"和"安置任务有偿转移"等多种方式。再次，退伍安置应该全面走向市场。三是以史学研究视角进行的优抚研究。优抚研究的主要理论或分析视角是以史学的方法进行的，这方面的代表性研究主要集中在对封建社会的两宋（郭文佳，2006）和明清优抚（李良品、李思睿，2014）、土地革命时期（吴红英、朱红英，2009）、抗日战争时期（魏彩苹，2011；吴云峰、房列曙，2011）和新中国成立初期（张望，2016；余翔，2007；尹传政，2018）的优抚研究。

社会优抚需要简要梳理政社互动相关的知识积累，如"市民社会"（White，1993）、"法团主义"（Chan，1993）、"社会中间层"（王颖，1993）、"分类控制"（康晓光、韩恒，2005）、"利益契合"（江华等，2011）和"行政借道社会"（黄晓春、周黎安，2017）等。对政府和社会组织关系的研究，需要分析

---

① 退伍军人组织是美国规模庞大的利益团体，通过游说、公众压力、法律诉讼和媒体舆论等方式，为退伍军人发声，从而影响政府政策。

② 美国黄丝带（Yellow Ribbon America）是由美国退伍军人组织的慈善协会，其目标是依托全国各地的社区对本社区的军人及其家属提供直接的帮助。

和比较研究单位或关键介质的选择对结论的影响。之所以出现如此众多的关于国家与社会关系的解释概念，源于研究者选择社会组织类型的差异，抑或将政府管理社会组织的方式作为研究分析对象。由于不同类型的社会组织（如社会服务、政策倡导和社会运动等）在结构和功能方面具有很大差异，研究者聚焦于政社互动的某一层面，都可能产生局部的经验与认知。具体来看，康晓光等（2005）提出的"分类控制"和"行政吸纳社会"在学界具有较大的影响。政府根据组织结构和功能的差异采取或支持或限制的应对策略，符合常识理性。其他相关研究试图将控制权（周雪光、练宏，2012）、模糊发包制（黄晓春，2015）等概念用于细化政府内部层级差异和分析社会组织主动回应策略，这些理论尝试是十分必要的。程坤鹏、徐家良（2018）将政府购买项目作为研究政社关系的介质进行模糊集合分析，提出"策略性合作"概念，试图在公共服务以及更为广泛的社会治理领域，超越"行政吸纳"及其衍生的相关范式，提出学界忽视或弱化政府和社会组织达成策略性合作的社会事实，及其对政治体制和社会治理的影响。如果将政府和社会组织作为政社关系光谱上的两极，那么我们就不难理解"行政吸纳"与"市民社会"等之间的理论张力以及其他变体，更不难理解价值较为中立的，以各取所需为特征的"策略性合作"概念及其要义。但在强化社会组织党建的体制压力下，部分学者所乐见或期待的"市民社会"几乎没有足够的成长空间。因此，本文认为，理论分析需要回归经验研究，分析其间发生着的社会事实。

总体而言，当前有关社会组织参与优抚的研究较为匮乏。从研究内容上，该领域现有的研究主要集中在优抚安置的概念、优抚安置问题分析及策略分析、优抚安置中政府作用、政府调解制度、非正式组织调解等方面。从研究方法上，该领域研究方法的主流是史学研究，即通过对史料的诠释，分析不同时期优抚政策、优抚制度、优抚过程、优抚作用等。从研究类型上，当前研究大多属于描述性研究，缺乏对诸如因果关系、过程机制、行为策略、互动关系等的解释性研究。通过文献分析，本文认为透视社会优抚过程中的政社关系具有一定的理论价值与实际意义。首先，研究社会优抚的政策过程，有助于人们更好地理解与治理相关的社会群体性事件，具有重大的现实意义；其次，现有研究视角过于单一，尚停留在描述性研究层面，这为相关性分析或因果机制的解释性研究保留了一定的空间；再次，研究方法具有进一步创新的可能，本文采用实地调研、访谈、参与式观察等方法，可以更加细致深入地剖析社会优抚的发生机制及其过程；最后，社会优抚是相对于行政优抚的一种新治理模式，它吸纳了社会组织和没有注册登记的草根组织，具有较强的整合功能，是观察政社互动关系的新的学术切口。在敏感的政治性场域中，政社合作依然具有相当的技术空间，有助于引发新的学理思考。

三 理论框架：SFIC 及其适用性

协同治理是当前公共管理领域研究的热点，并被用于研究我国政府和社会关系（Jing & Hu，2017）。Ansell 和 Gash（2008）在定义协同治理的概念和边界时强调，"治理过程中的多元主体不仅仅是作为被政府咨询或寻求意见的对象，而是会直接参与政策决策过程或者公共项目执行"。目前对协同治理范式的讨论过于强调主体多元参与，而忽视了治理主体间的互动关系，特别是对主体间达成良性互动的关系所应当具备的条件及可选择的有效路径等缺乏深入细致的论证（刘伟忠，2012）。协同治理是自然科学的协同学和社会科学的治理理论结合的交叉理论，具有不同于其他理论范式的一些特点。除了治理主体的多元化，还包括各子系统的协同性、自组织间的协同、共同规制的制定（李汉卿，2014）。实现基层社会协同治理，政府要避免在网格化管理中出现强势的"他组织"，需主动认可和培育社会治理主体；构建协同治理体系的关键是培育多元主体的议事平台，在议事程序中充分表达民意，达成共识（张树旺等，2016）。而在"互联网＋"背景下实现城市社区协同治理需要注重治理理念、体制机制、平台建设和资源保障四方面（叶林等，2018）。由此，协同治理的本土化应用需要从分析范式、制度环境、社会关系、主体间权力、资源等多方面加以优化。

有学者尝试为复杂的协同治理过程提供可操作的分析工具。Ansell 和 Gash（2008）基于 137 个案例提出 SFIC 框架（见图 1），该框架被许多学者认可与应用（Emerson et al.，2012；刘小泉、朱德米，2016）。SFIC 将协同治理分为初始条件、制度设计、领导方式和协作过程四个部分，每个部分都包括更具体的影响因素，并且协作过程主要受前三个部分的影响。初始条件（starting conditions）包括权力、资源和知识的差异以及各主体间合作或冲突的历史。权力、资源和知识的差异，一方面成为多元主体选择协同合作的动机，另一方面也意味着不平等，这种不平等很可能影响协作中处于劣势地位的主体的参与热情。各主体间合作或冲突的历史会成为协同的初始信任基础。信任是协同治理的黏合剂，将有效推动社会治理的实施。制度设计（institutional design）是指达成合作的制度性规则，它是形成合作过程合法性的重要保证。为达成有效协作，制度应该具有足够的包容性，使诸多的利益相关者都有机会参与；需建立清晰的规则体系，保证合作过程的透明，消除各主体间的顾虑，在协同领域内有效共事。领导方式是促成各利益相关方协作并达成共识的关键因素，其中促进型领导（facilitative leadership）是指通过有效的方式促进协同合作的领导；促进型领导具有管理与控制的能力，在出现冲突时能有效协调与沟通，从而使各方达成一种平衡的权力关系。协作过程（collaboration process）是一个由面对面交流—建立信任—承诺—达成共识—阶段性成果组成的闭环。面对面交流是协同治理的必要条件，各方通过深度沟通建立信任，并承诺占优势地位的权力者分享决策权，各参与者对决策共同负责，最终就协作的目标、价值、问题等达成共识。如果阶段性成果符合各方预期，则协作过程就更倾向于朝着积极有效的方向发展直至结果产出。

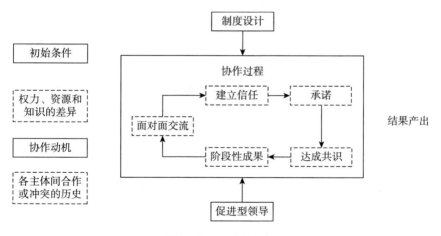

图 1　SFIC 分析框架

资料来源：作者根据原文献（Ansell & Gash, 2008：550）解释绘制。

SFIC 框架在分析政社关系的具体案例中具有较强的适用性，因为该框架的初始条件、制度设计、促进型领导、协作过程四个要素将政社关系融入"组织互动系统分析"的逻辑之中，基本涵盖了宏观制度环境分析、中观组织间关系的分析和微观协作过程的分析。因此，SFIC 协同治理的四要素分析是一种较为系统和具体的可操作框架。但该框架需要进一步的优化，主要源于以下几点考量。其一，现代化进程中的地方政府无论在推动经济发展还是在维护地方秩序的过程中都占据主导地位，政府和社会之间的协同到底是何种性质的协同？其二，地方社会结构主要由地方政府、有组织和分散的社会力量构成，在"强政府－弱社会"的情景中，所谓的"弱社会"是如何被整合进政府优抚治理网络中的？回答上述问题，客观上需要对初始条件、制度设计、领导方式和协作过程进行合乎逻辑和情境的分析和讨论。

四 D 县的社会优抚：结构及其过程

在 2010 年后，D 县政府主动引导社会组织参与公共服务，为社会组织发展创造良好的政策环境，通过体制建设和搭建平台为社会组织发展提供全面的支持。D 县建立了县—镇（街道）—村（居委）社会组织三级服务网络体系，并于 2014 年成立社会组织培育发展中心作为社会组织的孵化基地。在政府支持下，D 县社会组织快速发展。截至 2016 年底，全县共登记社会组织 318 家，备案的社区社会组织 921 家。组织类型层面，D 县有志愿服务组织 70 余家，注册志愿者 35800 余人，常态化开展志愿服务项目 120 多个。社工机构层面，该县共有 14 个社工机构，其中 C 社会工作服务中心被评为"民政部社会工作服务示范单位"。乡贤参事会层面，D 县有 56 个村成立类似组织，成为颇具地方特色的社会组织。考虑到个案研究的典型性，本文选取 D 县作为研究对象，分析该县优抚治理中的政社互动机制、过程和逻辑。本文的主要研究问题聚焦于优抚过程中的政社互动关系，即基层政府如何吸纳、运用社会力量开展优抚治理。进一步的，该问题延伸为三个层面：第一，在社会敏感领域，如退伍军人上访，基层政府基于怎样的逻辑吸纳体制外力量？第二，乡村社会力量参与社会优抚的动机及具体路径是怎样的？第三，在敏感的治理场域中，政社关系是否仍旧难以超越传统"吸纳"范式（Kang，2018），抑或回应了两者各取所需式的"策略性合作"（程坤鹏、徐家良，2018）的话语逻辑？本文资料来源于与 D 县政府合作的相关课题资料，课题组自 2016 年 11 月至 2017 年 2 月对 D 县进行了田野调查，分别在 D 县民政局、L 镇民政办、C 社会工作服务中心、Y 村乡贤参事会开展实地调研和访谈，收集了有关社会优抚的一手资料。

D 县于 2016 年底开始探索社会优抚，通过引导县域社会组织参与优抚，吸纳分散的民间力量参与。D 县在乡村和城镇社区采取了不同的社会优抚，分别为乡贤参事会模式和专业社工模式，两者在社会组织类型、服务对象所属地、服务领域背景等方面都有所区别。

（一）政策窗口："稳定压倒一切"逻辑下的"皮"与"毛"

协同治理框架下的初始条件的内核是"协作动机"，优抚作为政府的一项基本职能，关系到社会秩序的稳定，政府为什么愿意以社会化的方式，即创造一定的条件让社会组织、基层草根组织参与优抚？是否因为政府响应"职能转变"的上层改革要求，进而将行政化的优抚转变为社会化的优抚？一个较为合理的解释是，地方政府难以应对日益膨胀的维稳压力，一方面，经济社会发展给个体、城乡之间带来巨大的、无以弥补的利益鸿沟，时时刻刻影响着个体和社会心理；另一方面，网络社会让社会交往和信息传播更加便捷，更赋予原子化个体、分散群体甚至某种共同社会情绪以虚拟结社的可能。这种压倒一切的社会张力让压力型体制和向上负责制下的地方政府无所适从，不得不想方设法，以更务实的态度面对优抚矛盾，这为吸纳更多的社会力量提供了绝佳的"政治机会"。此外，我国科层制善于将行政问题转化为政治问题，优抚本身是常规行政工作，但地方政府将其纳入"一票否决"考核指标后，优抚转化成为一项必须完成、无法变通的政治任务。

> 军人最主要的就是稳定，怎么做好稳定。……，稳定压倒一切。（2016 1111 D 县 L 镇民政办访谈）

政府建立的优抚制度并未减少与之相关的信访，优抚政策和行政体制既没有办法回应基础性的需求，也无足够的精力满足优抚对象高层次的诉求。社会组织并没有直接进入优抚治理及其他政府管理领域的渠道和机会，在稳定压倒一切的地方治理逻辑下，协同治理才获得一定的制度空间。因此，"稳定"和"协作"是"皮"与"毛"的关系，皮之不存，毛将焉附，即地方政府为了不折不扣地完成优抚维稳的政治任务，协作才得以发生。从县、乡镇到村，基层社会具有一定的封闭性，社会优抚之所以得以成为这种封闭性体制中的一个窗口，是因为地方政府行政化优抚模式失灵，即以层层加码、行政发包的方式无法有效解决逐渐升级并且十分复杂、敏感的军人优抚维稳问题。

除此之外，政府和社会组织在权力、资源、合法性等方面具有显著的差异，两者建立协作的意愿以及达成协作的基础也得益于 D 县具备一定的社会资本。良好的社会资本积累，是社会协同治理实现的前提和基础（何水，2008；刘卫平，2013）。文化传统是社会资本的影响因素之一（奂平清，2009），D 县源远流长的慈善文化培养了人与人之间的互助意识，其表现不局限于助弱扶贫，在优抚领域也涌现出不少民间人士自发的拥军活动，如"拥军大姐"多次自费赴西藏、新疆等地慰问边疆战士；办厂致富的退伍军人自发出资设立"志国拥军奖"等。① 同时，互惠社会资本的自我积累与强化，成为 D 县近年来能够广泛建立乡贤参事会的软性支撑。将社会资本概念从社会学领域引入政治学研究的先驱学者帕特南（Putnam，2001：199 - 200）认为，"社会资本是指社会组织的某些特征，例如信任、规范及网络，它们能通过促进合作行为提高社会的效率"。已有大量研究表明社会组织能够增强社会资本（何水，2008；刘卫平，2013；赵罗英、夏建中，2014），它通过建设互惠的规范与合作的关系网络，将社会成员连接起来，在互动中传递尊重、友好的价值观念，增强社会的普遍信任。

社会资本充当了乡村社会自治的润滑剂，而组织间的交往和信任则作为酵母，直接催化了多元主体的正式协作。D 县社会优抚的社会组织，无论是 Y 村的乡贤参事会还是专业社工模式中的 C 中心都与 D 县政府部门有过多次的合作，为组织协作积累了良好的信任根基。虽然 D 县民政部门没有与 Y 村乡贤参事会直接合作的历史，但是乡贤参事会自成立就与基层政府密不可分：秘书长由村党支书担任，乡贤在沟通村民不同诉求、化解村民矛盾、促进乡村发展等方面发挥着"智囊团"的作用。Y 村乡贤参事会经过两年多的发展已形成了以村党组织为核心，村民自治组织为基础，乡村精英骨干为纽带的模式。与基层政府密切交织的治理经验为 Y 村乡贤参事会赢得 D 县民政部门信任发挥了重要作用。而 C 中心自成立起就得到政府和企事业单位的大力支持，承接多个政府

---

① D 县县志（1986—2005）。

购买服务项目，覆盖幸福邻里中心、社区矫正、社会救助、社会优抚、特殊老人、新居民服务等多个领域，且成效显著。发起成立 C 中心的 4 个领导都曾是居委会中的书记、副书记，该中心还返聘了 3 位退休老干部，其工作人员拥有与政府合作的丰富经验。已有的研究已经显示，社会组织与政府的既往合作是影响政府的重要因素，政社合作史是影响社会组织获得政府购买项目的必要条件（程坤鹏、徐家良，2018）。

（二）开明政府："这是一个很英明的决策"

随着公共服务体制改革的推进，政府对社会组织已经从严格控制到鼓励发展，并赋予其在社会治理中的参与权、表达权、决策权，激发其参与社会治理的热情。郁建兴、沈永东（2017）用"调适性合作"来概括十八大以来中国政府与社会组织的关系，政府是关系中的主导者，但是社会组织并不是被动的接受者，而是能够通过一定的策略积极地建构彼此的关系。于是在成功的政府购买服务中，作为代理人的社会组织不会沦为政府这个委托人的附庸，而是维持平等的契约关系（吴磊、徐家良，2017），能够保持独立、具有使命感且专业的运作模式（卢玮静、张丛丛，2018）。

> 我感觉社会力量参与军人优抚是很英明的一个决策。虽然是社会组织在具体做事，但是他们感觉到是政府在关心他们，也是政府在主导，因此改变对政府的一些看法。（20161111 D 县民政局 C 访谈）

D 县政府在创新社会治理方面一直走在该省的前沿，D 县政府的科层文化比较自由开明，愿意尝试和探索新的治理方式。政府赋予乡贤参事会、专业社工组织、志愿者组织及公众参与优抚服务权利，目的是实现有效的治理，毕竟维稳是政绩考核的重要指标。因此，D 县政府不只是单纯从表面上开放社会参与通道，也通过相关的资源支持与激励机制推动社会力量在政府搭的"架子"下运转。优抚对象对政府的情感态度较为复杂，特别是参战退伍军人一方面对党和政府的角色认知有深切的革命情怀，认可政府的形象；另一方面他们因为受伤或对于荣誉的心理落差，往往面临的现实困境也更加复杂，而寻求政府的帮助未达到理想结果，由此产生抵触情绪。正是由于优抚对象的特殊性，在社会优抚的过程中，政府既要搭建桥梁做好支持又要坚持原则。D 县建立的自上而下的"（县）服务中心—（镇/街道）工作站—（村/居委）服务队"三级优抚组织体系，有助于社会组织顺利进入乡镇社区以及完成优抚项目。政府还针对社会组织需求调研的结果，提供优抚政策培训与讲座支持，动用政府力量联合相关企业解决个别优抚对象的就业问题。开明的政府领导，也意味着在合作中充分尊重社会组织的专业性。在调研中，C中心特别强调他们和政府是平等合作的"伙伴关系"而非"领导与被领导"关系。

> 政府本来就人手不够，关注不过来，社区居委行政事务也比较多，做了很多面上的事情，而且在价值观上、工作手法上可能他们也把自己当作政府官员，而且本来他们的角色就是政府在基层的一个延伸。我们是纯粹的社会组织，虽然是政府购买了我们的服务，但是我们和政府站的角度和立场，运用的方法和技巧是不同的，我们会保持中立的价值观去理解他们[①]。（20161111 C社会组织服务中心G访谈）

（三）制度设计："要抓个典型出来，把活干好，干出亮点"

协同治理的有效性在于不仅仅是搭个花架子，更要重视多元主体在政策落实阶段的参与，使其能够在制度设计与决策阶段发挥实质性作用。

> 我得抓个典型出来，以点带面，带动发展，要把活干好，干出亮点。（20161111 L镇民政办访谈）

D县政府在县级层面成立了关爱优抚对象社会化服务中心作为社会优抚的组织，中心的8名核心成员分别来自D县民政局的不同科室及拥军协会、社工机构等。成员的多元化构成有助于打破部门科室隔阂，协同了各利益相关者，相互影响，相互制衡，明确各自的权利义务关系及后期的顺利合作。基于制度设计，社会组织参与社会治理多通过政府购买服务的方式实现，且自2013年以来，政府购买服务制度体系愈加完善。D县通过政府购买服务引入社会组织参与优抚服务，只是城镇和乡村的服务供给主体不同，具体的运作模式也有所

---

① 他们即优抚对象。

差异。

乡贤参事会模式是指在村镇建立、依托乡贤参事会为农村优抚对象提供服务的模式（见图2）。乡贤指本乡本土的品德、才学、成就为乡人推崇敬重的人。乡贤参事会是以参与农村建设、提供决策咨询、民情反馈、监督评议以及开展帮扶互助为宗旨的基层社会组织。参事会在村党支部领导下开展工作，会长、副会长由理事会议选举产生，秘书长由村支部书记担任。成立于2014年的Y村乡贤参事会，由各领域的50名Y村乡贤组成，组织架构成熟，基于Y村乡贤参事会在日常运行过程中树立的良好口碑，2016年底，D县民政局与其签订了为期3个月的"贤系功臣"社会优抚服务试点项目。"贤系功臣"项目依托五支"贤系优抚工作队伍"，通过建立家庭档案、开展个案服务、组织丰富多彩的集体活动等方式开展优抚服务。五支工作队伍依据乡贤群体的特质与服务对象的需求不同进行分类，覆盖领域十分广泛。

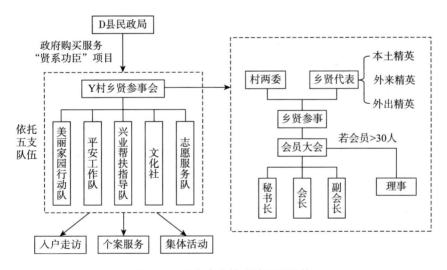

图2 乡贤参事会模式的运作结构

资料来源：作者根据Y村乡贤参事会及"贤系优抚"项目相关资料自制。

专业社工模式是指依托于专业社会工作组织及其成员开展优抚服务的模式，主要在街道社区进行（见图3）。成立于2012年的C社会工作服务中心是D县首家也是最大的专业社工机构。基于C社会工作服务中心的丰富经验，D县民政局以购买服务方式与其签订"情系优抚"项目。"情系优抚"项目是当地政府主动找到C社会工作服务中心洽谈合作，而非投标项目（因为项目金额在10

万元以下）。该项目从 2016 年 3 月开始筹备，4 月开始走访，5 月开始正式试点，是 D 县社会力量参与优抚的试点项目。项目运作有三个载体，包括民政局、C 社会工作服务中心、幸福邻里中心。

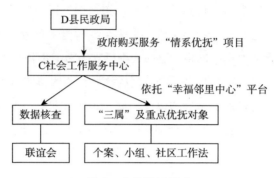

图 3　专业社工模式

资料来源：作者根据 C 社会工作服务中心及"情系优抚"项目相关资料自制。

C 社会工作服务中心借助联谊会开展数据核查，通过个案、小组等专业工作手法服务重点优抚对象，形成了以全县幸福邻里中心为平台，联结社工、心理咨询师、志愿者等开展多形式活动的运作模式。

C 社会工作服务中心通过召开联谊会活动联系 561 名优抚对象，打破以往冰冷的行政核查模式，为优抚对象创造了一个相聚与交流的平台，使其真正从心里感受到温暖的关怀。这得益于社工，因为他们秉持仁爱、互助的价值观开展工作，擅长站在服务对象的角度思考问题。除了普查数据，C 社会工作服务中心通过入户走访的方式与 60 名重点优抚对象进行面对面的交流，建立档案，针对优抚对象的情况进行分类统计，并制定个性化服务方案。C 社会工作服务中心借助幸福邻里中心[①]平台，在每个幸福邻里中心站点派驻 2 名专业社工，负责本区域内的优抚服务，主要是关注"三属"及重点优抚对象，"三属"包括烈士遗属、因公牺牲军人遗属、病故军人遗属。

　　我们非常好的一个地方在于，我们的理念很不一样，比如核查，政府的核查，就是用机器核查一下，而为什么核查一定要是冷冰冰的核查？能

---

① 　幸福邻里中心是 D 县民政局推出的社区服务项目，由政府投资在各个社区及村庄进行建设，并通过政府购买服务的方式委托社会组织运营。目前 C 社会工作服务中心是幸福邻里中心的运营方。

不能带有一种关怀温暖的核查？这就是观念、意识的不一样。（20161111 C社会组织服务中心项目总负责人 Y 访谈）

社会优抚不同合作模式的确立是基于广泛的前期调研。D 县在对 31 家不同地域层级有能力参与优抚服务的社会组织进行调研后，选定了其中 4 家①作为社会优抚的试点组织，并基于各自优势资源在城乡形成了不同的运作模式。

（四）协作过程："乡贤有头有脸，有面子，好做工作"

在以往革命以及建设中，发动和组织群众成为中国共产党成功的不二法宝。在革命时期，群众路线促进了中国共产党对群众利益的聚合，并成为政策执行和政治动员的手段；在新中国成立后 30 年的政治中，群众路线成为领导人政治表达、权威建构及调控内输入模式弊端的工具。在改革开放以来的政治中，中国共产党通过对群众路线的再运用，一方面打开制度之门，实现从内输入到有限政治参与的转变，以此来适应社会经济环境的变化；另一方面用来调适自身以应对治理挑战，同时重塑国家、政党、社会与群众之间的关系，以达到新的政治平衡（刘伟、吴友全，2016）。在 D 县社会优抚的过程分析中，地方政府到底如何发动这些"有头有脸"的乡贤，如何看待体制外的社会组织？

县政府—乡镇民政办—村工作站的科层组织所能调动的体制内资源显然是十分有限的，特别是应对上万的优抚对象。"上访"等问题经过传统体制吸纳无法解决，需要新的组织形态来吸纳和缓解（徐家良，2008）。对于 D 县政府优抚问题而言，社会优抚不是为了调节来自社会的政治参与，而是要吸纳社会力量治理优抚安置，维持基层稳定。在这个层面上，专业社工和乡贤各自有特长，前者具有一定的专业性，如一定的志愿热情、规范的服务流程、较多的志愿者等；后者是由县域的各类精英构成，拥有丰富且多元化的社会资源，又因为乡音、乡俗、熟络等地缘关系，更便于动员和宣传。

乡贤也是个社会组织，但它跟其他组织不一样。它的成员全部是精英，掌握大部分资源，反馈给优抚对象的东西很多。其他社工要政府给它钱才能去服务，乡贤不一样，自己有资本，愿意做，自己也有能力做好，优势

---

① 另外两家未在文中提及，是因为它们都属于专业社工模式。

多。像一些乡贤是老板，优抚对象失业了，给他介绍工作很简单的，但要志愿者社工去介绍一个工作，这是相当难的。另外，乡贤是当地精英，做优抚工作使优抚对象感觉到有面子。（20161202 D 县民政局访谈）

乡贤中的地方精英大多是 D 县土生土长的本地人，如民营企业老板、高校教授、公司高管、个体老板、医生等。他们之所以愿意加入乡贤理事会，至少存在以下几个方面的原因：一是中国传统社会讲究"衣锦还乡"，即个体取得一定的社会地位以后大都要与家乡保持联系，以彰显其在外打拼后所获得的社会地位、身份或财富；二是中国社会形态仍然难以超脱"强政府－弱社会"的格局，政府在社会资源分配和社会规则制定中的垄断地位造就了一种吸附效应，即距离政府越近，获得资源的概率越大，这些乡村精英也想借此结识并汲取更多的政治资源和社会资源；三是这些地方精英开始具有较高的权利意识，加入乡贤参与乡村治理可以实现某种较低层次的政治参与以及可以满足其改善乡村社会的需求。

乡贤会除了从政府了解情况，也通过走访更加深入地了解情况，到底是什么困难。有的人到办公室装穷，乡贤会走访摸底就能排查这种情况。……，让真正困难的人得到救助才是好的。（20161111 Y 村乡贤参事会 M 访谈）

在具体的项目运作过程中，D 县政府也不是当"甩手掌柜"，而是继续与社会组织保持密切有效的沟通。D 县民政局优抚科领导与社会组织部分工作人员相当熟识，并且对于访谈中谈及的重点优抚对象情况非常清楚，说明政府和社会组织在项目运作时会及时沟通，互相支持。虽然政府和社会组织的立场与角度不同，但是社会优抚的目的是达成共识，帮助优抚对象解决个人困难，增强社会融入，维持社会稳定。因此，在遇到极为特殊或复杂的个案时，多方会共同协商，寻找可能的有效途径。

大部分情况下我们工作自主性较强，政府把购买的项目打包给我们，除了要看成果，平时的工作进度也会告诉他们，如果进度上不如意，也会和我们沟通。……，与优抚对象相处，最重要的是信任关系的建立。所以我们会保持电访和上门的频率。近一点的上门频率会高一点，还有问题多一些的，也会重点关注。另外，节假日也会有祝福。（20161111 C 社会组织服务中心 Y 访谈）

（五）效果或产出："上访的少了"

D 县的社会优抚模式在该县所在的省具有首创示范性，得到分管副市长和省民政系统领导的认可和批示，从而作为地方政府管理创新案例在全省进行宣传、复制和推广。

> 最大的改观是优抚对象来民政局上访提要求的明显少了，他们对我们优抚工作的满意度也是明显提升。
>
> ——D 县民政局

D 县的乡贤参事会模式和专业社工模式是该地社会优抚的主要构件。在乡镇层面建立乡贤参事会模式，是由于乡村普遍自组织水平较低，缺乏孕育成熟的专业社工组织，"一枝独秀"的乡贤参事会成为理想的合作对象。乡村熟人社会下的血缘、人情、文化等非正式制度具有更大的影响力，乡贤的权威更容易得到优抚对象的认可与信服。同时，乡贤模式的运作资金中除了政府购买制度支持以外，还有乡贤的资源，两者的结合使得基层政府的控制和支配更加"在地化"。在街道层面，政府不用担心社会组织资源不足，通过吸纳专业社工，便于发挥其专业性优势。就优抚对象而言，他们在心理健康和社会支持与融入等方面的需求是最难满足且急需满足的，而这正是社工及社工组织所擅长的。同时，城镇中社会组织借助政府搭建的社区公共服务空间如幸福邻里中心能够更有效率地实施项目，三者资源的相互利用，实现了基层政治的"和谐"。为便于更直观的观察，下文描绘两个优抚个案。

> 个案一。老李，他是带病回乡的退伍军人，一直以在部队患皮肤病现无法治愈为由而多次上访反映。作为特殊时期的重点维稳对象，政府和社工组织联合介入，全程采取"尊重、接纳不批判、价值中立"等原则，耐心倾听了解其提出的诉求。社工组织对此设置的目标是帮助老李整合资源，

搭建平台，与相关部门建立起良好的沟通桥梁，帮助其消除过激思想，建立理性信念，以期协助政府做好特殊时期维稳工作。经过一个多月的介入，老李感受到了社工的"真诚付出"以及支持，对社工有所认同，白天经常带着孙子来幸福邻里中心玩，晚上去广场摆摊，他逐步恢复了合理的生活方式，也没有想着去上访，遇到困难会主动跟社工商量，并曾经介绍战友的女儿到 C 工作。

个案二。老方，1979 年参加对越自卫反击战，后手臂受伤，转业到 D 县丝绸加工厂工作。他在 1999 年失业之后，尝试做生意但是失败了，亏掉了很多钱。于是，他卖掉原先的住房，现在一直在打零工，租房子住。他每个月收入是 600 元。因为没有住房，他对此非常介意，一直希望能有自己的房子，也去政府多次反映。社工组织刚介入的时候，他甚至都不愿意社工上门探访，理由是自己是租房子住的，后来社工通过多次电话沟通，他才愿意与社工接触。社工介入之后，一方面帮助老方提交材料，申请廉租房，改善住房环境，减轻经济负担；另一方面鉴于老方已离婚，父母身体都不好，外部支持较弱，所以社工邀请老方参与社工组织的各类活动，增强来自社会外部的支持。现在老方已经成功申请了廉租房，对政府的态度也转变了。

当然，D 县社会优抚也存在许多问题，在项目执行过程中，政府设置了数目字的考核方案，但是由于经费的限制，社工组织无法对每一个优抚对象开展深度的介入，此外，对于整个优抚群体特质与需求的把握还存在困难。因此，如果要对优抚对象进行更长期深入介入，实现广泛的服务覆盖，需要增加政府购买服务的经费。在联动合作方面，C 机构作为外来的社会组织，即使有能力获取政府项目，在项目实施过程中依然需要当地乡镇政府及村干部的协助，两者关系十分微妙。在当地政府看来，外来者的介入意味着乡镇政府本职工作没有完成好，因此，乡镇干部的地位是很尴尬的，一方面，他们要积极配合上级政府的工作；另一方面，也不想因为社工组织介入后抢了自己的风头。在社会认同方面，除了民政部门和社区居委的人对社会工作比较了解和认同外，其他居民和优抚对象对社会工作的认同感还不是很高。如优抚对象会把社工的角色定位成政府，以致社工多次强调其角色及持有的价值中立原则。

五　结论与进一步讨论

行文至此，文章基本回答了开篇提出的问题，即社会优抚过程中政社互动关系的结构、过程及其逻辑。但回归理论层面而言，我们当如何理解社会优抚中的政社关系？在实现国家现代化的进程中，新兴发展中国家需要一个强大的政府以维持政治秩序。正如本文所呈现的，地方政府努力克服行政化优抚的弊端，基于维稳逻辑，政府在敏感领域开放了一个合作窗口的同时，不断吸纳乡贤理事会、社会组织等，借以完成乡村社会整合，从而提升治理效能。在此过程中，D 县以制度吸纳的方式动员乡村社会精英，调配其地缘关系和资源，实现了有效的政社协作。文章提出了"社会整合"的概念，对乡村社会进行中的社会事实予以抽象归纳，并借由 SFIC 框架和思路，梳理制度吸纳和社会整合的内在机理和具体过程。

在对 D 县社会优抚过程的剖析中，本文捕捉到了压力型体制下的政府应对策略，即政府主动开启了社会优抚之窗，打造"贤系功臣"和"情系优抚"等项目，以制度吸纳的方式建构了延展性和开放性兼备的政社合作模式。同时，SFIC 框架的引入，使得本文的分析不止步于传统政社互动二元简化论的窠臼，协同治理是一个十分复杂的政治过程而非管理过程。进一步的，本文从初始条件、制度设计、领导方式和协作过程四个层面对 D 县社会优抚过程进行了细致的描绘，这其中提炼出了压力型体制下的维稳逻辑、社会资本或信任、行政领导决策、社会组织合作、乡贤地缘关系等诸多要素。透视 D 县社会优抚，到底是什么因素影响着县域社会整合？本文认为最重要的因素是政府主导的制度吸纳，正如文中多次提及的"这是一个英明的决策"，倘若没有主要领导的支持，所谓的地方优抚模式无法持续且获得更高层级政府的认可。紧随其后的则是地方精英和组织的主动合作，本文谨慎地指出主动被吸纳的地方精英和组织远非停留在文本上的统治对象，他们也是具有一定利益理性的行动主体。很遗憾的是，本文在地方精英和组织的策略性合作方面并没有足够的论证和展示，这需要进一步的研究。总之，敏感领域的政社互动是一种以政府为主导的制度吸纳和地方合作的政治过程：政府建构了政治机会，并吸纳具有一定利益理性的地方行动主体，这些共同为更加精妙的社会整合提供了基础。

若进一步以现实关切的视角观之，乡村社会优抚到底应该如何治理？在"强政府–弱社会"格局中，D县主动引入社会组织参与优抚并取得了一定的成效，为该领域的协同治理模式的构建和后续社会化改革提供了建设性思路：社会优抚模式的实现，一方面需要政府转变治理理念，通过社会组织培育和政策支持等手段，形成优抚领域政社协作治理关系；另一方面需要政府承担治理系统的"基石"角色，在激活社会优抚所需制度框架的同时，仍有必要保持政府的引导或主导地位。通过上述两方面的努力，政府和社会力量形成治理合力（任泽涛、严国萍，2013），可以为协同治理创造条件。

基于SFIC框架，通过对D县社会优抚的过程分析，我们认为，基层协同治理的实现既需要宏观的社会资本的积累，也需要中观的制度设计（充分向社会赋权的政府力量以及清晰的运作模式），还需要微观的主体间良性互动（基于沟通和共识的协作过程）。县域社会资本与主体间成功的合作历史为协同治理创造了良性初始环境，处于主导地位的政府给社会组织赋权增能，避免了过度行政干预。清晰的制度与不同的合作模式为顺利合作提供了保障，而双方在实践过程中的有效沟通，促进了协作过程的良性循环。

首先，在宏观环境层面，传统慈善文化对于公民意识的培养是长期积累的过程，对于某个地区而言具有特殊性，难以复制。研究表明，社会资本和社会组织发展是双向促进的过程，因此在市民社会发育较为薄弱的地区，政府要建立健全激励机制、大力培育社会组织，乡村精英的吸纳是乡村治理的丰富资源。同时，优抚需要创新宣传形式，提升优抚对象本身及社会大众对社会优抚的认同感。其次，在中观制度层面，政府向社会力量的赋权增能构成协同治理的制度基础。以此为基础，同时考虑城镇和乡村的现实情况，可建立不同运作模式。相较于基本相互独立的D县专业社工模式和乡贤参事会模式，可以尝试构建多元合作模式。因为乡贤和社工各自存在优劣，乡贤缺少社工的专业性在工作中难免碰壁，而社工缺乏乡贤的亲缘、地缘优势，在与服务对象的前期沟通中容易存在距离与障碍，这种在资源、知识上的差异为协同合作提供了契机。因此，政府搭建一个优势互补、协调有序、覆盖广泛的多元合作联动平台显得尤为重要。最后，在微观沟通层面，由于现实的复杂性，多元合作的主体间的关系与状态不是静止的而是动态的，需要保持关联通道的开放和畅通。协同治理的顺利开展建立在稳固的社会基础之上。随着社会力量被吸纳进治理格局中，政府需要做好对不同社会主体的意见吸收及回应，既动员群众，也回应群众。

透视 D 县社会优抚，人们可以观察地方政府在应对日益复杂的社会矛盾中的紧张。为了建构制度吸纳的框架，盘活、动员有限乡村资源，地方政府努力构建一套整合乡村社会与基层治理的叙述话语。个案研究允许我们深挖某个具体案例的内部机理，却不能过度解读个案所承载的政社关系的理论寓意与解释边界。但可预见的是，在现代化浪潮中，类似本研究的乡村叙事中的"皮""毛"还将继续上演，这种叙事或将继续游走在政社关系理论的边缘。

参考文献

陈成文等（2018）：《新时代"弱有所扶"：对象甄别与制度框架》，《学海》，（4），92～100。

程坤鹏、徐家良（2018）：《从行政吸纳到策略性合作：新时代政府与社会组织关系的互动逻辑》，《治理研究》，（6），76～84。

郭文佳（2006）：《论宋代军人的优抚保障政策及影响》，《河南大学学报》（哲学社会科学版），（3），22～27。

何水（2008）：《协同治理及其在中国的实现——基于社会资本理论的分析》，《西南大学学报》（社会科学版），（3），102～106。

何兴（2009）：《对我军参战军人优抚制度的相关构想》，《科技信息》，（28），45。

奂平清（2009）：《社会资本的影响因素分析》，《江海学刊》，（2），128～132。

黄晓春（2015）：《当代中国社会组织的制度环境与发展》，《中国社会科学》，（9），146～164。

黄晓春、周黎安（2017）：《政府治理机制转型与社会组织发展》，《中国社会科学》，（11），118～138。

江华等（2011）：《利益契合：转型期中国国家与社会关系的一个分析框架——以行业组织政策参与为案例》，《社会学研究》，（3），136～152。

江治强（2017）：《优抚制度改革顶层设计的若干思考》，《行政管理改革》，（1），52～56。

康晓光、韩恒（2005）：《分类控制：当前中国大陆国家与社会关系研究》，《社会学研究》，（6），73～89。

李汉卿（2014）：《协同治理理论探析》，《理论月刊》，（1），138～142。

李良品、李思睿（2014）：《明清时期西南地区土司土兵优抚政策研究》，《西南民族大学学报》（人文社科版），（8），17~22。

刘伟、吴友全（2016）：《政治过程视域下群众路线的功能演化》，《华中科技大学学报》（人文社会科学版），（5），23~25。

刘伟忠（2012）：《我国协同治理理论研究的现状与趋向》，《城市问题》，（5），81~85。

刘卫平（2013）：《社会协同治理：现实困境与路径选择——基于社会资本理论视角》，《湘潭大学学报》（哲学社会科学版），（4），20~24。

刘小泉、朱德米（2016）：《协作治理：复杂公共问题治理新模式》，《上海行政学院学报》，（4），46~54。

卢玮静、张丛丛（2018）：《行政依附、资源依赖还是合作伙伴——政府购买中政府与社会组织的关系研究》，《中国第三部门研究》，（1），102~123、201~202。

罗伯特·帕特南（2011）：《使民主运转起来——现代意大利的公民传统》，王列、赖海榕译，南昌：江西人民出版社。

齐炳文等（1998）：《"城镇退伍军人安置难"的解决办法》，《中国社会工作》，（6），32~33。

任泽涛、严国萍（2013）：《协同治理的社会基础及其实现机制——一项多案例研究》，《上海行政学院学报》，（5），7~80。

孙绍骋（2002）：《制度创新是解决退役士兵安置难问题的根本途径》，《理论前沿》，（9），38~40。

王颖（1993）：《社会中间层：改革与中国的社团组织》，北京：中国发展出版社。

魏彩苹（2011）：《民生视角下的陕甘宁边区抗属优待救济》，《甘肃社会科学》，（4），158~161。

吴红英、朱红英（2009）：《论中央苏区农村合作社运动对红军优抚的历史贡献》，《农业考古》，（3），56~58。

吴磊、徐家良（2017）：《政府购买公共服务中社会组织责任的实现机制研究——一个利益相关者理论的视角》，《理论月刊》，（9），130~136。

吴云峰、房列曙（2011）：《论华中抗日根据地的优抚工作》，《安徽史学》，（4），86~93。

徐家良（2008）：《新组织形态与关系模式的创建——体制吸纳问题探讨》，《北京大学学报》（哲学社会科学版），（3），103~108。

叶林等（2018）：《协同治理视角下的"互联网＋"城市社区治理创新——以 G 省 D 区为例》，《中国行政管理》，（1），18~23。

尹传政（2018）：《抗美援朝期间北京市优抚对象就业情况考察》，《当代中国史研究》，（2），102~110、128。

余翔（2007）：《试论建国初期的社会优抚安置制度》，《华南师范大学学报》（社会科学版），（1），142~144。

郁建兴、沈永东（2017）：《调适性合作：十八大以来中国政府与社会组织关系的策略性变革》，《政治学研究》，（3），39~41。

张静（2016）：《社会治理为何失效?》，《复旦政治学评论》，（1），229~255。

张树旺等（2016）：《论中国情境下基层社会多元协同治理的实现路径——基于广东佛山市三水区白坭案例的研究》，《公共管理学报》，（2），119~127。

张望（2016）：《新中国初期川陕老区红军军烈属的优抚工作》，《求索》，（8），173~177。

赵罗英、夏建中（2014）：《社会资本与社区社会组织培育——以北京 D 区为例》，《学习与实践》，（3），101~107。

周雪光、练宏（2012）：《中国政府的治理模式：一个"控制权"理论》，《社会学研究》，（5），69~93。

Ansell, C. & Gash, A. (2008), "Collaborative Governance in Theory and Practice", *Journal of Public Administration Research & Theory*, (4), 543 – 571.

Chan, A. (1993), "Revolution or Corporatism? Workers and Trade Unions in Post-Mao China", *The Australian Journal of Chinese Affairs*, (29), 31 – 61.

Distelhorst, G. & Hou, Y. (2017), "Constituency Service Under Nondemocratic Rule：Evidence from China", *The Journal of Politics*, (3), 1024 – 1040.

Emerson, K., et al. (2012), "An Integrative Framework for Collaborative Governance", *Journal of Public Administration Research & Theory*, (1), 1 – 29.

Huntington, S. (2006), *Political Order in Changing Societies*, New Haven：Yale University Press.

Hu, J. (2011), "Grand mediation in China", *Asian Survey*, (6), 1065 – 1089.

Hurst, W., et al. (2014), "Reassessing Collective Petitioning in Rural China：Civic Engagement, Extra-State Violence, and Regional Variation", *Comparative Politics*, (4), 459 – 482.

Jing, Y. & Hu, Y. (2017), "From Service Contracting to Collaborative Governance：Evolution of Government-Nonprofit Relations", *Public Administration & Development*, (4), 191 – 202.

Kang, X. (2018), "Moving Toward Neo-Totalitarianism：A Political-Sociological Analysis of the Evolution of Administrative Absorption of Society in China", *Nonprofit Policy Forum*, (9), 1 – 8.

White, G. (1993), "Prospects for Civil Society in China：A Case Study of Xiaoshan City", *Australian Journal of Chinese Affairs*, (29), 63 – 87.

Putnam, R. D. (2001). Bowling alone：The collapse and revival of American community. New York City：Simon and Schuster.

Institutional Co-option, and Social Integration:
The Evidence From the Special
Social Care of D County

Cheng Kunpeng, Su Xiaoli & Zhou Wenxing

[**Abstract**] Social contradictions and conflicts in China's rural areas loom large during the process of modernization transformation. Against this backdrop, it has been increasingly important and urgent to study and search for solutions to achieve good governance. Utilizing the collaborative governance framework of SFIC, this article studies the case D County's special care story of "*Pi*" and "*Mao*," highlighting a narrative of rural governance featured with institutional co-option and social integration. The study finds that the logic of grassroots stability has opened the policy window in the authoritarian regime. Being catalyzed by social capital and inter-organizational cooperation, bureaucrats are able to co-opt social organizations and local elites, jointly constructing the collaborative governance process characterized by social integration in rural areas in China.

[**Keywords**] Specially Social Care; Institutional Co-option; Social Integration; Political Process

（责任编辑：李朔言）

组织学习、知识生产与政策倡导[*]

——对环保组织行为演变的跨案例研究

陆　健　齐　晔　郭施宏　张勇杰^{**}

【摘要】 政策倡导正逐渐成为中国环保组织参与环境治理的一种重要形式，这与环保组织长期以来对此采取的回避态度形成了较大反差。本文试图回应的核心问题是：何以中国的环保组织越来越多地参与政策倡导行动？虽然政治参与空间的开放以及组织获取资源渠道的多元化在一定程度上可以解释这一问题，但这两条解释路径并不足够。通过对典型环保组织的跨案例研究，本文分析了环保组织通过自身过往的实践经验、组织之间的交流互动这两种途径进行学习的过程和机制。研究发现，环保组织内部的学习和适应机制亦是导致这一变化的关键因素，环保组织能动地学习促进了组织的知识生产和更新，从而推动了环保组织更多地参与政策倡导行动。此外，社会组织的学习过程受到多个因素的影响，主要包括组织领导人的认知能力、知觉框架以及组织内外部的权力关系。本研究弥补了政治机会理论和组织资源

---

* 本文系中国博士后科学基金第 62 批面上资助项目"中国环保组织参与政策倡导的策略选择与影响因素研究"（2017M620813）的阶段性研究成果。

** 陆健，清华大学公共管理学院博士后，研究方向：环境运动、环境治理；齐晔，清华大学公共管理学院教授，研究方向：资源环境政策与管理、全球气候变化等；郭施宏，清华大学公共管理学院博士研究生，研究方向：基层治理、环境治理；张勇杰，中国人民大学公共管理学院博士研究生，研究方向：社会组织与环境治理、跨部门合作。

视角的不足，有助于加深对中国环境行动主义演变的理解。

【关键词】环保组织　组织学习　行为转变　政策倡导

一　问题的提出

自20世纪90年代环保组织在中国兴起以来，政策倡导就一直是环保组织不可忽视的活动领域之一（邓国胜，2010）。然而，大多数的中国环保组织还是更倾向于去政治化的环境教育、植树造林、生态导赏类等活动领域，对于公共表达、污染监督等政策倡导行动更多采取相对回避的态度（Zhan & Tang，2013）。邓国胜的研究发现，中国的环保组织主要在公众环保教育、促进公民环保行动参与、参与和推动环保政策三个方面发挥作用，而在协助公众环境维权、监督环境政策实施、推动企业环保责任方面则相对较弱（邓国胜，2010）。部分环保组织在进行政策倡导时，采用的行动策略也相对温和保守，比如与政府部门座谈或者通过体制内渠道传递政策建议，鲜有挑战性和对抗性（Ho，2008；Xie，2009）。这和西方的环保组织存在显著的差别，西方的环保组织经常会参与到与污染企业以及政府相关部门直接对抗的倡导和行动中去（Sima，2011）。值得注意的是，经过近30年的发展，近年来环保组织在政策倡导领域的行动日趋活跃（Zhan & Tang，2013；Li et al.，2016；Dai & Spires，2017）。湛学勇和邓穗欣分别于2003~2005年和2009~2010年两个时间段对全国28个环保组织研究后发现，自2005年以来，环保组织在政策倡导领域有日趋活跃之势（Zhan & Tang，2013）。在环保组织发展的早期阶段，只有少数知名的、由精英领导的环保组织（如自然之友、北京地球村、北京绿家园等）零星地进行政策倡导，近年来更多更为草根型的环保组织在政策倡导领域的参与也已经越来越常见（Dai & Spires，2017）。除了传统的体制内的倡导活动，越来越多的环保组织开始参与到多元化的倡导活动中去。它们有的在社交媒体上曝光有环境违法行为的企业并要求政府加强环境执法，或者通过政府信息公开或者诉讼等手段，直接向环境监管部门和污染企业施压，影响政策的制定和执行。2012~2014年，部分环保组织积极参与环保法修订过程，在一定程度上成功推动了新环保法的出台。在一些影响力较大的反污染型环境事件中，也有部分环保组织的介入和参与，它们甚至对地方政府的项目规划或环境执法提出质疑和反对，比如，2013年昆明反对 PX 事件、2014 年武汉锅顶山反垃圾焚烧事件（Sun et al.，2017；Stein-hardt & Wu，2016）。那么，为什么会有这样的转变？现有对环保组织政策倡导的研究更多地是对组织当前的行为策略和影响因素进行分析，对环保组织参与政策倡导历时性变化的考察还不多，因此对推动这种转变发生背后的原因和机制的认识仍不全面。本文试图在政治机会结构和组织资源两个维度之外，从组织社会学中的组织学习这一理论视角，分析组织自身能动的学习和适应机制如何影响其政策倡导的行为选择和变迁。

笔者于 2017～2018 年对全国各地 18 个环保组织进行了调研，其中选取分别位于 K 市的 L 组织与 C 市的 R 组织两家环保组织进行实证分析。之所以选择这两个组织是因为它们代表了两种典型的组织学习影响组织行为变迁的情况，对于回答本文的研究问题具有重要的意义。本文第一作者分别于 2017 年 6 月、8 月期间，对位于 C 市与 K 市两家环保组织的发起人和相关负责人进行了半结构式的深度访谈。此外，笔者也收集了环保组织的年报、网站信息、新闻报道等作为文献研究的资料。

二　文献综述与理论框架

英语里的"倡导"（advocacy）一词原指的是律师为客户辩护的行为，20 世纪 60 年代和 70 年代美国民权运动将这个词的使用范围大为延伸（Fox，2001）。"倡导"一词的解释包括一系列为了某些目的而努力施加影响的行为（周俊，2009）。需要注意的是，倡导所指涉的行为特指推动政策的改变。其中，政策倡导是目标指向更为明确的一种倡导形式。根据 Unsicker（2012）的定义，政策倡导是公众、非政府组织、其他市民社会组织、网络和联盟通过影响政府、公司和其他权力机关的政策设计、政策执行和决策过程，进而寻求政治、经济、文化和环境权利的过程。政策倡导是西方非政府组织最重要的行动领域之一（Jordan & Van Tuijl，2000；Anderson，2000；Salamon & Anheier，1996；Toepler & Salamon，2003）。根据政策倡导的不同路径方式，学者们将政策倡导划分为不同的类型，比如直接倡导和间接倡导（Andrews & Edwards，2004）、挑战性政策倡导和非挑战性倡导（李朔严，2017）等。本文所指的政策倡导既包括对政府行为采取批判态度的倡导，也包括采取非批判态度的倡导。

现有研究指出，与西方国家 NGO 在政策倡导领域的活跃不同，大部分中国草根 NGO 对政策倡导持相对回避的态度（Zhan & Tang，2013）。这是因为社会组织在政策倡导的过程中很可能会出现与政府立场相抵牾的情形，甚至影响、挑战政府的权威和利益（李朔严，2017）。在"分类控制"的社会组织管理体制下，这很可能招致政府不同程度的压制（康晓光、韩恒，2005）。因此，为了规避风险，"去政治化"便成为中国大多数草根 NGO 最为保险和理性的一项生存策略（Ho，2008；Howell，2007；Gleiss，2014）。少数进行政策倡导的组织也更倾向于采用体制内的渠道、关系或者被体制许可的话语或方式，而非公开地与体制进行对抗（Ho，2008；Ho & Edmonds，2007；Sima，2011）。Ho & Edmonds（2007）将中国环保组织这种深度嵌入体制而运行的环保行动主义定义为"嵌入式的环保行动主义"（embedded environmentalism）。然而，一个很明显的问题在于，虽然面临政治风险，但为何近年来环保组织的政策倡导在整体上呈现日趋活跃之势？现有的研究主要从政治机会和组织资源两个理论视角解释这个问题。

（一）政治机会

政治机会（political opportunity）是社会运动研究领域解释社会运动/抗议为何发生的重要概念之一。在综合了不同学者对于政治机会的诸多定义后，McAdam（1996）认为政治机会至少包括四个维度的含义：政治制度的相对开放或封闭、支撑政体的精英群体的稳定或不稳定、精英同盟的存在或缺失、国家的镇压能力和倾向。政治体系内部的裂痕可能是最重要的政治机会，民众抵抗者可以利用这个机会来增加他们集体行动成功的可能性。政治体系内部的分化也可能是最重要的政治机会，民众可以利用它来增加他们集体行动成功的可能性（Cai，2010）。O'Brien（2002）认为，改革开放时期中国农村集体行动的激增在很大程度上是政治宽松的产物。在这个时期，政府内部的分化越来越大，一些政府官员倾向于支持民众的诉求。Mertha（2009）进一步提出了"碎片化威权主义 2.0"的概念，认为随着体制改革和利益多元化的发展，中国政策过程日趋多元化，越来越多非传统的或者非体制内的行动者进入了决策领域，成为影响政策过程的重要变量。在怒江反大坝事件中，官僚体系内部的分歧给以环保组织为代表的政策企业家进入政策过程创造了机会，也是最终迫使地方政府搁置修建大坝计划的关键因素（Sun & Zhao，2008）。由于环境问题的严峻性，中央政府对环境保护的重视程度日益增大（Ho，2008；Zhan & Tang，2013；Dai & Spires，2017）。有研究发现，2012 年以后，虽然总体上政治环境有收紧之势，但是中央对环境保护的重视程度的提升为环保组织参与政策倡导提供了有利的政策空间（Dai & Spires，2017）。

（二）组织资源

除了政治机会，组织的资源也是影响社会组织生存与行动策略的另一个重要因素（Gamson，1975；McCarthy & Zald，1977）。组织需要外部世界的资源——资金、人员、信息和认可——来生存和发展（McCarthy & Zald，1977；Pfeffer & Salancik，1978）。有关组织资源影响倡导行为的一个最基本的假设是，拥有资源越多的组织可能越多地参与政策倡导活动（Dalton et al.，2003）。对美国公益组织的调查发现，一个组织掌握的资源数量与该组织参与政治活动的活跃度密切相关（Schlozman & Tierney，1986）。但是，现有研究也发现，组织资源的水平对不同类型组织行为的影响是有差别的。大量的全职员工可以为环保组织提供稳定性和持久性，使其可以与志趣相投的团体或者成熟的政治和社会行动者建立持续的联系。资源丰富、专业性强的 NGO 往往偏向于常规的"低风险"活动（Milofsky，1988；Oberschall，1993）。与此相反，Piven & Cloward（1977）认为，资金不足的组织往往大量依赖于志愿者的时间和精力，从而导致自发的、以抗议为基础的策略。为了引发关注，预算和工作人员较少的 NGO 反而更有可能进行更具对抗性的活动（Dalton et al.，2003）。在中国，资金和人力资源向来是困扰 NGO 发展的主要障碍之一（Schwartz，2004；Zhang & Baum，2004）。自 20 世纪 90 年代开始，中国环保组织的资金主要来自境外机构，比如国际基金会、外国政府以及跨国企业（Tang & Zhan，2008）。为了避免政治争议，境外组织也同样更倾向于资助那些去政治化的项目，比如环境教育、物种保护等（Zhan & Tang，2013）。随着中国公益慈善领域的发展，NGO 的资金来源比以往更加多样化，包括来自基金会和企业的自愿捐赠、政府购买、公众募捐等（Lai et al.，2015；Zhan & Tang，2013）。同时，国家对环境保护的重视使得基金会等资助方对政策倡导项目的态度较以往变得相对开放。因此，筹资环境的优化在客观上赋予环保组织更大空间去争取更多所需的资源进行政策倡导行动（Zhan & Tang，2013）。

不可否认，政治机会的出现和组织获取资源渠道开放给环保组织参与政策倡导提供了更多的空间和可能性，可以在一定程度上解释环保组织在政策倡导领域活跃度的提升。但是，这两种理论取向的解释却忽视了草根 NGO 自身的能动性，在政治机会、组织资源与 NGO 的政策倡导行为之间仍缺乏较为微观细致的解释性机制。基于现有研究的不足，本文将采用组织学习的理论视角，分析环保组织自身的学习如何影响组织的政策倡导行为。

（三）组织学习

组织学习（organizational learning）的概念由阿吉瑞斯（Argyris）和熊恩（Schon）在其著作中首次提出（Argyris & Schon，1978）。学习是人类社会生活极为常见的行为之一，但是究竟什么是学习，学习又是如何发生的实际上是一个很复杂的过程。根据 Ebrahim（2005）的理解，组织学习包含了通过处理信息或事件来产生知识，并且用这些知识来触发行为改变的过程。也就是说，仅仅产生知识是不足够的，组织学习还包括利用知识来影响组织行为和实践的过程。基于不同学科对组织学习的定义，陈国权、马萌（2000）认为，"组织学习是指组织不断努力改变或重新设计自身以适应不断变化的环境的过程，是组织的创新过程"。根据这一定义，组织学习应被视为组织能动地获取信息、创造知识，并利用知识改变组织行为的一个过程。为了从组织学习的视角分析其对环保组织政策倡导行为的影响，本文特从组织学习方式、学习过程、学习程度和学习结果方面构建了理论框架（如图 1 所示）。

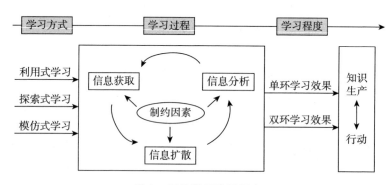

图 1 组织学习流程示意

1. 组织学习的方式

现有研究将组织学习主要分为三种方式：利用式学习（learning by exploitation）、探索式学习（learning by exploration）和模仿式学习（learning by imitation）。利用式学习指的是组织在已有知识或实践经验的基础上，加以分析、总结，以提升组织原有流程、技术的表现。探索式学习指的是组织在已有的知识之外，探索全新的思路、技术、策略等的过程（Ebrahim，2005）。探索式学习经常伴随着搜寻、冒险、实验、发现、创新等过程（March，1991）。除了从自身经验中学习，组织也经常通过模仿其他组织的行为来学习。模仿其他被视为更成功或更正规的组织的行动或策略，有时候是组织面对不确定的外部环境的一种生存策略（DiMaggio & Powell，1983）。以上三种类型的学习方式均可发生在不同的层次上。

2. 组织学习的过程

那么，组织到底是如何学习的？多数研究者都是将组织学习的过程聚焦于知识和信息的生产中。Huber（1991）将组织学习从知识流动视角，划分为知识获取、信息散布、信息解释和组织记忆。Cohen & Levinthal（2000）认为组织学习是利用外部知识、消化知识和应用知识的过程。Ebrahim（2005）则详细概括了组织学习的四个基本步骤：（1）获取有关组织及其环境的信息；（2）通过分析和解释信息或对行动进行反思来产生知识；（3）通过将知识应用到组织活动中或试验新的想法来采取行动；（4）将知识和经验常规化为指导组织行为的规范。因此，从总体而言，组织学习的过程是对信息处理的过程，本文将其划分为信息获取、信息扩散、信息分析三个阶段。信息获取意味着组织需要通过各种途径和方法来获取知识；信息扩散是指分享来源不同的信息，使得组织能够从共享信息中获得新的资讯；信息分析是指对信息进行整合、解读和加工的再生产过程。

虽然我们对组织学习过程进行了动态呈现，但是同样的组织学习过程可能会受不同因素的影响，从而出现不同程度的组织学习效果。Ebrahim（2005）认为组织学习的过程会受到组织内外因素的影响，并将影响组织学习的主要因素概括为三个方面：认知能力（cognitive capacities）、权力关系（relations of power）和知觉框架（perceptual frames）。组织的认知能力一般指的是组织收集、分析以及解读信息的能力。组织内外部的权力关系也是影响组织学习过程的一个重要制约因素。比如，NGO与它们资助方之间的权力互动关系会在很大程度上影响组织的学习过程。另外，由于个体通常利用其知觉框架理解他们身处的环境和世界，在组织中起领导作用的个体的知觉框架和价值观也就成为影响组织学习重要的制约因素之一。

3. 组织学习的程度

正是基于组织学习过程中的制约条件，阿吉瑞斯和熊恩定义了两种不同深度的组织学习，称为单环学习（single-loop learning）和双环学习（double-loop learning）（Argyris & Schon，1978，1996），如图 2 所示。

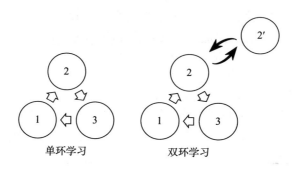

单环学习　　　　双环学习

图 2　单环学习和双环学习示意

说明：
1：感知、监测环境的变化。
2：将所获取的信息与组织规范与目标进行比较。
2′：思考组织规范与目标的正确性。
3：对行动进行改进。

单环学习是将组织运行的结果与组织的行为和策略联系起来，通过修正组织的行为和策略，从而提升组织的能力或者绩效。由图 2 可知，单环学习只有一个反馈环，它是在组织既定的价值和文化框架下提高组织的能力，完成已确定的任务（目标）。在单环学习中，组织运作背后的价值、文化框架并不会被改变。双环学习是对组织背后的价值、文化框架等进行重新评估和调整。双环学习有两个相互联系的反馈环，它不仅要发现与组织目标有关的策略和行为的错误，而且还要发现组织根本的价值或者目标的错误并加以调整。相对于单环学习，双环学习给组织带来的可能是更为根本性的变化。Argyris and Schon（1996）如此总结这两种不同深度组织学习的差异：单环学习主要关注的是有效性，即如何在既定的价值和规范内提升组织的表现，最好地实现现有的目标。然而，在某些情况下，错误的纠正需要探究组织的价值和规范本身如何被调整，这就是我们所说的双环学习。在单环学习和双环学习这两个层次的组织学习过程中，利用式学习、探索式学习和模仿式学习都可能发生。

虽然组织学习这一概念目前已被广泛运用于企业学习（比如：Argyris，1982，

1992；陈国权、马萌，2000；蒋春燕、赵曙明，2006）、公共政策（Wang，2009；Zhao & Wu，2016）等研究领域中，在社会组织研究中的运用却并不多见。本文将利用组织学习的框架分析其对中国环保组织政策倡导行为的影响。

三　组织学习对环保组织政策倡导影响的实证分析

（一）探索式学习：Y 省 L 组织

L 组织是位于中国西南 Y 省 K 市的一家非营利环境保护组织，于 2006 年 6 月起组建并开始开展活动，2007 年 12 月 16 日经 K 市民政局批准正式登记注册。在其官方网站上，L 组织定位其是 Y 省目前唯一一从事污染监督和预防的倡导型草根环保组织。但是，L 组织在成立之后的很长时间内虽也涉足政策倡导，但是面向公众的环境教育才是组织的业务重心所在。进一步的调研发现，这一转变的发生在很大程度上与组织自身的学习有着密切关系，L 组织是通过自身的探索式学习推动组织行为转变的典型代表。

出于对 NGO 工作的兴趣，L 组织的创始人 M 女士于 2005 年来到 K 市创办了该组织。从 2006 年到 2008 年，该组织在形式上主要是一个志愿者团队，结合所在地区生态资源丰富的特点，在 K 市开展了多个动植物保护的活动。由于没有合法注册的志愿者团队，L 组织在这一段时间并没有明确的组织目标和业务发展方向。2007 年 12 月，L 组织成功在当地的民政部门注册。2008 年至2010 年，该组织选择了公众环境教育作为主要的业务发展方向，在 K 市开展了一系列的环境教育活动，例如，给中小学生上环保教育课、环境教育教师培训、动植物园亲子活动等。在开展环境教育活动的同时，其也尝试做以污染监督为主的政策倡导工作，比如，对湖泊 D 的地下水污染情况进行调查，并根据调查结果提出政策建议交给当地政府。不过，这一时期，L 组织并没有把政策倡导作为组织的主要业务来发展。

在做环境教育的同时，我们也做企业污染监督、河流的调查、地下水调查，但是这些东西有一部分是没有钱的，就是很从心地做，当时理事会的意思就是可以这样尝试，但是不要把污染监督弄得非常的重。（2017 年 8 月 8 日与 M 的访谈）

如前所述，基金会去政治化的资助策略使得环境教育比政策倡导更容易获得资助（Lai et al.，2015；Zhan & Tang，2013）。从维持组织生存和发展的角度，L组织在发展初期将公众环境教育作为组织的主要业务方向。M女士强调自己是具有强烈社会价值导向的人，她希望通过环境教育项目改变人的环境意识和价值，进而参与到改善环境的实践中去。但是，随着公众环境教育的深入，该组织逐渐意识到环境教育活动与切实改善环境的组织目标相去甚远。

> 做环境教育我自己觉得还是很诚恳，我们项目一般都很长，两三年，去做了全K市儿童的教育。在做的过程中我发现，孩子还是很难教育的。（2017年8月8日与M的访谈）

L组织在进行以儿童为主要对象的环境教育的过程中发现，由于孩子的教育极大地受到家庭教育的影响，组织开展的环境教育对孩子环境行为的影响很有限。组织由此开始反思并调整公众环境教育的策略，将环境教育的对象从孩童转向成年人。

> 我们在反思有没有耐心一辈子做教育，有没有耐心去陪伴这些孩子成长。其实我们还是有急功近利的，我们希望看到环境的改善，而不是去陪一群孩子长大。所以我们当时就在10年的时候稍微调整了一下策略，换了另外一个途径，就是想把教育的对象改成成人，会怎么样，想试一下社会动员的感觉。（2017年8月8日与M的访谈）

虽然L组织仍然坚持公众环境教育为主要的工作方向，但是环境教育对象的改变意味着组织行动策略和方式的改变。成人环境教育活动的开展要求组织在已有关于儿童环境教育的知识之外，探索全新的策略和方式，这是典型的探索式学习。与以传授知识为主要目标的儿童环境教育不同，面向成人的环境教育更加强调公众直接参与改善环境的行动。2010年开始，L组织设计了一系列以"爱K市"为主题的环境教育活动，比如，城市历史街区导赏、城市历史文化专题讲座等。L组织希望通过"爱K市"这个概念动员公众参与改善所居住城市环境的行动，但之后发现面向成人的环境教育实践也没有取得预期的效果。

虽然公众确实会因为关心或喜欢 K 市的环境而参加 L 组织的活动，但是很少有人真正为了改善当地的环境而付诸实际行动。L 组织开展公众环境教育的过程实际上是不断试错、不断学习的过程。组织通过将行动的结果与组织目标进行对比、分析、反思，最终认识到公众环境教育并不能实现组织想要有效改善环境的目标，这促使 L 组织继续调整行动方向和策略。

在一份 2011 年 10 月完成的《L 组织环保民间行动能力提升计划》中，L 组织认为环境问题频发，亟待环保组织参与并推动问题真正解决。但是，面对突出的环境污染问题，组织也意识到自身及其他环保组织在应对现实环境问题方面的能力存在严重不足。L 组织因此决定增加在污染监督等政策倡导领域的专职人员配备，以提升其应对和解决现实环境污染问题的行动能力。在组织内部，公众环境教育与政策倡导活动出现了明显此消彼长的趋势（见附录）。L 组织一方面大幅减少公众环境教育活动，同时不断增加在污染监督和政策倡导方面的投入。2012 年前后，后者超越前者成为组织的业务重心。2015 年后，L 组织完全退出公众环境教育领域，成为 Y 省唯一一家专注从事污染监督的民间环保组织。M 女士解释了组织的业务重心从环境教育向政策倡导转变的原因：

> 我们［当时］重新做了一个设计，基于一个找对的人做对的事情［的原则］。……如果我们不能影响一批人，我们就去找本身有意愿去做这个事情的人，然后跟大家一起做一点事情。所以污染监督从 2013 年开始就越来越大，项目越来越多，越来越完整。到 2015 年我们正式把所有的环境教育、社区动员的项目都砍完，一个都不留，只留下做污染监督。（2017 年 8 月 8 日与 M 的访谈）

在 L 组织的业务重心从环境教育转向政策倡导的过程中，探索式学习发挥了重要的作用。根据 M 女士的说法，组织在成立之初的目标是影响公众的环境意识和价值、动员公众参与，从而有效改善环境（2017 年 8 月 8 日与 M 的访谈）。但是，L 组织对于如何有效实现这一目标并没有明确的认识。根据"有限理性"的假设，人们信息加工的能力是有限的。因此，个人或者组织没有能力同时考虑所面临的所有选择，无法总在决策中实现效率最大化（周雪光，2003）。正是由于组织无法同时全面地比较面临的选择、不能预测未来，组织需要通过不断学习来纠正自己的错误，不断地适应新的环境变化（周雪光，2003）。组织实践的过程实际上是不断试错、总结经验、策略调整的过程。这一过程也是 L 组织持续获取信息、反思，再不断行动的过程。当组织意识到现有的策略不能有效达致组织目标的时候，L 组织主动积极地开拓新的思路和策略，这是典型的探索式学习。不管是面向儿童还是成人的环境教育，其根本目标是影响公众的环境意识和行为，而以污染监督为主的政策倡导行动的目标更多地是监督企业和政府的行为。也就是说，在 L 组织通过组织学习引发业务重心转变的过程中，组织内在的目标和战略也已经悄然变化。从学习的结果来看，L 组织业务重心从公众环境教育向政策倡导的转变主要是双环学习。组织在政策倡导行动领域的不断学习推动了组织在这一领域知识的累积，其行动效率也因此而逐步地提升，这体现了单环学习的过程。

需要指出的是，正如组织学习理论的预测，L 组织的学习过程也受到组织内外部环境因素的影响。2010 年前后，中国环境问题频发并引发普通公众的广泛关注甚至集体行动（Steinhardt & Wu，2016），这一社会环境的变迁进一步激发了 L 组织变革的意愿和行动。L 组织在 2011 年完成的《L 组织环保民间行动能力提升计划》即是通过反思和学习对外部社会环境变化的一种积极反应。当然，L 组织之所以对外部环境变化进行反思、学习并做出积极改变，与组织领导人自身的价值取向很可能有密切关系。当被问及为何在明知有一定政治风险的前提下仍坚持从事政策倡导活动时，M 女士认为这是其自身性格和价值观决定的（2017 年与 M 的访谈）。进一步地，L 组织的学习过程与政策环境、组织资源之间的关系如何？不可否认，这两者对组织行为演变有着重要作用。以 L 组织经常使用的政策倡导手段——申请政府信息公开——为例，这种方式之所以被包括 L 组织在内的 NGO 广泛采用，与国家在信息公开方面立法和政策空间的开放直接相关。但是即便如此，L 组织在进行污染监督这类政策倡导行动时，还是会出现与地方政府立场相左、批判政府行为的情况，这甚至给组织的发展带来了一定的负面影响（2017 年与 M 的访谈）。L 组织也清楚，相比于政策倡导，去政治化的公众环境教育仍然更容易获得政府和基金会等资助方的项目资助。因此，如果不是在行动过程中通过学习认识到政策倡导比公众环境教育更有效的话，L 组织不会实现业务重心的转移，并最终退出环境教育，完全转向政策倡导。因此，可以说，组织学习的视角弥补了政治机会和组织资源视角的不足，并进一步揭示了 L 组织行为、策略演变的深层机制。

（二）模仿式学习：S 省 R 组织

R 组织是西部 S 省 C 市注册成立的环保组织。R 组织的缘起是国际知名的动物学家 J 面向全球的公众环境教育项目，目的是鼓励和培养青年人关心环境、关爱动物和关怀社区的意识和行动。2003 年该项目被引入 C 市，以项目为载体的 R 组织及其志愿者们遂在 S 省开始活动。2008 年 4 月，R 组织由 C 市环境保护局作为主管单位，在 C 市民政局正式登记注册，成为独立的民办非企业单位。与 L 组织类似，R 组织在发展过程中也经历了业务重心的较大转变，从专注公众环境教育转变为公众环境与政策倡导并重。这一转变的发生在很大程度上与组织学习有着密切关系，而 R 组织是通过组织间的模仿式学习推动组织行为转变的典型代表。

根据组织业务重心的演变，R 组织的负责人 D 女士将 R 组织从 2003 年至 2017 年的发展大致分为三个阶段，包括公众环境教育阶段（2003～2008 年）、抗震救灾阶段（2008～2010 年）以及环境教育与政策倡导并重阶段（2010 年至今）（2017 年 6 月 19 日与 D 访谈）。从 2003 年到 R 组织正式成立前的 2008 年 4 月，组织的行动领域主要是面向中小学生的自然保育、环境教育。第二阶段是从 2008 年正式注册到 2010 年。由于 2008 年 5 月 12 日四川发生了汶川大地震，R 组织的行动领域偏离了环境保护，与全国其他组织联合投入紧急救灾行动。紧急救灾结束之后，R 组织又在受灾社区开展了一系列灾后重建项目。在此过程中，R 组织意识到救灾及灾后重建与组织目标偏离的问题，从而开始反思机构的定位和转型问题：

> 我们也在考虑，毕竟 R 组织是个环保机构，我们不是想转型做救灾，也不想转型做灾后重建，所以我们想应该做什么样的机构。然后反反复复找人帮我们做战略规划，想 R 组织因为什么而存在，应该是由于环境问题存在的，你的存在应该能够给问题解决带来什么。回顾过去的工作，发现没有在这个上面体现。（2017 年 6 月 19 日与 D 访谈）

R 组织进行战略规划的过程，其实是将组织的目标与工作绩效进行评估和分析后，探索组织新的目标和战略的过程。R 组织因此而注意到城市面临的垃坂处理困境这一问题。经反复讨论和评估后，R组织决定将垃圾分类议题定为主要业务发展方向：

> 综合评判下来，我们想要回应垃圾问题。因为大的政策走向都讲我们要变成"垃圾围城"了，C市媒体都这么写，说是要垃圾分类。……但是，2010年C市还没有相关的组织……我们确定要做一个在C市的、关注当地垃圾问题、推动垃圾管理可持续发展的机构。（2017年6月19日与D访谈）

此后，R组织从相对擅长的公众环境教育入手，开始在学校和社区开展针对垃圾分类的公众教育项目。从一般的以学生为对象的环境教育过渡到聚焦于垃圾分类的教育，本质是对其公众教育项目的对象和策略的调整和优化。这需要R组织在充分利用已有相关实践的基础上，不断探索新的知识，以提升行动的绩效，因此利用式学习和探索式学习在这个阶段均发挥了作用。但是，R组织在开展针对垃圾问题的公众教育活动的过程中，又逐渐意识到公众教育的局限性，这进一步促使其认识到政策倡导的重要性：

> 面对快速增长的垃圾量和整个政府的垃圾处理（政策）的走向，我们发现一个一个小区做（垃圾分类教育），真的很慢。我们想说政策很重要。不能光下面动啊，上面如果政策不动是没有办法的，这是系统问题，我们试着做政策建议的工作，这也是我们没有做过的。（2017年6月19日与D访谈）

然而，相比于公众环境教育，政策倡导对于环保组织专业能力的要求显然高得多。由于缺乏专业知识和实践经验，虽然R组织意识到政策倡导的重要性，但是实际上并没有实质开展与政策倡导相关的活动。这种情况只有在L组织加入"零废弃联盟"后才发生了改变。零废弃联盟对自身的定位是其是一个非营利性的关注生活垃圾问题的行动者合作网络与平台。2011年中，D女士在北京参加了"自然之友"组织的一个论坛，因此而结识了"零废弃联盟"，并在之后的2012年加入成为其中一个会员组织。在"零废弃联盟"开展的活动中，对会员组织进行专业能力输出和培训是重要的一项。R组织也受到了零废弃联盟对其专业知识和能力方面的影响：

> 2014 年以前 R 组织做得更多的是针对学校和社区的教育。加入零废弃联盟以后，一开始是零盟的其他伙伴成员教我们怎么做政策倡导。从 2014 年开始学习怎么根据社区、学校的工作，获得数据，做分析，写成政策建议，通过政协渠道、民主党派渠道向政府提交。（2017 年 6 月 19 日与 D 访谈）

组织间的交流和学习促进了 R 组织在政策倡导这一新领域的实践。在"零废弃联盟"其他成员的影响下，R 组织在政策倡导方面的专业知识和能力逐步提升，参与政策倡导的活动也随之逐年增长（2017 年 6 月 19 日与 D 访谈）。与 L 组织类似，R 组织行为和策略的演变与组织学习密切相关。但是，与 L 组织不同的是，R 组织目标和行为的转变，不仅有组织自身利用式和探索式学习的影响，而且组织间的模仿式学习发挥了更为关键性的作用。正是通过组织之间的交流互动，有关政策倡导的专业知识和技能才形成了跨组织的流动和扩散，相关知识的获得直接促成了 R 组织政策倡导的实践。自 2014 年开始，R 组织主要通过与体制内精英（如与组织有关联的当地政协委员）的合作向地方政府提交调研报告、政策建议。随着实践经验的积累，R 组织对于政策倡导的流程、方法、策略等问题日益熟悉，并将这些知识在其他不同的倡导案例中复制，实现了知识的生产、推广及行动绩效的提升。可以看到，通过组织学习，组织的目标已经从一开始单一地影响公众的环保意识和行为，逐渐过渡到不仅影响公众的环保意识和行为还要影响地方政府的生活垃圾治理行为。由于组织的目标已经发生变化，可以认为 R 组织在这一过程中发生了深层次的双环学习。

根据组织学习的理论框架，R 组织的学习过程也受到组织内外部因素的影响。研究发现，R 组织将关注城市生活垃圾问题确定为组织的业务方向深受媒体报道的影响。媒体关于"垃圾围城"的报道使 R 组织意识到当地 C 市所面临的垃圾处理问题的严重性，经过对这一问题相关知识的学习和分析，R 组织决定将推动当地垃圾分类和改善垃圾治理困境作为业务方向（2017 年 6 月 19 日与 D 访谈）。R 组织在向其他组织学习政策倡导的过程中，组织本身与体制内精英之间已有的联系促进了其选择与体制内精英合作的方式进行倡导。另外，D 女士认为 R 组织的专业知识和能力不足（D 女士与组织其他员工均没有环境相关专业背景），导致他们对于政策倡导过程中所涉及的更复杂的技术性问题难以把握，因此选择更容易预测行动边界、风险相对较小的体制内渠道进行倡导，而不是公开对政府行为进行批判的方式（2017 年 6 月 19 日与 D 访谈）。这说明了即便组织意识到政策倡导的重要性，组织自身的专业能力实际上也在制约着组织对不同倡导策略的学习偏好和行为。

四　小结

通过对典型环保组织的跨案例研究，本文揭示了组织学习对环保组织行为、策略演变的影响机制。环保组织能动地学习促使环保组织意识到传统的公众环境教育的局限性，促进了组织的知识生产和更新，从而推动了环保组织更多地参与政策倡导。通过对环保组织行为演变过程的分析，本文分析了不同方式、不同深度的组织学习对组织行为影响的不同机制。进一步地，本文也发现社会组织的学习过程还受到组织内外部因素的制约影响，例如组织领导人的价值取向、外部社会环境、组织自身的资源等。本文的目的并非排斥现有研究中政治机会理论和组织资源视角对中国环保组织行为演变的解释路径。实际上，政治参与空间的开放以及组织获取资源渠道的多元化确实在很大程度上解释了环保组织政策倡导日趋活跃的原因。但是，仅有政治机会开放和组织资源变化这两条解释路径并不足够，环保组织内部的学习和适应机制亦是导致这一变化的重要因素。组织学习弥补了宏观政治机会理论和组织资源这两种视角的不足，提供了对环保组织在政策倡导领域为何日趋活跃这一问题的另一种理论解释。同时，我们也可以看到，中国情境下的政策倡导相较于西方国家而言，呈现较为鲜明的特点。在中国情境下的政策倡导中，由于外部政治环境和组织专业能力的制约，环保组织具有严格的组织自律性和去政治化的特征，它们不以挑战政治权威为目标，即使在一些环保抗争事件中，它们也通常以更加谨慎、小心的态度，通过采用意见、建议等温和的行动方式来影响公共政策的制定和执行，以此来实现组织使命和目标，推动环境治理和环境保护。

鉴于定性研究方法的局限，本文也不可避免地存在着不足之处。由于本研究只选取了两个典型案例进行分析，研究结论的外部有效性存在不足。但是，本文的目的在于在不同于主流的政策空间与组织资源视角之外，提供一种解释中国环保组织行为演变的可能的理论路径。至于组织学习的理论视角能在多大程度上解释中国环保组织参与政策倡导日益活跃这一行为演变的趋势，还需要更多定量实证研究去发现。

附录

L 组织历年项目开展情况统计

时间	环境教育	政策倡导
2008	1. K 市及周边县花卉市场外来物种/品种的调查及花农/公众对外来物种防范意识的普及 2. K 市环境教育教师培养和教学实践 3. 植物园/动物园自然体验及教育活动	1. D 湖地下河调查和保护行动 2. 古树保护行动
2009	1. 同上 2008 - 2（与 2008 年第二个项目相同） 2. 同上 2008 - 3 3. WS 保护区华盖木保护互动式宣传教育 4. K 市中小学绿色生活地图制作竞赛	1. 同上 2008 - 1 2. 同上 2008 - 2
2010	1. 同上 2008 - 2 2. 同上 2008 - 3 3. 同上 2009 - 3 4. 同上 2009 - 4	1. 同上 2008 - 2 2. 水环境管理行政体制、政策制度及推动方法探究 3. XGLL 贯叶马兜铃及 DM 麝凤蝶社区保护
2011	1. 同上 2008 - 3 2. 同上 2009 - 4	1. 同上 2008 - 2 2. 同上 2010 - 2 3. 同上 2010 - 3
2012	1. "K 市绿生活"可持续生活倡导 2. "话说老 K 市" K 市文化历史讲解及公众行动激励	1. 同上 2008 - 2 2. 同上 2010 - 2 3. Y 省生物多样性破坏干预 4. FM 钛产业基地企业污染干预
2013	1. 同上 2012 - 1 2. 同上 2012 - 2	1. 同上 2008 - 2 2. 同上 2010 - 2 3. 同上 2012 - 3 4. 同上 2012 - 4 5. K 市 D 湖及小江流域国控企业信息公开推动项目

续表

时间	环境教育	政策倡导
2014	同上 2012 – 2	1. 同上 2008 – 2 2. 同上 2010 – 2 3. 同上 2012 – 4 4. 同上 2013 – 5
2015	同上 2012 – 2	1. 同上 2008 – 2 2. 同上 2012 – 4 3. 同上 2013 – 5
2016	无	1. 同上 2012 – 4 2. 垃圾焚烧厂污染监督 3. 河流排污口污染监督 4. 工业项目选址环评报告解读和倡导行动 5. K 市及 Y 省中部地区国控企业信息公开倡导项目
2017	无	1. 同上 2016 – 4 2. 同上 2016 – 5 3. 推动公众参与黑臭河整治项目 4. 推动整治后的 H 河开展长效监督项目 5. 清水为邻 K 市市民间水环境观察项目 6. Y 省工业园区污染调查和倡导行动

参考文献

陈国权、马萌 (2000)：《组织学习的过程模型研究》，《管理科学学报》，(3)，15～23。

邓国胜 (2010)：《中国环保 NGO 发展指数研究》，《中国非营利评论》，(3)，210～222。

李朔严 (2017)：《政治关联会影响中国草根 NGO 的政策倡导吗？——基于组织理论视野的多案例比较》，《公共管理学报》，(2)，64～75。

蒋春燕、赵曙明 (2006)：《社会资本和公司企业家精神与绩效的关系：组织学习的中介作用——江苏与广东新兴企业的实证研究》，《管理世界》，(10)，90～99。

康晓光、韩恒 (2005)：《分类控制：当前中国大陆国家与社会关系研究》，《社会学研究》，(6)，73～89。

周俊 (2009)：《行业组织政策倡导：现状、问题与机制建设》，《中国行政管理》，(9)，91～96。

周雪光（2003）：《组织社会学十讲》，北京：社会科学文献出版社。

Anderson, I. (2000), "Northern NGO Advocacy: Perceptions, Reality, and the Challenge", *Development in Practice*, 10 (3 - 4), 445 - 452.

Andrews, K. T. & Edwards, B. (2004), "Advocacy Organizations in the US Political Process", *Annual Review of Sociology*, 30 (1), 479 - 506.

Argyris, C. & Schon, D. A. (1978), *Organizational Learning*, Reading, MA: Addison-Wesley.

Argyris, C. & Schon, D. A. (1996), *Organizational Learning II: Theory, Method, and Practice*, Reading, MA: Addison-Wesley.

Argyris, C. (1982), *Reasoning, Learning, and Action*, San Francisco: Jossey-Bass.

Argyris, C. (1992), *On Organizational Learning*, Cambridge, MA: Blackwell.

Cai, Y. S. (2010), *Collective Resistance in China: Why Popular Protests Succeed or Fail*, Stanford: Stanford University Press.

Cohen, W. M. & Levinthal D. A. (2000), "Absorptive Capacity: A New Perspective on Learning and Innovation", *Administrative Science Quarterly*, 35 (1), 128 - 152.

Dai, J. & Spires, A. J. (2017), "Advocacy in An Authoritarian State: How Grassroots Environmental NGOs Influence Local Governments in China", *The China Journal*, 79, 62 - 83.

Dalton, R. J., et al. (2003), "The Environmental Movement and the Modes of Political Action", *Comparative Political Studies*, 36 (7), 743 - 771.

DiMaggio, P. J. & Powell, W. W. (1983), "The Iron Cage Revisited: Institutional Isomorphism and Collective Rationality in Organizational Fields", *American Sociological Review*, 48, 147 - 60.

Ebrahim, A. (2005), *NGOs and Organizational Change: Discourse, Reporting, and Learning*, Cambridge: Cambridge University Press.

Fox, J. (2001), "Vertically Integrated Policy Monitoring: A Tool for Civil Society Policy Advocacy", *Nonprofit and Voluntary Sector Quarterly*, 30 (3), 616 - 627.

Gamson, W. (1975), *The Strategy of Social Protest.* Homewood, IL: Dorsey Press.

Gleiss, M. S. (2014), "How Chinese Labour NGOs Legitimize their Identity and Voice", *China Information*, 28 (3), 362 - 381.

Ho, P. (2008), "Embedded Activism and Political Change in A Semi-authoritarian Context", *China Information*, 21 (2), 187 - 209.

Ho, P. & Edmonds, R. (eds.). (2007), *China's Embedded Activism: Opportunities and Constraints of a Social Movement*, New York: Routledge.

Howell, J. (2007), "Civil society in China: Chipping Away at the Edges", *Development*, 50 (3), 17 - 23.

Huber, G. P. (1991), "Organizational Learning: the Contributing Processes and the Literatures", *Organization Science*, 2 (1), 88 - 115.

Lai, W., et al. (2015), "Bounded by the State: Government Priorities and the Development of Private Philanthropic Foundations in China", *The China Quarterly*, 224, 1083 – 92.

Li, H., et al. (2016), "Nonprofit Policy Advocacy under Authoritarianism", *Public Administration Review*, 77 (1), 103 – 17.

Unsicker, J. (2012), *Confronting Power: The Practice of Policy Advocacy*, Sterling: Kumarian Press.

Jordan, L. & Van Tuijl, P. (2000), "Political Responsibility in Transnational NGO Advocacy", *World Development*, 28 (12), 2051 – 2065.

March, J. G. (1991), "Exploration and Exploitation in Organizational Learning", *Organizational Science*, 2 (1), 71 – 87.

McCarthy, J. & Zald, M. (1977), "Resource Mobilization and Social Movements", *American Journal of Sociology*, 82, 1212 – 1241.

McAdam, D. (1996), "Conceptual Origins, Current Problems, Future Directions", in D. McAdam, J. D. McCarthy & M. N. Zald (eds.), *Comparative Perspectives on Social Movements: Political Opportunities, Mobilizing Structures, and Cultural Framings*, Cambridge: Cambridge University Press, 23 – 40.

Milofsky, C. (ed.) (1988), *Community Organizations: Studies in Rresource Mobilization and Exchange*, New York: Oxford University Press.

Mertha, A. (2009), " 'Fragmented Authoritarianism 2. 0': Political Pluralization in the Chinese Policy Process", *The China Quarterly*, 200, 995 – 1012.

Oberschall, A. (1993), *Social Movements: Ideologies, Interests, and Identities*, New Brunswick, NJ: Transaction.

O'Brien, K. J. (2002), "Collective Action in the Chinese Countryside", *The China Journal*, 48, 139 – 154.

Pfeffer, J. & Salancik, G. R. (1978), *The External Control of Organizations: A Resource Dependence Perspective*, Stanford, CA: Stanford University Press.

Piven, F. & Cloward, R. (1977), *Poor People's Movement: How They Succeed, Why They Fail*, New York: Vintage.

Salamon, L. M. & Anheier, H. K. (1996), *The Emerging Nonprofit Sector: An Overview*, 1, Manchester: Manchester University Press.

Schlozman, K. & Tierney, J. (1986), *Organizing Interests and American Democracy*, New York: Harper & Row.

Schwartz, J. (2004), "Environmental NGOs in China: Roles and Limits", *Pacific Affairs*, pp. 28 – 49.

Sima, Y. Z. (2011), "Grassroots Environmental Activism and the Internet: Constructing a Green Public Sphere in China", *Asian Studies Review*, 35, 477 – 497.

Sun, X., et al. (2017), "Dynamic Political Opportunities and Environmental Forces Linking up: A Case Study of Anti-PX Contention in Kunming", *Journal of Contemporary China*, 26 (106), 536 – 548.

Sun, Y. F. & Zhao, D. X. (2008), "Environmental Campaigns", in K. J. O'Brien (ed.), *Popular Protest in China*, Cambridge: Harvard University Press, 144 – 166.

Steinhardt, C. H. & Wu, F. (2016), "In the Name of the Public: Environmental Protest and the Changing Landscape of Popular Contention in China", *The China Journal*, 76, 61 – 82.

Tang, S. Y. & Zhan, X. (2008), "Civic Environmental NGOs, Civil Society, and Democratisation in China", *The Journal of Development Studies*, 44 (3), 425 – 448.

Toepler, S. & Salamon, L. M. (2003), "NGO Development in Central and Eastern Europe: An Empirical Overview", *East European Quarterly*, 37 (3), 365 – 378.

Wang, S. (2009), "Adapting by Learning: The Evolution of China's Rural Lealth Care Financing", *Modern China*, 35 (4), 370 – 404.

Zhan, X. & Tang, S. Y. (2013), "Political Opportunities, Resource Constraints and Policy Advocacy of Environmental NGOs in China", *Public Administration*, 91 (2), 381 – 399.

Zhang, X. & Baum, R. (2004), "Civil Society and the Anatomy of A Rural NGO", *The China Journal*, 52, 97 – 107.

Zhao, X. & Wu, L. (2016), "Interpreting the Evolution of the Energy-saving Target Allocation System in China (2006 – 13): A view of Policy Learning", *World Development*, 82, 83 – 94.

Xie, L. (2009), *Environmental Activism in China*, London: Routledge.

NP

Organizational Learning, Knowledge Production and Policy Advocacy: A Cross-case Study of the Evolution of Environmental Non-governmental Organizations' Behavior

Lu Jian, Qi Ye, Guo Shihong & Zhang Yongjie

[**Abstract**] Policy advocacy is gradually becoming an important form of action for environmental non-governmental organizations (ENGOs) in China to participate in environmental governance, which contrasts with the evasive attitude taken by ENGOs in the past. The main research question that this paper tries to address is: Why do China's ENGOs increasingly involve in pol-

组织学习、知识生产与政策倡导

icy advocacy? Although the openness of political opportunity and the diversification of organizational access to resources can to some extent explain this puzzle, these two theoretical approaches are not enough. Through cross-case studies of ENGOs in China, this paper investigats the impacts of two major mechanisms of organizational learning on the changes of stretegies of ENGOs: learning from own past experiences and learning through the interaction with other groups. The study finds that ENGOs' learning and adaptation are also the key factors leading to the change of ENGOs' inclination to participate in policy advocacy. Active organizational learning promotes knowledge production and renewal, which further leads ENGOs in China to participate more in policy advocacy. Nonetheless, the learning process of NGOs is influenced by many factors, including the cognitive ability, perceptual framework of leaders of organizations, and power relations inside and outside organizations. This study filled the gap left by political opportunity and organizational resources theoretical perspectives, and deepens the understanding of the evolution of environmental activism in China.

[**Keywords**] ENGO; Organizational Learning; Changes of Strategies; Policy Advocacy

（责任编辑：蓝煜昕）

国家、市场与社群的再平衡[*]

——评拉古拉姆·G. 拉詹《第三支柱：
社群是如何落后于市场与国家的》

肖 雪[**]

【摘要】 经过三次工业革命后，人类正处于一个相对富足的时代。但是，环境污染、民粹主义、地区冲突、难民潮等问题在全球分散，正威胁着每个人的生命。拉古拉姆·拉詹在《第三支柱：社群是如何落后于市场与国家的》一书中，基于对欧美等发达国家历史的考察和实证经验，指出国家、市场和社群是支撑社会的三大支柱，实现三者之间的平衡是社会得以健康发展的关键。但他认为，在信息技术革命和全球化浪潮下，国家和市场并行向前，社群被落在后面，三大支柱再一次出现失衡。而这一次，必须通过复兴社群实现再平衡。该书提供了一条不同于国家主义、市场主导或公民至上的路径，从三者关系的平衡中寻求社会发展之道，为解决当下全球治理以及社会治理问题提供了新的视角和方法，具有重要的引导价值。

【关键词】 社群 社区 第三支柱 再平衡 包容性地方主义

---

* 本文系国家社科基金一般项目"地方政府有序推进社会组织分类发展的路径研究"（17BSH107）的阶段性成果。

** 肖雪，湖南大学法学院博士研究生，研究方向：社会组织与社会治理。

自人类社会肇始，如何推进和保持社会的繁荣，便是一个永恒的话题。在人类社会发展历程中，产生了国家与市场两大主体，国家多一点还是市场多一点，这是自阶级产生以来学者们便一直争论不休的问题。以米尔顿·弗里德曼为代表的自由主义学派主张开放市场竞争自由，以保护个人自由和追求财富的权利；凯恩斯主义则强调政府干预市场的重要性。这些主张都在历史发展进程中验证了其一定的可行性和实用价值。当下，在信息技术革命和全球化过程中，我们再次面临了诸多棘手的问题，人们变得焦虑不安，社会的稳定和繁荣再次受到威胁。在多元化、民主自由、全球化等价值追求和趋势几乎不可逆转的情况下，如何解决全球范围内普遍蔓延的社会、经济、政治等问题，保持人类社会的继续繁荣，再次被提上议程。

芝加哥大学教授拉古拉姆·拉詹在 2019 年 3 月出版的《第三支柱：社群是如何落后于市场与国家的》一书中提出，国家和市场都是从社群中分离出来的，但社群的作用往往被忽视。在一定的历史背景下，三者的力量有强有弱，当三者关系达到平衡时，社会便趋于健康状态，实现繁荣和稳定。拉古拉姆·拉詹教授从部落时期开始追溯，到封建庄园时期和数次工业革命，分析各国如何在国家、市场和社群之间进行调适，这三大支柱如何进行角力，并用历史的经验证明，三大支柱的平衡是社会发展的关键。然后拉古拉姆·拉詹教授将我们拉到现代社会的画卷，指出信息技术革命和全球化浪潮下，我们正面临着社会失衡状态。社群逐渐落后于国家和市场，从而引发一系列现实的社会问题，并反过来影响国家和市场。不同于国家主义、市场主导或公民至上的分析框架，实现国家、市场和社群的再平衡是该书的主线，寻求平衡之道，或许会为我们提供一个解决当下全球治理和社会治理问题，从而实现人类社会继续繁荣的崭新思路。

一 国家、市场和社群的平衡是社会繁荣的关键

拉古拉姆教授首先对国家、市场和社群做了定义。将国家界定为广义上的国家，包括联邦（中央）政府、地方行政机构、司法和立法机构（议会）等；市场则包括经济活动中促进经济生产和交换的所有私营经济结构；社群被界定为居住在邻近群体结成的社区，并将地方政府（校董会、居委会或市长）也视

作社群的一部分（Raghuram Rajan，2019：10）。基于这样的界定，从追溯历史开始，拉古拉姆教授提出国家、市场均是从社群中分离出来的，三者成为社会的三大支柱，并且在发展过程中，这三大支柱的力量时强时弱，但只有在它们的力量达到平衡时，才有效推动社会的健康发展。

1. 国家、市场从社群中分离

社群的概念最早源于滕尼斯提出的"共同体"（community），他认为共同体是通过血缘、邻里和朋友关系建立起来的人群组合，它是有机的、古老的、亲密的，"社会"则是靠人的理性权衡建立起来的人群组合，它是机械的、新的、异质的、公众性的（斐迪南·滕尼斯，2010）。拉古拉姆提出的"社群"概念继承了"共同体"的内涵，但也融合了"社会"中交易、契约、理性等特征。基于此，拉古拉姆将中世纪的封建庄园视作社群的一种。虽然封建庄园本身是基于劳役地租建立起来的农业经济组织形式，但由于土地是庄园领主、农奴、家庭和宗族联系的纽带，人们共同生活在庄园中，土地很少被出售，货物贸易也大多在庄园内进行，几乎所有的实践活动都可以在庄园内进行。庄园领主拥有土地的所有权，并管理着庄园的一切，庄园成为一个依靠土地而建立起来的、邻近的生活和工作场所。因此，拉古拉姆认为，封建庄园不仅是最原始的社群，并且包含了国家与市场两大支柱。

随着生产力的提升，为了提高产量，封建领主将土地租售给生产效率更高的农民。人们从封建庄园的土地中解放出来，建立借贷合同、展开贸易，"市场"首先从社群中脱离。教会对贷款和高利贷的反对态度，随着14世纪欧洲黑死病的蔓延而逐渐变得温和。高利贷禁令的放松，使得商业活动有所回升。高利贷不再那么具有剥削性，主要的借贷人也由穷人转向富人，教会自己甚至也变成了放贷人。正如加尔文所说，《旧约》反对高利贷，是为了使人们之间相互友爱，但这是一个不同时代和不同环境的争论，如果高利贷对别人没有伤害的话，应该是被允许的（Raghuram Rajan，2019：56）。马克斯·韦伯也认为，真正的资本主义者不是赌徒，而是温和、可靠、勤奋的商人（马克斯·韦伯，2012），通过自身的努力和平等的交易获取财富的行为不应该被谴责为贪婪，欧洲的商业和金融再次活跃起来。贸易、土地买卖和债务削弱了彼此间的封建关系，取而代之的是市场交易，市场力量逐渐强大起来。

农奴从土地中解放，和地主建立起一种新的土地租赁关系。欧洲各国国王为了削弱大地主和贵族的力量，并征服其他国家以统治欧洲大陆，开始借助新军事技术建立强大的军队，巨额的军费开支意味着更多的贷款，于是国家和市场一起发展。以英国为例，为了建立一个更为强大的国家，英国国王释放了市场力量。在光荣革命后，虽然国王的行为被限制，但是国家获取资金的能力和社会合法性均获得极大的提高，国家变得强大起来，市场也因此繁荣起来。

2. 社群推动三大支柱平衡的历史经验

自由放任的市场很快显现了其缺陷性。一是市场本身在宽松货币政策推动下，导致了过度扩张和行业疲乏。二是工业革命打破传统的英国乡村公社，农民从农村走向城市成为工人，很少的农民留在农村继续农业耕种，城市变得拥挤不堪。每个人都挣扎在生活的边缘，几乎没有社群意识，国家也缺乏对这些社群的支持。加上议会选举和投票设置了财产资格限制，中产阶级、工人阶级和穷人被剥夺选举权，失去政治代表，生活和工作难以得到改变，甚至持续恶化。

拉古拉姆教授认为，如何解决市场主导思潮产生的社会问题，美国给出了很好的示范，即推动以社群为基础的民主改革运动。首先是 19 世纪 70 年代至 19 世纪末，以小农为主要代表的民粹运动，地理上分散的社群普遍团结起来，推动参议员的无记名投票和直接选举，并要求联邦政府承担起公共福利责任，将市场重新拉回竞争。然后是 19 世纪 90 年代中期到二战结束的进步主义运动，这场运动的参与者主要是中产阶级，他们组织起来希望改革现有体系，创造一个公平竞争的环境，恢复广泛的经济资源，并提出反垄断立法、监管和税收三条路径。

从英国和美国的例子中可以看到，国家借助市场的力量变得强大，同时通过议会主动收缩权力，使市场继续繁荣，从而实现国家和市场的互促互进。但占据优势地位的市场，在自由主义下不断扩充、变得没有约束，有时对社群不利。在此情况下，以美国两场民主改革运动为代表的社群斗争，充分展现了社群在推动自由市场竞争、实现市场和国家平衡中的重要作用，市场和民主重新互相支持。

因此，拉古拉姆提出，国家、市场和社群在不断的调适中发展，一旦某一方力量过强或过弱，都会对社会产生诸多消极影响，只有当三者达到平衡时，社会才会出现一个比较稳定和繁荣的发展期。但是这种平衡又会在某个阶段被打破，重新回到失衡的状态。此时，必须重新审视三方力量的悬殊，通过再次提升或减弱某一支柱的作用，来实现平衡。人类社会也是在这种失衡和再平衡中曲折地发展着。

二 信息技术革命与全球化浪潮下三大支柱的失衡

历史证明了平衡三大支柱的重要性，但这并不意味着平衡的永恒性。拉古拉姆在书中指出，如今，在信息技术革命和全球化等因素的冲击下，富裕的现代企业对日益激烈的市场竞争的反应是攻击其资源，提高市场壁垒，垄断的可能性正在增加，私营部门脱离国家的独立性正处于危险之中。经济繁荣时期政府背负着沉重的债务和大量的福利承诺，现在财政紧张，许多国家也处于瘫痪状态。人们对自己在市场上竞争的能力失去信心，所在社区继续衰落，曾经混合了经济阶层的充满活力的社区，现在只剩下更少的社会资本、更差的社区机构（如学校）和更少的财富来提高其成员的能力。精英阶层的垄断和主流政党之间的分歧，使得民众失去信任并感到痛苦和愤怒。激进分子们只要稍微煽动就可以点起民众的怒火。

1. 信息技术革命对市场的冲击

以智能化、自动化为特征的信息通信技术革命，颠覆了旧有的生产生活方式，并对就业、收入和国家间贸易产生了重大的影响。新技术淘汰了那些常规化、可预测任务的工作，对自动化人才需求越来越大。拉古拉姆认为，技术变革并不会对就业失业总量产生太大影响，而是主要影响了就业的再分配。技能谱底端和高端的工作数量增加，并且以牺牲中产阶级的工作为代价。此外，高技能人才在全球范围内流动，尤其是欧美等发达国家的人才正在向中国和印度等新兴市场转移，新兴市场的贸易顺差并没有因技术革命而受到太大影响，加上其在低端制造业的优势，反而导致欧美等发达国家失业增多，这进一步加剧了欧美国家社群的衰落。

为了应对新技术革命和全球化对经济的冲击，欧美等发达国家采取增加债务和精英统治的方式，经济获得了一定的复苏。美国通过产业集中，提高了生产率。欧洲应对的办法则是进行整合，创建一个"超级国家"，即后来的欧盟。欧洲希望这种一体化能够扩充市场，激发竞争，促进经济增长。但是美国的做法使得一些大公司改变了市场的游戏规则，出现对行业进行垄断的寡头企业，进一步加剧了不平等。欧洲的一体化则存在合法性危机，人们没有被赋予权力，因而也没有预想中那样团结一致。当信息技术革命通过全球市场传导时，民众的不满逐渐堆积，政客们不再值得信任，金融危机再次宣告市场自由化的失败。此时的民粹主义政客们只要一个问题就可以把民众积郁的怒气点燃。

2. 社群的衰落和民粹主义的再现

技术革命对创新的高要求，使得高技能人才互相聚集，形成以硅谷为代表的"聚集经济"效应。随之，出于工作提升的需要和帮助小孩营造更好的成长环境的考虑，越来越多的人从混合社区中搬离，融入更大、功能更健全的社区。贫困人群继续留在小社区，社区功能逐渐失调，社区环境日益恶化。而受技术革命冲击最大的中产阶级，在搬离混合社区后，同样面临着更大的经济和家庭压力，他们愈发感到焦虑和不平等。此外，高额的房价变相赶走城市中所有剩余的"烟囱工业"及个人，其他人买不起房。全球化强调的开放性和多元化，本来有助于经济的竞争和增长，欧美等发达国家对移民持开放态度，但是新技术革命冲击下，没有技能的移民，通常只能住在较贫困的工人阶级社区。城市社区逐渐分异，贫困社区的空间被收窄，城市变得更加士绅化，更适合专业精英居住。在技术革命下，市场创造出了不平等的社区，颠覆了社区在提供平等机会方面的作用。

社区的分异导致当地居民的失望和不满，这为民粹主义和极端民族主义提供了温床。公众对执政精英及其创建的体系失去了信心，发达国家的选民更愿意听取激进政治家的意见，民粹主义激进分子借助群众的不满获得选举。他们认为自己被那些为了自己利益而支持外国人、移民和少数族裔等其他人的精英所背叛，而精英统治是腐败和不民主的，大众受到恶劣的对待，于是他们开始组织反抗。而随着信息通信技术的发展，社交媒体和网络更加发达，社会中的极端分子更容易聚集在一起。虽然民粹主义的核心是一种呼救，但他们也不太可能找到正确的答案，因为每一政策答案都必须与他们的追随者产生共鸣，简单地满足大众的需求虽然有利于平息民愤，但这不太可能有效。因为他们强调一种排他性的民族认同，以取代衰弱的社区认同。他们团结本土居民反对少数族裔、移民以及将权力移交给国际机构。他们更倾向于寻求排斥而非包容，倾向于扭曲而非恢复平衡。这也是以麦迪逊为代表的一些学者为何更支持代议制民主而不是直接民主的原因。智慧虽然来自人民群众，但需要仔细提炼。

拉古拉姆认为，民粹民族主义蔓延的原因之一还在于，邻里或社区等其他社会团结的来源越来越薄弱，尤其是收入较低、地位不断下降的人，他们并不怎么信任自己的邻居。所以社会关系冲突给了民族主义存续机会。

三　如何通过社群实现再平衡

对于一个健康社会而言，社群是继政府和市场之后的第三支柱。但是过去半个世纪里，这根支柱遭遇了重重困难。技术引发的全球经济衰退周期性地打击了社群，地方社群控制的功能减弱，社群开始向政府求助。虽然国家也为社群提供了有益的支持，但前者也开始取代后者。国家开始排挤社区参与，削弱了社群作为民主警惕性关键支柱的地位，并干扰社群内部联系的建立。市场的发展使得远郊和乡村地区日渐衰落。社群发展滞后给激进的民粹主义者提供了发展的温床，这与 19 世纪美国的民主改革运动有本质的区别。拉古拉姆认为，不能用民粹情绪填补三大支柱的失衡，而是应倡导一种"包容性的地方主义"，权力下放至社区，让社区居民更具使命感、责任感，从而通过自我造血、自我修复，重建社群。

1. 倡导包容性的地方主义

拉古拉姆认为，发达国家人口多样性（移民、难民、少数族裔）的特征是有代价的。包括吸收难民的负担不成比例地落在较贫困的国内社区身上，人口的多样性也会弱化社区间的同理心，国家公共安全网会更薄、更不平衡。另一方面，种族单一的国家也担心失去它们的文化遗产。民粹主义希望通过切断移民让这个国家重新变得纯净，甚至通过"自我驱逐"回到自己原来的国家，但其实归根结底，每个人的祖先都是移民。因此，如何协调日益增加的民族多样性的前景与多数群体对淹没、失去文化连贯性和连续性的真正恐惧，一种方式便是建立包容性的地方主义。

首先，要在国家层面建立一个民族的概念。因为少数族裔、移民不会发生改变，个体的身份、信仰也不会被抛弃，建立国家层面的"民族"，意味着不排除任何基于种族或宗教的人，而是基于共同的价值观念（Raghuram Rajan，2019：245）。其次，社区应该更加开放。所有社区都对人口、商品、服务、资本和思想的流入和流出开放。有些社区将完全混合，有的能代替某种宗教或民族，如此，种族和文化延续也可以在社区层面得到表达。但这种开放不是强迫，只在必要时通过法律予以强调和鼓励。最后，地方主义意味着将权力下放到地方一级，将权力归还给人民，以便人们在自己的社区中感到更有权力。国际层面上，应该将权力归还给各国；在各国内部，将权力从联邦下放到地方再到社区。社会，而不是国家，将成为民族凝聚力和文化连续性的可能载体。加拿大作家叶礼庭对皇后区的发现，证明只要有一个公平的体制框架和相互信任和互惠互利的治安结构，社区就有可能和睦相处。

但是，包容性的地方主义并不意味着社区权力不受制约。社区拥有很大的自治权，但要尊重国家法律。此外，社区还将由市场和国家来平衡。一方面，社区将得到国家的支持，帮助社区建设基础设施、改善学校和社区大学的质量，以及为有需要的人提供专门的支持。为进一步增强包容性，国家将打破多年来形成的机会和流动性障碍，例如降低一些地区的建筑壁垒。国家将通过信息通信技术对社区进行监控，确保社区的安全性。另一方面，要让市场更容易进入社区，发挥企业等市场主体（参与者）的价值，鼓励社区间贸易，使市场参与者的行为更能为社会所接受。社区的规章制度也必须符合市场的考验，不给生产者或消费者造成不适当的负担。

2. 权力下放以平衡国家与社群

在包容性地方主义框架下，还要重新平衡国家和社群的关系，其中重要的方式之一便是将权力下放至社区。这一做法可以让基本上自治的社区重新成为自决、认同和凝聚力的中心，减轻国家履行大部分职责的压力。Luigi zingales 等学者的研究发现，自我治理灌输了一种文化，使公民对自己有信心，相信自己有能力做需要做的事情，并实现目标（Guiso et al., 2016）。因此，将权力下放给社区可能会减少冷漠，迫使其成员为自己的命运承担责任，而不是指责一个遥远的精英政府。

下放政策虽然有助于促进社区一级的积极政策行动，但各国不能放弃联邦政策。国家和社区的权力要平衡，社区权力不宜过多或过少。拉古拉姆从三个重要领域考察了国家和社区权力的分配：提供公共产品、创造能力和维护健全的安全网。并得出结论，认为如果把更多的权力下放给地方社区，一个社区就能更好地塑造自己的未来，也就能更好地控制自己的未来。一个强大的地方社区可以满足人们与其他具有相同文化或宗教信仰的人生活在一个有凝聚力的社会结构中的需要。

3. 改革市场及其与社群的平衡

世界各地许多社区功能失调，主要原因是它们过去的经济基础已经消失。全球市场传导的贸易和技术变革的增强，已导致中等收入岗位的丧失，并削弱了发达世界许多地区社区的经济基础。马克思主义认为，市场是建立在摧毁身份的基础上的，是建立在让一切都像商品一样具有交易性的基础上的，而社区的做法恰恰相反，因此他们认为市场和社区永远不会相容。然而，虽然市场和社区确实存在紧张关系，但它们也确实共存。市场可以为社群提供经济基础，社群可以促进市场的竞争。我们需要充满活力的邻近社区，而这些社区存在的核心是存在可行的经济活动。社群可以保障市场的竞争性，但当市场出现不公平、公私部门存在内部交易时，社群便会失去对市场的信心，无意保持市场及其竞争。

因此，拉古拉姆教授认为，必须通过改革市场，加强市场竞争，建立市场信用，来调节市场和社群的关系。具体包括反对行业垄断和企业寡头，保护知识产权，利用大数据等信息资源，减少限制竞争的规则，转变企业观念，从利润最大化转向价值最大化等。市场为社区生产者提供资助，同时为社区消费者和工人提供另一种可能性，从而防止社区沦为任人唯亲和低效率的社会，反过来又可以推动市场的自由竞争和繁荣。

4. 复兴地方社区的其他几个关键要素

重振第三支柱，除了要协调国家与社区、市场与社区的关系以外，拉古拉姆还以印度和美国两个社区作为观察对象，提炼出社区复兴的其他关键要素。印度和美国分属发展中国家和发达国家，以印度印多尔和美国加里纳两个社区为例，两个社区虽然基础资源、发展历史和社会环境都存在较大差异，但在复兴社区过程中，有一些共同的元素。

（1）领导者。社区复兴必须有一个愿意站出来负责的领导者，他可以是行政官员、商人、慈善家、大学老师等任何身份，但他一定是一个热爱社区、负于责任感、具有领导力和魄力的人，并且可以组建一支小而热情的团队，带领人们一起重振社区。（2）社区拥有一定的资源或资产，并且利用和改进，包括物质资源和人力资本，人力资本又可以包括富人、慈善家、高技能工人、全职父母、老年人、移民以及所有愿意接受培训、提升能力的社区居民。社区复兴的战略是围绕着识别和发现有价值的关键资产而制定的，社区复兴的关键在于识别现有的资源、优势和缺陷，在此基础上予以改进和创新利用。如果没有任何可以再利用的资源，则也许可以帮助人们迁到更具活力的社区。（3）弥补关键性的差距。任何社区都有一个至关重要的鸿沟，也许只是缺乏一所好学校或其他，但可能就会使其他复兴社区的努力付诸东流。（4）社区复兴的广泛参与。居住在社区的人民要亲自参与社区事务，凝聚力量，只有当他们参与其中，才会收获成就感和获得感，才会更有动力推动社区的振兴。领导团队更要适当分权，赋权让人们更具责任感，也能更好地进行创新。

四　对中国社区治理的启示

转型期的中国，似乎正面临着拉古拉姆教授描述的那些问题。改革开放以来，40多年经济的飞速发展，市场和国家并行向前，城乡社区却逐渐衰落。40多年来，农民纷纷放弃农业耕种，走向城市成为工人，乡村经济逐渐落后，以留守儿童和老年群体为主的乡村社会比历史上任何时期都要脆弱，乡村凝聚力和向心力正在减弱。市场的开放为人们赢得了生存的空间，但粗放型的工业生产导致城市环境污染日益严重，同时，人口多元化引发社区矛盾升级，农民工们面临"留不下的城市，回不去的农村"的窘境。人们缺乏对所居住地区的归属感和认同感，在中国人口红利逐渐消失和席卷全球的信息技术革命的冲击下，人们愈发感到不安，随之，社会的不稳定因素开始增多，反过来又影响着经济的发展和国家的政权建设。因此，推动社会治理创新，振兴城乡社区似乎已刻不容缓。

2017年，党的十九大提出要打造"共建共治共享的社会治理格局"，强调政府、市场和社会组织等多元主体的共同参与，并明确社区是社会治理的基石。但是我国社区治理目前面临着诸多困境，包括行政化倾向严重（何平立，2009）、国家对社区过度侵入、政府主导着社区。而社区居民公共意识淡薄、公共参与不足（郑杭生、黄家亮，2012），工会等非政府组织并没有真正地发挥作用。此外，城乡发展的不均和高房价带来的不安，使得社区居民的不满日益堆积，加上人口流动性增大，社区内部凝聚力不足。

拉古拉姆教授的《第三支柱：社群是如何落后于市场与国家的》正好因应时需，为我国的社区治理提供了一个全新的思路。首先，拉古拉姆教授的著作从一个新的视角强调了社群的重要性。他将社群视作与国家、市场并行的第三支柱，社群不仅包括社区，还包括社会基层和邻近的地方。社群的价值不仅在于为人们提供一个安全稳定的生活空间，它还为人们提供表达诉求的平台，它赋予人们身份的认同，给予他们归属感和安全感。社群间的成员互相连接，形成对抗外在侵略的力量，弥补市场和国家的缺陷。我国通常将社区视作社会的基层单位，但很少关注到社区与国家、市场的关系和互动。拉古拉姆教授的研究启示我们，中国的社区治理，不仅关系社会的稳定，还会影响市场的繁荣和国家的崛起。其次，拉古拉姆教授认为，国家、市场与社群的平衡应该才是我们所追求的。社群的发展和建设，应该以实现三大支柱的平衡为前提和准则，国家和市场是调节社群的重要力量。社群的普遍衰落在于过于强化国家和市场的作用，但这并不意味着社群复兴不需要其他两大支柱的支撑，相反，可以通过国家的支持和市场的改革促进社群复兴。这意味着我们不仅要关注社区的内部治理，还要从宏观的制度环境和市场环境出发，量力而行，力求国家、市场、社群三股力量的平衡，谨防激进民粹主义的破坏。最后，拉古拉姆教授提出了复兴社区的核心要素——建立包容性的地方主义。这意味着要在共同价值观念的牵引下，更加包容和开放。社区要拥抱不同的人口、种族、宗教信仰、文化等，要凝聚社区的共识和向心力。社区建设还要扎根地方，充分挖掘利用现有的资源和人力资本，人们不应该放弃旧有的社区以搬迁到更好的社区，而应该团结一致复兴现有的社区，实现社区的均衡发展。此外，不仅要鼓励广泛社区治理主体的参与，促进不同群体的融合，更要赋权给他们，使其更具责任心和创造力。最后，我们不应该恐惧信息技术革命、全球化和多元化，而应该拥抱它、利用它，让它成为加强社群联系、平衡三大支柱的重要工具。

参考文献

〔德〕斐迪南·滕尼斯（2010）：《共同体与社会》，林荣远译，北京：北京大学出版社。

〔德〕马克斯·韦伯（2012）：《新教伦理与资本主义精神》，马奇炎等译，北京：

北京大学出版社。

何平立（2009）:《冲突、困境、反思：社区治理基本主体与公民社会构建》，《上海大学学报》（社会科学版），16（4），20~31。

郑杭生、黄家亮（2012）:《当前我国社会管理和社区治理的新趋势》，《甘肃社会科学》，（6），1~8。

Guiso，Luigi，et al.（2016），"long term persistence"，*Journal of the European Economic Association*，14（6），1401–1436.

Raghuram Rajan（2019），*The Third Pillar：How Markets and the State Leave the Community Behind*，New York：Penguin Press.

（责任编辑：宋程成）

个人慈善捐赠的实验研究
趋势和核心议题探析[*]

——基于西方主流学术期刊发表文献

田 园^{**}

【摘要】《慈善法》的出台标志着我国慈善事业正逐渐规范化与法制化。如何有效激励个人慈善捐赠却始终是我国面临的难题。西方国家用"实验法"研究个人慈善捐赠动机与机制已较为成熟。本文梳理了30余年西方主流学术期刊上发表的245篇有关个人慈善捐赠的实验研究文献，通过量化编码统计和核心议题述评，探析国外捐赠实验的前沿研究进展，以帮助我国学者熟悉西方个人慈善捐赠实验研究的发展趋势与动态，把握国际研究热点，了解各类实验设计的学科偏好，结合我国国情，开展接轨国际主流趋势的高质量慈善捐赠实验研究，进一步推动我国公益慈善事业的良性发展。本文分析结果发现国外个人捐赠的实验研究呈现以下特点：经济学主导的学科引领趋势；实验设计偏好被试间设计和多因素分析；最常用方差和多元回归模型分析

---

* 本文系国家社会科学基金重大项目"促进中国慈善事业发展的法制制度创新研究"（17ZDA133）的成果，主持人徐家良。感谢上海交通大学国际与公共事务学院的徐家良教授在研究设计和论文写作方面的指导，感谢硕士研究生段思含、陈浩林和苗欣悦对本项目数据库信息录入的支持。

** 田园，上海交通大学国际与公共事务学院助理研究员。

数据；跨学科合作频繁；以及核心议题具有较强的学科属性等。本文结合当前我国慈善事业现状，给出了中国情境下开展个人慈善捐赠实验研究的具体建议与展望。

【关键词】 个人捐赠　非营利组织募捐　实验研究　编码统计　议题述评

一　引言

社会科学研究领域的实验法发展至今已有百年历史，广泛适用于不同学科，包括心理学、经济学、社会学、商学、政治学乃至公共管理领域。实验的基本思路是通过随机分样（randomization），严格控制排除其他因素干扰，探讨特定因素产生的效应，以推导变量之间的因果关系。相较于传统定量研究方法（如问卷调查和二手数据分析），实验研究法有两大明显优势：因果关系检测（causality）和可复制性（replication）（Rosnow & Rosenthal，1996）。美国知名学者James Perry 曾在 2012 年发表于公共管理顶尖期刊《公共行政评论》（*Public Administrative Review*）上的一文中呼吁实验方法的运用，称："精心设计的实验与其他方法相结合，有望推动我们对可用知识的追求。"我国经济学家罗俊等（2015a）也呼吁将"田野实验"作为中国情景下跨学科交流和组织结构间合作的纽带（Perry，2012）。

随着个人慈善捐赠研究成果的不断积累，以及实验法在各学科应用中的逐步完善，个人慈善捐赠的实验研究成为学术界的新宠。在国外核心期刊数据库（Web of Science-Social Science Citation Index）中，2010～2018 年收录的慈善捐赠文献共 946 篇，其中，在标题、摘要或关键词中出现"实验"（experiment）一词的文献就高达 301 篇，大约占核心期刊慈善捐赠文献总发表量的 1/3。这一数据揭示了实验法在慈善捐赠研究中的重要地位。

反观我国的慈善捐赠实验研究，不论是量上还是质上，都有很大的提升空间。截止到 2018 年底，中国知网上搜出慈善捐赠实验研究的学术期刊论文发表量不到 40 篇，高质量的个人捐赠实验研究（发表于 CSSCI 期刊）不到 10 篇，大部分国内实验研究在实验设计和数据分析的成熟度和规范性方面还有很大的改进空间，这表明我国个人慈善捐赠的实验研究还处于起步阶段。

虽然国内外均有关于个人慈善捐赠的高质量研究综述发表（Bekkers & Wiepking，2011；罗俊等，2015b），但其主要关注点是捐赠驱动机制、动机和影响因素，[①] 目前尚未出现关于个人慈善捐赠的系统综述来梳理研究发展趋势、实验法特征和核心研究议题三个部分 。鉴于此，本文通过对国外个人慈善捐赠实验研究的跨学科系统梳理，望促进国内学者更好地认识"实验法"在个人慈善捐赠研究中的运用趋势，在中国情景下，完善慈善捐赠实验研究的设计思路，开展接轨国际主流的高质量实验，以构建和测试适合我国国情的个人慈善捐赠激励机制，有效改善我国个人慈善捐赠不足的困境。

本文共分为四个部分。第一部分为引言；第二部分主要阐述了本文的研究方法；第三部分从总体发展趋势、实验设计与数据分析模型、核心议题三个方面展示分析结果；第四部结合研究结果，对未来学者进行跨领域合作、实验设计和数据分析等，结合中国的应用前景，提出了具体建议，希望对学界慈善捐赠实验研究的发展有所增益。

二 数据与方法

（一） 研究问题与范畴

本文所关注的研究范畴的界定基于两个标准。一个是研究主题是个人慈善捐赠，也包含学者们所提到的"个人公益消费"。基于此，本文排除了组织慈善捐赠（如企业或其他社会组织）。另一个标准是采用了实验法的实证研究，相反，若某研究采用了其他实证研究方法或不是实证研究，则不属于本文所关注的范畴。

本文的研究问题主要可分为两大类：第一类是国外个人慈善捐赠的实验研究的发展趋势、实验设计特征和核心议题分别是什么；第二类是在中国情景下，国外经验对我国未来个人慈善捐赠的学术研究发展有何借鉴之处。

（二） 数据来源及筛选方法

本文所选文献是严格根据以下的筛选步骤和筛选标准选出的。本文样本的

---

① 譬如西方学者 Bekkers & Wiepking（2011），从众多学科的慈善捐赠文献中，提炼概括出了八大个人慈善捐赠的驱动机制，包括需求的意识、募捐、成本与收益、利他动机、声誉、心理收益、价值和效果。我国学者罗俊等（2015b）曾从理论、实验发现和脑科学研究成果三方面，梳理了国外慈善捐赠动机、影响因素和激励机制。

搜索、筛选、确认过程和标准如图 1 所示。

步骤一：关键词数据库检索（1987～2018）。英文描述慈善捐赠的用词十分多样，譬如捐赠 "giving /philanthropic giving/charitable giving/contribution"、普通捐款或捐款人（donation/donate/ donor）、礼物赠予（gift）、遗赠（bequest）或亲社会行为（prosocial/prosocial behavior）。本文使用了所有以上列举的描述慈善捐赠的英文用词，作为第一维度的关键词。第二维度的关键词为 "实验"（experiment）。本文选样要求选定文献的标题、摘要或主题至少含有一个第一维度的关键词并同时满足出现第二维度的关键词。为防止遗漏文献，本文在三大国际期刊综合数据库中（EBSCO、Web of Science 和 ProQuest）进行关键词检索，去掉重复的文献后，从 1987 年开始至 2018 年 9 月的英文文献一共 567 篇。

步骤二：标题和摘要初筛。本文通过对搜索出来的文献的标题与摘要内容进行初筛，删除了以下 6 类文献：（1）未采用实验研究方法的文献；（2）与慈善捐赠不相关的文献；（3）普通个人捐赠未作为实验的主要因变量（dependent variable）的文献[①]；（4）所有涉及商业利益捐赠的文献（如事业关联营销，cause-related marketing）；（5）特殊性质的捐赠文献（如遗产捐赠，高产值人群通过基金会捐赠）；（6）组织捐赠文献（企业或社会组织捐赠）。筛选之后所得到的预样本量是 267 篇。

步骤三：样本确定。根据文献内容进一步筛选之后，最终确定 245 篇符合条件的英文文献作为本文研究的最终样本，共包含了 402 个独立的捐赠研究实验。

图 1 文献筛选流程

（三）分析变量的具体描述和分析思路

本文对样本文献进行了文章层级和实验层级的多个变量编码，具体变量描

---

① 由于实验法的文献样本集中于普通个人捐赠和组织捐赠，并未出现以富人为样本的实验法捐赠文献。因此，本文采样的文献只针对普通人捐赠，而不包含富人捐赠。

述见表1。在分析思路上，本文主要采用定量数据分析的方法，旨在描述个人慈善捐赠实验研究动态，还有不同学科对实验设计和数据分析的偏好；在此基础之上，将研究主题作编码和词频分析，对核心议题进行分类述评。

表1 变量信息及具体编码

类别	变量	具体编码	变量层级
基本信息	发表杂志	具体编码需要根据文献提炼	文献层级
	发表年份		文献层级
作者信息	作者人数		文献层级
	作者隶属单位类比	1. 学术机构；2. 政府机构；3. 非营利组织；4. 其他	文献层级
	作者学术职称	1. 教授/研究员；2. 副教授/副研究员；3. 助理教授/ 助理研究员/讲师；4. 其他研究学者；5. 学生；6. 非学者；7. 没有提到	文献层级
	作者学科背景	具体编码需要根据文献提炼，传统学科（管理学、政治学、经济学、心理学、社会学等）	文献层级
研究子领域	主题	具体编码需要根据文献提炼	文献层级
引用	引用量		文献层级
实验研究方法	总实验数量		文献层级
	实验序号	1，2，3，…	实验层级
实验设计	实验类型	1. 实验室实验；2. 田野实验；3. 情景问卷实验	实验层级
	招募方式	1. 直接招募（指研究人员不通过其他中介机构或关系自行进行被试招募）；2. 间接招募（通过其他中介机构或者关系进行被试招募。例如调查公司、网络平台、某些机构和平台的合作）；3. 不知道或者没有提及	实验层级
	样本类型	具体编码需要根据文献提炼（学生、公众、专业人士）	实验层级
	样本数量		实验层级
	捐赠测量	1. 以往捐赠经历；2. 捐赠意愿或模拟捐赠行为；3. 真实捐赠行为	实验层级
	实验设计	1. 被试间设计；2. 被试内设计；3. 混合设计；4. 其他	实验层级
	实际复杂性	1. 单因素检测；2. 多因素检测	实验层级
	中间变量	是/否	实验层级

续表

类别	变量	具体编码	变量层级
分析方法	数据分析方法	1. 相关性检验；2. t 检验/卡方检验；3. 方差分析和多元方差分析；4. 回归分析；5. 没有参数	实验层级

三　分析结果

文献研究的分析结果分为三个方面进行介绍。第一部分，是对定量部分慈善捐赠实验研究的一个整体发展趋势的描述统计，包括文献发表时间分布、发表期刊等级以及主要作者的基本情况等。第二部分，本文将展示实验层级的变量分析结果，具体实验设计和数据分析方法方面的动态和学科差异。第三部分，本文针对个人慈善捐赠实验研究的核心议题，进行归类和文献述评。

（一）捐赠实验文章总体发展与作者信息概述

1. 总体发展趋势

如图 2 所示，从文献的时间分布来看，20 世纪 90 年代和 21 世纪初期，关于个人慈善捐赠的实验研究凤毛麟角，平均每年不到 2 篇文章发表。然而，自 2006 年起，此类论文发表数量显著增加。2006 年至 2018 年 9 月，年平均发表量约 17 篇，相较于 2006 年前增长了 8 倍。在 2017 年更是进入了一个高峰期，当年的发表数量达到了 44 篇。

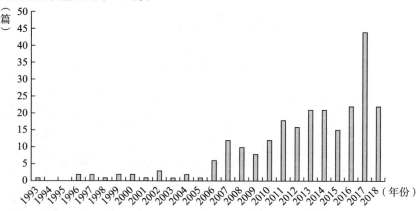

图 2　捐赠实验文章的年发表趋势

表 2 列举了捐赠实验研究发表量排名靠前的 13 本学术期刊，其中有 8 本期刊（61.5%）是经济学领域的期刊，除此之外，发表量排名靠前的期刊还有来自心理学、商学、管理学和综合性学科的期刊，且发表量排名靠前的期刊大部分为 SSCI/SCI 期刊。

表 2　慈善捐赠实验发表量排名前列的期刊

单位：篇

发表量排序	期刊名称	SSCI/SCI	发表数
1	*Journal of Public Economics*	是	26
2	*Journal of Economic Behavior* 和 *Organization*	否	15
3	*Journal of Behavioral and Experimental Economics*	否	14
4	*Journal of Economic Psychology*	是	8
5	*Economic Inquiry*	是	7
6	*Journal of Economic Science Association*	否	6
6	*Experimental Economics*	是	6
6	*Nonprofit and Voluntary Sector Quarterly*	否	6
7	*Journal of Experimental Social Psychology*	是	5
7	*Journal of Marketing Research*	是	5
8	*Economics Letters*	是	4
8	*Management Science*	是	4
8	*Plos One*	是	4

2. 作者合作情况和学科背景

从作者信息方面看，首先，本文统计了慈善实验文献的作者总量，发现独立作者的发表论文只占整体发表的很小一个比例（13.9%），大部分的文章有 2~4 位合作作者（81.6%），超过 4 位以上合作作者的文章占比也较小（4%）。从这一趋势来看，捐赠实验研究还是以鼓励合作为主。其次，本文发现第一（或独立）作者主要是以教授（30.6%）、副教授（18.3%）和助理教授（20.5%）为主，其他的科研人员和学生、非科研人员占比较小（合计 5% 左右或以下）。同时，本文还发现有一部分的作者信息并没有报告发表文章时的学术层级（16.6%）。此外，本文还梳理了第一作者所在的学术领域，排名最为靠前的依次是经济学（45.5%），营销学（10.7%），心理学（9.8%）和商学（7.8%）。

其他的传统学科或分支学科（如公共管理、社会学、人类学、政治学等）或是交叉学科（如商务经济学、政治经济学等）均不足3%。这一结果反映出，目前慈善捐赠实验研究的交叉学科特性主要还是通过不同学科的学术合作来完成，在这一领域有交叉学科训练背景的学者还不是十分突出。[①]

3. 实验数量和结论可验证性的要求

从实验数量方面看，本文统计了发表文章所包含的独立实验的数量。分析发现，大部分的个人慈善捐赠实验研究采用单一实验设计（69%），少部分实验研究通常包含2~3个独立实验（23%），超过4个实验以上的发表文章占比较小（7.7%）。这显示了目前学界对捐赠实验研究在实验复制（replicates）和结果重复验证方面的要求还不是非常高。

4. 学科间差异

从学科比较方面看，如表3所示，本文针对发表量最靠前的四大学科，进一步统计比较了独立作者百分比和独立实验百分比两个方面是否有明显差异。本文采用交叉表分析（cross-tabulation analysis），统计各学科间独立发表文章的比例是否有差异性（4x2），分析结果显示，在作者数量方面，四大学科领域间的独立作者发表文章百分比无显著差异，chi2（3）= 4.09，$p = 0.252$，作者是经济学领域的独立作者发表文章的百分比最高（18.9%），然后依次是营销学（11.5%），商学（10.5%）和心理学（4.2%）。本文采用同样的统计分析方法，分析在独立实验数量方面，四大学科领域间是否存在差异，结果显示，独立实验百分比在学科之间存在有显著差异，chi2（3）= 43.47，$p < 0.001$，按照第一作者的学科排序分别是经济学（84.7%），商学（52.6%），心理学（41.7%）和营销学（26.9%）。

表3 发表总量排序前四的作者学科领域分析

发表量排序	第一作者的学科领域	发表数量（篇）	独立作者的文章百分比（学科间无显著差异）（%）	独立实验的文章百分比（学科间有显著差异）（%）
1	经济学（Economics）	111	18.9	84.7

① 本文也针对通讯作者的信息进行了编码分析，由于大量第一作者即为通讯作者，所以通讯作者学科排序分析结果与第一作者的分析结果无显著差异，因篇幅要求，所以正文只报告了第一作者数据分析结果。

发表量排序	第一作者的学科领域	发表数量 （篇）	独立作者的文章百分比 （学科间无显著差异） （%）	独立实验的文章百分比 （学科间有显著差异） （%）
2	营销学 （Marketing）	26	11.5	26.9
3	心理学 （Psychology）	24	4.2	41.7
4	商学 （Business）	19	10.5	52.6

从参考文献在发表量上看，排名前四的学科领域的引用量是否有明显差异。统计结果表明，参考文献的引用量确实存在学科差异，$F (3, 179) = 7.16$，$p = 0.0001$。本文进一步采用方差检验分析 （ANOVA） 的后续匹配 （Post Pairwise Comparison） 比较分析显示，文献引用量商学最高，且显著高于经济学和心理学，$ps < = 0.021$，其次是营销学，显著高于经济学和心理学，$ps < = 0.025$。营销学和商学的文献引用量无明显差异，$p = 0.81$。经济学和心理学的文献使用量也无明显差异，$p = 0.53$ （见表4）。这一结果显示，营销学和商学可能对文献的梳理的广度和细化程度要求高于经济学和心理学领域。

表 4　发表总量排序前四的参考文献引用量

发表量排序	第一作者的学科领域	参考文献引用量平均值（篇）	标准差
1	经济学 （Economics）	36	16
2	营销学 （Marketing）	49	20
3	心理学 （Psychology）	38	13
4	商学 （Business）	50	23

综上所述，目前发表的慈善捐赠实验的文章呈现以下几个特征。第一，过去的25年来，文章发表数量上，2006年前较少，2006年之后有了突飞猛进的发展，并保持在年17篇左右。第二，发表量排名靠前的期刊多以经济学期刊为主，并且多为SSCI/SCI期刊。第三，发表的慈善捐赠实验文章多为合作研究，有2~4位作者，独立作者的文章相对较少。第四，第一作者的学术层级主要以教授、副教授和助理教授（讲师）为主。第五，发表文章多以独立实验的文章为主。第六，发表量最多的第一作者的学科领域分别为经济学、营销学、心理学和商学。本研究发现，第一作者的学科训练背景与是不是独立作者发表的文

章并无显著性的关联。但是，第一作者的学科训练背景同文章是独立实验还是多实验类型成显著关系，其中经济学科背景的第一作者更倾向于发独立实验的文章，然后营销学背景的第一作者更倾向于发多实验的文章。第七，对文献引用量跨学科的比较结果显示出一种可能性，即营销学和商学对于文献的梳理细致程度可能更高于经济学和心理学。

（二）捐赠实验研究方法动态

在实验层级的变量，本文的样本量一共包含 402 个独立实验。本文对该样本的实验层级变量也进行了编码，主要针对每一个独立实验的研究设计和数据分析两个方面。

1. 研究设计特点

在研究设计方面，本文发现以下趋势。第一，本文对实验类型做了分析，发现在 402 个独立实验中，实验室实验占了绝大部分（63.7%），其次是田野实验（24.9%），问卷实验和准实验的占比很小（11.5%）。第二，在招募方式和招募人群方面，主要的招募方式为实验者直接招募（61.9%），间接招募占比相对较小（34.58%），还有少部分实验并没有介绍说明其招募的方式。从招募的样本人员类型上看，学生样本（50.4%）和非学生样本（47.6%）的比例差距不大。第三，从招募的样本总量上来看，波动率较大（sd = 283320），最少样本量为 11 人，最大样本量为 448281 人。本文进一步比对了不同实验类型的样本量差异，发现实验室实验的样本量均值较小（mean = 733，sd = 3166，n = 237）。然而，田野实验（mean = 18112，sd = 54428，n = 89）和问卷实验（mean = 3522，sd = 18086，n = 42）对实验人群的样本量要求较高，F （3，369）= 8.71，$p < 0.0001$。第四，本文对捐赠的测量方式也做了编码分析，发现绝大部分捐赠实验测量的主要因变量为真实的捐赠行为（79.6%），其次为捐赠意愿或模拟捐赠行为（19.7%）。第五，就实验设计方面来说，主要采用被试间设计（91.3%），少量实验采用了被试内设计（5.5%）和混合设计（3.2%）。第六，就实验设计的复杂性程度而言，大部分的实验采用了双因素及以上的分析（87.6%），而只有较少的实验采用了简单的单因素分析（12.4%）。文章复杂程度的另一个变量指标为是否做了中介变量分析，本文发现，绝大部分的实验并没有测量中间变量（89.8%），只有少一部分测量了中间变量（10.2%）。这体现了捐赠实验的复杂性要求居中。

2. 数据分析特点

在数据分析方面，总体说来，主流的分析模型为回归模型（58.7%）和方差检验（26.2%）。本文作者猜测，对分析方式的选择主要和作者的学科背景训练有一定的关联。由于样本大部分的第一作者的训练背景为经济学，所以选择回归模型来分析多因素之间的关系较为常见。而有心理学训练背景的作者则较为倾向于选择方差分析模型来作单因素或多因素分析。表5具体分析得出，经济学背景的学者确实倾向于选择回归分析模型，但是心理学背景的学者并没有充分的证据显示其偏好选择方差分析，chi2（3）= 24.4，$p < 0.0001$，相反，对于其他三个学科背景（心理学、商学、营销学）的学者来说，回归模型和方差分析模型占比并没有明显的差异。

表5 统计学模型的选择和第一作者学科领域之间的关联

第一作者的学科领域	统计学模型			
	相关性检验	t检验/卡方检验	方差分析	回归分析
经济学（Economics）	2	0	9	8
营销学（Marketing）	5	8	10	87
心理学（Psychology）	3	1	9	12
商学（Business）	3	2	7	12

综上所述，根据本文对捐赠实验变量的编码和分析，发现国外捐赠实验在研究设计和数据分析方面有以下特征。第一，实验室实验和田野实验是目前捐赠实验的主要类型。第二，直接招募是较为主要的获取样本的方式，并且学生样本和非学生样本的占比并无明显差异。第三，样本数量因实验类型有不同区别，总体而言，实验室实验的样本量要求稍少，而田野实验或问卷实验的样本量要求较大。第四，捐赠测量的方式还是以真实的捐赠行为测量为主。第五，实验设计方面多选择被试间设计。第六，就实验的负责程度而言，主要是采用双因素或多因素分析设计，但是比较少测试中间变量。第七，数据分析模型的选择多以回归模型为主，其次为方差分析模型。这与作者是不是有经济学科背景训练有一定联系，但与其他学科背景的联系不明显。

（三）捐赠实验核心议题述评

本文根据样本文献的标题、摘要和内容对文献主题进行了编码，然后将编码后的主题关键字进行了词频分析，根据分析结果，已发表的慈善捐赠文献的研究主题主要集中在四大领域①，以下是本文根据词频分析的结果，对四大主题的代表性文献及其内容展开的述评。

1. 利他主义

西方学者针对利他主义（altruism）这个概念，于1993年通过实验方法，来验证个人对公共物品供给贡献度，原文主要从公共物品供给当中给个人捐赠带来的挤出效应来佐证利他主义的存在（Andreoni，1993）。简单来说，作者认为，如果人是纯利他主义动机，那么挤出效应就会十分显著，因为捐赠者在纯利他主义动机的作用下，纯粹只关注受助者的需求是否被满足。假设存在有其他任何供给者或捐赠者，愿意捐赠并满足了受助者的需求，那么纯利他主义个人的捐赠动机和意愿就会明显下降甚至有可能停止捐赠。之后的学者对于利他主义这个概念的论证大致从两个方面着手：一类是对"非纯利他主义"概念（impure altruism）的提出和论证，大概的观点就是个体在实际捐赠的过程中，并不是纯利他主义动机，很多时候是夹杂着其他一些复杂动机，譬如捐赠带来的精神回报（warm glow）（Crumpler & Grossman，2008），或互利互惠的动机（reciprocity）（Garbarino et al.，2013），或建立名声的需求（reputation）（Etang et al.，2012）；另一类是和利他主义共同作用对慈善捐赠影响效果的测试，如利他主义和公平性（fairness）对经济学领域的独裁者博弈中的资源分配情况的影响（Fong & Oberholzer-Gee，2011），或是利他主义和社会压力（social pressure）对捐赠的影响（Dellavigna et al.，2012）。针对学科领域用词的偏好，本文发现，关于利他主义主题的慈善捐赠实验文献主要发在经济学类的期刊（如上述列举的文献）上，有较少数发到了其他领域的期刊上，如人类学（Winking & Mizer，2013）或心理学（Feiler et al.，2012）。

2. 募捐

募捐（fundraising）这一议题的实验研究最早在传播学领域的期刊上发表（Cryder & Loewenstein，2012），这与高效劝募依赖于有效沟通机制有很大关联。后来学者们进一步将捐募主题的文章拓展到不同的学科领域。对于募捐议题的论证侧重点存在一定的学科差异。经济学期刊发表的募捐文章主要侧重于研究

---

① 因期刊对文献总量的限制，本文除保留经典文献外，均引用较新的研究成果，以反映当前研究动态。

不同类型的募捐机制对捐赠的影响，譬如配捐（matching）（Rondeau & List，2008）、返利（rebate）（Eckel & Grossman，2006；Scharf & Smith，2015）、彩票（lottery）（Lange et al.，2007）、拍卖（auction）（Onderstal et al.，2013）、补贴（subsidies comparison）（Eckel & Grossman，2017）。心理学期刊发表的募捐文章主要结合社会标准理论（social norms）（Park et al.，2017）、社会身份（social identity）（De Cremer & Van Vugt，1999）来展开实验。商学和营销学期刊发表的募捐文章主要从募捐信息和传播角度来设计捐赠实验，譬如对劝募信息的陈述（messaging framing）（Chang & Lee，2011），或募捐宣传（Marketing）（Hanks et al.，2016）。

3. 捐赠者特征

第三大类核心议题为捐赠者个人感知和特质，譬如个人情感反应（affective reaction）（Schulz et al.，2018）、情绪（emotions）（Shiraki & Igarashi，2018）、同情（sympathy）（Sudhir et al.，2016）、自我形象（self-image）（Grossman，2015）在慈善捐赠中的作用。这一议题的文章主要发表在营销学、商学、心理学和社会学领域的期刊上。

4. 捐赠成本机制作用

第四大类核心议题是捐赠成本在慈善捐赠中的作用，如机会成本（opportunity costs）和交易成本（transaction costs）（Knowles & Servátka，2015），或税收机制（taxation）（Hsu，2008）。对于成本和税收机制的论证是通过一个重要的变量，叫价格弹性。经济学家认为，捐赠其实可以视为一种特殊商品，而商品的价格就是捐款的金额。由于机会成本、交易成本和税收机制等一系列影响因素，捐赠这种特殊商品的价格会发生变动。譬如税收机制中如果设置了捐赠返利（tax rebate），那么捐赠者实际捐赠的成本就会降低，因此捐赠者的捐赠意愿会受捐赠价格弹性的不同而发生不同程度的上升。这就好比，如果一件商品在促销，减利返现，那么消费者就会容易被刺激而加大购买量，而这其中的作用机制就是价格弹性。对于这一议题的研究多发表于经济学期刊。

四　讨论与建议

根据以上本文对系统选样文献的计量分析和核心议题述评，对慈善捐赠实验研究的发表趋势、研究设计、数据分析和研究主题等多方面进行了概述。下

个人慈善捐赠的实验研究趋势和核心议题探析

面我们将结合分析结果进一步讨论，并就未来中国开展慈善捐赠实验研究提出一些管窥之见。

（一）学科间合作的建议

这些研究发现给目前国内学者计划开展慈善捐赠实验研究的期刊选择和发表提供了一些策略性的参考。首先，国外期刊发表的趋势肯定了实验研究在慈善捐赠研究或其他公共管理研究话题中的重要角色。其次，学者们应当建立有效的合作关系，但共同作者不宜超过 3 位。如果团队成员中有一位是经济学背景或有经济学训练的学者，因经济学期刊数量的主导地位，在发表方面会有一定的优势。最后，学者们应当充分考虑不同学科期刊的偏好，来有效规划文章独立实验的个数（单实验还是多实验）或文献梳理的广度和细化程度。

（二）研究设计和数据分析的建议

1. 实验类型的选择

在实验设计过程中，各类实验方法的优劣势争辩不断。实验室实验通常可以严格控制实验设计和操作环节的每一个步骤，被试者通常选用学生样本，招募成本相对较低；但是，实验室实验的被试对象的有效性和其反应的真实性广受批评。田野实验通常在真实环境中进行测量，有效解决了实验室实验样本可信度和有效性的缺陷；但是田野实验因为现场的复杂性，通常无法严格地控制操作环境和实验设计的变量，所测量出的结果也会有较大的噪音。

这些年随着互联网的发展，很多慈善捐赠项目设立线上捐赠点，譬如腾讯乐捐、新浪微公益、淘宝公益等；同时，微信、支付宝扫码捐赠随着移动支付的发展而迅速崛起。相比于实验室实验和田野实验，另一种非常有效且成本低的实验类别就是问卷实验，尤其是互联网的运用，将大幅度提高问卷实验的问卷回收效率。根据学科特征不同，也可以考虑针对同一个研究问题，选用不同的实验研究方法，进一步夯实研究结论。

2. 实验样本的选择

在慈善捐赠研究问题方面，学生样本真实性和有效性的缺陷通常不是一个太大的问题，主要在研究设计方面可以设定一个让学生有能力捐赠的上限额度即可提高实验效度。另一种可操作的方法是让学生考虑捐赠出参加实验所获得的报酬的一部分或全部。如果是选择公众来参与实验研究，那么会有更高的可信度。在中国未来的慈善捐赠实验研究中，学者们可加大与非营利组织或互联网募捐信息公开平台的合作，这对激励我国公众捐赠、提高非营利组织募捐能力和推动学术研究发展有重要意义。

3. 实验设计和复杂度的考虑

目前主流的国外捐赠实验还是以被试间设计作为主导，即比较不同被试者在不同实验情景下的捐赠情况。被试内设计用得较少的一个主要因素可能是人有行为惯性和记忆，如果将一个被试者放入不同实验场景中比较其在每一个场景中的捐赠，短时间内的实验操作通常无法影响或改变被试者的捐赠决定或行为。所以，学者们可以考虑偏向选择被试间设计，这样会更加容易得到有效结论，但是，也应当考虑实际研究问题，酌情选择适合的研究设计。

在研究复杂度方面，学者们尽量设计多因素分析的实验，但不一定要复杂到测量中介变量。如果是投稿经济学的期刊，研究者们还应当考虑采用多元回归模型来展示数据分析结果。

（三）个人捐赠实验核心议题建议

经本文分析整理发现，捐赠实验研究中最关注的四大核心议题，分别是利他主义动机、募捐机制和营销、捐赠者情感和特质、捐赠成本和税收机制。分析发现，不同学科背景的作者的研究主题偏好不大相同。经济学科背景的学者，在利他动机、捐赠成本、税收机制主题方面占主导，研究视角基于的基本假设为理性经济人，将捐赠者视作纯理性的，其所做的捐赠决定或捐赠行为都是明确动机驱使所形成的，为达到的目的就是效用最大化。对于非纯利他动机的论证也依然没有摆脱理性经济人假设的框架。然而，在正式有效的捐赠场景中，捐赠者往往很难达到纯理性。因此，需要其他学科的研究视角进行补充，譬如心理学有关捐赠者情感和个人特质的研究。研究个人慈善捐赠，应当有效结合不同学科的基础研究假设和研究视角，进行跨学科的实验设计。

筹款作为捐赠实验的另一个重要议题，一直备受学界和实务界的青睐。对于各种筹款机制的研究和运用已经广泛运用到了实务界，乃至影响了欧美国家的税收政策，譬如美国的分项税体制（itemized tax），将捐赠作为抵税的一项重要类别，就是以经济学研究的补贴机制（subsidy-rebate）为基础的。举个例子，假设纳税人应当按30%的税率缴税，通过申报应捐赠而免税的收入所得部分的每1美金，将获得30美分的返还。换句话说，对于申报分项税按个人捐赠进行抵扣的纳税人而言，每捐赠1美金的实际成本只有70美分。如果将捐赠视为一种特殊商品的话，当这件商品的价格弹性较大时，国家公共政策对税率的调节则有可能改变这个特殊商品的价格，从而起到调节捐赠的作用。如何完善这一税收政策对慈善捐赠的调节机制仍需要进一步的研究作为支撑。我国目前筹款过程中，也在不断地运用和完善学界所研究的各类筹款机制，如腾讯"99公益日"发起的配捐活动、福利彩票、募捐排行榜等。虽然募捐机制的研究和应用推广目前已经有所成效，但是我国未来慈善捐赠的研究应当在前人研究的基础上，建立募捐评估标准体系，先确定筹款的目标是以激励的捐赠人数为导向，还是以募款的最终金额为导向，抑或以复捐率和长效持续的捐款为导向，在导向明确的基础之上，再来设计筹款机制的研究。

最后，笔者也建议国内学者思考如何将实验法结合本土文化，开展我国特色或跨文化的个人捐赠研究，例如面子文化和互联网社会资本等。国内期刊发表的个人捐赠研究显示，不少学者讨论面子文化如何影响个人捐赠，其中赵芬芬等（2018）发表在《管理评论》的文章运用了实验的方法探讨工作场景中，面子倾向与捐赠发起方的权利距离对员工捐赠的调节作用。"互联网+公益"的模式为个人捐赠也提供了新的契机，使得捐赠更为方便和快捷（徐家良，2018）。此外，民政部指定的20个互联网公募信息平台为我国学者们开展个人捐赠田野实验提供了契机，可以通过与平台合作，设计和测试不同情境下的筹款信息的筹款效用。

（四）结语

国外慈善捐赠的实验研究正在迅速崛起，这些研究为国内慈善学术发展和非营利组织的募款国际化和专业化均提供了实证参考和思路。希望有更多的国内学者加入慈善捐赠实验研究的队伍中，借助我国"互联网+公益"发展的趋势，和实务领域的工作者一起合作，针对自身学科特点和团队成员的优势，开展具有交叉学科特色的慈善研究。学者们还可以考虑从个人特质、非营利组织募捐技巧、慈善的外部政策环境等不同层级的变量来设计高效的筹款激励机制，有效推动我国慈善捐赠学术研究和慈善事业的良性发展。

参考文献

罗俊等（2015a）：《走向真实世界的实验经济学——田野实验研究综述》，经济学（季刊），（2），853～884。

罗俊等（2015b）：《捐赠动机，影响因素和激励机制：理论，实验与脑科学综述》，《世界经济》，7，165～192。

徐家良（2018）：《互联网公益：一个值得大力发展的新平台》，《理论探索》，（02），18～23、38。

赵芬芬等（2018）：《组织募捐方式对员工捐赠数额的影响研究——面子倾向和权力距离的调节作用》，《管理评论》，30（3），114～127。

Andreoni, J. (1993), "An Experimental Test of the Public-goods Crowding-out Hypothesis", *The American Economic Review*, 1317 – 1327.

Bekkers, R. & Wiepking, P. (2011), "A Literature Review of Empirical Studies of Philanthropy: Eight Mechanisms that Drive Charitable Giving", *Nonprofit and Voluntary Sector Quarterly*, 40 (5), 924 – 973.

Chang C-T. & Lee Y-K. (2011), "The 'I'of the Beholder: How Gender Differences and Self-referencing Influence Charity Advertising", *International Journal of Advertising*, 30 (3), 447 – 478.

Crumpler, H. & Grossman, P. J. (2008), "An experimental Test of Warm Glow Giving", *Journal of public Economics*, 92 (5 – 6), 1011 – 1021.

Cryder, C. E. & Loewenstein, G. (2012), "Responsibility: The Tie that Binds", *Journal of Experimental Social Psychology*, 48 (1), 441 – 445.

De Cremer D. & Van Vugt, M. (1999), "Social Identification Effects in Social Dilemmas: A Transformation of Motives", *European Journal of Social Psychology*, 29 (7), 871 – 893.

Dellavigna, S., et al. (2012), "Testing for Altruism and Social Pressure in Charitable Giving", *The Quarterly Journal of Economics*, 127 (1), 1 – 56.

Eckel, C. & Grossman, P. J. (2017), "Comparing Rebate and Matching Subsidies Controlling for Donors' Awareness: Evidence from the Field", *Journal of Behavioral and Experimental Economics*, 66, 88 – 95.

Eckel, C. C & Grossman, P. J. (2006), "Subsidizing Charitable Giving with Rebates or Matching: Further Laboratory Evidence", *Southern Economic Journal*, 794 – 807.

Etang, A., et al. (2012), "Giving to Africa and Perceptions of Poverty", *Journal of Economic Psychology*, 33 (4), 819 – 832.

Feiler, D. C., et al. (2012), "Mixed Reasons, Missed Givings: The Costs of Blending Egoistic and Altruistic Reasons in Donation Requests", *Journal of Experimental Social Psychology*, 48 (6), 1322 – 1328.

Fong, C. M. & Oberholzer-Gee, F. (2011), "Truth in Giving: Experimental Evidence on the Welfare Effects of Informed Giving to the Poor", *Journal of Public Economics*, 95 (5 – 6), 436 – 444.

Garbarino, E., et al. (2013), "The Multidimensional Effects of A Small Gift: Evidence from A Natural Field Experiment", *Economics Letters*, 120 (1), 83 – 86.

Grossman, Z. (2015), "Self-signaling and Social-signaling in Giving", *Journal of Economic Behavior and Organization, 117, 26 – 39.

Hanks, L., et al. (2016), "The Impact of Self-service Technology and the Presence of others on Cause-related Marketing Programs in Restaurants", *Journal of Hospitality Marketing and Management*, 25 (5), 547 – 562.

Hsu L-C. (2008), "Experimental Evidence on Tax Compliance and Voluntary Public Good Provision", *National Tax Journal*, 205 – 223.

Knowles, S. & Servátka, M. (2015), "Transaction Costs, the Opportunity Cost of Time and Procrastination in Charitable Giving", *Journal of Public Economics*, 125, 54 – 63.

Lange, A., et al. (2007), "Using Lotteries to Finance Public Goods: Theory and Experimental Evidence", *International Economic Review*, 2007, 48 (3), 901 – 927.

Onderstal, S., et al. (2013), "Bidding to Give in the Field", Journal of Public Economics, 105, 72 – 85.

Park, S., et al. (2017), "Charitable Giving, Suggestion, and Learning from others: Pay-What-You-Want Experiments at A Coffee Shop", *Journal of Behavioral and Experimental Economics*, 66, 16 – 22.

Perry, J. L. (2012), "How can We Improve Our Science to Generate more Usable Knowledge for Public Professionals?" *Public Administration Review*, 72 (4), 479 – 482.

Rondeau, D. & List, J. A. (2008), "Matching and Challenge Gifts to Charity: Evidence from Laboratory and Natural Field Experiments", *Experimental Economics*, 11 (3), 253 – 267.

Rosnow, R. L. & Rosenthal, R. (1996), *Beginning Behavioral Research: A Conceptual Primer*, Prentice-Hall, Inc, 1996.

Scharf, K. & Smith, S. (2015), "The Price Elasticity of Charitable Giving: does the form of Tax Relief Matter?" *International Tax and Public Finance*, 22 (2), 330 – 352.

Schulz, J. F., et al. (2018), "Nudging Generosity: Choice Architecture and Cognitive Factors in Charitable Giving", *Journal of Behavioral and Experimental Economics*, 74, 139 – 145.

Shiraki, Y. & Igarashi, T. (2018), " 'Paying it forward' via Satisfying A Basic Human Need: The Need for Relatedness Satisfaction Mediates Gratitude and Prosocial Behavior", *Asian Journal of Social Psychology*, 21 (1 – 2), 107 – 113.

Sudhir, K., et al. (2016), "Do Sympathy Biases Induce Charitable Giving? The Effects of Advertising Content", *Marketing Science*, 35 (6), 849 – 869.

Winking, J. & Mizer, N. (2013), "Natural-field Dictator Game Shows No Altruistic Giving", *Evolution and Human Behavior*, 34 (4), 288 – 293.

Experimental Research Trends and Core Themes of Individual Charitable Giving: Based Upon Publications of the Western Mainstream Academic Journals

Tian Yuan

𝒩𝒫

[**Abstract**] The introduction of Charity Law marks the standardization and legalization of philanthropy in China. However, how to effectively motivate individual charitable donations has always been a difficult problem for our country. The "experimental method" has been well developed to study the motives and mechanisms of individual charitable giving to better engage philanthropic activities in Western countries. What can we learn from them to better conduct experimental research and engage philanthropic giving in China? This paper systematically selected and coded 245 experimental studies regarding individual charitable donations published in the Western mainstream academic journals over the past 30 years. Through the rigorous analysis of the codes and core themes, we explore the frontier research progress of Western scholars' donation experiments to help Chinese scholars become familiar with the research trend and dynamics, grasp the major focus, and understand the disciplinary preferences of various experimental designs, in order to carry out high-quality experimental studies of charitable giving that are in line with international mainstream trends and fit in our national context. Our analysis indicates certain characteristics of the Western experimental research on individual donations, including the leading role of Economics; a strong preference of between-subject design, multi-factor analysis, ANOVA and multi-regression models; collaborations between scholars across disciplines; and four core themes, etc. Based on the current development of China's philanthropy, this paper gives specific suggestions and prospects for conducting experimental research on individual charitable donations in the

个人慈善捐赠的实验研究趋势和核心议题探析

309

中国非营利评论
China Nonprofit Review

Chinese context.

[**Keywords**] Individual Charitable Giving; Nonprofit Fundraising; Experimental Study; Coding Statistics; Theme Analysis

（责任编辑　李长文）

志愿学：非营利研究的学科可能[*]

——以全球为视野

路占胜　吴新叶　〔美〕大卫·H. 史密斯^{**}

【摘要】 源于非营利与志愿部门研究成果及其积累，志愿学现在已经具备全球性、新兴学科的特质。在总结了志愿学的研究与制度化发展的基础上，文章探讨了 20 世纪 70 年代以来非营利学术研究的议题与研究领域，同时整理了本学科在全球范围内的相关期刊出版发行情况。对志愿学有力的支撑是全世界越来越多大学开设的课程，以及人才培养方面授予的学位与证书。作为一门整合性理论，志愿学必将跻身社会行为学科的殿堂。

【关键词】 志愿学　全球视野　跨学科研究

　　非正式的、直接的志愿行动在人类历史上早已存在，最早可以追溯到 15 万年到 20 万年以前或更早的智人（homo sapiens）时期。以正式团体或组织而开

---

*　本文为国家社科基金重点项目"社会组织参与应急治理的政策激励研究"（16AZZ015）的阶段性成果。

**　路占胜，上海立信会计金融学院讲师，政治学博士，主要研究方向为政治学理论、非营利组织；吴新叶，华东政法大学政治学与公共管理学院教授，上海市浦江学者，湖北工程学院楚天学者特聘教授，政治学博士，主要研究方向为社会组织、基层治理；〔美〕大卫·H. 史密斯（David Horton Smith, the corresponding author），美国波士顿学院荣休教授，社会学博士，清华大学、南京大学等十余所高校访问学者，资深非营利研究专家。

展的志愿行动大约发生在 2.5 万年到 1 万年前。但是，对于非营利部门和志愿行动的专业化、规模化研究历史则要短得多，公认的看法是在 20 世纪 70 年代以后，其标志性事件是 1971 年成立的安诺瓦（Association of Voluntary Action Scholars，简称 ARNOVA）。这是一家由学者组成的跨国、跨学科的学术性非营利组织，尤其以交叉学科研究成果而享誉世界，为非营利研究开拓和提供了广阔的学术空间和交流平台。这种交流不但深化了对于非营利的研究，而且还促进了跨学科的研究探索，使非营利研究逐步具备了学科特征。本文将其称为"志愿学"（voluntaristics），并尝试解释该学科的结构形态，同时结合全球学者的学术研究成果，论证其作为独立学科的可能性。

一　作为学科的志愿学：概念的语义学界定

学术界一般将志愿行动归为非营利管理范畴，以凸显利他主义的伦理特征。在可以检索到的利他（志愿）行动文献中，研究对象十分宽泛，既涉及个人行动又包括集体行动，既有当下的实证研究又有历史研究，学术旨趣则关注利他志愿行动的动机、意义和行动方式及其影响等。本文认为，既往研究中的这些学术倾向有其局限性：非营利管理是志愿行动及其相关知识在实务中的应用，突出对社会的改造及其结果，因而在利他主义价值、理论范式、方法论特质与结构性内容等层面，非营利管理尚不具备基础理论的框架特征。以下就志愿学术语来尝试比较志愿、志愿行动、志愿主义诸概念及其相关内容体系的语义特征。

作为概念，志愿学有一个英语词根（volun-），其意思可以同广泛使用的其他概念如志愿主义（voluntarism）、志愿行为（voluntareering）和志愿的（voluntary）等勾连起来，均指涉一种意志自由的选择，几乎没有经济因素的制约，也没有法律、传统抑或身体等强制性因素的约束。"志愿学"一词有一个后缀（-istics），意为"综合的知识体系"。这个后缀明显优于其他的英语后缀，如表达"科目"意思的-ology，或者表达"分类"意思的-onomy，或者是表达"写作"意思的-ography。志愿学术语也明显优于其他冗长的称谓，如"志愿主义科学"，如同"政治科学"非要加上"科学"一词一样。在形式上和发音上，志愿学有似于简单而流行的语言学（linguistics）术语，系指针对所有人类语言的研究或学问。就像语言学一词那样，志愿学也很容易被翻译成其他语言，这是几乎其他所有的类似名称都难以企及的。

从语义表达上看，志愿学一词更加中性和客观。一方面，志愿学并不预设志愿活动的结果必然是对公众利益／福利是有益的，没有价值导向或价值判断；另一方面，志愿学也不强调志愿及其行动的动机是否为利他的、有意义的，或者是有目标的。同时，志愿学一词也明显优于和它意思最接近的同源词语：公益（philanthropy）。因为"公益"强调的是捐赠，既包括个人或家族的捐赠者，也包括基金会这样的组织捐赠者，因此公益一词历来就有很强的精英给予或施舍的意思，容易产生高高在上的优越感和悲悲戚戚的自卑感两种极端。很多学者在考虑为志愿研究领域选择一个较为一般化和概括性的名称时，"公益"一词的困扰最大。比较而言，志愿学则没有这种困扰，这个概念包括自助团体、社会经济等各个层面上的志愿行为、公民参与、政治活动、抗议行为、社会运动等，其研究对象也不排斥青少年犯罪团伙、新宗教／偶像崇拜、仇恨团体和其他各种失范（越轨）的非营利组织等。无论是英语还是汉语，"公益"一词确实难以涵盖这些重要的志愿性非营利部门（VNPS）。因此，"公益"一词不足以指称整个志愿研究领域，而志愿学则具备语义上的要件。

二　志愿学的研究领域：全球性样貌

在过去的几十年里，很多相互交织的多元因素促成了志愿研究在交叉学科内各个领域里的快速成长，很多时候甚至出现了指数级的增长态势。支持这一判断的依据有四：一是伴随全球性结社革命而出现的各类社团的数量增长显著；二是各种专业协会成立了数量不等的隶属分部（分会），且呈现有增无减的态势；三是学术研究成果的数量，如学术期刊（含实务工作者杂志）及其发表的论文数量在增长、研究信息中心与大学系所及大学非营利专业的志愿学专题索引、文摘服务、数据库，以及收录的文献数量增长更是惊人；四是学术会议目不暇接，既有全国性学术会议，也有区域性和国际性学术会议，为学者提供了学术成果交流平台的同时，还积累了志愿学的学科基础。从全球性视角来看，志愿研究所涉及的领域及其成果足以证明志愿学已经具备了成为独立学科的知识框架与学理基础。以下从四个方面加以展开。

（一） 政府改革领域的非营利研究

同政府改革直接相关的非营利领域涉及政府体制改革和政府结构改革两大方面，而西方国家政府改革的宏观背景是自由市场经济的勃兴，志愿行动所倡导的专业化、规模化、草根化等愿景也多与此相关。1980 年代末，以英国和美国为代表的西方国家政府开始下放权力，展开了大规模的私有化行动，非营利组织作为承接主体开始介入公共服务领域，并发展成为不可替代的角色。正是在这一政府改革背景下，学术界的研究开始涉足交叉学科领域的非营利研究，其中以跨学科研究成果最为突出。随着政府机构将公共服务外包给非营利组织的数量不断攀升和大幅增加，非营利组织的合法性和社会认同度也得到了极大提升。在相关的"政社关系"研究领域中，非营利研究成果数量在全球都呈现爆炸式增长态势。

在政府变革领域的研究中，国别与比较研究是另一个显学。其中，以 1990 年后的东欧剧变及其带来的结社运动所引发的讨论最为集中，作者队伍几乎遍及全球所有国家。此类比较研究既涉及东欧国家的历史纵向比较领域，也有不同国家的横向比较领域，当然很多研究成果并不乏意识形态的倾向或指涉。与此同时，随着非洲、拉美和一些亚洲国家的军事专制体制的削弱或终结，欧美国家主导的格局开始发生变化，各种国家—社会范式的非营利研究开始被开发出来，并被应用于国别比较研究中，产生了大批学术成果。比较著名的是"结构—功能主义"范式研究，其他如制度主义研究、比较历史分析等研究成果也都成就斐然。

（二） 观念与价值观变革领域：行动者研究

此类研究以定量成果的学术影响力最为突出。比如，公民对政府（如公民对中央、州／省政府）的态度研究方面，多数成果都揭示了一个共同规律，即公民对政府的不信任和失望感是增加而不是下降。有研究将这种现象归纳为"政府失败"（government failure）。与此相伴的是关于"市场失败"（market failure）的研究，其中对大型跨国公司产生的不信任感和失望感最为显著。不可否认的是，"志愿失灵"（volunteer failure）也是存在的，此类研究成果也是基于公众态度的一个向度。所有这些"失灵"研究成果，基本都沿着"政社关系"或者"政府与市场关系"的框架而展开。

在西方学术界，公众观念和价值观是一对伴生概念，人们对权利的态度同政治价值观相结合就产生了各种权利行动。当更多的公民观念被唤醒或被动员起来，各种社会运动便风生水起。在研究对象上，此类领域的研究既涉及发达国家，也有发展中国家。比如，社会运动类的各种非营利组织和其他非营利团体对政府机构和企业普遍持批评态度，这在民主国家越来越普遍，亦能够被接受。换句话说，结社革命得到了来自权力主体和社会的共同接纳，而不是简单的反对、排斥，甚或视而不见。在经验上，许多国家的价值体系的确存在趋同的迹象，它们普遍越来越认同结社和集会自由，公众对人权、公民自由、自由、民主、结社主义、利他主义的兴趣和关注遂逐步加强。

近年来，更多的研究关注现代通信技术（如互联网、电子通信、网站、手机、短信、推特和其他社交媒体等）对公民观念和价值观的影响。一些比较研究发现，随着全世界正规教育和大众传媒的受众水平提高，人们对社会运动和志愿社团在人权、公民自由、社会民主、经济发展和大众幸福等方面的认知正在发生着变化。研究发现，人们基于技术理性层面的利益表达、政策倡导、公共服务等志愿行动的相关知识和能力均呈现增长态势。

（三）全球化领域的志愿行动研究

人类历史上的历次全球化都促进了志愿行动的国际交流甚至是融合。最近的一次全球化浪潮对志愿行动的影响始于 1982 年全球债务危机及其余波。其中，以最具影响力的国际非政府组织（International Nongovernmental Organization，简称 INGO）之一的国际货币基金组织为代表，它的作用领域已经突破了"非政府"的边界，开始染指、影响和促进主权国家的政治行动。大多数接受国际货币基金组织支持的国家不得不调整了主权国家的政策措施和行动策略，其结果是重塑了国家与社会、政府与市场、政府权威与社会力量间的关系。从现在的趋势看，这种格局还在持续重塑中，跨国性国际非营利组织与主权国家的关系并未发生根本性改变，但政府间组织、准政府组织、区域性非营利组织等的数量却在不断增生，单一国家的政府权力有不断削弱的趋势。政府向非营利部门分权成为全球化的新样貌，不管是发展中国家还是发达国家，概莫能外。

同时，全球化带来的结社革命因人口流动而使志愿行动越来越国际化。全球化不仅促进了发展中国家向发达国家的人口流动，也促进了发达国家向发展中国家的人口流动。各国人口结构越来越复杂，尤其是大规模的跨国移民、文化多元化对志愿性组织和志愿行动产生了深远的影响。随着各国交往的加快，跨国联动和联系增长在加速发展，尽管存在同一性与差异性的矛盾，却在事实上催生了一大批国际非政府组织。在有些国家的政治生活等不同领域，一些国际非政府组织渗透力很强，东欧国家的"颜色革命"和中东地区的"阿拉伯之春"就是典型，有些国家甚至发生了政权的更迭。志愿行动的性质在全球化背景下出现了重大转向。

（四）学术界和全球大学体系：志愿学人才培养与科学研究

任何一个学科的形成和发展都离不开学者的智力贡献，而学者最为集中的地方莫过于大学和科研机构。一方面，大学开设了志愿学的相关课程，构筑了体系化的学科知识基础；另一方面，大学设置的志愿学专业培养了大批人才，如从高等教育机构（中学后教育）获得更高学位（后学士学位〈post-baccalaureate〉）的学生数量在增加，人才培养与成长的可持续机制在大学和科研机构中得到进一步巩固，大学和科研机构中不同系所或学院的人才队伍一直处于扩张态势之中。中国自 1999 年实施《面向 21 世纪教育振兴行动计划》以来，大学在人才培养和科学研究中的主导作用更加明显，人才数量和科研产出数量多年来一直呈现快速增长态势。

大学和科研机构的制度体系为志愿学提供了长期而稳固的条件支持，大学设置的专业系所或学院提供了人才培养与科学研究的制度化支撑。目前，全球研究和教授志愿学的学者大约有 2 万名，学者们的观点或彼此迎合，或争鸣冲突，极大促进了非营利研究走向繁荣。与此同时，大学设置的相关学科支持则更为直接，比如管理学门类下的非营利管理、组织行为学、公共管理等学科，都能够为志愿学提供理论支撑和方法论借鉴。需要指出的是，其他学科门类也为志愿学的形成提供了学术研究和理论建设的交叉学科（跨学科）条件，尤其以社会—行为科学的研究和理论建设成果最为显著。从世界各国的经验来看，实务（主要是政府）部门对大学志愿学的需求与财政支持开始增加，二者协同合作的各类课题为人才培养与科学研究奠定了更加厚实的基础。

三　志愿学的研究与传播：专业化学术期刊的贡献

《非营利与志愿部门季刊》（*NVSQ*）是第一本由同行评审、跨学科的非营利学术杂志，创刊于 1972 年，为安诺瓦（ARNOVA）的会刊。由于世界各地对该学术杂志阅读需求量增大，现每年出版六期，但仍沿用季刊的名称。以每年出版的页数和字数统计来看，在 61 种非营利研究的核心期刊中，《非营利与志愿部门季刊》排名第一，《志愿》（Voluntas）杂志紧随其后。在汤姆森路透社期刊影响因子指数（Thomson-Reuters Journal Impact Factor）中，《非营利与志愿部门季刊》的指数是最高的，2013 年是 1.84，2014 年是 1.49；而《志愿》分别为 0.75 和 1.24，其学术影响力可见一斑。

法国的非营利研究杂志《社会运动》（Le Movement Social）创刊于 1962 年，在学术界也颇具影响力，已经被社会科学引文索引（SSCI）收录。但是，杂志的名称"社会运动"与发表论文内容的相关性并不强，所发表的非营利相关论文比例更大。2012 年，《非营利部门管理和领导》（Nonprofit Management and Leadership，简称 NML）与《志愿》杂志同时被 SSCI 收录。从影响因子看，顺次排下来的期刊是：1993 年创刊的《非营利部门和公共部门营销研究》（The Journal of Nonprofit & Public Sector Marketing，简称 JNPSM）、1994 年创刊的《民主化》（Democratization）、1995 年创刊的《第三部门评论》（the Third Sector Review）（澳大利亚新西兰第三部门研究会［ANZTSR］主办）、1996 年创刊的《动员》（Mobilization）。

概括而言，早期的非营利学术杂志根据内容主要分为两种类型——综合型期刊和专题型期刊。《非营利与志愿部门季刊》、《志愿》和《第三部门评论》都属于综合型杂志，登载非营利各个专题的文章和随笔。而《非营利部门管理和领导》《非营利部门和公共部门营销研究》《动员》和另外两本关于"民主"主题的杂志是非营利专题型学术期刊，这些期刊只发表非营利领域的专题学术论文。如上两种类型的期刊内容都有明显的跨学科研究倾向，而且，它们的期刊名称都包含有非营利的一个或多个主题词，具有显著的非营利领域特征。

根据统计，全球总共有 100 多种非营利研究期刊，核心期刊共计 61 种。关于非营利研究的学术期刊大多数都在美国出版，也有几个国家和地区出版两种或多种期刊，如《加拿大非营利部门和社会经济研究》（Canadian Journal of Nonprofit and Social Economy Research）于 2010 年创办，每年出版 2 期；《国际非营利和志愿部门营销研究》（International Journal of Nonprofit and Voluntary Sector Marketing）于 1996 年创办，每年出版 4 期；《志愿管理国际研究》（International Journal of Volunteer Administration）于 2006 年创办，每年出版 3 期；《非营利部

志愿学：非营利研究的学科可能

门教育和领导研究》(*Journal of Nonprofit Education and Leadership*) 于 2010 年创办，每年出版 2 期；《非营利部门政策论坛》(*Nonprofit Policy Forum*) 也创立于 2010 年，每年出版 3 期。中国现在有三种专业期刊关注非营利论题，其中清华大学编撰的《中国非营利评论》同时出版有中文和英文两个版本，影响力最大。另一本是由上海交通大学编纂的学术集刊《中国第三部门研究》，第三本是由中国社会组织促进会主办的非学术性杂志《中国社会组织》。

四　总结展望

《牛津英语词典》对学科的定义是知识或学术指导的一个领域。学术界一般认为，一个成熟的学科应该具备如下几个特征：一是学科必须有一个特定的研究目标（如法律、社会和政治），该研究目标可以和其他学科共享；二是学科具有自己的理论和概念体系，用以有效组织本学科累积的专业知识，这些专业知识是本学科的特色，并不泛泛地与其他学科共享；三是学科具有适应其研究目标的特殊术语和特殊的技术语言，以及独特的研究方法；四是学科必须有某种形式的制度呈现，如大学或学院开设的课程、相关的系所设置、相关职业社团等，这些制度化条件有助于实现学科的代际传承。在如上四个指标中，志愿学的学科条件已经渐臻具备。

志愿学是一个新术语（新词），因此没有任何历史的、情感的或者学术的包袱限制该词的覆盖范围或宽度。这是几乎所有其他类似的名称都做不到的。作为一个新术语，该词可以在一个很广的视野内加以精确定义，包括内涵和外延。该概念领域里各种核心概念与边缘性概念的体系初见苗头，非营利部门、非逐利部门（not-for-profit sector）、第三部门、市民社会（部门）、非正式部门、私人部门、社会部门、社会领域、社会经济、共享经济、社会企业、社会创业、社会投资、公益、给予、慈善部门、基金会、志愿行为、公民参与、公民倡议、社区参与、社区倡议、协会、联谊会、自助团体、互助团体、支持团体、利益集团、压力集团、宗教集会、合作社、非营利机构、公民自由、民主化、社会运动等等，显示出差异化的学术研究旨趣，为学科发展奠定了范式基础。在理论体系、方法论体系方面，类似的情况也是存在的，学科特质正在显现。

从志愿、志愿行动到志愿学，这是一个复杂的过程，既需要理论与实践的提炼，又必须实现志愿知识的学术化与系统化。志愿学能否达到这种高度统一，什么时候能够达到这种高度统一，目前仍然难以下定论。要获得学术界的广泛认可，志愿学还任重道远。

让我们拭目以待，并充满期待。

Voluntaristics：The Requirements for Academic Interdisciplinary Nonprofit Studies：A Global Survey

Lu Zhansheng，*Wu Xinye & David Horton Smith*

[**Abstract**] Voluntaristics has developed out of nonprofit and voluntary sector studies，now qualifies as a new，global，integrative academic discipline. Summarized research on the development and institutionalization of voluntaristics，this paper includes the topics of academic research fields since 1970s，the founding and worldwide establishment of relevant interdisciplinary journals. The powerful supporting facts for voluntaristics are more and more courses and certificate or degree programs in colleges and universities around the world. With the assistance of the integrative theory，voluntaristics will surely become the branch of the established current socio – behavioral science disciplines.

[**Keywords**] Voluntaristics；Global Perspectives；Interdisciplinary Research

（责任编辑：李长文）

志愿学：非营利研究的学科可能

编辑手记

　　"社区"（community）这个概念目前在中国语境中非常之热门，无论是官方、民间还是学术界，都展现出对社区研究与实践的热情。当然，对这一概念的误读、误解与误用现象似乎也不少，毕竟，这一外来语在中国语境中的近百年变迁，注入了中国元素。

　　作为现代社会的对应存在，德国社会学家滕尼斯将"社区"一词用于指称现代性之前的存在，19世纪的社会学家大都会有类似的叙事来对现代性与传统的断裂进行解释，例如韦伯的巫魅与理性（祛魅）、涂尔干的机械团结与有机团结、梅因的从身份到契约、齐美尔的自然经济与货币经济等，既展示着现代社会研究的多样性，又共享着一种二元论话语，极富时代特征。"社区"一词也有人翻译成共同体，在滕尼斯的语境中，这是一种尚未现代化的简单形式，是一种人类交往的自然状态。但后世学者往往将社区的特征归纳为共同地域、共同纽带、共同交往三个维度，用以指称现代社会中的基本单元，不再局限于滕尼斯的叙事，社区研究也成为现代社会学的重要研究对象，但这个概念在中国，却有自己的故事。

　　虽然在中国语境中，community在20世纪30年代就已经被翻译成"社区"，但是由于社会历史的原因，社会学在中国大陆的研究有很长时期的中断，时移世易，当"社区"这一概念重新出现在中国大陆时，它变成了城乡基层空间的代名词，与城市居民委员会和乡村村民委员会齐名，城乡社区治理实际不过是基层治理的另一种称呼，是党和政府传递、落实政策和联系群众、了解民情的最基层，甚至被等同于居民"小区"。因此，中国大陆的社区研究，也出现了与众不同的特点，尤其是地域、纽带、交往三要素的具体内涵，也有了新的意蕴，至少还在变动之中。

但无论如何，学术需要交流，中国的社区研究、社区治理研究也需要与世界上的类似研究进行对话、沟通以及比较，本卷《中国非营利评论》刊登了若干相关主题的文章，聚焦社区共识的形塑与社区发展的内在机制，以回应当下社区研究的热度。当然，社区研究之热并不意味着整个非营利、公益慈善与第三部门研究同样处于相似的状态，近些年来，相关研究实际上日渐偏冷。这些本身就是时代的映射。

当然，《中国非营利评论》从来都是直面时代，不怕热点，也不惧冷门。自本卷起，《中国非营利评论》编辑部继续修炼内功，又一次完成了改组，编辑团队更为年轻化，也更为多元化和专业化，希望在新的团队运作下本刊会出现更新的气象。

编辑手记点点记录，连结编者、作者与读者，有的时候多说几句，有的时候则隐藏几句，留白本身就是一种表达。但无论如何，感谢一如既往给《中国非营利评论》投稿的诸位作者，虽然本刊依然还流浪于非正式期刊之列，很多机构将在集刊发表的论文视为义务劳动，但总算还勉强联系着一个研究共同体——"学术社区"；同时也感谢社会科学文献出版社以及以刘骁军老师为代表的编辑团队，他们多年来对集刊编辑事业以及本刊的关怀，让人感动；感谢依然愿意阅读《中国非营利评论》的读者群体，你们让我们的非正式期刊编辑行为有了更为直接的动力。

一卷又一卷，薪火相传！

《中国非营利评论》编辑部
2019 年 8 月 1 日

稿　约

1. 《中国非营利评论》是有关中国非营利事业和社会组织研究的专业学术出版物，分为中文刊和英文刊，均为每年出版两卷。《中国非营利评论》秉持学术宗旨，采用专家匿名审稿制度，评审标准仅以学术价值为依据，鼓励创新。

2. 《中国非营利评论》设"论文""案例""研究参考""书评""观察与思考"等栏目，刊登多种体裁的学术作品。

3. 根据国内外权威学术刊物的惯例，《中国非营利评论》要求来稿必须符合学术规范，在理论上有所创新，或在资料的收集和分析上有所贡献；书评以评论为主，其中所涉及的著作内容简介不超过全文篇幅的1/4，所选著作以近年出版的本领域重要著作为佳。

4. 来稿切勿一稿数投。因经费和人力有限，恕不退稿，投稿一个月内作者会收到评审意见。

5. 来稿须为作者本人的研究成果。作者应保证对其作品具有著作权并不侵犯其他个人或组织的著作权。译作者应保证译本未侵犯原作者或出版者的任何可能的权利，并在可能的损害产生时自行承担损害赔偿责任。

6. 《中国非营利评论》热诚欢迎国内外学者将已经出版的论著赠予本刊编辑部，备"书评"栏目之用，营造健康、前沿的学术研讨氛围。

7. 《中国非营利评论》英文刊（*The China Nonprofit Review*）是 Brill 出版集团在全球出版发行的标准国际刊号期刊，已被收录入 ESCI（Emerging Sources

Citation Index）。英文刊接受英文投稿，经由独立匿名评审后采用；同时精选中文刊的部分文章，经作者同意后由编辑部组织翻译采用。

8. 作者投稿时，电子稿件请发至：lehejin@ 126. com （中文投稿），nporeviewc@ gmail. com （英文投稿）。

9.《中国非营利评论》鼓励学术创新、探讨和争鸣，所刊文章不代表本刊编辑部立场，未经授权，不得转载、翻译。

10.《中国非营利评论》已被中国期刊网、中文科技期刊网、万方数据库、龙源期刊网等收录，为适应我国信息化建设的需要，实现刊物编辑和出版工作的网络化，扩大本刊与作者知识信息交流渠道，在本刊公开发表的作品，视同为作者同意通过本刊将其作品上传至上述网站。作者如不同意作品被收录，请在来稿时向本刊声明。但在本刊所发文章的观点均属作者个人观点，不代表本刊立场。本声明最终解释权归《中国非营利评论》编辑部所有。

由于经费所限，本刊不向作者支付稿酬，文章一经刊出，编辑部向作者寄赠当期刊物 2 本。

来 稿 体 例

1. 各栏目内容和字数要求:

"论文"栏目发表中国非营利和社会组织领域的原创性研究,字数以8000~20000字为宜。

"案例"栏目刊登对非营利和社会组织实际运行的描述与分析性案例报告,字数以5000~15000字为宜。案例须包括以下内容:事实介绍、理论框架、运用理论框架对事实的分析。有关事实内容,要求准确具体。

"研究参考"栏目刊登国内外关于非营利相关主题的研究现状和前沿介绍、文献综述、学术信息等,字数为5000~15000字。

"书评"栏目评介重要的非营利研究著作,以5000~10000字为宜。

"观察与思考"栏目刊发非营利研究的随思随感、锐评杂论、会议与事件的评述等,字数以3000~8000字为宜。

2. 稿件第一页应包括如下信息:(1)文章标题;(2)作者姓名、单位、通信地址、邮编、电话与电子邮箱。

3. 稿件第二页应提供以下信息:(1)文章中、英文标题;(2)不超过400字的中文摘要;(3)2~5个中文关键词。书评、随笔无须提供中文摘要和关键词。

4. 稿件正文内各级标题按"一""(一)""1.""(1)"的层次设置,其中"1."以下(不包括"1.")层次标题不单占行,与正文连排。

5. 各类表、图等，均分别用阿拉伯数字连续编号，并注明图、表名称；图编号及名称置于图下端，表编号及名称置于表上端。

6. 本刊刊用的文稿，采用国际社会科学界通用的"页内注 + 参考文献"方式。

基本要求：说明性注释采用当页脚注形式。注释序号用①②③……标识，每页单独排序。文献引用采用页内注，基本格式为年份制（**作者，年份：页码**），外国人名在页内注中只出现姓（容易混淆者除外），主编、编著、编译等字眼，译文作者、国别等字眼都无须在页内注里出现，但这些都必须在参考文献中注明。

文末列明相应参考文献，参考文献中外文分列（英、法、德等西语可并列，日语、俄语等应分列）。中文参考文献按照作者姓氏汉语拼音音序排列，外文参考文献按照作者姓氏首字母排序。基本格式为：

作者（书出版年份）：《书名》（版次），译者，卷数，出版地：出版社。

作者（文章发表年份）：《文章名》，《所刊载书刊名》，期数，刊载页码。

author（year），*book name*，edn.，trans.，Vol.，place：press name.

author（year），"article name"，Vol.（No.）*journal name*，pages.

图书在版编目（CIP）数据

中国非营利评论. 第二十四卷, 2019. No. 2 / 王名
主编. -- 北京：社会科学文献出版社，2019.8
　　ISBN 978 - 7 - 5201 - 5713 - 1

　　Ⅰ. ①中… 　Ⅱ. ①王… 　Ⅲ. ①社会团体 - 中国 - 文集
Ⅳ. ①C232 - 53

　　中国版本图书馆 CIP 数据核字（2019）第 212025 号

中国非营利评论（第二十四卷）

主　　办／清华大学公益慈善研究院
　　　　　明德公益研究中心
主　　编／王　名

出 版 人／谢寿光
组稿编辑／刘骁军
责任编辑／姚　敏
文稿编辑／张　娇

出　　版／社会科学文献出版社·集刊分社（010）59367161
　　　　　地址：北京市北三环中路甲 29 号院华龙大厦　邮编：100029
　　　　　网址：www. ssap. com. cn
发　　行／市场营销中心（010）59367081　59367083
印　　装／三河市龙林印务有限公司

规　　格／开　本：787mm × 1092mm　1/16
　　　　　印　张：20.75　字　数：349 千字
版　　次／2019 年 8 月第 1 版　2019 年 8 月第 1 次印刷
书　　号／ISBN 978 - 7 - 5201 - 5713 - 1
定　　价／98.00 元

本书如有印装质量问题，请与读者服务中心（010 - 59367028）联系